国家社科基金
GUOJIA SHEKE JIJIN HOUQI ZIZHU XIANGMU
后期资助项目

U0635178

府际关系治理
与地方经济发展

Intergovernmental Governance
and Local Economic Development

夏能礼　著

天津出版传媒集团
天津人民出版社

图书在版编目（CIP）数据

府际关系治理与地方经济发展 / 夏能礼著. -- 天津：
天津人民出版社，2024. 11. -- ISBN 978-7-201-20722
-3

Ⅰ．D625

中国国家版本馆 CIP 数据核字第 2024Q31W21 号

府际关系治理与地方经济发展
FUJI GUANXI ZHILI YU DIFANG JINGJI FAZHAN

出　　版	天津人民出版社	
出 版 人	刘锦泉	
地　　址	天津市和平区西康路35号康岳大厦	
邮政编码	300051	
邮购电话	（022）23332469	
电子信箱	reader@tjrmcbs.com	

责任编辑	郭雨莹	
装帧设计	汤　磊	

印　　刷	天津新华印务有限公司	
经　　销	新华书店	
开　　本	710毫米×1000毫米　1/16	
印　　张	24.75	
插　　页	1	
字　　数	320千字	
版次印次	2024年11月第1版　2024年11月第1次印刷	
定　　价	98.00元	

序　言

　　中国经济和产业在二十一世纪的崛起被称为"奇迹"，"奇迹"是怎样形成的？这个问题引发了学界的"研究集群"，大量学术理论研究资源倾注于寻求对这个问题的回答，已有研究文献浩如烟海，不乏见仁见智，但基于比较的视野，其中一个具有普遍性的认知即：中国经济奇迹的"奇"与政府的不凡能力密切相关。所谓政府的"不凡能力"是指在政府主导经济发展的同时，能够善于结合市场机制和计划体制来推动经济和产业发展，并取得了举世公认的经济和产业的辉煌发展成就，对政府角色的讨论未陷入传统的"小政府、强市场、大社会"或"大政府、弱市场、小社会"等两极化的应然性"理论沼泽"中。换言之，中国经济奇迹中的"政府"无疑是最具特色的因素，在关于中国经济奇迹的分析和解释中，对政府能力的研究分析本身也就具有不凡的现实和理论意义，夏能礼博士的《府际关系治理与地方经济发展》一书的意义也在于此。

　　政府是一种制度安排，这种制度安排涉及两个层面，一是政府的组织架构体系，亦即通常所谓的科层制行政体系；二是政府的运行机制，亦即不同层级政府之间的权责利的规范。第一个层面是具有普适性的制度安排，而第二个层面的内涵则因时因地因国而异。从行政组织体系及其运行机制方面看，一国的政府组织运行体系中存在一种上下级政府和同级政府之间的府际关系（包括中央政府与地方政府、地方省、市、县之间，以及地方同级政府之间的关系）。府际关系的核心问题是每个政府组织单元的权责利规范即是对权力与政策资源的配置问题，这个问题实质上也必然涉及政府和市场关系的安排问题，这不仅决定了政府行为的基本逻辑，也会对政府发展社会经济的能力构成影响。换言之，政府发展经济的能力取决于政府本身的制度安排是否合理有效。另一方面，由于府际关系实质上涉及国家权力组织与运行模式、政府组织及职能配置等重大制度问题，属于国家治理的核心内容，因而把府际关系制度安排视为一种治理行为，从"府际关系治理"的理论视角来解释和分析政府能力对地方经济发展的关系，这就跨越了目前国内外学术界对中国地方经济发展研究的传统"边界"，这是夏能礼博士这本著作的理论新意和研究创新所在。

　　综观当代已有相关研究，基于中国的政治历史传统背景，大量研究集中于央地关系(Central provincial or local relations)层面,理论研究的基点都是对国家政权的有效性和市场的统一性的探讨,其中从财政关系视角的研究文献较多,理论影响也较为广泛,是府际关系研究中最为耀眼的研究成果。但应该认识到的是,这些研究成果基本上是一种实然的解释,力图论证财政体制与政府行为的因果关系,而现实中的府际关系远比财政关系要复杂得多。政府行为表现往往是财权和事权综合叠加的结果,地方政府对发展路径依赖或主导产业的选择,不仅仅是基于财税收益的考虑。由于税收优惠政策在促进地方发展的政策支持中已不再作为主要政策工具使用,地方政府对有关事权的政策资源或上级政府注意力的获取考虑逐渐增多(上级政府的关注往往意味着相关政策资源配置的供给),向上积极争取各种类型的试验区或先行试示范区等做法,已成为地方政府建构地方经济发展竞争优势的路径依赖。由于这类政策资源配置是一种选择性政策(selective policy),资源的稀缺性这一原理就使得政策资源供给者和需求者之间势必存在一定程度的博弈互动,这种博弈互动在现实中有两种表现形式,一是纵向游说,即地方政府以本地区的特殊性为诉求向上级部门反复地游说,争取某些特殊对待或先行先试权力,对此"跑部钱进"是经典比喻;二是地方政府之间的横向竞争,形成你有"试验区"我要"示范区"的相互攀比的政策资源索取竞争。同时,权力赋予和政策在府际之间的配置过程,往往有正式制度和非正式制度两种体现形式,从"东亚经济模式"的已有研究文献可以看到,"人情"或"关系"作为一种潜规则影响到政策资源配置,属于东亚国家的中国也同样或多或少存在这类情况,这就使得府际关系对经济发展的影响更为复杂,这就意味着府际关系治理尤为重要,因为它事关国家权力在政府组织系统内有效施行并推动经济发展。而在推动经济发展中要使国家权力得以有效实施,核心的一点即要使政府与市场关系取得某种平衡,而这是体现政府经济发展能力之所在。正是基于这样一种思考和研究逻辑,《府际关系治理与地方经济发展》一书从府际治理与地方经济发展绩效生成的联系中去寻找问题的答案。为此,作者进而对以下具体问题展开研究分析:1.府际关系对地方政府行为选择的影响机理是什么?2.地方政府的行为选择是否会对地方经济发展绩效生成产生实质性的影响?基于以上这两个问题的思考,作者力图挖掘影响地方经济发展方式的府际关系治理因子,探寻影响政府治理转型和国家经济发展方式转变的关键性府际关系治理问题。通观全书的研究和观点建言,对理解和解释中国经济发展中的政府能力具有很好的学术理论意义,同时也对改进或完善我国府际关系治理进而推动政府与国家治理现代化也具有一定政策参考意义,是一部可以为公共管理学、政治学、经济学和法学等相关学科研究提供有学术参考价值的优秀作品。

《府际关系治理与地方经济发展》一书主体是夏能礼博士在清华大学公共管理学院攻读博士学位的毕业论文,严格的学术训练使作者对该书写作的谋篇布局透着学术研究范式的规范性。作者在梳理中国府际关系历史基础上,着眼于府际关系治理与地方经济发展之间的关系这一研究视角,以嵌套于府际权力配置及其运行为理论分析研究的逻辑起点,通过建立"刺激—行为—效果"的分析模型来对地方政府的经济行为逻辑进行实证考察分析,在此基础上揭示地方政府经济发展行为模式与地方经济发展绩效生成的府际关系治理逻辑。整个研究过程中作者运用质性研究和定量分析混合研究方法,其中的资料研读、分析和实地调研的研究工作量很大,反映了作者对于研究的用心和严谨。作为夏能礼博士的博士论文指导教师,我很高兴看到他在毕业后能在忙碌的实际工作中坚持理论思考和分析,同时在实践中不断获取"养分"并完善对问题的认知和研究,这些付出的心血、形成的研究成果及所彰显的学术价值已充分体现在他的这本专著里。

"学以致用、知行合一",这是国家对人才培养的期冀,也是个人努力奋斗应有的境界。

是为序。

殷存毅

清华大学公共管理学院教授

2024年10月22日于荷清苑

目　录

第一章　绪论……………………………………………………001

第一节　引言……………………………………………………001

第二节　研究问题………………………………………………003

第三节　研究思路与理论分析框架……………………………005

第四节　研究对象与内容………………………………………008

第五节　重要概念界定…………………………………………011

第二章　与府际关系治理因素相关的地方经济发展理论……014

第一节　地方政府经济理性说…………………………………015

第二节　府际财政分权说………………………………………018

第三节　官员治理说……………………………………………023

第四节　地方政府竞争说………………………………………032

第五节　府际关系体制说………………………………………037

第六节　府际组织结构说………………………………………043

第七节　府际目标规划说………………………………………044

第八节　文献简评与本书的理论研究视角……………………046

第三章　新中国成立以来中央与地方关系的演进……………050

第一节　1949年以来央地府际关系体制演化 ………………050

第二节　1949年至1978年中央对地方的放权实践 …………055

第三节　1978年以来中央对地方的放权实践 ………………058

第四节　1978年以来央地关系变化的特点 …………………066

第四章　1978年以来省以下地方府际关系的演进 …………070

第一节　1978年以来省以下地方府际关系的放权实践 ……071

第二节　1978年以来省以下地方府际关系的变革 …………074

第三节　1978年以来省以下地方府际关系的演进变化特点 ……082

第五章　府际权力运行及配置 ··085

第一节　府际权力运行机制与运行模式 ······················086

第二节　府际权力的集权性运行 ·······························089

第三节　府际定向放权与区域创租 ···························102

第四节　府际权力配置 ···106

第六章　府际目标治理 ··111

第一节　府际目标治理形成 ·····································112

第二节　府际目标治理体系 ·····································117

第三节　府际目标治理形式 ·····································121

第四节　府际目标治理机制 ·····································126

第七章　府际关系中的地方政府经济行为 ····················136

第一节　府际目标治理体系中的政府与市场 ···············137

第二节　府际权力运行与配置对地方政府行为选择的影响·······141

第三节　府际关系中的地方政府经济发展行为模式 ········143

第四节　府际关系中的地方经济发展绩效生成 ···············150

第八章　府际关系影响地方经济发展绩效的案例研究 ········152

第一节　A县案例：秩序导向型权力配置结构
与科层式目标治理 ·····································154

第二节　B县案例：治理导向型权力配置结构
与动员式目标治理 ·····································178

第三节　C市案例：增长导向型权力配置
与契约式目标治理 ·····································216

第四节　案例间比较分析：研究命题提炼
与变量关系模型设定 ·································243

第九章　府际关系影响地方经济发展绩效的定量实证分析 ······252

第一节　研究假设 ···252

第二节　研究变量的测量 ··254

第三节　定量实证研究方法与过程 ···························260

第四节　研究命题与假设的实证检验 ························270

第十章　府际关系治理影响地方经济发展绩效的机理……………302

　　第一节　府际目标治理影响地方经济发展绩效的机理…………303

　　第二节　府际权力配置关系影响地方经济发展绩效的机理……306

　　第三节　府际目标治理与权力配置共同影响

　　　　　　地方经济发展绩效的机理……………………………308

第十一章　府际关系治理改革…………………………………………312

　　第一节　府际关系治理改革与政府治理现代化…………………312

　　第二节　府际关系治理改革与优化地方经济发展绩效…………318

　　第三节　府际关系治理改革的一般思考…………………………323

　　第四节　优化地方经济发展绩效的府际关系治理模式选择……338

总结与展望……………………………………………………………348

参考文献………………………………………………………………352

附录A　结构化访谈问卷 ……………………………………………373

附录B　调查问卷 ……………………………………………………374

附录C　《全国主体功能区规划》所体现的府际关系治理元素 ……378

后　记…………………………………………………………………385

第一章 绪论

第一节 引言

府际关系是一个国家中政府组织之间的关系,包括纵向性和横向性的府际关系。纵向关系包括央地关系和上下级政府之间的关系,横向关系表现为地方政府之间与政府部门之间的关系(林尚立,1998)。从整体上看,府际关系是一个国家所有的政府组织在空间和时间维度上构成的纵横交错的立体关系,由于政府组织担负着对公共资源进行分配使用以具体履行推动国家和地方发展与治理的使命职责,涉及国家发展与治理事务的所有方面,因此府际关系显得异常复杂。从治理的内涵方面看,府际关系治理以政府执政的价值取向、政府间的政治与行政行为、政府组织间的权力与职责划分、行政资源与利益分配等为研究对象,探索在遵从某种执政价值取向的前提下,通过对不同层级间政府的权责进行科学划分及施政资源的合理分配,在规范约束政府行为的基础上,构建一个和谐协调、健康积极的政府间关系,并吸纳相关资源支持不同层级的政府施政,以维护国家和社会的稳定,推动地方经济和社会发展,保护公民合法权益,提升人民福利。因此,从治理的构成要素方面看,府际关系治理以府际关系本身为治理对象,以法律或政策作为治理工具,以府际权力运用作为治理手段,通过对府际关系构建出相应的治理模式和治理机制,在不同层级政府间形成权责与资源分配的制度环境,引导和规范政府行为,达成相应的政府治理目标,以实现国家良好的发展与治理。

改革开放以来,中国地方经济发展绩效分化较大,有的地方经济发展昙花一现,缺乏持久发展的动力;有的地方成功找准了发展的定位,实现了某种特定产业聚集而形成了特色性的地方经济发展聚落;有的地方历史上经济发展相对落后,现在却成功聚集了各种产业而形成了丰富的地方经济发展生态体系,地方经济发展持续不衰;也有的地方始终无法跨越发展的陷阱或鸿沟,地方经济发展长期停滞不前;还有的地方在历史上经济发展状态较好,现在却逐渐衰落并难以止跌回转。由于我国的政治经济体制决定了政府在国家经济与社会生活中的统领地位,各地方经济发展绩效所表现出的重大发展差异,除受地方各自所处的地理区位及其历史发展水平影响外,对于地方政府的经济行为到底会如何影响地方经济发展绩效生成问题,学界对之研究并不深入。

从整体绩效看,中国地方经济发展绩效整体上呈现出了地方政府"强干预、高增长、低质量、账面数字化"等绩效特征。从经济发展速度方面看,中国地方经济确实在连续长达四十年的时间里一直处于高速增长状态,有学者把推动中国地方经济发展的原因归结为中国特色的政治经济体制。但从地方经济的发展质量方面考察,中国地方经济在获得高增长速度的同时,并没有伴随经济发展质量的同步提升,相反却伴随着环境恶化、高能耗、资源浪费严重、重复建设、土地财政依赖性强、地方保护主义等现象,大多数地方产业缺乏创新力与竞争力,甚至有不少地方对本地区(国内生产总值GDP)与财政收入以各种方式进行"注水"造假。

早在党的十六届五中全会上,党中央就明确提出把转变地方经济发展方式作为改革的战略目标。对于如何转变经济发展方式,有学者从古典和新古典的经济理论框架中寻找答案,认为可以通过提升技术水平、提升生产要素的使用效率、提升全要素生产率、提升经济要素中最重要的人力资源水平来达到转变经济发展方式的目的,这些观点无疑都是正确的。但是,从中央有关部门最初提出转变经济发展方式战略开始,直至上升为执政党的执政意志,虽经过多年的努力,但在部分地方层面上,经济发展方式转变仍然成效不彰,并且在部分地方出现地方经济发展绩效失真现象。对于这种经济转型困境,相关学者经仔细思考观察发现,从中国地方经济发展的动力方面考察,地方经济高增长、低质量的现象其实是与地方政府对地方市场和地方经济的强干预分不开的,地方经济的增长方式实际上与地方政府的行为和意志密不可分(吴敬琏,2005)。另有学者提出,要转变中国的经济发展方式,必须先要进行政府转型(秦晓,2010)。但是,政府转型不是一个规范意义上的口号,也不仅是进行政府职能转变,其实它与央地权力运行安排和府际职责划分等问题紧密相连,涉及政府治理体系和治理能力改造的问题。

党的十八大提出实现国家治理体系和治理能力现代化目标,建立市场机制在资源配置中发挥决定性作用的经济体制,实行供给侧改革,强化科技创新,推进政府治理改革,重新塑造政府与市场之间的关系。党的十九大进一步提出推进省级以下行政管理体制改革,优化政府间的职能配置问题,以进一步理顺府际关系;推进国家治理体系和治理能力现代化建设,以转变国家经济发展的质量。党的二十大提出实现中国式现代化,推动高质量发展,而中国式现代化当然包括中国式政府治理与经济发展的现代化。在这样的历史改革大潮中,府际关系治理与地方经济发展是否协同的问题研究显得尤为迫切,构建一个去"碎裂化、政策化、主观意志化",营造"科学化、法治化、规则化"的府际关系治理体系与治理结构,以推进地方经济的科学发展,促使区域经济协调发展、增进地方经济发展绩效,应是推进国家发展与中国式治理体系现代化建设的重要工作之一。

中国地方经济长时间以来获得持续高增长的动力与地方政府的强力推动密不可分。从形式上看,地方政府与地方经济发展绩效之间存在以下逻辑:地方政府表现出了对地方市场的强干预行为,才促使并成就了地方经济的增长状态,与此同时也可能塑造生成地方经济发展的质量状态。然而,对于这样一个关于地方经济发展绩效生成的逻辑链条,首先,它是不是真的存在? 其次,如果真的存在这样一个逻辑链条的话,它又是怎么形成的? 它的各个逻辑环节是怎么连接上的? 存在于其中的各个逻辑环节的作用机制又是怎么运作的? 对于以上这些问题,我们可以通过追究地方政府对地方市场和地方经济的强干预行为发生的原因,发现其可能与府际治理关系存在密切关系。对于这种关系,我们需要从理论上先对之进行建构并予以系统化的探索研究,并在此基础上对之做出仔细的实证检验研究。基于这种思考,本书将问题锁定于府际治理与地方经济发展绩效生成的联系去寻找答案。

第二节 研究问题

本研究立足府际治理关系、地方政府经济行为和地方经济发展绩效三者之间的互动关系,侧重从府际权力配置运行的层面探讨影响我国地方经济发展绩效生成的相关府际关系治理因素,挖掘困扰地方经济发展方式转变的府际关系治理因子,找准影响政府转型和国家经济发展方式转变的关键问题,以嵌套于中央地方关系之中的省以下地方府际关系中的府际权力配置及其运行为理论分析的逻辑起点,以处于府际关系网络中的地方政府如何推动地方经济发展的政府过程为具体研究对象,主要的研究问题是:在我国府际关系治理体系中,府际治理关系与地方经济发展绩效生成之间是否存在联系? 哪些府际关系治理因素与地方经济发展绩效生成之间存在关联性? 这种联系机制是怎样发生作用的? 府际关系治理体系如何优化才比较有利于增进地方经济发展绩效? 要回答好以上问题,本研究必须解决好以下两个关键性问题:

1.府际关系治理对地方政府行为选择的影响机理是什么?

府际治理关系最主要最核心的内容就是政府间权力配置与运行关系问题,这种关系决定了不同层级政府与不同区域地方政府之间的公共资源与政策资源占有程度,并促使上下级政府间与区域政府间为各种资源与利益进行博弈与竞争。在府际权力配置方面,现行我国省级以下地方政府各个地方区域由于在财政权、行政权与发展权配置存在很大的不同性,府际权力配置存在政策性、发展选择性与政治倾向性,法治化与规范化程度比较低,由此形成了不同类型的府际权力配置结构模式。

另外由于纵向府际行政权、地区发展权及府际政治权的实际运作实质上决定了府际权力的实际运行方式,在政治集权的整体性体制环境中,我国现行政府间的府际权力运行深受地方主政官员个人执行价值观及执政意志的影响,在地方区域,府际权力运行方式不可避免会呈现出差异性。从权力运作表象特征看,我国现行府际权力运行或过于政治化,或过于受地方主政官员意志所影响,或科层化不足,以至于有学者认为中国现行的府际关系制度是行政发包制或是政治承包制。由于府际权力运行法治化与规范化程度不足,由此形成了不同类型的府际权力运行方式。

我国现行府际治理关系所存在的不同的府际权力配置结构模式和府际权力运行方式,会给地方政府提供不同的府际关系制度环境,同时也给不同的地方政府以很大的行为驱动力和行为选择空间,并提供不同程度的公共资源与政策资源支持,决定地方政府的可控资源边界和行动边界,从而使得地方政府可能会以不同的行为方式去介入或干预市场。因此,我们有必要探寻清楚府际权力配置及其运行影响地方政府行为选择的机理。

2.地方政府的行为选择是否会对地方经济发展绩效生成产生实质性的重要影响?

地方政府行为选择是否会对地方经济发展绩效生成产生实质性的重要影响的问题,本质上是一个政府与市场的关系问题。只不过政府与市场的关系问题是一个宏观抽象性的问题,而地方政府行为选择对地方经济发展绩效是否具有实际影响的问题则是一个相对微观具体的问题,并且地方政府对地方经济的发展到底会起到何种作用的问题一直是学术界很关心但也很难说清楚的问题。虽然有不少市场原教旨主义学者主张政府不能干预市场,并认为政府干预市场的活动只会起到不良的作用,对经济发展毫无益处。但也有发展型国家理论学者以第二次世界大战后日本和韩国等东亚一些国家政府在推动经济发展的过程中所发挥的作用为例,认为政府在推进经济发展中的作用是不能抹杀和忽视的,只要政府干预市场的措施得当、行动正确,把握好政策时机和着力点适时适点介入市场,不仅能克服市场机制的缺陷、弥补市场机制的失灵,而且还可以有效推动经济的发展。

改革开放后,中国地方政府深入介入和干预地方市场的现象是不争的事实。地方政府在激烈的地方发展竞争中各显神通。因此,研究中国地方政府的行为选择与地方经济发展绩效的生成问题,我们无需争论政府与市场的关系问题,而是应当对地方政府与地方经济发展绩效的关系问题进行实证考察分析,从中挖掘出地方经济发展绩效生成过程中的府际关系因素,包括良好绩效和不良绩效生成的政府因素,在此基础上,才有可能找到政府治理转型和优化地方经济发展绩效的改革方案。

第三节　研究思路与理论分析框架

一、研究思路

本研究采用制度与行为主义相融合的实证研究范式,以地方政府推动地方经济发展的政府过程为研究对象,考察地方政府在特定府际关系治理制度中受到相关府际治理压力因素刺激时,其可能的行为表现以及可能的行为方式,并关注这些行为表现和行为方式对地方经济可能产生的影响与效果。通过对地方政府"刺激—行为—效果"的行动逻辑实证考察,探寻地方经济发展绩效与地方政府经济发展行为模式、地方政府经济发展行为模式、相关府际治理因素之间的关系及相关关系的性质。通过对这些关系发生和性质的了解,分析府际关系治理因素、地方政府经济发展行为模式、地方经济发展三者的内在联系机制。

在上述行为主义的实证研究范式下,本研究舍弃以往从宏观层面解释中国地方经济发展绩效现象特征,转而从微观具体的视角来探寻解释地方经济发展的发生机制。这个微观具体的视角即是以县级政府为研究实证中心,通过考察市县之间和县乡之间的相关府际治理因素对县级政府和乡镇政府经济行为选择的影响,了解县级政府和乡镇政府各自在上级政府所实行的府际治理压力刺激下,如何采取相关经济行为方式,推动辖区经济发展的政府过程,以及其所采取的相关经济行为方式对辖区经济发展产生哪些实际影响。显然,从微观视角探寻解释地方经济发展绩效现象特征,可使研究更真实也更贴近现实,所得出的相关研究结论也更可靠。

本研究采用定性和定量相结合的混合性研究方法。其中定性方法用于理论研究和理论建构,分别采用访谈法、历史文本分析法及观察法实证考察相关社会现象,在此基础上先运用归纳性的逻辑思维提取出本研究的相关研究变量并对之进行概念操作化,再运用演绎性的逻辑思维进行理论研究和理论构建。在理论研究完成之后,首先通过案例研究的实证方法对理论研究所涉及的变量关系进行第一阶段的实证分析,从具体的案例中抽象概括出相关初步研究结论,提出研究的基本命题和理论变量关系模型。然后,再采用定量分析方法对从案例研究中所得出的初步相关研究结论、相关命题和假设进行更为一般化的验证。本研究的技术路线如下图:

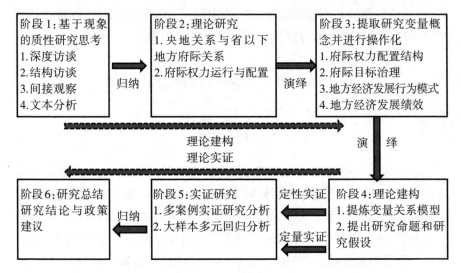

图1.1　研究技术路线

二、研究理论分析框架

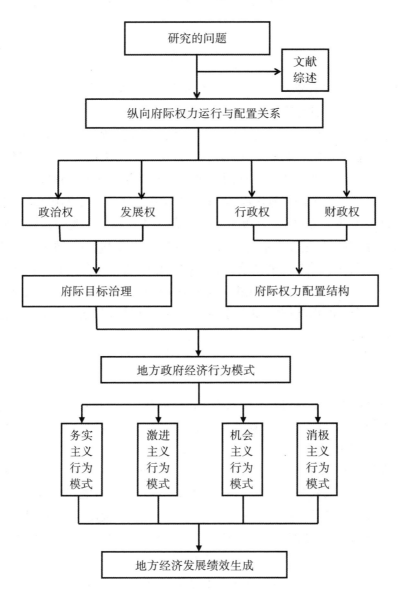

图1.2 研究的理论分析框架

第四节　研究对象与内容

一、研究对象

本书的研究对象是府际权力运行配置及地方政府推动地方经济发展的政府过程。通过对府际权力运行和配置关系展开比较深入的研究，了解相关府际关系治理因素对地方政府的经济行为选择所产生的作用和影响，地方政府在这样的影响下又是怎样做出经济行为的选择，并对地方经济发展绩效的生成又会产生什么样的影响。考虑到我国城市和省域经济在空间上主要是由县区经济所构成，因此县区级地方政府是最直接推动实现地方经济发展的主要力量。为更精准地了解地方政府推动地方经济发展的政府过程，本书拟把该政府过程锁定在以县级政府为中心，通过分别考察市县政府和县乡政府之间围绕着如何推动县域经济和乡镇经济发展的政府互动关系，来了解分析实证相关府际关系治理因素对基层地方政府的经济行为所产生的影响作用，以及县区经济的发展绩效与地方基层政府经济行为之间的关系。

二、研究内容

本书内容依据分为五大研究模块依次展开：

模块一：对嵌套于中央地方关系中的府际治理关系与治理结构进行理论归纳与演绎分析。

通过追溯梳理新中国成立以来央地之间以及地方府际关系之间政治权、行政权、财政权与发展权关系的变化，归纳总结出可能存在的不同府际权力配置结构及其运行模式，并同时进行理论演绎，提出府际目标治理、权力配置结构、地方政府经济行为选择、地方经济发展模式、地方经济发展绩效等概念变量，并对这些变量进行概念操作化。

模块二：理论分析与理论解释模型构建（府际权力运行与配置结构—地方政府经济行为—地方经济发展绩效模型）。

开展质性和扎根研究，通过对地方基层政府及其主政官员的大范围的深度访谈，深入了解纵向府际之间的权力运行模式与权力配置结构，并结合相关典型的事例和叙事研究，深入了解基层政府如何推动地方经济发展的具体府际权力运行和配置情境，并归纳总结出基层政府在特定的府际权力配置结构中，地方基层政府官员在具体的府际权力运行压力下推动本辖区经济发展的行为类型,并在质性研究的基础上形成研究的理论分析框架,建构出本研究的理论解释模型。

模块三:典型地区发展样本的多案例实证分析。

在模块二构建出理论解释模型后,进一步调整和细化概念框架,采用多案例固定标准维度分析单元方法,对提出的理论解释模型进行案例内分析与案例间比较分析。通过多案例对比,考察不同府际权力配置结构模式与不同府际权力运行形式下的基层地方政府经济行为选择、地方政府推动地方经济发展的行为方式和地方经济发展绩效生成情况,进一步提炼出理论解释模型的变量关系类型,并在此基础上提出相应的研究假设。

模块四:对从府际权力运行与配置—地方政府行为—地方经济发展绩效的理论解释模型中提炼出的变量关系类型,并对模型中的研究变量关系的性质与研究假设的定量实证分析。

通过对基层政府所拥有的权力资源配置情况及上级政府对下级政府的目标责任考核进行大样本的问卷调查,采用主成分因子分析方法提炼出各研究变量的公因子,并运用多元线性回归方法验证各研究变量的关系性质,进一步验证模块三所提出的各研究假设,最终确定出各变量之间的关系性质及其影响程度,以进一步理论解释模型的真实程度,拓展理论解释模型的适用范围。

模块五:对府际关系治理因素影响地方经济发展绩效的机理做归纳总结性分析,提出基于优化地方经济发展绩效的府际关系治理改革建议。

结合实证研究的结果,识别影响地方政府经济行为选择的关键政策因素,对府际关系治理因素如何影响地方经济发展绩效进一步做深入的机理性分析,在此基础上,基于优化地方经济发展绩效的考虑,提出推进府际关系治理模式改革的建议。

上述内容模块图示如下：

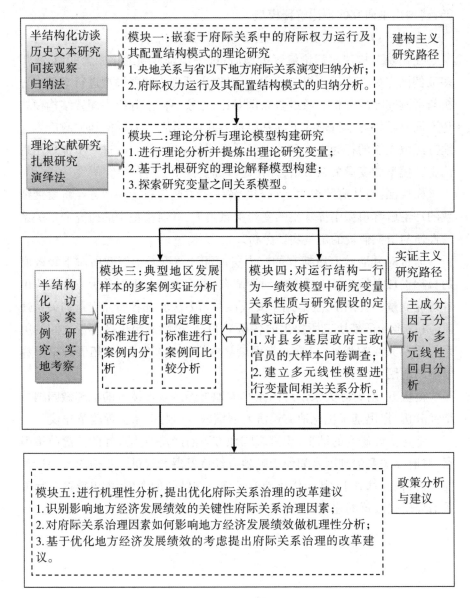

图1.3 研究内容模块示图

第五节 重要概念界定

一、府际权力配置结构

府际权力配置结构是指在纵向府际关系中的上下相邻两级政府之间，上级政府在行政权、财政权两方面通过对下级政府进行权力下放，从而在上下两级政府之间所形成的一种权力分享和配置结构安排。这种权力配置结构安排如果呈现权力整体上收的状态，则表示是一种向上集权型的府际权力配置结构；如果呈现整体权力下放的状态，则表示是一种向下放权型的府际权力配置结构；如果呈现出既有部分权力向上集权，也有部分向下放权的状态，则表示是一种选择性集权或者是一种选择性放权的府际权力配置结构。如果在向上集权型的府际权力配置结构中，上级政府对下级政府进行完全集权抽取资源，以至于下级政府只能发挥维护基本的行政秩序和基本社会管理职能，而没有更多资源支持其履行更多职能作用的话，那么我们就将这种整体集权性的府际权力配置结构称作是"秩序导向型的府际权力配置结构"。如果在向下放权型的府际权力配置结构中，上级政府通过对下级政府进行大量放权，使下级政府拥有很多权力资源能够支持其履行更多职能、鼓励其追求地方经济获得更快更好地发展的话，那么我们就将这种整体性放权性的府际权力配置结构称作是"增长导向型的府际权力配置结构"。如果在选择性集权或者是选择性放权的府际权力配置结构中，上级政府把那些不适宜由下级政府行使的权力进行上收，那些适宜由下级政府行使的权力进行下放，以力求地方经济和社会达到实现良好治理和发展目的话，那么我们就将这种选择性放权或选择性集权的府际权力配置结构称作是"治理导向型的府际权力配置结构"。

二、府际目标治理

府际目标治理是指在纵向府际关系中，上级政府通过对下级政府进行政治权和发展权集权，将其所制定各种施政目标采取某种形式的目标传导机制对其下级政府或其下属的政府职能部门下派相应的目标任务，并同时通过建立相关目标实施机制、目标激励机制、目标强化机制以及目标督导机制，以引导、激励和督促目标任务接受单位整合、调动相关政府组织内外资源努力实现完成目标任务的一种政府治理形式。这种政府治理方式的特点是以"府际任务目标"为治理对象，其治理内涵集合了政治权和发展权的相关内容,通过采取相关治理机制整合和调动各种可以利用的资源来达成政府的执政价值目标,它与现代管理大师彼得·德鲁克所提出的目标管理理论中所述的目标管理既有联系也有区别。目标管理理论强调组织群体共同参与制定具体可行的、并能予以客观衡量的目标,是在泰罗的科学管理和行为科学管理理论的基础上形成的一套管理制度。目标管理追求效益优先的价值目标、重视管理活动的最终成果,强调经理权力下放、以任务接受者的"自我控制"替代企业经理的"压制性"的管理,是参与管理的一种形式(德鲁克,2008)。从形式和方法方面看,目标治理脱胎于目标管理,府际目标治理就是将目标管理的方法和形式引进到政府组织体系内部来强化政府组织责任和绩效管理的一种政府治理方式,它与目标管理一样也强调目标制定和分解、目标考核标准、分工和责任。但从内容、运作机制及对政府目前的影响程度方面看,目标治理已完全不能看作是政府组织内部进行绩效管理的一种手段或方法,而是成为一种政府实施其施政目标、对社会承担公共责任、提供公共服务、实现社会治理、推动经济发展的一种常态化治理方式。也就是说,当下我国政府所有对公民和社会所承担的责任、公共职责履行,以及政府组织体系的绩效管理都必须借助目标治理这种治理方式实现,因而把它看成一种政府治理体系中的常态化治理方式是比较恰当的。

三、地方政府经济发展行为模式

地方政府经济发展行为模式是指地方政府为推动本地方经济发展所采取的具有同类性质或具有相类似特征的行为方式的集合,并且这些具有同类性质或具有相类似的行为方式都能对地方经济发展绩效产生相同的效果作用。本研究根据地方政府所采取的各种推动地方经济发展的行为方式对地方经济发展绩效所产生效果作用的不同,归纳出四种地方经济发展的行为模式:务实主义的经济发展行为模式、激进主义的经济发展行为模式、机会主义的经济发展行为模式及消极主义的经济发展行为模式。其中消极主义行为模式是指地方政府对地方经济采取消极保守态度,并以不干预地方市场的方式作为地方经济发展的一种政府行为模式。在实践中由于该行为模式并不能反映出地方政府对地方经济发展绩效所能起到的真正推动作用,所以这种行为模式并不是本书关注的重点,本书只关注其他三种地方经济发展行为模式。

四、地方经济发展绩效

地方经济发展可以从多个方面进行定义。出于研究的方便和数据的可获得性，许多文献对地方经济发展绩效往往进行简单化处理，通常就以地方经济发展速度或者地方经济生产总值来度量。这种度量方法显然不能反映一个地方经济的真实发展情况，比如不能反映地方经济实际的增长能力、增长的真实性、地方市场活力对地方经济发展的支撑能力、增长的环境成本和能耗成本、增长的可持续性等涉及经济发展的质量和效益的诸多重要方面。本研究鉴于度量地方经济发展绩效存在研究难度，当然不可能做到只设计一个指标把以上涉及增长质量的所有方面都囊括其中，因而拟根据本书中在相关章节中所采取的不同研究方法，分别采取如下度量方法：即在案例研究中对某个案例样本，采用来自其地方市场和地方不同行业所能提供的真实税收作为考察其地方经济发展绩效的基准点。因为根据经验，如果排除了政府所控制的经济（包括地方国有经济）向政府所缴纳的税收，如果向政府所提供的真正来自某个地方市场的税收越多，说明该地方市场交易活动越频繁，地方市场活力就越大，因而该地方经济发展的能力就越强，其经济发展绩效就可能相对越好。在定量实证分析中，通过问卷调查设置地区人均GDP和人均财政收入、地方市场规模、地方市场主体数量三个问题测量项，得到测量数据后进行主成分因子分析提取增长绩效公因子来作为多元回归模型的被解释变量——地方经济发展绩效度量的指标。同时，为在定量分析中更精确分析地方经济发展绩效，在问卷中还专门设置了相关问题项考察测量地方政府是否存在通过"买税引税"行为来增加地方财政收入的现象，以作为度量地方经济发展能力的补充性指标。

第二章　与府际关系治理因素
相关的地方经济发展理论

　　中国地方经济为什么会有如此的活力并能够保持这么长时间的状态？与此同时，地方经济在高速发展的过程中为什么又会出现诸多负面问题？对此，新古典经济学从生产要素投入的角度无法作出正确的解释。正像托尼·赛奇（2006）所形容的"盲人摸象"的说法一样，与对中国地方政府领域研究情况相类似，对探寻中国经济发展这一研究领域经常身陷各种不同的解释之中而苦恼。

　　从一般的经验上看，经济发展取决于各种生产要素在数量和质量上的聚集，而生产要素在数量和质量上的聚集程度直接决定了一个经济体的规模经济和范围经济状况，而规模经济和范围经济显然有利于提高一个经济体的产出。然而，除了生产要素在数量和质量上的聚集之外，一个经济体的经济发展还取决于各种要素组合的方式，因为科学先进的要素组合方式有利于经济体产出效率的提高，并可以催生出新的产品、新的行业和新的市场，进而可能会产生全新的经济运行形态。而要能够产生科学先进的要素组合方式，一要靠企业的管理水平，二要靠科技创新，这两者相互作用，可以促使整个经济体的全要素生产率的提高。

　　如果把上述关于经济发展的经验性看法缩放至一个国家之内的特定地区，那么，上述关于经济发展的一般性经验就可以用来指导地方政府制定促使本地方经济发展的政策。但是，现实中的地方政府是不是真的按照这样的经验制定政策来推动本地区的经济发展呢？地方政府到底是怎样去推动实现本地区的经济发展呢？中国改革开放以来持续四十多年的地方经济发展是怎么实现的呢？要对这些问题做一个全面清晰的回答，首先需要对有关改革开放四十多年来有关于府际关系治理因素相关的解释地方经济发展的理论做一个系统全面的梳理。这里所强调的解释地方经济发展的理论，是指相关研究中将与府际关系治理有关的因素作为解释变量用来解释地方经济发展的学术观点。这里讲的府际关系治理因素，包括府际关系中的主体因素即中央和地方政府、府际关系的客体因素即府际权力的配置与运行、府际关系的行为因素即政府的行为，以及府际关系的体制因素即府际关系体制四大方面因素，其中府际关系体制又包括了府际组织体制、府际权力配置体制和府际权力运行体制三方面的体制。

第一节　地方政府经济理性说

经济理性主义的研究视角是指将地方政府视为"经济人",受经济利益激励下追求经济利益来解释中国经济发展的一种研究视野。从地方政府经济理性的范式出发探讨中国地方政府的经济行为是解释中国地方经济发展的最为习惯性的思维路径,这一思维路径包括了两种理论研究,一是地方自利性理论,二是地方法团主义理论。

一、地方自利性理论

客观地说,从地方自利性的视角来探讨地方政府的经济行为和地方经济发展,还不能将之界定为一个统一的严谨的理论体系。但是该视角为人们打开了观察地方政府在追求地方经济利益过程中驱动地方经济发展的一个窗口。该研究视角认为,改革开放以来,中央对地方的持续放权使地方形成了各自的利益格局,地方的自利性在逐渐增强。地方之间不仅互相竞争,而且在与中央的利益博弈中,地方利益往往置于全国整体利益之上,地方逐渐形成了自身的利益产权,而正是地方政府在追求这种地方利益产权过程中,地方经济获得了增长。有学者于1988年提出"蜂窝状社会组织"说,认为自20世纪50年代末就开始的中央对地方的放权试验,在客观上有利于地方政府和地方官员拓展地方的利益空间,在地方产权利益的驱使下地方政府有较大的自主性权力可以隔断中央权力对基层社会和广大农村区域的统摄,由此就可能逐渐造成中国各地方区域之间的分割,于是在地方各区域之间逐渐形成了缺乏有机联系的"蜂窝状"的社会结构特征(Shue V,1988)。正是这种"蜂窝状"的社会结构特征,在改革开放以后,随着地方产权利益的形成和地方自主性的增强,驱使地方政府越来越自行其是,使中国的中央政治权威体系在地方上逐渐蜕变成一种"碎片化"的威权政体(Lieberthal,1992;戴长征,2004)。而鉴于改革开放以来中央对地方的放权,特别是在财政方面的放权让利改革,改变了政府间原有的利益关系,地方从中央手中获得了为中央所承认的地方产权。

对于地方政府在地方上获取的各种收入,除了向上级政府和中央上交事先规定好的部分外,地方享有剩余产权。这种属于地方的剩余产权驱使地方政府的行动逻辑发生了根本性的变化,地方政府于是逐步演变成从事市场经营活动的经营者(张静,2000)。杨善华、苏红(2002)在这种分析的基础上提出了代理型政权经营者和牟利性政权经营者的概念,认为在市场转型过程中基层政权在地方产权的经济激励下,其行为角色已从代理型政权经营者向牟利型政权经营者转变。又有学者研究发现地方自利性与国有经济有关,只要各级政府仍然拥有相当比例的国有经济,那么在该利益基础上,地方政府行为就不会无偏,更无法做到一个中性政府。这时地方政府既不是纯粹的代理人,也不是完全的自利者,而是具有代理人和自利者双重属性的行动者。地方政府作为"自利者"时,结构化的共识决策、层级化的决策方式和非正式的隐性利益会导致地方政府追求自利。并且在政策制定过程中,为了寻求决策共识而形成的政策空间也给予了地方政府自利的基础,地方政府可以通过开办国有企业等形式直接获取经济利益和通过促进当地企业发展、有序竞争来获取间接经济利益两种方式获得自行性利益(陈玲,2013)。在这里,由地方产权利益所衍生出的地方自利性成为诱导地方政府行为角色发生变异的关键变量,地方经济随着地方政府对地方产权利益的追逐而有可能获得伴随性的发展。

对于地方政府的自利行为对地方经济发展具有何种影响的问题,罗敏(2016)认为,地方政府的合理自利确实能够给当地经济的持续增长与繁荣带来红利,为社会提供更优质的公共物品和公共服务;但超出合理范围之外的政府自利极易导致政府组织或政府个别官员的腐败,致使行政权力的滥用、行政不作为、选择性执行等现象大量产生,最终可能破坏正常的市场经济秩序从而导致"市场失灵",甚至"政府失灵"。徐艳飞(2014)实证分析了地方政府的利益偏好与经济增长的关系,研究结果表明,市场化进程中地方政府自利的经济行为模式显著促进了经济增长,但对地方经济可持续增长的能力,如全要素生产率、产业结构和企业绩效均带来了严重的负面影响。王柏杰、郭鑫(2017)从微观层面分析了资源型地区地方政府行为作用于地方经济发展和产业结构变迁的内生机制,研究表明,地市级地方官员的自利行为对经济增长有显著的正向促进作用,但资源禀赋优势越充裕的地区,地方官员通过开采矿产可以实现"利己"目的,发展其他产业的动力不足,进而一定程度上抑制了地方经济的发展。以上研究说明地方自利对地方经济发展既有积极作用,也会产生一定的危害。

鉴于地方自利可能会对地方经济发展带来的危害,一些学者提出了规避地方自利的对策。康靖(2013)认为应在合理界定地方政府自利性的基础上,合理划分中央与地方的职权,给予地方政府一定的发展主动权,是规避地方政府自利行为的一个重要措施。赵浪(2014)通过系统阐述财政分权体制背景下地方政府的自利性行为的内涵及特征,并分析其具体影响的表现形式,提出政府自利性的三大路径:一是构建约束政府自利性的制度安排,二是合理界定政府职能,三是加强政府官员行政伦理素质的改造。罗敏(2016)则以简政放权为背景,提出从法律规范、道德规范、技术规范三个方面规制地方政府不合理自利行为。

以上这些研究都是从地方产权利益的角度来考察地方政府偏向追求地方利益和地方的经济发展,虽具有一定的合理性,但把地方政府假设成一个只追求地方利益的理性经济组织,把地方政府推动地方经济发展的原因归结为追求地方自身利益的原因,这种归因逻辑不仅过于简单化而且不科学,忽视了复杂的地方政府所具有的多种角色,也忽视了地方政府所处的制度环境对地方政府行为的多方面影响。

二、地方法团主义理论

法团主义是研究"国家与社会"关系的重要理论派别之一,倡导一种国家主导的社会治理理念,允许国家以外的社会力量参与国家治理。其重要代表人物施密特认为法团主义是由数量有限的利益集团构成,并将法团主义分为"国家法团主义"和"社会法团主义"两种类型(Philippe C. Schmitter,1974)。1978年中国进行改革开放后,中央对地方的放权特别是财政方面的放权使得地方政府的行为和角色发生了根本的变化,有国外学者借用社会学理论研究中的重要概念"法团主义"来描述改革开放后地方政府参与推动国家经济和社会发展并享有相应发展利益的政治经济现象。20世纪90年代初期,戴慕珍(Jean Qi)在考察苏南和山东部分地区的经济发展现象之后提出"地方法团主义"理论,引发了国际学术界对改革开放后一段时期中国农村经济发展现象的广泛关注。该理论认为中国的财政体制改革及农村非集体化组织的变化,促进了地方基层政权和本地企业的相互依赖。地方政府通过工厂管理、资源分配、行政服务及投资与贷款,直接影响和控制着辖区内的企业,地方官员在其辖区内直接控制管理经营企业。为获得地方经济利益,地方官员本身成为市场取向的代理人和行动者,同时也把地方政府资源和企业资源整合起来,把政府自身当作一个市场取向的公司来管理,地方政府出于自利为谋取更大的利益而发展经济(Jean Qi,1992)。沃尔德针对改革开放以来中国某些特定地区的地方政府的实际行为表现,提出了"政府即厂商"的论断,认为地方政府特别是那些远离中央权力的地方政府已具有一个庞大的工业组织的特征,由于中央政府对地方的放权,以及在客观上中央政府对地方政府的监控能力下降,地方政府为追求地方利益,不但通过政策法规管理培育地方性市场,而且其本身也深深地卷入了市场经济之中并且直接参与市场活动,影响甚至主导本地市场和地方经济的发展,并且从市场经营中获得利润(Walder Andrew,1995)。地方法团主义理论产生的背景有其特定的地域性和时代性。林南(1996)提出了"地方性市场社会主义"的概念,认为地方性法团主义从根本上说是一种经济学范式,把财政改革作为农村改革的基础,无法解释中国经济社会发展过程中出现多元化的地方发展模式,指出应以"地方性市场社会主义的视角来分析社会主义社会的改革进程",地方性市场社会主义应从以下三种要素来分析中国改革中的经济体制,即社会主义的科层协作、市场调节和地方协调,其中地方协调的角色至为关键。后来包括戴慕珍本人在内的研究指出,苏南正发生着巨变,这使得"地方法团主义"不再适用(托尼·赛奇,2006),不宜再继续用来作为解释中国地方政府行为现象及驱动地方经济发展的一般理论。

从地方自利性和法团主义的研究视角来分析地方政府的经济行为,并将之用来作为解释中国地方经济发展的原因,显然已经变得不合时宜,也不符合理论的解释标准。这两种理论视角诞生于改革开放初期,而如今整个制度环境已经发生了翻天覆地的变化。地方政府在四十多年的改革开放过程中,其角色、职能及行为方式都在发生变化,地方经济发展的动力和活力早已不可同日而语。关键是地方自利性概括描述了地方政府偏向追求经济利益的现象,同样,地方法团主义也只是对地方政府为追求经济利益而表现出企业化的行为模式进行了理论性的概括和描述,它们两者都只是对地方政府偏向追求经济利益的行为表现进行了现象化的描述,并没有揭示出驱使地方政府表现出这种行为模式的背后真正原因,因而就不可能对中国地方经济持续多年的增长做出真正合理的解释。

第二节　府际财政分权说

财政分权理论已被国外学者概括和抽象为两代财政分权理论,分别称之为第一代分权理论(FGT)和第二代分权理论(SGT)(Oates,Wallace E.,2005)。以府际财政分权解释中国地方经济发展的研究起源于财政联邦主义,这种理论以府际关系中的财政分权作为分析切入点来探讨推动中国地方经济发展的制度因素,这种解释中国经济发展的理论由于其研究视角与传统经济理论不同曾一度为学界所推崇。

第一代分权理论本质上是一个规范性的理论架构。在这个架构范围内,某一国家的内部要对不同等级政府的职能进行划分,考虑到不同公共产品具有各自的特点,以及中央与地方在供给公共品各自存在的优势与劣势,他们二者必须在这个问题上进行合理的分工与协作。为了让中央与地方政府都能够有效地完成公共品供给的任务,我们需要在中央与地方政府间实行财税制度的分权处理,同时对于分权的程度与形式做出恰当的安排,目的是让各级的政府在供给公共品时拥有相匹配的财政能力(Oates,1999)。把这类财政与税收的权利在两级政府之间的分配方式以法律的形式进行固定,从而使得地方政府拥有一定程度上的独立财税权,这种方式被称为"财政联邦主义"(Musgrave,1959)。就中央与地方政府之间怎样进行财税分权,以及在公共品供给的职责上如何进行有效的划分,奥茨提出了对后世影响较大的分权定理。斯蒂格勒从微观的视角出发,论证了相较于中央政府,地方在供给辖区居民具有个性化偏好的公共物品方面具有明显效率优势(Stigltiz,1971)。总体而言,通过上述多位学者的研究与总结,第一代财政分权理论的核心点在于:如果我们能够让中央与地方政府之间职责进行相对合理的划分,让他们各自发挥在擅长领域的优势,可以有效地向社会提供公共产品,同时向他们赋予与之相匹配的财税权力,结果便是中央政府和地方政府,都能在自身擅长的领域向社会提供必要的公共产品。从我们现在的角度来看,上述理论判定存在一定程度的理想化。

第一代的财政分权理论,主要探讨的是怎样才能让地方政府以更高的效率向社会供给公共品,第二代的财政分权理论主要关注的是财税分权如何影响地方经济发展。部分研究者通过对改革开放以来我国经济转型的绩效进行分析,发现中央政府在税收分配这个领域给地方政府放权让利,进而对地方管理者产生强大财政收入方面的激励;地方政府谋求本位财政收入的最大化,实行各种力所能及的政策,加速当地经济的增长,与此同时地方之间产生了财政激励竞争。上述现象进一步使得各地政府都采取偏向本地经济发展的措施,并维护市场在资源分配中的核心作用(Montinola Gabriella,Yingyi Qian,Barry R. Weingast,1995;Blanchard Olivier,Andrei Shleifer,2001)。根据上述样本的观察,财政联邦主义的学者总结出一个新的研究方向,探讨财税分权同地方经济增长之间的关联。他们认为一个国家无论是否为联邦制的主体,只要其实行财税分权的制度,该制度都会助力于地方经济的发展(Qian Yingyi,Barry R. Weingast,1997)。他们得出该结论的逻辑链是,如果中央与地方政府实施财税分权,就能够对地方管理者产生强烈的经济增长激励,导致不同地方之间出现的经济增长竞争,当地政府为了提升本位财政收入,便会自然而然地维护地方市场经济的健康运行,最终加快当地经济增长的速率(Jin Hehui,Yingyi Qian and Barry

R. Weingast, 2005；Rodden J., 2003）。在这之后，奥茨为了让上述理论与第一代财政分权理论产生明显的区分，将财政分权与经济增长之间的关联，归纳成为第二代财政分权理论。这一理论虽然主要关注财政分权同经济增长之间的关联，但是其在更深的层次也反映出，财政分权会让当地政府集中关注本地区经济增长，继而忽视其他领域的问题。

　　针对财政分权制度能否加快我国地方经济的发展速度，学术研究领域到目前为止尚未有定论。张涛、邹恒甫以人均国内生产总值增长速度为因变量，以地方政府财政收入占全国财政收入的比重为自变量，基于我国1978—1992年的统计数据，使用Barro-Mankiw增长经验方程，对问题进行回归估计来系统分析财政分权与我国经济增长两者之间的关联，结果发现财政分权和经济增长之间并没有存在明显的相关性（Zhang Tao, Heng-fu Zou, 1996）。然而，林毅夫与刘志强也以人均国内生产总值增长率为因变量，同样使用Barro-Mankiw增长经验方程进行回归分析，但是在财政分权的表达方面，使用省级政府保留的财政收入的增长的额度，作为省级预算收入中的"边际分成率"，并把这个指标作为自变量，基于中国1970—1993年30个省级行政单位的统计数据进行回归分析，所得出的结论是，财政分权这一制度在促进我国地方经济增长方面确有作用（Lin Justin Yifu, Zhiqiang Liu, 2000）。

　　以上两项研究最为关键的不同点是对财政分权采取了不同的衡量方法和衡量指标，从而形成了不同的结论，同时，这两项研究都没有涵盖1994年中国实行分税制以后所形成的经验数据，因而还不能对这两项研究作出全面性评价。

　　在1994年实行分税制改革后，关于财政分权对地方政府行为和地方经济发展的影响，陈抗、Arye L. Hillma、顾清扬（2002）三人所做的一项研究中，认为1994年分税制改革让中央政府加强了预算内财政收入的集权，地方政府会追寻非预算收入来增加自己的利益，这会驱使地方政府从"援助之手"变成"攫取之手"，显然不利于地方经济发展。殷德生（2004）通过研究1994—2001年省际面板数据，结果表明财政分权不仅不能对地方经济发展起到积极作用，而且还加剧了地方经济发展的差异程度。对于上述研究结论，有学者质疑他们没有通过实证去证实分税制后预算外收入的增长是否促进了经济发展，并通过改进对财政分权的度量方法，采用1986—2002年28个省市的数据，并同样使用Barro-Mankiw增长经验方程，重新对中国的财政分权与地方经济发展的关系进行了检验，发现财政分权与经济发展存在明显的跨时差异和跨地区差异效应，其中跨时效应表现为在

1986—1993年间,财政分权与地方经济发展存在负相关关系,而在1994—2002年间财政分权与地方经济发展存在正相关关系。跨地区效应表现为14个人均GDP高于6000元的发达地区,财政分权对经济发展的影响显著为正,而对另外14个不发达的地区,这一影响就不存在(张宴、龚六堂,2005)。为了确证财政分权对地方政府是否存在显著性的财政激励,进而说明地方政府会在财政激励的刺激下偏向具有强烈追求地方经济发展的动机和表现,有学者使用了1993—2000年1860个县级的财政数据,得出了1994年分税制实施之后地方政府所受的财政激励愈加强化了(Xiaobo Zhang,2006)。

为进一步验证财政分权与地方经济发展之间是否存在真正的关系,一些学者通过收集更大时间跨度的数据继续在这方面开展深入的研究,贺俊(2013)利用中国1997—2012年省际面板数据进行实证分析,研究结果表明财政分权与地方经济增长呈现正相关关系。孙勇(2017)使用1999—2007年省际面板数据进行实证分析,研究结果表明财政分权对地方经济增长具有正向效应。林勇(2013)利用1994—2008年30个省份的面板数据,实证研究了财政分权和经济增长、经济波动之间的关系,研究结果表明财政分权对经济具有双面作用,一方面财政分权确实促进了中国经济增长,另一方面财政分权导致中国经济的波动,而波动的根源是分权体制本身(项后军、巫姣、谢杰,2017)。刘亮亮(2018)实证发现财政分权对地方经济增长具有非线性影响,即财政分权与地方经济增长呈现显著的倒"U"形关系,在一定范围内,提高财政分权度有助于提升地方经济增长,但当财政分权度超过某个临界值时,提高财政分权度反而会阻碍地方经济增长。李强(2021)通过构建动态面板模型,实证发现财政分权对经济增长质量在整体上呈现出一种"U"形的非线性影响关系,即在短期,财政分权会抑制经济增长质量的提升;从长期来看,财政分权会促进经济增长质量的提升。

以上有关财政分权与地方经济发展的关系研究都是基于央地财政分权且使用的是省级面板经济数据进行的研究。为更进一步探索省以下府际财政分权与省以下地方经济发展的关系,一些学者立足地方的层面研究地方府际财政分权对地方经济的影响。吴雅琴(2013)通过对1999—2011年全国31个省级面板数据的实证分析,检验了省级财政分权水平对地方经济增长的影响,总体上看,财政分权水平对地方经济增长具有正向影响。在区域层面,财政分权对地方经济增长影响程度最大的是东部区域省份,中部次之,西部最低。这种研究结论说明现行的财政分权不利于缩小地区间经济增长差距,需要根据经济发展所处的不同阶段,动态调整财政分权政策以促进区域协调发展。缪小林(2014)等学者研究发现,地方财政分权与县域经济增长呈现出显著的倒"U"形关系,地方财政分权主要通过影响财政支出行为进而影响县域经济发展,并且在地方财政分权影响县域经济增长过程中,地方政府的财政支出行为存在明显的经济行为依赖和地区特征依赖,越是重点发展或富裕地区,实行财政分权更有利于促进县域经济发展。刘文彬(2020)发现府际财政分权在实际经济增长、经济增长目标和计划外增长方面的效应方面并不同步,而且还呈现地区差异性。实证结果表明,从全国范围来看,财政分权对实际经济增长的正向影响主要体现为对经济增长目标的拉动作用,而对计划外增长影响较弱且不甚显著。从地区来看,东部地区的财政分权对实际经济增长的正向影响,更多地体现为对计划外经济增长的驱动,而西部地区的财政分权则主要是通过影响由政府直接调控的经济增长目标来实现的。田川(2020)通过选取我国284个地级市面板数据,实证分析地方分权对区域经济增长的空间效应发现我国经济发展具有明显空间差异性,提出各地区在制定经济发展策略时,应该赋予地方尤其是中西部地区更多经济权力,以实现经济协调发展。

随着府际财政分权研究视角的深化和细致,有学者开始把财政分权与政治集权结合起来在更大的视野范围去探索推动中国地方经济发展的府际因素。付勇(2010)认为中国所实行的财政分权的独特之处在于,在经济分权的同时,保持了政治上的集中(Edin Maria, 2003;Huang Yasheng, 1996;Wong Christine P. W., 1991)。他把财政分权与政治集权结合起来分析中国地方政府为什么长期以来都偏向追求地方经济发展,并认为是整个"中国式分权"而不仅仅是财政分权重塑了地方政府的行为取向,使其转变为增长型政府。其中,财政分权与政府竞争都是决定地方政府财政支出结构和收入结构偏向的重要因素。在地方上,"中国式分权"并没有提高地方政府对公共物品的有效供给,对地方政府而言,提供公共物品"非不能也,而不为也",地方政府注重经济发展而不愿意提供公共品的原因主要不是因为财力不足,而是缺乏提供的积极性。在这里,付勇已经初步注意到了存在于中国央地关系之中的府际权力配置架构是促使中国地方政府偏向追求地方经济发展的制度原因。闫笑(2018)则更进一步考察了以财政分权和政治集权为核心的制度安排塑造了中国地方政府间的经济竞争行为对FDI流入的促进作用及由此途径所引发的经济增长效果,研究发现中国特殊的政府间经济竞争的制度安排虽然促进了FDI的流入,进而促进了经济增长,但地方政府的引资竞争优惠行为削弱了FDI的增长效应。

上述从多种角度研究财政分权与中国地方经济发展的关系使得研究

愈加复杂化。无可讳言,起源于市场维护型财政联邦主义的财政分权理论独到而精致。它概括归纳出了标准的理论分析框架,将府际关系中的财政分权与地方经济发展之间的关系进行一般化推广,不仅深化丰富了财政分权理论,让人们对财政分权的认识从居民公共福利转向了国家的经济发展,更为重要的是打破了标准的西方新古典和新自由主义的理论框架对经济发展的认识,把国家的经济发展与政府财政治理制度相联系在一起,以中国经济转型的绩效,从理论上论证即使是在非联邦制非西式的民主国家,如果其国家制度具备市场维护型财政联邦主义条件的话,实行财政分权就有利于国家的经济发展。然而,尽管财政联邦主义理论具有非凡的理论意义,但我们如果对其理论逻辑链条进行仔细推敲的话,就可以发现该理论仍然具有难以克服的逻辑瑕疵。

按照财政联邦主义的解释逻辑,在符合其标准理论框架中的基本条件的情况下,如果中央政府和地方政府之间实行了财政分权,那么就可以对地方政府产生强大的经济激励,又因为地方之间的经济竞争,地方政府为获得财政收入利益,就自动会实行维护地方市场的政策,作出有利于地方市场的行为,从而促使地方经济获得增长。以上逻辑看似无懈可击,但是我们不禁会问:在财政联邦主义的理论条件下,地方政府为什么会自动采取维护市场的政策,作出有利于地方市场的行为(Rodden Jonathan, Susan Rose-Ackerman, 1997)? 地方政府采取维护市场的政策,地方经济就一定会自然而然地增长吗? 反过来,地方经济的增长是否就取决于地方政府的市场维护行为(Rodden Jonathan, 2002)? 显然,对于上述这些疑问,财政联邦主义理论至今都未给予解释和验证(Cai Hongbing, 2006)。许多学者通过实证检验分析其他同样实行了财政分权的国家,并没有发现在财政分权与地方经济发展之间存在绝对性的一般关系,就连当时参与提出该理论的学者后来也承认,用财政分权单一变量来解释中国的地方经济发展并不恰当(Chenggang Xu, 2011)。

第三节　官员治理说

政府组织作为政治性组织,政治理性也应当是考察地方政府行为重要的方面,所以政治理性也应当是分析地方政府行为理性的一个极其重要的理论视角。实际上,府际关系中的能动主体就是由担任各级政府组织机构职务的各类官员所构成,因此官员治理是府际关系治理的一个重要方面。相比较于从经济理性主义的研究视角来分析地方政府行为理性进而解释地方经济发展的原因,从与政治理性主义相联系起来的官员治理的角度来分析地方政府的行为理性进而解释地方经济发展,显然存在分析视点的本质差异。综合目前学术界从政治理性视角来研究地方经济发展绩效问题的研究理论,可以进一步区分为以下具体两方面的研究:

一、官员政治激励说

政治激励是指中央或上级政府通过政绩考评手段,对下属地方政府主政官员政治地位予以肯定或否定而驱使地方政府官员努力执行中央或上级政府执政意图的一种激励手段。相比较于经济激励方式,政治激励更微观、更近乎地方官员的心理来反映地方政府行为的出发点。

美国学者玛丽亚认为,中国地方政府积极扮演介入地方经济发展过程的角色并不能简单地归因于财政激励,非经济激励特别是政治激励,同样起到了十分重要的作用。中央政府在经济上赋予地方自主权的同时,加强了对地方官员的政治和行政控制,以保证地方政府优先完成自己下达的任务。其中最重要的机制是借鉴企业责任体系建立的干部责任体系,即岗位目标责任制。在这种责任制中,地方官员同上级政府签订绩效合同,并对绩效负责,上级政府根据下级官员对自己下达的任务忠诚和绩效决定他们的任用,从而在地方官员之间引入了有效的竞争机制,以保证地方政府的行为符合上级的意志(Edin Maria, 2000)。有学者(Blanchard and Shleifer, 2001)发现地方官员职位的变更会对经济增长产生不利影响,如果中央政府对阻碍地方经济增长的官员进行惩处,那么地方官员掠夺辖区内企业的可能性将大增,导致地方经济增长放缓(何显明,2007)。伊斯特利(William Easterly, 2005)认为官员晋升激励有利于经济增长,适当的激励对政府促进经济发展至关重要。

对于地方政府发展经济的行为动机,国内文献中最早从政治激励的角度解释是“晋升锦标赛”理论。基于业绩排序的锦标赛(rank-order tournament)最先由拉齐尔和罗桑(Lazear and Rosen, 1981)提出,用于研究科层组织中晋升机制和岗位薪酬等问题,其特点是关注参赛代理人的相对排名而非绝对成绩,它能够有效激励代理人围绕委托人所设定的目标展开竞争。周黎安(2004)提出官员“晋升锦标赛”说。该说认为地方官员在上级所实行的以经济发展为导向的相对政绩考核的政治激励的驱使下,为了获得政治地位的晋升,会不遗余力地采取各种措施以促进本地区的经济发展,因为最终能够获得晋升的官员毕竟是少数,所以地方官员之间存在着为获得政治晋升而进行具有锦标赛性质的竞争(周黎安、李宏彬、陈烨,2005)。又因为政绩考核的标准是以地方经济发展业绩为导向,所以地方政府行为必定是以促进地方经济发展为重心(周黎安,2007)。"晋升锦标赛"说所蕴含的一个解释逻辑是,既然地方官员的政治晋升以辖区的经济发展为竞争标尺,那么地方政府偏向地方经济发展的行为就不可避免,而地方政府一旦偏向追求辖区地方经济发展的话,那么辖区地方经济就一定可以获得增长。这种解释逻辑比较合乎地方官员作为政治人的政治理性,鉴于此,张军(2005)把地方官员为获得政治晋升而尽可能追求地方经济发展的行为现象称为"为增长而竞争",徐现祥(2005)干脆将地方官员通过促使地方经济发展来获取官阶晋升的竞争性增长概括为"经济发展市场"。还有一些学者对官员晋升激励对地方经济发展的作用进行研究拓展,如李勇刚(2013)等学者使用1999—2010全国31个省区市的面板数据,构建面板数据联立方程模型检验了官员晋升激励对土地财政的影响,进而考察了土地财政和官员晋升激励对全国层面及区域层面经济增长的影响。研究结果表明晋升激励与土地财政存在正向互动关系,地方政府官员参与晋升竞争的行为促进了土地财政的显著增加,而土地财政反过来推动了官员晋升激励程度的提升;官员晋升激励和土地财政对经济增长的影响显著为正,地方政府官员晋升激励及由此导致的土地财政的增加,引起经济增速的进一步提高。钱伟刚和应琛(2016)指出经济逻辑是地方治理发挥作用的根本动力,通过官员晋升锦标赛机制,中央将具有晋升激励偏好属性的地方官员置于既定激励目标之下,极大地提升了地方经济增长水平。

在注意到政府官员晋升锦标赛对经济增长的正向效应的同时,部分学者也发现这种政治激励对经济增长的实现路径可能带来负效应。皮建才(2009)认为尽管地方官员的晋升激励能带来为增长而竞争的好处,但是也会带来地方重复建设的坏处。刘伟(2016)认为政治激励虽然解决了地方官员发展经济的动力问题,但是由于晋升博弈的零和性质,这种激励机制也带来了许多负面影响,产生了地方官员竞争中所谓的"竞争效应"和"极化效应",导致市场分割、支出结构偏向等一系列影响经济发展的问题。王华春和刘清杰(2016)认为晋升锦标赛下的晋升激励会引导地方政府官员在任期内开展以地区生产总值快速增长为主要目的的绩效竞争,由此引致的经济增长并不具有可持续性。江新峰(2017)对地方政府的官员激励对企业投资的影响进行研究,发现地方政府官员激励加剧了企业向行业中最高投资水平趋近的最大值同群效应,进而导致企业层面的投资过度。王砾(2018)研究证实,地方官员在晋升激励的作用下,辖区企业创新数量和质量都会显著降低,这种抑制作用在地方国有企业、市场化程度更低和有政治关联的企业中表现更为显著。

上述诸种理论观点把官员的晋升激励作为解释中国地方经济发展的唯一原因或者是最重要的原因,我们认为其中的解释逻辑存在难以周全的瑕疵,因为地方官员追求政治晋升并不完全是地方政府偏向追求地方经济发展行为发生的实际原因。"晋升锦标赛"说的政治激励的观点只是单向肯定地从地方官员一定会追求政治晋升的激励方面考察地方官员偏向追求经济发展的动因,它无法解释那些本来就晋升无望的地方官员仍然采取各种措施不遗余力地去追求本地方经济发展的现象,也无法解释许多地区的地方官员故意隐瞒经济发展政绩的现象(段润来,2009),更无法解释近些年来许多地方在改变了对地方官员以地区生产总值作为政绩考评标准的情况下仍然热衷于追求地方经济发展的现象。因此"晋升锦标赛"说只能说是在部分程度上对地方官员过分偏好追求经济发展的行为动机有一定的解释力(陶然等,2012)。

为进一步揭示"晋升锦标赛"说在解释中国地方经济发展所存在缺陷,有学者尝试用定量分析的方法分析官员政治激励对中国地方经济发展的作用到底有多大,是否因条件不同而有所不同。他们将省长晋升为本省省委书记作为样本,作为识别政治晋升激励的自然观察平台,并采用倍差法发现,中国地方官员对政治晋升激励作出有利于辖区经济发展的反应,不是绝对的,而是有条件的,会因官员的年龄和任期而异。年龄越大,政治激励的作用越小;任期越长,政治激励的作用越大(王贤彬、徐现祥,2010)。

另外,从中央或上级政府有可能通过否定地方官员政治地位的政绩考评的思考角度出发,段润来建构了一个惩罚性的政治激励模型来考察地方政府偏好于追求辖区经济发展的行为现象。他认为,中央政府的主要激励手段不是奖励而是惩罚,没有努力发展经济的省级领导人将被降低权力(调离到一个权力较小的职位上去或者提前退休),那么,没有人敢选择偷懒,每一个人都会努力使自己所在地方的经济发展率至少达到中等水平。正是这种惩罚激励省级领导人不遗余力地发展地方经济。由于不同级别地方政府的同构性,这一结论也可以推广到省级以下政府(段润来,2009)。在他看来,相比较于晋升激励,惩罚激励与地方官员努力追求经济发展行为之间有着更为密切的关系,对于这种结论的可信性,尽管段构造了地方官员的效用函数并通过数理分析手段来进行推导验证,但这种结论的正确性仍然欠缺严谨的微观实证验证分析。

有学者注意到"晋升锦标赛"说只将地方政府官员追求地方经济发展的执政行为和动机做简单化处理,并没有考虑不同政府层级或处于不同年龄阶段的地方官员有着极不一样的激励动机和激励反应。在"剧场政治"说的研究视角中,把地方官员特别是基层官员争取晋升的行为比喻成剧场政治中的前台和后台行为,地方官员平时所表现出倾向追求经济发展的行为是剧场中演员的"前台"行为,这种行为只是为"后台"运作晋升做铺垫的表象性行为,只是获得晋升的必要条件,而不是充分条件,因而地方政府偏向追求经济发展的行为完全只是出于地方官员为了实现晋升的"剧场政治"表演的需要(陈潭、刘兴云,2010)。因此,按照该说的观点,官员的晋升激励并不能作为解释地方经济发展的唯一有效解释变量。随着研究的深入,也有学者发现所谓基于经济增长业绩的地方官员"晋升锦标赛"理论,与现实制度运行逻辑存在诸多不相容之处,很难成为中国经济增长的解释性理论。如吕冰洋(2022)实证分析表明,财政激励制能够解释地方经济增长的17.98%和投资增长的31.63%,而官员晋升激励的影响并不显著,从而指出地方政府在制定经济增长和投资目标时并不显著存在锦标赛机制。还有一些研究发现"晋升锦标赛"并不是全国普遍现象,只在部分地区存在(Mei,2009;Landry,2014)。政府考核的目标一直是多元化且随时间而变化,地区生产总值不是唯一的核心考核指标(Zheng et al.,2014)。另有一些学者对"晋升锦标赛"的作用范围和程度存疑,认为"晋升锦标赛"至多可能只在某些层级、部分地区或某段时期存在。"晋升锦标赛"在不同的层级影响不同,对于高层级的官员,其他因素的影响更大(Landry et al.,2018)。

从官员晋升激励的角度来揭示中国地方政府的行为模式并在此基础上解释中国地方经济发展的原因,无疑是开辟了一个新的视角,这个视角将中国人事政治制度与地方政府行为和地方经济发展联系起来,更是突破了西方传统研究经济发展的范式,因此其理论意义也是相当的。然而,正如本书前面对该理论所评价的一样,该理论不仅在逻辑解释力上存在一定程度的瑕疵,也与事实经验存在一定的脱节,因为它无法解释有些地方政府在改变以地区生产总值为政绩考核中心标准的情况下仍然偏向追求经济发展的现象,也无法解释某些地方官员在其所在执政辖区的经济发展政绩并不突出的情况下仍然得到晋升的现象。特别是在省以下层级的地方政府,经验事实告诉我们,官员晋升与地方经济发展之间的关系更难以得到证明。"剧场政治"说所提出并经实证的观点对官员晋升激励理论的解释逻辑进行了有力修正性回应。

二、官员职位治理说

官员的职位治理包括了官员来源、去向、任期、更替、交流及培养等方面的环节。基于中国高度的政治体制,中央和上级政府在考虑对地方进行领导干部任免及使用时,一般都会将干部人事管理与地方的发展和稳定联系起来对地方领导干部进行任命、使用及管理。因此,学界在探讨官员政治晋升激励对地方经济发展的影响发现其存在解释缺陷时,有部分学者开始将研究视角转向官员的职位治理,并将之与地方经济发展问题相联系起来进行研究。

国外有关文献基于官员是政治理性人的假设,比较早就开始研究政府官员任期、更替等特征与经济增长的关系。如 Besley 和 Case(1995)以1950—1996年美国州长竞选为研究对象,分析了任期限制与选民、税收及经济增长的关系。Pierre F.Landry(2003)以中国1990—2000年的地级市市长为样本,研究官员任期与城市经济增长的关系,研究发现城市经济增长的效率对官员任期或晋升的影响较小,但干部退休制度的实施缩短了干部任期。琼斯和奥肯(Jones and Olken ,2005)以1945—2000年130个国家或者地区领导人数据为样本,研究此期间这些国家领导人自然或者意外死亡导致领导更替对经济增长的影响,该研究发现经济体的经济政策及经济增长绩效会受到领导人更替的显著影响。加西亚-韦格(Garcia-Veg et al.,2005)通过实证分析得出了官员任期与经济发展呈非线性关系的结论。Garcia-Vega and Herce (2011)借助西班牙1980—1998年的区域数据验证了官员任期通过降低公共资本生产率与经济增长存在负相关关系。

国内学者主要从我国的府际政治体制框架出发研究了地方政府官员治理与地方经济增长的关系(张伟,2019),最主要侧重于官员任期与地方经济增长关系的研究,研究观点主要分为两种:

第一种观点认为地方官员任期与地方经济增长呈线性关系。顾海兵、雷英迪(2013)以264个地级市2002—2011年10年间市委书记和市长为研究对象,论证了地级市市委书记和市长的平均任期长度为3.35年,市级层面官员任期明显低于5年。同时,该研究还发现市级层面官员的平均任期长度与人均GDP平均增速呈正相关关系,且这种相关性在经济基础好、市场化程度较高的区域更高。庞保庆等(2016)认为中国实行的不固定任期制度强化了官员的晋升激励,官员任期与经济绩效呈直线型关系(张伟,2019)。耿曙等(2016)研究发现官员任期的不明确增加了官员的政绩压力,加强了中央对地方、上级对下级的激励,官员政绩压力发挥得淋漓尽致,中国经济增长因而不断拔高。庞保庆(2016)研究认为不固定任期制度强化了官员的晋升激励,并使得官员任期和经济绩效之间呈现出直线型关系。在不固定任期制度下,官员无法预期上级的考核时点,只能预期上级时时都在考核,为了获得上级的认可,官员不断提供好的经济绩效。张伟(2019)以2010—2015年中国90个经开区数据为样本,研究了官员任期、晋升压力与经开区经济增长之间的关系,研究表明官员任期与总量经济指标正相关,与经济增长率负相关,晋升压力与经济增长率存在正向促进作用。

第二种观点认为地方官员任期与地方经济增长之间呈非线性关系。有学者研究了官员任期制、异地交流与地方经济发展之间的关系,通过利用1978—2004年在各省份(西藏除外)任职的省(包括自治区、直辖市)委书记和省长(包括自治区主席和直辖市市长)的详细信息以及省级经济发展的数据库,考察了中央对省级领导官员的任期限制和跨省交流是否影响了地方的经济发展绩效,证实了官员任期制和异地交流制度总体上对地方经济发展存在正面的推动作用。同时,他们的研究还发现,20世纪80年代初开始实行的官员任期制,官员任期与经济发展的关系呈现出与西方选举制情景下相似的倒U形特征,如果官员在某一职位时间过长或面临年龄限制而即将终结任期,就会改变目标函数和决策方式,弱化激励水平(张军、高远,2007)。徐现祥、王贤彬和舒元(2007)三人也对官员任期和异地交流与地方经济发展之间的关系做了实证检验研究,同样得出了官员任期与经济发展之间存在倒"U"形的关系的结论,并认为存在最优官员任期。而对于官员异地交流与经济发展之间的关系,他们的研究发现,就整体而言,省长交流能够使官员交流流入地的经济发展速度提高1个百分点左右。段俊宇(2016)从省级地方政府官员特征的角度探讨了政治激励下的地方经济增长现象。研究结果表明,官员任职期限对经济增长的推动作用具有重要影响,省级官员的任职期限与经济增长之间也呈现倒"U"形关系。政治激励无疑是推动地方经济增长的重要力量,而随着官员任职期限的增加,地方经济增长率会有所下降。李杨(2017)研究发现地方经济的发展与官员的任期存在显著正相关关系,地方投资随着官员任期的变化存在先升后降的倒"U"形关系,并且投资在官员任期对地方经济增长的影响中起着至关重要的中介作用。曾湘泉(2020)总结并考察了官员晋升机制与经济社会发展的关系,发现官员的晋升努力会对地方经济发展起到显著促进作用,但这一效果随着任期增加而趋于减弱。李智等(2021)对2000—2014年我国地市级主政官员任期对城市经济增长速度的影响效应进行研究,发现2006年及之前这一效应呈现出明显的倒"U"形曲线特征,而2006年之后官员任期对城市经济增速的作用则显著降低。整体样本显示地市级主政官员对城市经济增长正向效应的最大值出现在第四至五年,过早提拔或更换官员可能无法充分发挥其对推动地方经济增长的正向作用。陈芳

(2022)基于长江经济带108个城市数据,采用多期双重差分法分析长江经济带各市官员异地交流及任期对绿色发展的影响效应。研究表明官员异地交流有助于绿色发展水平提升,来自中央和长江经济带带内的官员交流更有利于当地绿色发展;考察期内,官员任期与长江经济带绿色发展水平呈显著"U"形关系,任期越长越有利于绿色发展水平提升。

值得一提的是,官员任期对地方政府行为及地方治理水平的倒"U"形效应似乎已成为主流理论分析框架。但也有学者研究发现官员任期与辖区经济增长关系的显著性受到不同研究特征的影响,尤其是倒"U"形效应的实证结果显著受到样本量、样本行政级别、官员类型、因变量指标选取、固定资产投资率变量选取等研究特征的影响。并且,体现官员任期与辖区经济增长之间呈倒"U"形关系的实证文献存在较为明显的发表偏倚问题(董志霖,2020)。

此外,有学者从官员任期对经济增长影响的实现路径方面进行了研究,主要体现在产能过剩、科技投入、营商环境、财政支出及投资活动等方面。干春晖(2015)等人从地方官员任期的角度探讨企业产能过剩的成因,研究结果显示:任期的第四至五年为地方官员晋升的关键时期,与其他年份相比,在该时期地方官员晋升的几率较高。为了追求经济绩效,地方官员在该时期有激励向企业提供相对较多的土地和融资优惠(周陈,2019)。当获取关键性资源的成本降低时,企业有扩张产能投资的冲动,导致产能利用率下降,形成过剩产能。魏婕等(2016)实证得出中国官员由于任期限制会在有限时间内对政治激励做出强烈的反应,基本手段是通过利用财政倾斜支出偏向来提高经济增长的数量,从短期和显性释放信号以获取优势,而对着眼于长期的经济增长质量缺乏兴趣,所以中国经济增长质量长期呈现不高的状态(魏婕、许璐,2016)。卞元超(2017)采用2000—2014年中国各省区省长和省委书记的面板数据,实证考察了官员任期对地方政府科技投入的影响效应。研究发现考察期内,省长任期及其二次项对地方政府科技投入的影响效应是不显著的,而省委书记任期对地方政府科技投入的影响效应呈现出"U"形特征,且最低点出现在省委书记任期的第四年。郭平(2018)发现,民生财政支出的扩张倾向随着官员任期的增加而下降;高学历和年龄相对较大的官员更偏向民生财政支出。后小仙等(2020)实证发现官员任期与营商环境优化呈倒"U"形关系,地方主官在任期的不同时段,因其潜在激励的差异,对营商环境优化的努力程度不尽相同,从而造成官员任期与营商环境间的非线性关系。潘婉彬(2021)研究发现官员任期与对外直接投资存在"U"形关系,进一步研究发现由于"晋升锦标赛"导致的"重生产"偏好及官员变更导致的政策不确定性和政企关系重建,地区对外直接投资在任期初期会受到抑制,但随着任期的增加,这种负面影响会逐渐减弱甚至在后期会出现增长趋势。

除了任期以外,还有一些学者对官员的来源、去向、更替、培养与地方经济发展之间的关系做了实证研究。徐现祥、王贤彬二人发现,从官员来源的角度看,省委书记、省长如果来自中央部委的话,所在地区的经济发展绩效显著地低;从官员离任后去向的角度看,调任中央的省委书记、省长其所在地区的经济发展绩效并未占有优势,甚至显著地低(王贤彬、徐现祥,2008);从官员的更替方面来看,发现省委书记、省长更替对辖区经济发展有显著的负面影响,这种影响的程度因地方官员更替频率、更替的地方官员的年龄等因素的不同而异,地方官员更替主要是影响辖区的短期经济发展波动,并不影响长期的经济发展趋势(王贤彬、徐现祥,2009);从官员培养与地方经济发展的绩效方面看,发现京官交流是以培养为主,培养成本的是辖区经济发展显著地放慢1个百分点左右。在一个任期的培养锻炼结束后,无论是从职业发展还是经济发展角度看,培养后的绩效显著提高(王贤彬、徐现祥,2011)。杨海生(2014)等人以1999—2013年地级市官员变更为样本,实证考察了政策不稳定性对经济增长的影响。研究结果表明,官员变更所引发的政策不稳定性对经济增长有显著的抑制作用。其中,不确定性预期对经济增长的负面影响更为突出;官员变更对经济增长的财政影响总体上要强于其信贷影响,但财政政策渠道传导的主要是官员短视性政策行为对经济增长的负面影响,而信贷政策渠道传导的则主要是官员变更引发的政策不确定性预期(王贤彬、黄亮雄,2020)。Tsai(2016)基于省级地方政府的研究则发现省委书记和省长的任期对地方政府财政支出并未产生显著的影响。乔坤元等(2014)考察了官员中期排名对地方经济增长的影响,发现二者之间显著相关。官员的上一年度的中期考核成绩越好,本年度的地方经济发展水平越高。进一步的研究探讨了前任官员中期考核成绩在其中的作用,结论表明前任官员的中期考核成绩越好,现任官员治理下的地方经济发展水平越高;如果前任官员中期考核成绩相对较差,则现任官员治理下的地方经济发展水平相对低一些。

从官员治理的视角来考察地方政府偏向追求地方经济发展行为,在很大程度上克服了"经济理性说"把地方政府简单地看成经济理性人的弊端,让人们注意到,现实中的地方政府偏向追求地方经济发展的行为,不仅与地方官员的政治晋升激励存在紧密关联性,也与官员的职位治理存在一定的关联性。正如有学者在比较中国和俄罗斯、中国和印度的国家转型过程中,发现这些国家在20世纪90年代之后有着极不一样的经济发展绩效,并认为这种经济发展绩效差异不是财政分权造成的结果,而是政府治理上的差异造成的,其中最关键的政府治理的差异就是这些国家对地方政府官员治理差异不同导致了不同的国家经济发展绩效(Zhuravskaya, Ek atrina, 2000;Bardhan, 2002)。

出于对官员晋升激励与经济发展之间的未解疑问,有学者把官员职业治理与地方的经济发展联系起来,试图在具有中国特色的政治人事管理制度和经济发展之间建立起相关性的联系渠道,拓展有中国特色的政治经济学关系,探寻新的政治激励形式对促进地方经济发展的作用。张军和高远、徐现祥和王贤彬四人在这方面已经起到了开拓性的作用,正如前面所述,他们四人分别对官员的任期制、异地交流、官员的来源、去向、更替、培养等涉及官员职业管理的相关重要环节与地方经济发展之间做出了初步的实证检验分析,得出了一些重要的结论,这些结论对干部的使用与管理有很好的借鉴参考意义。但是,作者认为一个地区的经济发展可能与地方官员的职业治理存在一定的关联性,但对地方经济发展起关键性作用的并不真正在此。因为很多国家在官员的任期制、异地交流、更替和培养管理方面都已比较成熟。而在中国,关于官员的任期制、异地交流、更替和培养等方面的制度在汉代开始就已经建立起来(钱穆,2005;周振鹤,2005)。而且,即使现行关于官员的职业管理与地方经济发展之间存在一定程度的相关关系,但毕竟这只是一种相关关系,并不能将之按照因果关系来给出结论。因此将官员职位治理与地方经济发展相联系的时候应当予以必要的慎重。

第四节 地方政府竞争说

有关地方政府竞争的理论研究可以追溯至亚当·斯密,他分析了政府竞争与地方经济增长的关联性,提出了政府竞争影响的差异性效应,并从劳动力等流动性生产要素对地区税收差异的理性应对角度,剖析了上述影响的作用机制。哈耶克则从构建社会和经济秩序问题论及"地方政府竞争",提出地方政府竞争可以提升公共品供给的效率。新制度经济学的代表人物诺斯认为国与国之间的竞争促进了国家开展产权界定和经济增长,并提出组织间的竞争将促进组织产生完善自身制度的激励(Douglass North, 1993)。同样,这种竞争也适用于国家内部地方政府间的竞争(诺斯,1994)。综合起来,西方国家有关地方竞争与地方经济发展之间的关系主要有以下四种理论：

一是"用脚投票"理论。蒂伯特最早构建了地方政府管辖权竞争模型，来说明地方政府为避免本辖区居民和要素资源的流失必须满足本辖区居民的公共服务偏好与诉求。他提出在劳动力自由迁移和偏好差异的前提下，劳动力"用脚投票"现象的存在会对地方政府治理赋予外部压力，在居民可以自由迁徙流动的压力下，地方政府不得不为人口资源而竞争。这也会倒逼地方政府为避免税源和生产要素流失，努力提升自身运行效率和公共品供给的质量和效益。在此情况下，地方政府的行为选择就受到了很大的约束，必须以辖区公民的偏好需求为行为选择的落脚点(Tibout, 1956)。蒂伯特模型是一个相当理想化的政府竞争模型，该模型揭示出地方之间的竞争对地方政府行为的选择和约束影响。奥茨等以数理模型演绎了"用脚投票"机制，指出市场机制会引导公共品资源配置，并在公共品供给等方面实现帕累托有效，但这种模型演绎的假设前提比较理想化(Oats, 1972)。

二是"税收竞争"理论。Break (1976)提出地方政府为吸引投资，会竞相调低税负，从而导致其财政远离提供最优公共服务的收入水平。Wilson (1986)对Oats设定模型进行了修改，将原先设定的对固定资本征税更改为对流动资本征税，但也得出了与Oats设定模型相反的结论，即地方政府竞争的无效性，地方政府对生产要素的征税行为会导致公共品资源配置的无效率。

三是"利维坦"理论。无论是"用脚投票"理论，还是"税收竞争"理论，都是以居民"福利最大化"作为目标函数来构建模型，但实际上地方政府可能是"自私"的、"无效率"的，也可能是追逐自身的政治或经济效益最大化。地方政府行为动机是决定地方政府竞争效应的重要因素。所谓的"利维坦"模型，(Leviathan model)，正是以地方政府的自利化动机为假设前提，在许多学者看来，这种研究设计更具"合意性"。Brennan等(1980)指出，税收竞争可限制"利维坦"政府的自利行为，从而有助于增进效率。Edwards等(1996)也指出"利维坦"政府的税收竞争行为可能实现居民的福利增进和改善(Edwards, 1992)。

四是综合竞争理论。布雷顿构建了一个更综合的政府竞争模型，在他的模型里，政府竞争的形式表现为地方政府之间的横向竞争和层级政府之间的纵向竞争，并提出了"竞争性"政府的概念(Breton, 1996)。有学者探讨了联邦制下的竞争性地方政府的公共支出行为特征(Keen Michael, Maurice Marchand, 1997)。德国学者何梦笔在布雷顿提出的政府竞争理论基础上，从空间维度出发，结合中国的国情对中国的政府竞争状况进行了系统的分析。他认为,中国地区之间存在的巨大差异,导致地方政府对中央统一的政策往往产生不同的反应,特别是分税制改革,使地方政府之间的竞争越来越激烈。而正是这种竞争机制,不仅是推动中国经济发展的重要动力机制,也是形塑地方政府偏向追求经济发展的重要推动力量(Carsten Herrmann-Pillath,2009)。

西方地方政府竞争相关理论研究都认为地方政府竞争是客观存在的,这种类似于市场竞争的压力能够限制地方政府行为提高政府财政效率,改善公共服务,地方政府竞争压力下通常会选择在较低的税负水平下努力提供最优的公共品,这无疑有利于地方经济发展,但总体上没有将地方竞争过多地与地方经济发展联系起来进行深入研究。

在借鉴国外学者对地方竞争研究视角的基础上,国内学者也积极开展地方政府竞争方面的研究,但主要是围绕地方竞争与地方经济发展之间的关系进行研究,具体包括从地方竞争的形式与经济发展、地方政府竞争行为与地方经济发展,以及地方竞争对地方政府经济发展的影响三个方面展开研究。

在地方竞争的形式与地方经济发展方面,主要从以下两个方面展开:一是从地方税收竞争的角度研究地方经济发展。以低税负吸引生产要素资源策略因其灵活且作用直接,已成为地方政府税收竞争的首要手段。沈坤荣等(2006)研究发现中国省级政府税收竞争采取差异化的竞争策略,对地方经济增长有显著的负向影响。李永友(2008)发现省级地方政府在吸引FDI方面存在显著的税收竞争。若赋予地方政府足够的税收自主权,地方政府则倾向于低税负策略的税收竞争,强化税收激励进行招商引资促进经济发展(贾俊雪,2016)。许敬轩(2019)提出经济增长和税收收入的相对重要程度会应影响地方政府的税收竞争行为,研究表明官员晋升激励加强会使地方政府展开税收"逐底竞争",反之则使其展开税收"争优竞赛",以至影响居民福利。二是从地方政府财政支出竞争研究地方经济发展。地方政府财政支出竞争是地方政府竞争尤其是以GDP竞争为代表的"为增长而竞争"的重要手段,因为地方财政支出可以提升地方公共产品质量从而吸引外部生产要素流入,促进积累物质资本和人力资本,从而为地方经济发展提供动力。有学者指出,自"分税制"实施以来,地方政府竞争发生了实质性转变,为地方经济发展提供了制度动力(王文剑等,2007)。杨继麒(2015)研究发现,中国地方政府存在明显的生产性支出偏向,为保证财政资金的有效配置,降低中央和地方政府之间存在信息不对称,中央政府以GDP等经济指标考核地方政府绩效,由此引发地方政府财政支出偏向经济性支出,社会民生性支出存在相对不足。有学者认为,如果地方政府税收自主权不足,会导致其运用高支出策略的财政支出竞争,弱化税收激励,以实现经济发展(贾俊雪,2016)。除了以上两种竞争方式以外,有学者认为官员晋升竞争、标尺竞争等亦是影响地方经济发展的地方竞争形式。如张彩云(2018)认为,地方政府及官员的政绩考核制度是导致中国地方政府间展开竞争的最重要原因之一,中国地方政府及官员面临着财政分权下的经济激励和政绩考核下的晋升激励,且相比经济激励,地方政府官员更关心升迁的机遇,这引发了地方政府间的激烈竞争。

在地方政府竞争行为与地方经济发展的关系方面,周业安则从地方政府所采取的竞争行为是否能为本地居民创造价值的考虑出发,将地方政府分为三种类型,竞争行为如果能够为本地居民创造价值的政府为进取型政府,竞争行为如果仅限于维护本地财富价值的政府为保护型政府,竞争行为如果会毁损本地价值的政府为掠夺型政府(周业安,2003)。刘亚平对地方竞争与地方政府行为之间关系的研究,则从国家结构形式的方面展开。他认为就竞争的范围和程度而言,单一制之下地方政府之间的竞争主要体现为千方百计地获取中央对本地区的优惠支持政策,或者创造性地执行中央的政策,以获得或巩固本地区的竞争优势地位(刘亚平,2006)。王焕祥则对改革开放以来的地方竞争形式演变做了比较系统的梳理,认为正是由于地方竞争的压力促使地方政府不断地进行创新,地方政府行为因而出现了差异,从而引发了区域经济发展的差异(王焕祥,2009)。冯兴元在系统综述政府竞争理论的基础上,从地方政府间竞争的行为主体及其偏好、地方政府公共服务供需求状况和外部性,以及地方政府竞争行为主体的认知模式等方面对地方政府竞争的影响进行了理论归纳总结分析,并在地方政府竞争与地方经济发展之间建立起了初步的联系分析框架(冯兴元,2010)。更有学者在基于对地方竞争的上述学术认知的基础上,将中国改革开放以来地方经济持续增长的奇迹归结为地方竞争力量的推动,认为地方政府竞争是破解中国经济发展之谜的关键所在(唐志军,2011)。郭栋也认为地方政府竞争是理解中国地方经济发展的重要视角,地方竞争是中国经济发展之重要推动力(郭栋,2019)。

在地方竞争对地方政府经济发展的影响方面,国内学者认为分别有积极影响、消极影响和双重影响三种作用。一部分学者认为地方政府竞争对地方经济发展具有正向效应。张辽(2017)研究发现政府竞争对地方经济增长具有一定的促进作用,但不同的政府竞争形式却存在十分明显的差异。宋妍(2020)认为我国经济从高速增长转向高质量发展,地方政府竞争机制对于经济高质量发展依然具有很好的激励效力。赵扶扬等(2021)指出地方竞争越强,地方政府越发重视与其他地区的相对产出水平,因此同样的政府活动水平对应的边际收益上升,这既促进了政府的活动,也提升了当地经济产出。许经勇(2022)提出地方政府之间的竞争与市场竞争的叠加效应使得我国的经济增长具有更强的竞争力,是中国特色社会主义政治制度与经济制度优越性的体现。陈国福(2022)基于中国省级面板数据进行实证研究,探索经济高质量发展的重要驱动力及地方政府竞争的作用关系,实证发现地方政府竞争有助于区域经济发展质量的提升,并且地方政府竞争在一定程度上会改善区域经济发展不协调。另有部分学者认为地方政府竞争对地方经济发展具有消极影响。李永友认为地方政府竞争程度的加剧则导致区域经济发展失衡、抑制地方经济增长或阻碍地方高质量发展(李永友,2015;李强,2021;谢国根,2021),而朱金鹤等(2021)研究发现经济竞争压力的增强有利于经济利益增长但不利于生态利益增长,即地方政府经济竞争压力过高会激化经济利益与生态利益的对立,带来当期利益与远期利益的两难及局部利益与整体利益的俱损。还有部分学者认为地方政府竞争对地方经济发展具有双重影响。罗富政等认为适度的地方政府竞争有利于区域经济协调发展,而过度的地方政府竞争不利于区域经济协调发展(罗富政、罗能生,2019)。艾莹莹指出在我国分税制财政体制下,地方政府竞争表现出了税收竞争和公共支出竞争特点,但这种竞争没有效率,因为税收的"竞底"竞争和公共支出的"攀比"竞争会造成公共供给不足及公共资金的浪费,从而扭曲公共资源的配置效率。同时,地方政府通过税收竞争和公共支出竞争,对于要素积累和地区规模经济的形成具有一定的促进作用,能够显著促进经济增长效应。但是这种经济增长效应却以社会福利的损失为代价,地方政府间对资源的争夺只注重了经济增长的速度,却造成了整体经济效率的损失(艾莹莹,2017)。侯翔(2021)研究发现地方政府竞争与经济高质量发展间存在非线性关系,这种非线性关系呈现出一种倒"U"形形态,适度的地方政府竞争有助于推动经济高质量发展,而过度竞争则不利于实现经济高质量发展。

另外,随着研究的深入,近年来很多学者开始关注地方竞争影响经济增长的动力机制,因为地方政府竞争会通过对地区的经济发展要素分配产生影响,进而影响经济的高质量发展。邱磊基于1994—2014年30个省(自治区、直辖市)的面板数据,实证分析了地方政府竞争影响经济增长的动力机制。研究表明,从全国来看,地方政府竞争对资本要素的集聚具有显著的促进效应,而对技术进步具有明显的挤出效应,地方政府竞争主要通过资本要素扩张来促进经济增长(邱磊,2017)。连蕾(2018)以地方政府竞争行为为研究对象,基于基础设施投资视角,对我国地方政府竞争、基础设施投资对地方经济增长的影响进行了理论和实证分析,研究发现地方政府竞争促进了全要素生产率的提高。邓晓兰(2019)选取2006—2016年全国285个地级市的面板数据,构建动态空间面板杜宾模型实质检验出地方政府竞争对城市技术效率的拖累作用大于对技术进步的促进效应,抑制了城市全要素生产率的增长(卢盛峰、王翀洋,2016)。刘儒(2022)认为经济高质量发展离不开区域绿色发展效率的提升。研究发现,地方政府竞争对地区绿色发展效率的提升具有明显的抑制作用,不利于激发低碳发展潜力,但地方政府竞争和产业集聚的共同作用有助于提升区域绿色发展效率。

　　以上诸种从地方政府竞争的角度出发揭示地方政府偏向追求经济发展的行动背景,都有其独到的视野。但是,地方竞争既是地方政府的行为,更是一种群体行为现象,而不是一种可以用来解释地方经济发展的变量。因为财政联邦主义理论认为财政分权强化了地方竞争,而官员晋升激励理论也认为官员晋升激励强化了地方竞争。可见,地方竞争只能用来作为地方经济发展的中介变量,而不宜用来作为解释地方经济发展的自变量。并且,在任何政治体制环境下,只要存在"块状"的利益单元,都存在着地方政府之间的竞争(殷存毅等,2012)。因此以上分析都是针对地方政府之间的竞争行为现象的描述,没有揭示出在我国地方政府之间产生独特竞争现象的背后机制和决定性因素,没有揭示出是什么因素造就了我国地方政府间如此强烈的竞争行为。因此上述研究不管从哪个角度进行分析,都仅仅是对地方政府竞争行为现象的描述性研究。如果不是通过对地方竞争行为发生机制的研究来找到解释中国地方经济发展的相关性原因,那就不能以"政府竞争"这个解释变量解释中国地方经济的发展原因,因为这样做就不可避免坠入了以"现象解释现象"的研究陷阱。

第五节　府际关系体制说

　　从制度的层面寻找经济发展原因的学术范式一直以来都是一个为学者所热捧的范式。自资本主义经济制度产生开始,人类社会已经经历过多样化的资本主义,其社会制度和商业体制已经历了多重的变迁(Coase Ronald H.,1992;理查德·惠特利,2004)。同样,中国地方经济在改革开放后持续四十多年的增长背后蕴含了丰富的制度结构变迁意义(刘霞辉等,2008),这种制度结构变迁当然包括了府际关系治理体制,因此,有学者从府际关系体制方面的研究视角来探讨地方政府行为机制和地方经济发展的现象。

一、"压力型体制"说

所谓压力型体制,指的是"一级政治组织(县、乡)为了实现经济赶超,完成上级下达的各项指标,而采取的数量化任务分解的管理方式和物质化的评价体系。为了完成经济赶超任务和各项指标,该级政治组织(以党委和政府为核心)把这些任务和指标,层层量化分解,下派给下级组织和个人,责令其在规定的时间内完成,然后根据完成的情况进行政治和经济方面的奖惩。由于这些任务和指标中一些主要部分采取的评价方式是一票否决制(即一旦某项任务没达标,就视其全年工作成绩为零不得给予各种先进称号和奖励),所以各级组织实际上是在这种评价体系的压力下运行的"(荣敬本等,1996)。压力型体制的激励与约束意义是在事实上塑造了地方政府的行为向度,在上级政府与下级政府之间建立起了"政治承包制"(托尼·赛奇,2006)。

荣敬本等人提出压力型体制的概念本来是为了解释县乡政府间的权力运作方式,后来被扩展到对各层级政府间普遍性的权力运行方式的描述。压力型体制是指一级政府为了完成上级所下达的任务指标而采取层层分解指标并层层加码的量化管理方式和物质化的评价体系(荣敬本,2013)。从目前来看,"压力型体制理论"主要包括三个方面:第一,压力型体制下,地方治理的主要方式是绩效考核和物质化的评价体系,并以量化分包的形式下放给下级部门官员。而压力型体制更强调数字化和量化分解,由于经济指标与其他社会民生指标相比更容易量化,更重要的是,经济发展是上级政府、地方政府与民众三方共同的目标,在这一点上三方的利益达成了聚合,因此地方政府在执行任务时容易偏好选择这些"硬性"指标,最终形成GDP崇拜这样一种独特的情结(曾凡军,2013)。第二,政府领导的绩效与其仕途发展密切相关,后者又与官员的社会地位、家庭利益等紧密地联系在一起(陈潭、刘兴云,2011;杨雪冬,2012)。对基层官员而言,一些主要任务通常被上级政府"政治化"为"一票否决"项目,一旦任务没达标,则视其全年工作成绩为零,不得给予各种先进称号和奖励,严重影响仕途发展。第三,压力型体制下地方政府释放压力的方式主要是"关系"与"统计",前者依托与上级部门的私人关系以获得较轻的分派任务,后者主要对不易数量化和不与升迁直接挂钩的社会、环境项目进行统计上的造假(杨雪冬,2012;冉冉,2013)。但篡改统计数据也面临着潜在的政治风险,民生支出上的压力最终会积累到一定程度,增加爆发社会群体性事件的可能,而上级政府对维稳问题向来是实行"一票否决"。因此"关系"在释放压力的过程中起到了更为关键的作用。

压力型体制理论提出后,不少学者以压力型体制为视角进行了丰富多样的研究。欧阳静(2011)认为由于压力型体制的目标设置和激励强度与基层政府的现实条件和实际能力不相匹配。从而形塑了一种以各类具体的、权宜的和随意的权力技术为原则的策略主义逻辑。这种逻辑一般只追求眼前的具体目标,不顾及长远发展的战略目标,更缺乏稳定的、抽象的和普遍主义的规则意识(贺海波,2019)。从地区异质性上来看,有学者研究发现,越是欠发达地区,"经济发展"的压力越大,压力型体制表现得越明显,中西部地方经济增长率对官员降职的影响要明显高于东部地区(钟灵娜,2016)。方坤(2018)在压力型体制的研究视角下研究县级宣传权力运行机制问题,认为县级宣传系统的运行离不开其所处的压力型体制的整体制度环境,提出县委宣传部对各级党政机关相对弱势的权力支配关系,使得县级宣传系统呈现出一种相对独特的"弱压力型体制"运行态势。在"弱压力型体制"下,作为施压主体的县委宣传部和作为执行主体的各级党政机关都呈现出相对独特的运行机制。李波(2019)研究了压力型体制下的农村环境治理问题。他发现在压力型体制下,尽管农村环境管控式治理弥补了传统科层体制常规化治理的不足,在短期内能够取得"立竿见影"的治理效果,但是由于该模式过于依赖地方党政领导的政治权威,并且倾向于将权威惯式延伸至对市场和社会的管控中,把社会公众作为管理的对象而非合作的伙伴,不仅容易忽视农民的意愿,损害农民的利益,降低政府的合法性,而且会产生成本过高、资源浪费、治理低效、难以持久等不良后果。解胜利(2020)提出构建一种常态化的非常规治理方式——"创建式治理",认为创建式治理所生成的政策重力势能和政策引力势能能够更好地推进政策执行。不同级别的创建作为一个治理事件开启不同程度的压力型体制的运行,创建的训练与提升地方压力型体制进行承压测试和治理能力,从而统一压力型体制的结构性和能动性。赵全军(2022)认为在压力型体制环境下,"人才争夺战"呈现出效用逻辑、上下逻辑、竞争逻辑的运行机理,并由此蓬勃兴起、快速扩散、不断升级,但压力型体制的强有力驱动也难免会造成创新目标短期化、创新内容形式化、创新的可持续力不足等负面效应。胡晓东(2022)证实了压力型体制是导致基层超负荷的重要但不唯一的原因,部分否定了基层负担完全是由压力型体制所致,并补充完善了压力型体制引发基层负担的根源因素。

综合以上对压力型体制的理论研究,相比全能主义体制和威权体制等宏观结构性概念,压力型体制本质上只是一种基于政治权力采取任务承包方式实现府际组织目标的技术性组织动员体制,而不是一种结构化的政治体制。正如荣敬本对压力型体制特征所做的概括:"经济上的承包制被复制到政治上,形成了一种独特的主要通过压力驱动的政治承包制",这种承包制是把集权与分权相结合来实现政府设定目标任务的典型组织动员手段。

二、"行政发包制"说

不同于压力型体制下的政治承包制,周黎安在"承包制"概念基础上,提出了"行政发包制"以解释上下级政府间的运作机制。他认为行政发包制不同于科层制和外包制,"行政发包制"属于一种混合的中间形态,是行政组织边界之内的"内部发包制",即在一个统一的权威之下,在上级与下级之间嵌入了发包的关系(周黎安,2014)。行政发包制在两个方面与压力型体制的承包制存在区别:一方面,所谓发包机制并非仅适用于县级以下,而是存在于从中央、地方和基层政府之间的整个"链式结构"之中;另一方面,发包机制并非仅仅是压力型的,下级政府出于自身的权力和利益动机,会在某种程度上支持发包制,并"层层加码"(周黎安、刘冲,2015)。行政发包制在权力分配上也呈现出集权与分权相结合的基本特点:一方面,上级政府作为委托人(发包方)拥有正式权威和剩余控制权,这体现了集权的特征;另一方面,下级政府作为代理人(承包方)获取了具体的执行权和决策权,以及实际行动中的自由裁量权,这是对下级的实质性分权。

周雪光进一步拓展了行政发包制理论,提出了中国政府治理模式的"控制权"理论,形成了中国政府集权与分权多样化组合的更多机制解释模型。他发现政府不同层级和部门间的关系纷繁复杂,行政发包制可能只是其中一种政府间运作机制。"控制权"理论认为各级政府间的行政控制权可分为目标设定权、检查验收权和激励分配权(周雪光,2012),这三种不同的控制权力在各级政府间的不同分配组合便形成了不同的治理机制,如高度关联模型和行政发包制、松散关联模型和联邦制,"中央政府可以根据不同的效率和风险考虑,将剩余控制权收归中央或者分配给地方,从而形成了集权和分权的不同模式"(周雪光,2014)。因此,控制权理论发现了中国政府治理实践中并不是单一的行政发包制或者承包制,而是根据需要进行集权与分权的多样化的策略化组合机制。这样一种分析框架相比压力型体制理论和行政发包制具有更强的包容性和解释力,为实践中集权与分权的优化组织提供了较为全面的分析框架。

在关于实施行政发包制的效果研究方面,已有研究表明行政发包制的最大优势在于节约治理成本,同时也容易激发官员的积极性以快速提升某些关键绩效。但另一方面,在国家治理中运用行政发包制意味着国家将具有公共事务性质的管制权力、较大的自由裁量权和灵活的激励回报同时赋予了作为承包方的地方政府(周黎安,2016)。这三者的结合在社会意义上导致了公共权力领域与私人经营边界模糊、相互渗透的复杂后果。一般而言,政府公共事务具有超越个体私利的公共属性,但当其被层层"发包"并以弱化规则约束的方式赋予承包方,且后者又面临着各种正式或非正式的激励刺激时,承包方便倾向于运用自身的自由裁量权在履行公共职责的同时以经营化方式获得利益回报。这样一来,就导致了公、私边界的模糊,以及公共治理的经营化逻辑。这种"公私互渗"引发的公共治理经营化逻辑容易引发地方政府短期工具主义牟利行为和避责行为。

实施行政发包制虽然在一定程度上有利于提升政府组织行为绩效,但也引发了新的治理难题。有学者探讨了行政发包制下的府际联合避责现象,认为行政发包制下,下级治理风险的大小是决定其参与程度的首要因素。有限权力下下级实际控制权限若太小,则很可能对过度治理风险和超出其实践管控范围的事件避而远之,这一规避行为又会进一步引致周围配合协作者的同步响应。基于治理风险的最小化目标,很可能会联合采取机会主义行为以应对上级量化指标考核,"有组织的不负责任"就会成为基层执行趋势,造成实质上的联合避责行为(仲晓义,2022)。再如李晓飞(2019)在行政发包制下将避责行为嵌入到府际关系之中,提出"府际联合避责"这一新议题,并指出防治府际联合避责的方法。

此外,行政发包模式可能会强化属地政府间的零和博弈,导致属地政府间协同发展以及公共服务的跨区域衔接面临深层难题(周黎安,2004)。由于我国的行政管理体制上存在各级政府之间压力层层向下传导的现象,并且各级政府官员也存在为了在晋升锦标赛中取得晋升的资本而使出浑身解数力求取得政绩的现象,从而使基层政府处于行政发包和晋升锦标赛的双重约束和挤压下,行政发包和晋升锦标赛在不同的方面、以不同的作用机制和现实表现对基层减负工作形成了桎梏和阻碍(徐文,2020)。甚至有学者从信息逻辑、权责逻辑、财政逻辑、制度逻辑、机制逻辑五个方面探讨了行政发包制下基层干部"为官不为"的生成逻辑(冯源,2021)。正如周黎安所言,行政发包的概念使得许多关于中国政府体制运作的令人困惑的观察和模式被重新解释,一些重要而又长期未被研究的问题引起了我们的注意。将行政发包理论与"政治锦标赛"等理论相结合,也拓展了对中国政治激励与政府治理的分析(Li-An Zhou, 2016)。

随着公众对政府公共服务与管理水平要求不断提升,单纯在行政发包体系内实施横向整合已越来越难从根本上应对挑战,这些改革诉求也推动行政发包治理机制向新型治理模式转变。包括周黎安在内的相关学者认为当前中国政府正处于治理模式改革的关键期,其实质是逐步从传统的行政发包制向现代科层制运作模式转型。由于行政发包制与现代科层制这两种治理模式在行政权配置、激励机制以及内部控制三个维度上存在着兼容难题,因此以渐进式改革方式自下而上推动两种治理模式间的平稳过渡面临许多深层挑战,提出当前深入推动中国政府治理模式转型必须形成一种上下联动的系统改革战略(周黎安,2017;黄晓春,2018)。

三、RDA 体制说

有国外学者对中国央地关系的制度特征用"Decentralized Authoritarianism"一词予以概括(Landry Pierre, 2008),受这一名字所蕴含的丰富概念意义的启发,许成钢在2011年发表的一篇论文中,纠正了他之前与钱颖一等人所提出的以财政分权来解释中国经济发展的观点,转而提出 RDA 体制(Regionally Decentralized Authoritarian System)理论。在该理论中,许成钢将中国的中央地方关系概括归纳为 RDA 体制,并认为 RDA 体制是造就中国经济发展的基本制度。

按照许成钢对 RDA 体制特征的概括,中国中央和地方之间的制度联结关系是中央政治集权和地方经济分权的绞合体。在政治方面,中央政府对全国官员和政治事务的控制是高度集权的,地方各级官员的任免的权力都操之在上,中央政府因而可以将对地方各级官员享有的任免提拔控制权作为一种强而有力的工具驱使地方各级官员遵循中央政府制定的政策,而这是西方联邦制国家所不具有的体制特征。在全国经济的治理和发展方面,与传统的中央计划经济模式不同,中央政府通过授权的方式层层授权给地方各级政府,以让从省、直辖市至县的各层次的地方经济获得相对的独立性,地方各级政府在各自的辖区内都负有相当大的责任去推进和协调改革、提供公共服务和执行法律。正是 RDA 体制所具有的以上两方面特征,在中央政府的全盘控制下,地方政府扮演着改革的推动者和协调者的角色,执行、扭曲或抵制国家的法律和政策,成为推进中国经济发展的主要角色。按照许成钢的观点,RDA 体制不仅形塑了中国改革的轨迹,而且在造就了引人瞩目的经济发展绩效的同时,也产生了诸多严重的问题。同时,在许成钢看来,改革开放以来,产生于中国大地上的各种经济变化或经济现象,如地方的各种试验创新、地区之间的经济竞争、乡镇企业的崛起、特殊经济区经济的发展壮大等方面,都是RDA体制促成的(Chenggang Xu,2011)。

第六节　府际组织结构说

结构主义的研究视角是指基于从组织的结构状态而不是从组织的投入出发来探讨组织的行为绩效的一种研究视点。钱德勒通过分析19世纪末期至20世纪50年代之前长达几十年的美国大企业组织的结构演变,发现企业的组织结构与其组织绩效之间存在紧密的联系,组织的结构与其战略实现之间密不可分(Chandler Alfred D.,1966)。同样,威廉姆森在研究美国工商企业时也非常关注企业的组织结构形式与其市场绩效之间密切联系(Williamson Oliver E.,1975)。

在产业组织理论中,市场结构和市场绩效之间的关系同样被人予以理论上的关注。1959年,哈佛大学的梅森(E. Mason)教授和其弟子贝恩(J Bain)的相关研究认为,企业的市场结构、市场行为和市场绩效之间存在一种单向的因果联系,即市场集中度的高低决定了企业的市场行为方式,而企业的市场行为方式又决定了企业市场绩效的好坏。这就是产业组织理论中的"结构—行为—绩效"分析范式,简称SCP范式。显然这种范式与钱德勒在研究企业史时所提出的关于企业组织结构、行为和战略实现之间的关系有着异曲同工之处。

在借鉴钱德勒的研究的基础上,1993年,钱颖一和许成钢在一篇论文中将钱德勒和威廉姆森在研究美国工商企业史过程中所使用过的"U"形和"M"形这两个词,来概括中国经济结构的组织形态和苏联及东欧国家经济结构的组织形态。他们认为,与苏联和东欧国家经济组织结构所实行的"U"形组织相比较,正是中国具有"多层次、多地区"特征的"M"形的经济组织结构形态,是促成中国非国有经济部门迅速扩张的直接原因,而正是非国有部门的迅速扩张,让中国取得了超过苏联和东欧国家的经济发展绩效(Qian Yingyi, Chenggang Xu, 1993; Qian Yingyi et al, 1999)。而且,在改革开放过程中,中央政府不断向地方政府下放权力,在客观上又进一步加强了"M"形组织。并且,从整体上看,"M"形组织比"U"形组织更适合地方进行创新试验、更能调动地方基层单位的积极性,更有利于整个社会经济系统内部的信息处理和协调,更能对地区的创新提供动力,甚至因为其比

"U"形组织更具有组织结构的弹性而使其更具有抵御外部冲击的能力,同时能够将外部冲击所造成的不利影响方面限制在局部范围内(Qian Yingyi et al,2007)。以上这些方面,都是"M"形组织比"U"形组织更有利于地方非国有经济部门的经济增长的地方,而这正是造成中国改革开放后与苏联和东欧国家之间出现的经济发展绩效差异的根本原因(钱颖一、许成钢,1993)。

梳理与府际组织结构相关的文献,除上述研究外,总体上看,当前对于府际关系中有关政府组织结构形态对地方经济增长的研究屈指可数。有个别学者按照时间顺序,将新中国成立以来矿权配置制度分为"U"形分权结构为主导的计划经济时期和"M"形分权结构为主导的改革开放时期,基于此来分析"分权"对"扩权"的影响。研究发现"U"形分权组织在经济发展的初期可能是有效的,但当经济进入平稳增长状态后,仍旧以高度集中的"U"形分权层级制作为组织经济发展的体制将会使经济发展效率低下。而作为计划经济体制下资源配置权力市场化过程的"M"形分权体制,虽然带动了生产积极性,但也造成了地方政府竞争和地方利益分散化等现象(孔德,2020)。

对于结构主义研究范式所提出的"M"形和"U"形结构对经济发展绩效的影响,钱德勒曾以详实的案例证实了组织的结构对于组织绩效取得和组织战略实现的关键性作用。本书在此对之并不做无谓的质疑,我们相信与苏联和东欧国家经济组织所实行的"U"形结构相比,中国改革开放初期所呈现的"M"形经济结构确实取得更引人注目的经济发展绩效。然而,本书需要对之进行质疑的是,西方联邦制国家和一些其他实行民主制的国家,其国内经济结构甚至比同时期的中国更呈现"M"形结构,但它们在同时期为什么就没有出现与中国一样的经济发展绩效呢?其中原因何在?显然,这时候就不能将"M"形结构作为解释这些国家的地方经济发展与中国地方经济发展之间差异性的最关键原因(Markevich Andrei, Ekaterina Zhuravskaya,2011)。另外,结构主义研究范式也没有深入分析"M"形结构中地方政府追求地方经济发展的逻辑是怎么展开的。

第七节 府际目标规划说

府际目标规划说是认为政府可以通过对社会经济进行有意识的整体性目标规划,引领经济按照规划目标的方向发展,并取得规划发展绩效的一种经济发展学术观点。

　　鄢一龙通过分析新中国成立以来五年规划(计划)实施绩效,提出目标治理的概念,并将该概念变量作为解释中国经济发展奇迹的关键变量。鄢一龙将目标治理的概念界定为中央政府通过有意识地运用整体性知识,制定国家规划,引导资源配置,以推动目标实现的公共事务治理方式。并进一步认为由于知识运用是可以认知和计算的,政府通过吸收运用整体性知识,自觉适应社会经济发展的变化,利用计划手段引导资源配置,实施目标考核激励机制,从而促使社会经济可以按照目标规划的方向发展,并取得相应的经济发展绩效,因此目标治理是政府伸出的一只看得见的手(鄢一龙,2013)。

　　鄢一龙进一步认为,中国的目标治理体制最为重要的创新是重新界定了政府与市场的边界。它对人类知识运用能力给出了一个新的界定,即分散知识领域需要看不见的市场之手发挥配置资源的基础性功能,在整体知识领域需要看得见的规划之手发挥配置资源的基础性功能。反映中国经济发展特色的目标治理包含四大机制,分别为目标管理、选择性软预算约束、制度调整和项目动员。其中,目标管理是行政管理手段,选择性软预算约束是利用经济激励手段进行调控,制度调整是对法律法规等规则进行调整,项目动员是典型的规划手段,是整合资源、推进工作的抓手。上述四大目标实现机制是一个完整的体系,通过综合运用法律手段、经济手段、行政手段和规划手段,混合了经济激励、政治引导、行政强制法律约束、舆论推动等强大的社会动员机制,并从不同层面形成合力,汇成一股大势所趋的潮流,顺之者昌、逆之者亡,使得身处其中的各级政府、企业和公民积极响应这一潮流,推动国家经济和社会目标的实现(鄢一龙,2013)。

　　依据府际目标规划说所提出的目标治理这一变量概念确实概括了新中国成立以来府际关系的任务特质。从这一变量概念着手,剖析中国五年规划(计划)这只政府之手,是把握中国处理政府与市场关系的关键环节,破解中国经济高速发展之谜的入口。从这样的角度去看,目标治理理论为我们提供了一种理解中国经济持续多年高速增长取得的原因的新的视野,因此相当具有理论意义。但令人遗憾的是,该理论只是停留在宏观性的宏大叙事论证层面,对于微观的地方政府目标治理过程并没有涉及,亦没有找出地方层面的府际目标治理影响地方政府行为的机理,更没有分析府际目标治理与地方政府追求地方经济发展的变异行为之间的关系,因而也就无法在地方经济发展和中央政府所推行实施的五年规划宏观目标治理之间建立起紧密的逻辑关系。因此,这也意味着该理论存在有待继续深入研究完善的巨大空间。

第八节　文献简评与本书的理论研究视角

一、文献简评

综合分析本章以上各节有关解释地方经济发展关系的理论,可以发现它们在解释改革开放以来中国地方经济发展现象时,都具有一定的合理性,在一定范围内具有一定的解释力,但是各自又都存在一定的解释缺陷:要么是解释变量选择不恰当或者理论所解释时域和空域范围有限,如地方自利性和地方法团主义理论;要么是理论本身在对现象进行解释时存在以现象解释现象问题,没有抽象出真正的解释变量,如地方竞争理论;要么是理论本身的解释力不足,没有周全性地解释相关的现象,如财政联邦主义理论和官员晋升激励理论;要么是对一种体制现象的描述,未能概况抽象出一种具有取值范围的真正解释变量用来解释改革开放以来我国地方经济发展现象,如压力型体制说、行政承包制说和RDA体制说等;要么是理论的解释变量与被解释变量之间存在很强的内生性相关关系,如官员治理理论;要么是理论本身的解释变量比较完美,但是欠缺扎实的实证过程对变量之间所存在的关系进行精确地验证,如府际组织结构说和目标规划说。

需要指出的是,尽管上述各种理论都试图从不同的视角用不同的解释变量来解释驱动地方经济发展的力量,并且从理论的学科性质方面考察,这些理论可能都归属于不同的学科领域,但是从这些理论的解释变量与府际关系的联系程度方面考察,上述各种理论的解释变量都有一个共同的特征,就是它们都是与府际关系治理有关的某种因素。它们要么涉及府际权力配置因素,如财政分权理论;要么涉及府际政治权运行因素,如官员晋升激励和官员治理理论;要么涉及府际中的地方政府行为因素,如地方自利性、地方法团主义和地方竞争理论;要么涉及府际治理体制因素,如压力型体制、行政承包制、RDA体制和目标规划理论。可以说,上述每一个理论的解释变量都涉及府际关系治理的某一方面,不管这些理论的原始学术构思是什么,最终都试图从府际关系的层面寻找地方经济发展的原因。由于府际关系状况本身是由相关府际关系治理制度所形塑的,因此上述各种理论用来解释我国地方经济发展的变量都是属于制度因素变量,都是在制度行为过程解释框架下所构建的具体理论,只不过有的理论属于宏观层面,如府际目标规划说、府际关系体制说;有的理论属于中观层面,如府际财政分权说、官员治理说;而有的理论属于微观层面,如地方政府经济理性说、地方竞争说。总体而言,以上理论都与制度主义存有理论渊源关系。

二、本书的理论研究视角

　　府际关系治理以政府组织之间的关系为其治理对象,其既与国体紧密联系,同时也与政体紧密联系。因此在研究府际关系治理问题时,相关学科的新制度主义思想,如政治学中的新制度主义思想会不知不觉地进入研究者的思维运动中。由于地方政府经济行为都是在相应的府际关系治理制度环境中发生的,地方经济发展绩效如何生成脱离不了地方政府所处的府际关系治理制度环境。因此在开展本课题研究时,主要是立足政治学中的新制度主义的研究视角来建立理论分析框架,并运用相应的研究思维方法来设计相关的研究内容。

　　根据霍尔和泰勒的观点,政治学的新制度理论包括历史的新制度主义和理性选择的新制度主义(Hall, Peter A., Rosemary C. R. Taylo, 1996)。政治学的历史制度主义者包括 March、Olsen、Katzenstein、Hall、Zysman、Skocpol、诺斯等,这些学者强调政治制度并非完全根源于阶级这样的社会结构,而是对社会现象有着独立的影响,历史通常不是一个高效的过程,而可能是一种背景依赖或者是相对不确定的过程(March, James G., Johan P. Olsen, 1984)。诺斯提出了制度演化的"路径依赖"的历史性特征,他认为如果不把行动者的偏好或者能力,视为更大的制度框架的一部分,那么就无法理解具体行动的性质和意义。同时政治系统并不是一种中立的领域,相反会形成独立的利益群体、复杂的特权结构与公共领域,个体当前的选择和机会,受其过去选择的制约,并以过去的选择为前提(Karl, Terry Lynn, 1997)。总体上看,历史的新制度主义立足宏观的层面,以跨时空的视野探讨制度在一个相对较长的历史过程中的功效问题,指出任何一个现时的制度改进都不能脱离具体的现实环境和历史制度环境,现时的制度环境又是嵌套于历史制度之中的,而历史制度形式和规范经过长时间的演化和固化已经深深地植入国家和民族的心理之中,形塑了社会的所有行为。因此在制度进化的过程中,不可避免会产生历史的制度路径依赖现象。政治学中理性选择的新制度主义学者有如 Terry M. Moe、Kenneth A. Shepsle、Barry Weingast、Gordon Tullock 等,该理论认为,政治不同于市场,政治系统中行动者必须在重要的规则框架中进行决策。政治是一种比经济王国黑暗得多的环境,缺少价格这一测量工具,行动者必须用一种不透明的过程,来追求常常是不可比较的各种目标,因而必须立足制度的微观基础来探寻政治行动者的偏好、行为动机和理性（W.理查德·斯科特，2010）。政治学中的两种制度主义最大区别是，前者是立足宏观的视角探讨国家的结构安排和社会个体选择问题，后者则立足微观的视角探寻政治市场中参与者实际的行为表现，以及驱使这种实际行为表现的动机和偏好，两者都企图揭示出政治制度安排理性表象下的真实政治过程。

以上两种政治学新制度主义思想对本研究都具有现实指导意义，将之用来分析我国府际关系治理制度对地方政府行为的影响，以及将来推进我国府际关系治理制度改革问题都是非常恰当的。历史新制度主义强调制度对社会的独立影响力，个体的行为总是为其过去选择所制约，制度的历史惯性对社会行为具有重大的规引力，制度演化和现时制度改进存在严重的"路径依赖"性。因为任何政府组织离不开其所处的府际关系环境及其治理制度环境，要改进我国府际关系的一些治理问题并形塑好地方政府的行为，首先必须重视研究府际关系演化历史，了解现行府际关系治理制度的历史形成过程，在此基础上，才有可能提炼出影响地方政府行为的相关府际关系制度因素；理性选择的新制度主义强调政治系统中行动者必须在重要的规则框架中进行决策，必须立足制度的微观基础来探寻政治行动者的偏好、行为动机和理性。鉴于历史新制度主义虽然倡导制度对个体选择的影响力，但对制度是如何影响个体选择的微观过程并没有足够的重视，而理性选择的新制度主义则恰恰提倡要重视制度的微观基础影响个体行动的选择过程。根据以上理论思想，我们研究分析地方政府的经济行为时，不仅要注重研究地方政府所处的特定府际关系治理制度环境，也要注重研究地方政府真实做出相关经济行为发生的过程，了解地方政府作出经济行为的偏好和行为动机，并尽可能揭示出影响其行为偏好和行为动机的基础制度因素，从而才能找到解释地方经济发展绩效生成的制度因素变量。

综合以上政治学中的两种新制度主义思想启示，为克服现有相关研究在解释我国地方经济发展绩效生成问题上所存在的缺陷，本书构建了府际关系治理制度环境—地方政府实际经济行为—地方经济发展绩效生成的制度与行动分析框架，来研究处于府际关系治理制度环境中的地方政府实际经济行为，以及地方政府实际经济行为如何塑造了地方经济发展绩效生成的问题。在这个分析框架中，首先通过研究我国府际关系历史演进，分析地方政府经济行为发生的历史制度环境并从中提炼出影响地方政府经济行为的基础制度因素，即府际权力配置与府际目标治理这两个制度因素作为解释地方政府经济行为发生的变量。同时，通过广泛的田野调查，采取扎根和案例研究的方法研究相关地方政府所处的具体制度环境及其推动地方经济发展的真实过程,再通过定量研究分析方法进一步验证我国府际关系治理制度中的府际权力配置与府际目标治理这两个制度因素对地方政府经济行为的实际影响,并在此基础上作出相应的机理性分析,进而揭示出改革开放以来我国地方经济发展绩效生成的制度与行动逻辑。

第三章 新中国成立以来中央与地方关系的演进

中国的国家治理和社会长治久安问题一直以来都受府际关系问题困扰,在几千年的历史长河中已积累起相当丰富的府际关系治理经验,但这些经验都是在传统农耕自然经济条件和中央王朝集权的政治制度环境中形成的。1949年新中国成立后,国家制度、政府制度及国家发展与治理的目标与历史上的中国存在根本性的差异。因此,在新中国成立后如何构建一个适合于中国当代国情的央地制度和地方府际制度,一直是执政党探索和完善中国特色社会主义国家制度和政府制度的核心方面。本章专门总结新中国成立以来府际关系的演进情况,总结府际关系治理的特点,并在此基础上概括出影响府际关系治理的关键性变量因素。

第一节 1949年以来央地府际关系体制演化

府际关系体制是指府际之间关于权力运行和权责配置的组织体制形式,通常可以分为集权体制和分权体制。西方分权理论认为,在一国的政治制度安排选择中,在政府权责、职能和政府领导人员选拔等方面实行分权性的制度安排会使地方政府更关心地方福利(Wallace Oates,2005),会对中央形成一种制衡力量以维护市场制度(钱颖一,2003)。这种分权思想认为地方政府是一个独立的行为主体,与中央政府是既制约又合作的关系,地方政府拥有自主的权力,地方政府的行为具有"自治自主"和"分权自主"的特征。如果中央与地方分权彻底的话,那么地方政府就有可能走向"独立自主"甚至"独立自治"。因此,与集权体制相比,分权体制下的地方政府具有为国家根本制度所保障维护的独立性和自治性。

新中国成立后,我国府际关系体制一直在慢慢演进,至1978年改革开放后发生比较大的转变。从府际权力运行维度特征看,1978年之前,我国府际关系体制表现为府际集权体制,但在1949年至1978年长达三十多年的过程中,仍有中央对地方进行扩权的实践,这与同为实行社会主义计划经济体制的苏联的府际关系体制相比有很大的差异。1978年改革开放以来,府际关系体制一个最突出的变化是中央对地方进行了全面放权化的改革,"地方分权""财政分权""财政联邦主义""经济分权"或"行政分权"等词语概念被学界广泛使用,用来描述和理解分析我国央地关系变迁的性质,将之视为理解我国地方试验和创新现象层出不穷的一把"钥匙"(Wong Christine P.W,1992;Xu Chenggang, Juzhong Zhuang,1998;Xu Chenggang, 2011)。这种央地权力运行关系的制度变迁被有关学者视为促使中国经济持续高速增长重要原因之一(Weingast Barry R.,1995;Qian Yinyi, Barry R. Weingast,1997;Tsui Kai-yuen, Youqiang Wang,2004)。

但是,与西方传统分权理论相比较,我国府际关系体制中央与地方之间的所谓"放权"在我国所产生的分权效果与西方传统分权理论所总结归纳的分权效果并不一样。而要搞清楚央地之间放权可能给国家发展与治理带来的效果,首先必须搞清楚央地之间权力配置维度、放权的内容,以及如何进行放权。实际上,在中央与地方之间的权力分配问题上,除司法权和立法权之外,不论实行什么样的国家制度形式和政体形式,都不可避免地要涉及四个方面的权力分配问题,即发展权、政治权、行政权和财政权四大类权力分配问题。其中,发展权就是政府根据一个国家或地区全体公民的意志对一个国家或地区所享有的选择社会和经济发展路径的权力,包括一个国家或地区在发展方向、发展模式、发展方式、发展手段、发展规划等方面所享有的自主选择性权力;政治权主要是指产生、废免和监督政府及其领导人员的权力,即谁有权来决定产生、废免和监督政府及其领导人员,其核心问题是政府及其领导人员的产生方式问题(殷存毅等,2012);行政权是政府为管理社会、维护社会秩序、提供公共服务和公共品以改善民生、实现经济发展等执政目标而享有的诸种行政职权,它具有内在扩张性的性质,体现出相当主动的法律属性;财政权是指政府为了兑现其所承担的各种行政职责、发挥相应的行政职能而享有的对市场和社会进行征税和支配税收的权力,可以进一步细分为征税权、预算权、财务管理权等具体权力形态。

在上述四种府际权力形态中,就行政权和财政权之间的关系而言,行政权和财政权互为目的和手段。一方面,财政权支撑行政权,没有财政权的支撑,行政权自然无法实施,正所谓是"以财理政";另一方面,行政权规导财政权,财政权的实施必须接受行政权的规范和导向,不同的施政观念和方向决定政府财政的度支范围和方向,正所谓是"以政度财"。显然,如果在纵向府际维度上,各级政府所享有的行政权与财政权之间配置情况不同,就可能形成不同形式的府际权力配置结构。这种结构形塑了地方政府具体所处的制度环境,决定了地方政府的财政资源和行政权限,毫无疑问会对地方政府的行为和政府施政绩效产生影响。就发展权与政治权之间的关系而言,它们之间随着国家发展与治理观念的变化日益互相紧密绞合在一起。一方面,政治权为发展权的实现提供政治保障,让国家整体的发展权能够在地方上得到贯彻和实施;另一方面,发展权又为政治权提供合法性,政治权的实施必须以贯彻体现国家发展权为其根本原则。而正是政治权和发展权的互相绞合,决定了地方政府具体所处的目标任务环境,同样也毫无疑问会对地方政府的行为和政府施政绩效产生影响。

因此,地方与中央之间的所谓的"分权"概念实质上就是指上述四类权力在府际纵向维度方面进行具体的配置或组合,来让国家"治理权威"自中央政府开始至乡镇基层政府乃至村居自治组织为止自上而下地进行让渡(杨雪冬,2011)。放眼历史和世界,即使在高度集权的极权制国家,在中央与地方政府之间,仍然都绝对排斥不了国家"治理权威"自上而下的转让过程(杨雪冬、赖海榕,2009),从这个意义上讲,集权与分权是一对孪生关系,集权的同时必然蕴含着分权,集权无论如何都离不开分权。然而,从另外一个方面的意义讲,一个国家"治理权威"自上而下的转让当然是与特定国家的政治制度现实紧密联系并受之制约的,具有不同历史现实的国家,其在府际权力分配方面必然存在着或多或少的差异。

因而,虽然权力在纵向府际之间进行分配是世界各国依据各自所选择的国家制度形式在造就政府组织时都必须予以面对的问题,但既有的西方传统分权理论并不一定具有普适性的解释力,尤其面对中国这样具有显著自身特色的国家(殷存毅等,2012)。鉴于中国的实际情况,用西方传统的分权理论来解释中国的府际关系及在这种府际关系中的地方政府行为是不恰当的。"对中国地方政府的研究是一个发展迅速的领域,此领域却也为身陷各种不同的解释之中而苦恼,我们迄今所发展的概念工具基本上不能令人满意。在很大程度上,我们试图将中国经验的销子插入西方理论的洞口。"(托尼·赛奇,2006)

为了区别中国与西方国家央地关系的差异,有的中国学者把中国央地关系中的中央与地方之间的权力划分称为"中国式分权"(付勇,2011),又有学者在全面详细分析中国央地关系所具有的特点基础上将中国概括称为是一个"行为联邦制"国家(郑永年,2013)。虽然"分权"和"放权"都涉及中央与地方的权力的分配问题,但是本书认为,无论从理念或内涵及权力转移的领域和机制上,西方分权理论所界定的分权和中国央地之间所实行的放权存在很大差异(见表3.1)。事实上,在我国官方正式话语词句中,从未公开正式地使用过"分权"这个名词,新中国成立以来,历代中央领导人都是用"放权"或者"下放权力"来概括描述我国中央与地方之间的权力划分问题。这显然不单是一个用词选择或者用词差异的问题,而是在实际上显现了执政党在对待中央和地方权力划分问题上的一种价值取向,有着特定的政治内涵。因而简单地套用西方分权理论来分析我国的府际关系体制是极其不妥当也是不合适的。

表3.1　中国放权体制与西方分权制度的差异

特征差异	中国放权体制	西方分权制度	
		根据FGT理论实行的分权制度	根据SGT理论实行的分权制度
地方权力来源	中央政府授予	地方权力"天赋"并由国家宪政制度确认	法律制度安排
地方权力稳定性	根据中央的认知随机调整变化	由国家宪政制度保障	持久稳定,中央不能任意剥夺地方权力
地方的独立性	受中央政府领导控制,没有独立性	除法律规定的情形外,中央对地方无控制权,地方自治性独立,但地方不能分裂国家	有相对的独立性
地方的自主性	在侍从于中央的前提下有一定的自主性	地方享有独立于中央的自主性,并且这种自主性是"天赋"的	以法律规定的形式确立地方有一定的自主性
地方发展权	中央拥有控制	地方自我自主拥有	地方拥有
地方行政权	地方的全部行政权力由中央授予下放给地方行使,并接受中央统一领导	除法律规定的特定行政权外,地方基于国家宪政制度安排自行拥有行使	根据法律规定享有较大的行政权
地方财政权	地方享有一定财政岁入权和岁出权,但地方的税政创设权由中央垄断,岁出权支配方向受中央影响	地方享有完全独立的财政岁入权和岁出权,税政权也由地方享有	根据法律规定与中央进行合理的税收分成,属于地方的税收利益由地方拥有,地方享有自主的财政岁入与岁出权
地方政治权	形式上由地方通过选举来实现,但实际上受中央的绝对领导	由地方通过选举来实现,中央不干预地方选举事务	不明确,根据法律规定享有

续表

特征差异	中国放权体制	西方分权制度	
		根据FGT理论实行的分权制度	根据SGT理论实行的分权制度
放权或分权的目的	放权是为了调动发挥地方的积极性，克服中央集权的弱点，更好地维护中央强有力的统一领导，同时发挥市场机制的作用	分权的目的是要形成中央与地方相互制约的机制，增进地方福利，避免中央对地方的掠夺	分权的目的是激励地方自我发展，中央与地方相互制约巩固市场经济体制

注：本表引自殷存毅等：《"放权"或"分权"：我国央地关系初论》，《公共管理评论》，2012年第12期。

　　虽然目前国内大多数学者在研究分析我国地方政府行为问题时，特别是研究地方政府如何在推动地方经济发展的问题时，都是参照西方分权理论框架来进行。但本书认为，1978年改革开放以来地方政府虽然在推进地方治理与发展方面获得了较大的自主性，但是绝对不能认为我国的府际关系体制已经或正在实行与西方一样或者类似的分权制度，根据西方分权理论框架来研究我国府际关系体制会犯下根本性的范式性错误。目前我国的根本政治制度显然不是分权性政治制度，但也不是原先计划经济时代的完全集权式政治制度。从府际权力运行维度方面看，1978年之后央地之间更多体现为如何通过中央对地方进行放权以做活做好地方来推动国家的发展与治理，因此央地之间的关系主要是以中央对地方放权为主线但同时又将集权和放权相融合的央地关系制度安排，这是一种"放权体制"，这种体制既不同于西方国家的分权体制，也不同于传统苏联计划经济国家实行的集权体制，是以自上而下放权为主线但同时又融合了集权制度安排的具有中国特色的府际关系治理体制。因此本书把分析"分权"和"放权"的差异作为分析或理解我国府际关系的起始点，并将中央对地方所形成的"放权体制"视为地方政府推动地方经济发展的制度环境，进而通过对我国央地关系和地方府际关系的放权实践进行梳理，概括归纳出新中国成立以来特别是改革开放以来我国府际关系治理变化的特点，并在此基础上进一步分析考察地方府际关系中的府际权力运行配置及府际目标治理的形成过程。

第二节　1949年至1978年中央对地方的放权实践

　　1949年新中国成立之初,需要解决社会主义革命和推进社会主义建设两大基本问题。解决这两大基本问题的核心工作,就是借鉴苏联的经验和教训,在完成对私有制进行社会主义国家和集体所有制改造的基础上,确立一个适合中国国情的社会主义国家政治制度和政府制度。而确立这两种制度的共同关键点就是如何处理中央与地方之间的权力分配关系,虽然最后在政府的组织形式方面构造形成了高度集权的府际关系体制,但当时的党和国家最高领导人毛泽东同志意识到,只有处理好中央与地方之间的关系,才能发挥出中央与地方的两个积极性,更好地建设社会主义强大国家。在《论十大关系》一文中,毛泽东明确指出:"处理好中央与地方关系,这对于我们这样的大国大党是一个十分重要的问题,我们不能像苏联那样,把什么都集中到中央,把地方卡得死死的,一点机动权都没有,应当在巩固中央统一领导的前提下,扩大一点地方的权力,给地方更多的独立性,让地方办更多的事。"(毛泽东,1956)

　　1957年9月20日至10月9日,党的八届三中全会召开,在这次会议上,根据毛泽东所提出的适当扩大地方权力的思想,会议通过了《关于改进工业管理体制的规定(草案)》《关于改进商业管理体制的规定(草案)》和《关于改进财政体制和划分中央和地方财政管理权限的规定(草案)》三个文件。同年11月8日,国务院通过这三个文件草案,这标志着中央政府开始第一次调整新中国成立以来所形成的中央和地方政府之间的权力分配格局,出现了新中国成立后的第一个向下放权的小高潮。根据这三个文件的规定,放权的内容是把一部分工业管理、商业管理和财政管理的权力,下放给地方政府和工矿企业,以发挥地方政府和企业的积极性和主动性。在这三个文件中,有关下放权力的规定如下:①中央对地方下放一部分工业和商业企业,由省、市和自治区进行管理;②扩大省市和自治区在物资分配方面的权限;③除粮食、外贸的外销部分外,下放给地方管理的中央工业企业和中央各商业部门的企业,其全部利润的20%归地方所得;④商业价格实行分级管理,省市自治区有权决定次要市场、次要工业品的销售价格和三类农副产品的收购价格与销售价格;⑤在中央和地方之间实行外汇分成;⑥适当扩大企业自身的管理权限(刘国光等,2006)。

　　接着,一个更大规模的放权高潮到来。从1957年底至1958年初,全国范围内的"大跃进"政治气氛变得势不可挡。在这种不正常的政治气氛中,中央与地方之间的权力分配调整改革的许多还不成熟的设想被匆忙轻率地予以实施,在很短的时间内,中央政府就把许多经济管理权力下放给了地方,实行"以地区综合平衡为基础的、专业部门和地区相结合的计划管理制度"(刘国光等,2006)。正是这次大规模的放权,促使新中国成立以后在纵向维度上的府际权力结构从"U"形向"M"形转变,这不仅深刻影响了中央和地方之间的权力分配结构,也影响了"条条"和"块块"之间的权力分配结构(周振超,2009)。自此以后,通过"放权"来发挥地方积极性、促使地方经济发展的做法不仅是一种历史的记忆,更是现实的一种选择,直至今天,国家改革与发展的事业仍然没有脱离这个模式。这次大规模的放权包括以下八个重要方面:①在全国建立七个经济协作区;②下放计划管理权限;③下放基本建设项目审批权;④下放物质分配权;⑤下放财税权;⑥下放劳动管理权;⑦下放商业管理权;⑧下放信贷管理权(刘国光等,2006)。

　　通过下放权力提高地方和企业的积极性促使经济发展并不一定会带来坏的后果。但是,在只有计划一种机制配置资源、计划包罗万象的情况下,由于地方不承担国家综合平衡的责任,在地方缺乏必要的制约的情况下,短期内过急过多地将权力下放给地方,意味着权力由专门的机构和专家下放给非专门机构和非专业官员,加上"反右"和"反冒进"助长了经济建设中的急躁情绪,造成地方瞎指挥、乱上高指标盛行,一味地去追求当地经济的扩张,导致经济结构失衡,产品质量严重下降(刘国光等,2006),这种地方政府追求地方经济发展的理性行为却酿成了全国整体上的非理性经济发展。

　　由中央最高决策者发动的对地方进行的大规模放权,在中央高度的政治集权环境中,地方政府在放权和政治忠诚的双重刺激之下,各自在追求地方经济发展的过程中不自觉地走上了"锦标赛"轨道。周飞舟通过对"大跃进"期间中央与地方关系的考察,研究了"大跃进"时期的"锦标赛"机制生成的原因,指出在高度中央集权下,中央政府全面控制了政治经济和思想等领域,当中央在经济上向地方政府大规模放权,并通过各种方式鼓励和动用地方各级政府乃至普通民众在主要的经济指标上展开竞赛,会促使行政体制本身内生出一种"锦标赛"的独特现象,高度集权下的对地方的大规模放权既会导致"锦标赛"式竞赛的产生,又会必然导致这种竞赛的失败(周飞舟,2009)。

　　在"大跃进"运动中衍生出的"锦标赛"体制所产生的"高指标、高积累、高估产、高征购"给国家经济带来了灾难,使国民经济陷入了相当严重的危机和困境(刘国光等)。鉴于这种局面,1961年开始,中央重新开始对国民经济加强统一集中管理,把原先下放给地方的许多权力收回。此后,在1966年开始的"文化大革命"期间,中央又再次对地方下放了部分权力,其内容与1957年那次大同小异。值得指出的是,"文化大革命"期间的下放权力是在"打倒条条专政"的政治斗争背景下产生的。因此在"文化大革命"结束之后,随着拨乱反正的政治过程展开,之前下放给地方政府的权力被视为一种政治错误而予以收回,中央政府重新加强了在经济领域集中统一管理,可以说这一次对地方的权力下放和收回在很大程度上被政治运动所扭曲(殷存毅等,2012)。

如果进一步从理论上进行分析总结,1949—1978年这一历史阶段的央地放权实践表明,中央政府把对地方的放权仅仅作为一种提高地方政府和企业积极性的政策工具来看待,与西方分权理论所涵盖的分权理论思想存在根本性差异。根据毛泽东在不同场合和不同时间关于扩大地方权力的论述思想,这一阶段中央对地方的放权实际上不是一种真正自上而下的权力下放,我们可以对这一历史阶段的放权实践做以下理论性的概括(见表3.2);而是一种中央对地方的扩权,因为放权是把一种权力下放后权力由地方独自行使,中央不再拥有此种权力,而扩权只是中央扩大地方的权力行使范围,中央仍然享有此种权力。因此,总结这一历史阶段的央地关系的放权实践,从纵向维度方面考察,这一阶段我国府际之间的权责分配,主要体现出以下几方面的特点:

第一,国家发展权必须高度集中在中央,由中央制定全国的统一的发展计划目标、发展方式、发展方向和发展手段都必须接受中央的统一领导,地方的发展权必须完全服从于国家的发展权,这既是一个发展问题,也是一个政治问题。

第二,政治权必须高度地集权于中央,干部管理实行"下管两级"制度。中央通过政治集权实现对地方的控制,让地方必须贯彻中央所推行的国家发展意志。

第三,财政权同样高度集权于中央,虽然在1976年之前央地财政体制发生了多次变动,也进行过多次探索,承认地方有自己的利益,并对地方适度给予一定的财税分成,但都没能改变高度集中的体制特征,也没有形成相对稳定的体制模式(谢旭人等,2008)。

第四,中央对地方的扩权以扩大地方政府的行政权为主,并且中央对地方进行扩大的行政权主要是涉及那些能够提高地方及企业的积极性和主动性的行政权。

第五,中央对地方的放权并非一个制度化行为,而是主要体现最高国家领导人的个人意志,对地方放多少权力以及放什么权力完全取决于中央的需要和认知,中央始终保持收回下放给地方的权力,并在整个放权的过程始终处于绝对主导地位。

表3.2   对1949—1978年阶段央地扩权实践的理论概括

扩权的理论假设	把地方政府管得死死的,不利于建设强大的社会主义国家。
扩权的前提条件	巩固中央强有力的统一领导,必须有全国的统一计划和统一纪律,不利于这种统一的行为是不允许的。
扩权的体制条件	国家在央地结构形式方面实行单一制,经济制度实行计划经济体制,财产制度实行公有制,意识形态推行单一价值观。
扩权的基本目的	1.调动和发挥地方的积极性;2.工业、农业和商业需要依靠地方来协助和发展;3.减少中央职能部门对地方乱下命令。
扩权的主要内容	1.工业不能全由中央包办,地方也要发展工业;2.扩大地方与中央分享财政税收的范围;3.在不违背中央方针的条件下,按照情况和工作的需要,地方可以在发展经济方面制定章程、条例和办法。4.中央各部门凡是同地方有关的事情,都要先同地方商量,商量好了在下命令; 5.中央有一类部门的任务是提出指导方针,制定工作规划,事情要靠地方办,要由地方去处理。
扩权的具体手段	由中央统一规划和部署,根据国民经济发展需要,在保证计划实施和服从整体利益原则下考虑扩大地方权力的具体问题。

注:本表引自殷存毅等:《"放权"或"分权":我国央地关系初论》,《公共管理评论》,2012年第12期。

第三节   1978年以来中央对地方的放权实践

1978年底,中国共产党所发布的《十一届三中全会公报》指出:"现在我国经济管理体制的一个严重缺点是权力过于集中,应该有领导地大胆下放。"此后,为适应改革开放的需要,中央几次调整与地方之间的权力分配关系,先后相继从央地的发展权、财政权、行政权及政治权四大权力方面进行了一系列调整。这一阶段的放权实践,几乎是将财政权、发展权和行政权对地方进行同时下放,其中发展权下放则是通过在特定的几个地方设立经济特区来开始实践的。

一、1978年以来央地财政权放权实践

1979年召开的中央经济工作会议,明确提出财政体制改革是经济体

制改革的突破口,在所有的改革事项中要先行一步。决策层取得了改革要率先改变高度集中僵化的央地财政管理模式的共识,决定要对地方进行"放权让利",扩大地方和企业的财权。1979年底,中央在总结对比之前在江苏和四川两省所实行的"江苏式体制"和"四川式体制"的基础上,主张采用"四川式体制",即"分灶吃饭"的财政体制。1980年2月,国务院颁发了《关于实行"划分收支、分级包干"财政管理体制的暂行规定》,决定改变1979年之前高度集权于中央的财政管理体制,从1980年起实行财政体制改革,在中央与地方之间实行"划分收支、分级包干"的财政管理体制。这次改革的基本原则是在巩固中央统一领导和统一计划、确保中央必不可少的开支的前提下,明确划分各级财政和经济单位在财政管理方面的权力和责任,做到权责结合、各司其职、各负其责,充分发挥中央和地方两个积极性。可以看出,这次财政体制改革不仅开始按照科层制的组织原则重新确立纵向府际权责关系,而且也引入了市场经济因素,即相对强化了地方政府自身必须对本级财政收支平衡负责的预算硬约束。然而,相比较于1980年之前的几次放权,财政权的这次下放所释放的能量空前激励了地方政府汲取其自身财力的行为,中央政府与地方政府的财政实力对比逐渐发生逆转,中央财政收入占全国总财政收入的比重逐年下降,至1992年,这一比重下降到30%以下。这说明国家的财政汲取能力下降明显,削弱了中央政府的宏观经济调控能力,而地方政府日益坐大,威胁到了中央政府强有力领导能力及权威(王绍光、胡鞍钢,1993)。

　　因此,1994年中央政府又进行了分税制改革,这一改革名义上是在中央和地方之间进行"分税",但实际上是重新强化中央政府的财政集权。"伴随分税制而来的是一系列集权措施,地方政府不能再任意减免本地企业税收,银行管理机制重新集权,中央也加强了对预算外资金的控制,将大部分项目纳入预算内。"(陈抗,AryeL.Hilman,顾清扬,2002)通过分税制改革,中央政府在国家财政税收方面的主导地位重新得到巩固和加强,中央与地方之间权力分配的"收放循环"似乎再次出现于财政领域之中。此后,在央地财税收入分配方面,从1994起至今,中央本级财政收入占全国财政收入比重始终保持在45%以上,且保持了相对平稳的变动趋势,这也意味着地方财政收入也处于比较稳定状态(邱国庆,2020)。但是,在央地财政支出方面,中央的财政支出占全国总财政支出比重只保持在23%左右,这意味着地方政府承担了更多全国性支出事权,地方政府财政面临着巨大的财政压力(邱国庆,2020)。由于1994年的央地分税制改革后并没有同步推动央地在推动国家发展与治理事务方面所衍生出的各种公共事务职责分工改革,导致中央层面将更多全国性事权下放给地方政府而财权逐渐向上转移,使得地方本级事权支出责任比重逐步偏高,从而造成地方基层政府财权与事权不匹配,进而加剧了基层政府财政收支压力。由此,央地权责不平衡、地方政府财权与事权不相称问题日益成为我国央地关系的突出问题。

　　由于中央集权制下的央地关系始终是一种权力不对称的关系,在中央没有形成权威规范性制度来解决央地权责不平衡和地方政府财权与事权不相称问题之前,地方政府只能根据其自身所在区域财税来源情况来应付权责不相称带来的财政缺口。在2002年国务院《招标、拍卖、挂牌出让国有土地使用权规定》文件的颁布后,标志着我国的土地出让方式已经从以协议出让为主过渡到以"招拍挂"为主的交易模式,驱动城镇房地产市场得到快速发展,至此,靠行政划拨出让国有土地使用权的占比逐渐减少,城镇土地使用权的价值得到显化,这为地方政府依靠土地有偿出让获取与土地相关的财政收益来弥补其财政收支缺口提供了政策出口。在2005年中央政府部门行政管理体制改革中,国土资源以及住房和城乡建设行政管理采取垂直督办的行政管理模式,相当于在土地和房地产市场发展的行政管理体制方面对地方政府赋予了相对弹性的管理空间,这使得地方政府在正式府际权责制度框架约束之下获得了基于土地的独立财税来源,"土地财政"由此逐渐成为地方财政的主要支柱(周怡,2018)。据相关学者研究,在2010年,土地财政产生的预算内外收益所占比重达到了历史峰值,其占地方财政缺口的比重高达90.4%(李升,2013)。这不仅在很大程度上缓解了1994年分税制改革导致的地方政府权责矛盾的问题,也使得一些地方即使一时没有中央政府的转移支付和税收返还,也可以维系地方财政正常的运转,因此地方财政变成"土地财政"说法名副其实(周怡,2018)。

　　因此,在1994年后逐渐形成的央地财政权配置结构下,一旦土地和房地产的市场化闸口打开,地方政府就会不遗余力地发展房地产业及建筑业,这虽在极短的时期内迅速改变了国土空间建设面貌,但地方政府过于依赖通过在土地市场上的相关操作来获得土地出让金来增加可供支配的预算内财政收入以支撑其履行辖区发展与治理的功能,给国家的长远发展与治理带来了越来越严重的隐患。2012年党的十八大后,转变地方经济发展方式逐渐成为举国共识,中央政府开始推行一系列政策调控土地和房地产市场,同时大力推行创新驱动发展战略,以期扭转地方过度依赖土地财政的局面。2018年至2019年,前所未有的房地产调控使得许多地方土地流拍,严重影响了地方土地财政收入。同时,2018年以来,由于各种外部因素冲击,国民经济发展受到较大干扰,为应对不利的外部环境,中央推动对中小企业进行大规模减税降费,这使地方财政收入失去增长性和税源的稳定性。由于地方政府的支出越来越具有刚性,在地方财政收入整体下降的情况下,有些地方政府只能挤占其他公共支出,或者举债度日。在此背景下,2019年国务院印发《实施更大规模减税降费后调整中央与地方收入划分改革推进方案》。此方案主要有三条:一是保持增值税在中央和地方之间"五五分享"比例稳定;二是调整完善增值税留抵退税分担机制;三是后移消费税征收环节并稳步下划地方,将部分在生产(进口)环节征收的现行消费税品目逐步转移至批发或零售环节征收。从本轮财税改革的内在逻辑来看,此次改革中央政府主要是想通过进一步调整中央与地方财政分配关系,支持地方政府落实减税降费政策,缓解财政运行困难。央地财政改革的主线还是在于解决府际的收入和分配问题,除在教育经费支出的分担上在央地之间进行调整外,并没有涉及央地的其他事权调整,因而这仅仅是局部的政策性调整,不是一种基于划分央地事权基础上"以事度财""以财成事"的系统性财政改革,央地之间的财政收支划分还有待进一步法治化。

二、1978以来行政权放权实践

1978年党的十一届三中全会后至今,我国共进行过八次行政改革,相应改革启动的时间为1983年、1988年、1993年、1998年、2003年、2008年、2013年和2018年,以上改革基本上是每隔五年开展一次,根据推进国家发展与治理的进度需要围绕着四条主线展开:第一条主线是进行中央地方行政事项管理改革。通过央地放权,改变过于集权和集中的行政管理体制,激活地方积极性。第二条主线是理顺政府与市场和社会关系的改革。通过简政放权,改变计划性行政管理体制,激活市场和社会自管理发展机制,形成适应社会主义市场经济体制的行政体制。第三条主线是精简政府机构和职能,理顺政府部门关系改革,消除机构臃肿,优化政府部门职能,增强行政部门的协调性,提升政府部门政策的执行力和办事效率,建设服务型政府。第四条主线是强化依法行政,强调行政程序正义,建设法治政府。综观八次行政改革内容,我们可以发现以上改革都是围绕以上四条主线依顺序开展,在改革初期,主要是围绕第一条主线开展央地放权行政改革,至党的十八大之后中央提出推进国家治理体系和治理能力现代化改革。在这种背景下,第四条主线改革越来越重要。

梳理以上八次行政改革的内容,可以发现在2008年之前的历次改革中,都存在明显的中央放权和集权的改革循环。在 1982 年开始启动第一次行政改革后的前三次改革中,中央即对地方和市场陆续展开了大范围的放权,放权范围主要围绕以下方面展开:一是对国有企业行政管理进行改革。鉴于 1978 年之前所实行的全能计划的国有企业管理模式所产生的深刻教训,探索新的对国企进行行政管理的制度,引进经济激励因素改进国有企业管理,努力提高国有企业的经营效益。放权改革的思路是最初是实行"放权让利"的方法,进而实行企业经营承包合同制,通过利益刺激提高企业的经营积极性,接着通过引进现代企业制度改造国有企业的经营机制,同时鼓励集体企业实行民营化取向的产权制度改革,后来又推行"抓大放小"的政策,兼并和改组国有企业,对地方国有中小企业实行民营化和市场化改造,大大缩减地方政府直接掌控的国有企业的数量。改革开放以来国有企业改革的历史过程表明,市场化和放权化改革思路是 1980 年以来国有企业行政管理改革的主线。二是对商业行政管理权进行改革。改革的逻辑是按照市场化的改革原则,把商业过程中配置资源的交易权力交还给市场,先是逐渐放松商品的价格管理,实行价格双轨制,再就是全面放开价格控制,让市场价格机制替代原先的计划机制发挥市场调节作用,最终实现商品的市场化供应目标,但政府保有市场价格调控权力和少部分关系国计民生的重要商品的直接定价权。三是在外贸、外汇和海关的行政管理权方面进行改革。通过下放进出口经营的许可权,允许地方享有外汇留成并扩大外汇留成比例,允许并鼓励地方政府直接与外国及其商业机构进行贸易沟通和往来等权力下放措施。为鼓励地方发展外资经济和外向型经济,甚至实行海关属地式管理,一度把对海关的部分行政管理权下放到地方。四是对投资与基本建设的行政管理方面进行改革。根据不同时期的发展情况,中央政府逐步对地方政府进行放权,让地方政府获得较大的投资和项目建设的审批权。在改革开放之初,对于投资和基本建设实行额度管控,即一定金额内的投资或基建项目地方可以完全自主,不需报中央审批,随着经济的发展,中央的审批就改为用产业政策和土地使用政策两个方面来管控地方的投资和基本建设项目,以实现对国民经济的宏观调控(殷存毅等,2012)。

在 1994 年财政权方面实行分税制改革后,从 1995 年开始中央酝酿重新调整央地之间的行政管理体制改革和行政权力安排。鉴于前期对地方过度放权所出现的种种问题,1998 年启动的行政改革,中央政府在许多行政权方面再度加强集中统一管理,在金融、海关、土地等行政管理领域实行中央直接垂直管理,并加强运用国家产业政策工具来管理和控制地方政府的投资行为。有学者将这次中央政府行政集权行为称为"软集权"(Soft Centralization)(Mertha Andrew C，2005)。其中，在行政权力方面，继1997年中国人民银行系统实行垂直化管理后，1998年，中国人民银行还进一步撤销了各省级分行，并设置了跨省区的上海、天津、沈阳、南京、济南、武汉、广州、成都、西安9家分行，以及北京营业管理部和重庆营业管理部。同年，证监、保监等金融部门也都采用中央垂直管理模式。至此，地方政府管理金融的权力被全部上收，这一系列的收权行动不仅可以看作是对1997年亚洲金融危机的快速回应，也被视作是此前中央对金融行业进行的一系列集权改革的延伸措施(李振、鲁宇，2015)。2000年以来，中央政府在相关行政管理领域又继续加强集中管理，并且在集中管理的范围方面又有所扩大。2005—2006年进行央地政府行政部门的垂直化管理改革，是又一次中央进行行政权上收的集权行动，这次垂直管理的部门中不仅包括商务部、公安部出入境管理局等，也包括安监局、统计局、国土资源部、环境保护部等。这次央地行政权集权再一次形塑了央地政府部门的行政管理体制，主要是为了进一步克服分权式改革所造成的地方主义(李振，2015)。

在所有涉及行政权的央地放权事项中，土地行政管理问题是最为重要最为敏感的问题，也是最影响地方发展的问题。在1986年《中华人民共和国土地管理法》出台之后，此后，至2020年这部法律经过四次修改。在这期间，一种由中央控制分配建设用地指标而地方政府实际掌握土地支配权的土地利用模式逐渐形式。2005年，国务院出台《省级政府耕地保护责任目标考核办法》，明确了省级政府的耕保责任，最严格耕地保护制度和最严格节约用地制度"两个最严格"的土地管理制度开始强力推行。然而，即便在这"两个最严格"的制度约束下，地方政府违法违规用地的冲动依然强劲。在有的地方，往往是"规划跟着项目和开发商走"，一边是低效闲置土地亟待盘活，一边是项目"无地可落"，出现了用地指标"饥饱不均""好钢难以用到刀刃上""劣币驱逐良币"等现象。2018年国务院修订完善《省级政府耕地保护责任目标考核办法》，2020年国务院发布《关于授权和委托用地审批权的决定》，赋予地方政府更大的用地自主权，开始迈出了改革土地计划管理方式的重要一步。在我国，土地作为一种由中央控制分配使用的最重要最稀缺的生产要素资源，在央地之间对之进行配置性改革是新时代构建政府和市场关系、央地关系的一种积极探索。

三、1978年以来发展权的放权实践

在发展权放权方面，相比较于改革开放之前的放权实践，改革开放以

来放权实践的一个显著亮点是发展权也由中央对地方进行了一定程度的下放。虽然在我国发展权与政治权一样通常也是由中央高度垄断的,但发展权如果都由中央政府进行高度垄断的话,不仅会加重中央政府在承担国家发展任务方面的负担,也不利于调动发挥地方各级政府积极性,结果是中央和地方的两个"拳头"都使不出力量(毛泽东,1956)。因此,1978年改革开放政策一个最具有历史意义的开端标志就是中央将国家的发展权下放给某些地方政府,允许在特定的区域由地方政府在坚持社会主义国家发展道路方向的前提下,采取新的发展手段、利用新的发展方式、探索新的国家和地区发展的路子。发展权下放的具体表现是1978年中央最先在广东省设立深圳经济特区,接着又设立了厦门、珠海、汕头和海南经济特区。经济特区就是中央将国家和地区的部分发展权下放给地方的一个鲜明的载体。在经济特区中,新的地区发展路子、发展方式、发展措施和发展手段得到实践和检验,这些发展路子、发展方式、发展措施、发展手段经实践检验取得成功之后,可能被中央政府采取并在全国范围内作为国家层面的发展路子、方式、措施和手段进行推广(殷存毅,2011)。1983年起中央政府相继批准武汉、沈阳、大连、哈尔滨、西安、广州、青岛、宁波、厦门、深圳、南京、成都、长春、重庆等城市为计划单列市。计划单列市享受省级计划单位的地位,享有省级政府的经济管理权限,拥有直接参与全国性的各项经济计划活动的权力。至1994年,又将西安、大连、厦门等16个城市的行政级别定为副省级。将计划单列市确定为副省级市,加强了省级机构统筹规划和协调的地位和作用,减少了省与计划单列市之间因权限划分不清引起的矛盾。副省级市中仍实行计划单列的,按照有关规定继续享受原有的管理权限;不再实行计划单列的,原来中央赋予的权限原则上暂不改变;对原来不是计划单列的,其权限需要调整变动的,由所在省和中央有关部门协商后确定(吴帅,2011)。在对上述重要区域节点城市赋予特殊发展政策之后,中央又进一步推行沿海、沿江和沿边开放战略,其后更是逐渐将发展权的部分权力赋予各省一级政府。2000年之后,为探索新的地区发展模式,针对全国各个地方的具体情况,中央政府出台了一系列的地区发展战略。在这些区域发展战略中,除了政策优惠措施之外,就是对地方进行更大范围和不同程度的行政权、财政权和发展权放权。如果说2008年之前的央地发展权放权是以推动地方的发展为主要放权目标,那么2008年以后,针对前面三十多年改革开放发展所出现并积累形成的相关发展与治理问题,中央开始推进实施各类冠名为功能性实验区和试验区的区域发展战略,在这些功能性试验区或实验区内推行以解决实现某种国家发展与治理目标的发展权放权。从2013年9月国务院批复成立中国(上海)自由贸易试验区开始,至2020年9月国务院批复同意设立中国(北京)自由贸易试验区、中国(湖南)自由贸易试验区、中国(安徽)自由贸易试验区的7年间共设立了21个自由贸易区。中央对自贸区推行的放权试验,成为一种新的中央对地方进行发展权放权的形式。

从总体上看,改革开放以来央地关系的放权实践,既有反映时代发展内涵的一面,即放权是为了建立社会主义市场经济制度,形成全新的府际关系治理制度以推动政府角色转型的需要;又与改革开放前计划经济时代有着连续性一面,即不管权力如何下放,放权过程与实践都必须坚持中央统一领导。但对比改革开放前的央地扩权实践,改革开放以来央地之间的放权实践在实质方面并不同于改革开放前央地关系之间的扩权实践。为进一步说明改革开放以来的央地之间的放权关系性质,表3.3对1978年以来所进行的放权实践进行了理论性的概括归纳和总结。

表3.3　对1978年以来进行央地之间放权的理论概括

放权的理论假设	绝对完全的中央集权不适合发展市场经济,会束缚社会生产力。中央向社会和地方下放权力不仅可以发挥中央和地方的两个积极性,也可以激发社会经济活力,才能更好地发挥市场机制作用。
放权的前提条件	在承认并保障维护中央统一领导全国的权威下进行放权,中央始终拥有对地方的绝对领导权力,地方享有的一切权力都来自中央的授予。
放权的体制条件	国家在央地结构形式方面实行单一制;在经济制度方面实行市场与计划相结合的混合经济制度;在财产制度方面实行公私混合所有制。
放权的基本目的	调动并发挥地方的积极性,挖掘地方的活力,打破集权框框、释放社会生产力、激发市场活力,改变资源配置的方式,让市场机制在资源配置中发挥主导性进而是决定性作用,提高国家经济运行效率。建立有特色的社会主义市场经济体制和政府治理制度,实现国家治理体系和治理能力现代化。
放权的主要内容	中央在发展权、行政权和财政权对地方进行放权,同时逐渐缩小政府计划权限,放弃全能计划的执政立场,向社会和市场进行放权,但中央对政治权仍保有绝对的控制,对国家和地方的发展权享有最终的决定权。

放权的具体手段	中央根据其认知变化视情况需要以制度化和非制度化相结合的放权方式赋予地方较大的自主性达到完成中央计划（规划）的目的，在逐渐缩小中央政府传统计划经济权力空间的同时，在不同时期根据国家发展与治理过程中出现的新问题调整放权的范围和力度。

注：本表引自殷存毅等：《"放权"或"分权"：我国央地关系初论》，《公共管理评论》，2012年第12期。

第四节　1978年以来央地关系变化的特点

综观改革开放四十多年以央地放权实践为主线的中央地方关系变革与演化过程，我们可以发现央地放权导致央地关系产生以下四个方面的变化特点：

一是从府际放权性质方面考察，改革开放以来的央地关系变化仍然是中央对地方的放权，而不是分权关系，政治权和发展权仍然向上集权并高度集中于中央，这是必须认清和坚持的政治原则。改革开放以来在央地放权实践中所形成的央地府际权力运行关系，仍然首先必须是贯彻中央集中统一领导为府际权责配置的前提和原则，所以央地府际权力运行关系的本质仍然是中央对地方进行"权力下放"而不是地方与中央之间进行"权力分享"。这是因为"我国有这么多省、市、自治区，一个中等的省相当于欧洲的一个大国，有必要在统一认识、统一政策、统一计划、统一指挥、统一行动之下"（邓小平，1994）。"如果没有中央的权威，就办不成大事，社会也无法稳定。"（陈云，1995）。因此，即使中央对地方政府进行放权，但地方政府"不能搞'你有政策我有对策'，不能搞违背中央政策的'对策'"（邓小平，1993）。如果中央和地方之间出现了矛盾，那么，"地方应服从中央，局部应服从全体，因地制宜应服从集中统一"（邓小平，1994），其中，"中央就是党中央、国务院"（邓小平，1993）。

二是从府际权力运行方式与国家发展治理的关系方面考察，央地之间在不同时期出现放权与集权钟摆性变化实际上是中央政府在推进国家发展与实现国家良好治理两者之间探索最佳平衡点的行为选择。新中国成立以来，实现国家更快发展与更好治理一直中国共产党人追求的执政目标，希冀在快速的发展中实现国家良好的治理，在促进国家良好的治理中推动国家实现更高质量发展。放权是出于推动国家发展的需要，而集权则是出于国家治理的需要，不同时期央地之间的集权与放权就是为平衡这种国家发展与治理之间的辩证关系变化。在1980年至1994年的改革阶段中,中央对地方总体上是以全面放权为主,放权范围涉及财政权、行政权和发展权等领域的全面放权,其中财政权方面放权力度很大,而对有些事务的行政权中央几乎没有有效行使起来,如土地规划和用途管理方面的行政事务,实际上几乎由地方来行使。在这样一种放权方式下,地方拥有的权力日渐增多,地方利益格局日益固化,地方政府的自主性也日渐强大,地方政府发展地方经济积极性和自觉性确实得到了很大的提高(何显明,2008)。但是,同时也造就了激烈的地方利益竞争,各地方政府在强烈的实现地区跨越式发展冲动的刺激下,粗放地甚至浪费性地使用其所控制的资源,阳奉阴违甚至公开抵制执行中央所制定的政策(Huang Yasheng, 1996;Edin Maria, 2000)。在"分灶吃饭"的央地财政体制下,地方政府主动采取多种手段尽可能地把税收利益截留于地方甚至留置于企业手中,而不愿上缴中央。鉴于央地权力分配关系失衡以至于中央政府的权威受到了威胁,国家能力受到了削弱(王绍光、胡鞍钢,1993)。在这种情况下,1995年开始,中央根据前期央地放权所出现的问题和带来的种种弊端,再次进行全面性的集权。此后,央地之间集权与放权的程度与范围在后续的历次行政改革中都有所体现。综观改革开放以来的央地之间集权和放权的时代背景,不管央地之间集权与放权如何变化,都离不开放权是为了发展、集权是为了对发展纠偏以实现更好治理的这样一对关系转化准则。

三是从府际权力运行与政府治理的关系方面考察,1978年以来的央地放权实践也是一个探寻和完善政府治理制度的过程,以使政府治理适应社会主义市场经济体制。对比1978年改革开放前的央地扩权实践,从表面上看,1978年改革开放以来的央地放权实践在很大程度上好像是重复了改革之前阶段央地之间权力的收放循环。但是,从纵向府际实际的权力运行和政府职能转变、府际关系制度变迁及从中央与地方权力划分的价值取向等方面看,不能简单地将后一阶段央地之间的放权实践理解成是前一阶段权力收放循环的再现,而应当认为是在"质"的方面出现了非常大的跳跃。这种"质"的跳跃表现在这一阶段的放权实践中,市场经济的基因被逐渐植入了央地府际权力配置关系中,中央对地方的放权不仅是为了提高地方发展地方经济的积极性,更是为了探索建立新的国家经济制度的需要。特别在1992年确立实行社会主义市场经济制度之后,中央政府必须抛弃计划经济时代的权力控制模式,不仅要对地方放权,而且更要对社会和市场放权(姚洋,2008),即央地放权收权的目的不只是调整央地之间的关系,而是不仅是通过调整府际关系来促进发展经济,更是要因应经济发展之后带来的国家治理问题。一方面,为了实现建立全国统一市场的目的,中央需要对那些不适宜下放给地方的权力进行集权;另一方面,为了强化市场配置资源的功能,中央必须放弃过去通过计划集权进行资源配置的做法,而必须通过将相关权力放权给地方政府和市场,引导并鼓励地方政府在地方基础设施建设、要素资源获得与让渡、地方公共品供给等方面按照市场规律去办。因此,从府际权力运行方面及中央与地方权力划分的价值取向方面考察,这一阶段的放权实践最核心的目的是让中央和地方政府之间的权力运行关系和运行模式与市场经济以及政府治理的要求相适应协调,以使政府角色转型,推动政府从全能政府角色向有限和有为的政府角色转变。

四是从府际关系与政策过程的关系方面考察,以放权为主线的央地权力运行和政策执行方式,让府际关系始终处于一种不够规范化和制度化的状态,央地权力内容和利益边界缺乏明确划定,造成中央与地方之间难以形成一种制度化、稳定化的利益均衡分配模式(唐惠敏,2018),容易促使央地之间形成上下联动的选择性政策过程,并驱使地方之间产生一种"扑向底部"的不良竞争。改革开放后,地方的主体意识日渐增强,央地间的权力划分主要以政策方式表现,并以中央的施政导向作为权力配置依据。中央决策是有计划、有目标的政治行为,地方政府在实施中央决策的过程中由于情况差异和条件的有限性,很难完全按照中央设计的路线执行。因此,中央政府在酝酿政策制度、尝试推广和实施过程中都试图推进政策反馈机制,去减轻政策执行中的不适之症,并根据地方政府的反馈,充分吸纳政策实施建议,进而弥合地方之间的政策差距,避免因政策不均衡而导致地方政府在贯彻实施中央决策过程中的偏离行为(唐慧敏,2018)。然而,中央与地方的利益互动由于缺乏制度化的刚性约束,往往会出现经济和政治利益上的讨价还价,并可能在有些政策领域的利益分配方面产生寻租性的竞争甚至是排斥竞争,促使央地之间容易形成选择性的政策过程,这种选择性体现在以下两方面(唐慧敏,2018):一方面,政策是中央政府赋予地方政府发展与治理本地区事务的权力资源;另一方面,政策又变成了地方政府向中央政府反馈政策要求和谋求本地区政策利益的手段。显然,央地之间缺乏法治化的权力运行及制度化的政策过程,不利于大国地方的利益均衡和协调。

因此,中央与地方之间的关系、政府与市场之间的关系是推进中国式国家治理现代化必须处理好的两对关系。中央与地方关系作为府际关系的龙头,若没处理好,必然会影响地方政府的行为,进而会影响政府与市场

的关系;央地关系规范好了,政府与市场的边界就会清晰,政府之手才能有
的放矢。中央与地方政府之间的权责清晰了,地方政府才能找到行为边
界,通过中央和地方之间的互补性联动才能产生推动国家发展与治理的叠
加效应。因此,新时代中国式国家治理现代化建设应当要改变上述依赖基
于府际非正式权力运行为后盾的"政策治国"方式,强化法治思维和方式在
规范央地关系的治理作用,将法治化作为规范央地关系未来发展的方向,
为地方政府设定行为边界,打造有所为有所不为的政府,以优化地方经济
发展绩效。

第四章 1978年以来省以下地方府际关系的演进

　　上述中央政府与地方政府之前的放权关系,仅仅指的是中央对省一级的放权关系。如果中央将相关性权力下放到省一级政府,那么问题就来了:一旦中央向省一级政府下放权力,省一级政府又如何进行权力下放?省一级政府继续向其下级地方政府放权,是否截留中央政府赋予它的权力?地方府际间的关系是否会因为省一级政府对下级地方政府的放权实践受到影响和变化?

　　一般情况下,在一个层级多、领土大的国家,中央对地方进行放权只能以层层下放的方式实现,省以下府际放权应遵循省—市—县—乡的放权路线。这将使权力下放的过程保持有序和稳定,中央政府无法抛开处于中间层级的省市地方政府,将权力一下子下放到各县乡的基层政府。但某一级政府组织或官员的权力越大,意味着在科层网络体系中的地位就越核心(威廉姆·A.尼斯坎南,2006)。因此即使中央对地方放权,也并不代表权力下放的地方政府会将所有权力移交给其下属地方政府,被放权的地方政府在被其上级政府放权之后,是否愿意将权力更进一步全部地下放至基层政府,也是需要了解清楚的问题。

　　省以下放权由于缺乏具体的规则导致地方府际关系难以形成一种统一的关系模式,并且改革开放后地方纵向府际之间的放权引起的府际变化还与省管县、撤县设区、市管镇及大量设立开发区等府际现象有关。同时,因为中央对地方放权后各地方政府对待所放权力的不同态度,使得地方纵向府际关系随着历次中央地方关系的调整也出现了不同的变化,而地方府际关系由于上述诸种因素引起的变化促使地方政府之间形成不同类型的府际权力配置结构,不同的府际权力配置结构会对地方政府的行为及地方的经济发展绩效产生怎样的影响?本章通过梳理分析1978年改革开放后央地关系变化所带来的省以下地方府际关系变化情况,总结改革开放后地方府际关系发生的变革及其演进特点,在此基础上为本书进一步研究分析嵌套于地方府际关系中的府际权力配置与运行情况提供基础。

第一节　1978年以来省以下地方府际关系的放权实践

根据科层制的基本原理,府际间权力的运转必须按照一定的规则,不然组织行为便会处于混乱的状态,科层中的权威也将无法建立。虽然纵向政府间根据科层制建立的府际权力秩序一定会存在"职责同构"的现象(朱光磊、张志红,2005)。但是通常情况下,省级政府在权力下放的过程中必须遵守科层制的原理,一般情况下要逐级进行权力的下放,不可以越过中间的政府层级直接将权力下放到更基层政府,这是为了维护中层政府的科层制权威,从而避免地方政府间的权力运转出现混乱,最终稳固不同层级政府间的政治秩序。

但是,在我国这种多层次的府际关系中,中央和地方之间的权力会有选择地分散,上级政府往往会将一些重要的行政许可和行政分配权力留在自己手中,把次要的权力下放给下级政府。在经历了几个不同级别的政府选择性放权之后,乡镇政府除了行使执法权之外,就几乎没有其他的自治权和相关的支持资源了,所以,当基层政府想要做点什么的时候,就必须一步一步地申请,直至有许可权或者分配权的上级部门的审批。至1998年以后,为形成全国统一的市场,破解地方保护主义,许多行政性执法权实行垂管,县乡一级政府自主的行政性权力范围就更小了。

从地方府际放权实践过程方面看,1978年以后,中央对地方权力的下放虽然有所增加,但是在地方一级,各级政府之间却没有实行由上至下的全面下放,而是层层下放。地方纵向府际权力在层层进行选择性下放的同时,也产生层层控制的现象,这种地方府际关系自上而下在进行选择性下放权力时存在的"层层控制"实际上就是变相地进行地方性集权,因此改革开放以来在地方府际关系中出现地方性集权和地方性放权相对冲并行的局面。地方政府间的地方权力集中导致了地方经济发展的不平等,以及地方资源的利用效率低下。本来,不管是府际集权还是放权,无非就是将治理权威在不同层级的政府进行转移而已,而且政府间权力的转移,最终会给当地的经济、社会发展带来意想不到的消极影响。(罗红波、M.巴尔巴托,2009)。在地方层层选择性的放权过程中,一些重要性事项和关键性资源和权力的配置必然留在上级地方政府,而许多需要落地实施的事务又必须由基层政府来实施完成。如在地方府际财政分成的决定权方面,上级地方政府可以通过对地方财政分配的决策权进行调控,以确保各级政府在财政上的绝对优势。财政利益资源从下上抽后,政府级别越高,可支配的财政资金越多,发改、财政、经信等相关部门都有很大的权力,所以他们对这些资金的使用,往往会形成一种比较复杂的形式和非正式的安排。然而,从历史上的众多经验与现实来看,政府在现实生活中并不能完全按照公正、高效的原则来安排自己所拥有的大量资金(斯蒂芬·贝利,2006)。对于这样的问题,某省经济和信息化委员会的一个处长这样讲道:"在每年年底我们委里总是以各种理由向省政府打报告,要求省里在做下一年的财政预算时多给我们委里安排一些专项资金,在我手上做出这样的报告就有好多份,理由虽然都不一样,其实每个报告的中心词就是这四个字'专项资金',委里每年年底要是从省政府那里多争取安排一些下一年的专项资金过来,那我在下一年日子就好过多了,因为我手里有权有钱,我即使坐在办公室里下面地方都得上来求我安排资金,那我就要考虑怎么给、给多少、看谁的面子给等问题了。这么多年来从安排下去的资金多数给了地方国有企业去了,这些国有企业对政策把握得当,并且钱给了国企没有人可以说闲话,如果给民企给得多的话就会有闲话。"

更进一步地从府际财政权放权情况考察,改革开放后,为激活地方积极性,中央开始对地方进行财政放权,在中央和地方之间实行"分灶吃饭"的财政管理体制。为适应这种变化,省以下地方纵向府际之间实行财政包干制,地方纵向府际之间逐级进行财政包干,这段时期被称为财政大包干时期。从1994年开始实行分税制以来,从"两个收入"的比例来看,中央在"两个收入"的比例较低,因此一些学者认为,中央应该加强"两个收入"的比例,从而加强政府的财政吸收能力(胡鞍钢、王绍光,1993)。而在此期间,又有学者将国家财政制度称为"财政联邦主义"或"财政分权制度"(钱颖一等,1996)。事实上,这两种观点的形成,并不是因为中央和地方之间有真正的财政分权,而是因为在财政权的府际税收分成权上,中央通过"财政承包制"鼓励地方实现放权让利,来提高地方经济发展的积极性,而在其他财政权力上,中央还是高度集权的(胡书东,2001),从新中国成立到现在,国家的财政制度是高度集权的,它的主要特点是财政权各个权种都集中在中央政府手中,而地方政府没有独立的财政权力设定权,也没有脱离中央的能力,所以中央通过对财政的分配进行调整,就可以改变财政上的"财政联邦主义"。自1994年实行分税制以来,这个问题就不复存在了。

自1994年开始,中央与省级两级政府之间财政关系的调整进一步深化,可是省级财政内部的关系优化却遇到了很大的困难,省内财税资源分配还是存在责任不明、收入分配规则无法固定、收入来源稳定性差等问题。1994年的分税制改革,主要是以中央与地方的税收分配为突破口,重新划分了中央与地方税收分配体制。但地方内部的财税关系上,中央还是将分税权赋予了省级政府,这样做就意味着省级政府能够决定自己省内不同层级府际间财税分成关系。在地方府际之间进行财税分配过程中,省级政府在自己与市级之间的分成比例后,把进一步的分配权赋予了市级政府。市级政府在划分好自身与县区之间的财税分配比例之后,将该权力赋予了县区级政府。县区级政府根据剩余的可分配空间,施行层层下放同时也层层受控的方式,分配自身与乡镇一级的财税分配比例。从以上分析可以发现,在地方府际之间的财税分配当中,中央对省及以下各级政府实施完全的赋权,结果便是不同地区的财税分配制度各异,上一级政府能够依据自身的情况与意愿调整与下级政府间的分成比例,在这一背景下,省以下不同政府之间的财税关系处于一个不稳定的状态(李萍等,2010)。

省以下府际财政关系是关乎政府间地方发展与治理的问题,不仅直接关乎推动地方经济和社会建设发展的资金来源,更关乎民生福祉。针对改革开放以来省以下府际之间的财政关系制度化程度相当不足的情况,中央很想对之进行规范。早在2002年,国家出台《财政部关于完善省以下财政管理体制有关问题意见的通知》,中央就开始进一步完善省级以下府际之间的财政管理体制的问题,但在当时情况下各方面改革都在探索过程中,省以下财政管理体制改革一时难以确定改革方向,不可能一下子就可以全面完善起来;2006年第十届全国人大第四次会议通过《国民经济和社会发展第十一个五年规划》,在这个规划当中提出"完善中央和省级政府的财政转移支付制度,理顺省以下财政管理体制,有条件的地方可实行省级直接对县的管理体制";2009年中共中央、国务院颁布《关于2009年促进农业稳定发展农民持续增收的若干意见》指出:"推进省直接管理县(市)财政体制改革,稳步推进扩权强县改革试点,鼓励有条件的省份率先减少行政层次,依法探索省直接管理县(市)的体制";2013年党的十八届三中全会通过了《全面深化改革若干重大问题的决定》,中央政治局审议通过的财税配套改革方案当中把"理顺府际财政管理体制、完善预算体系和改造税制体系"作为重大改革任务;2021年党的十九届五中全会进一步健全省以下财政分配提出明确要求;2022年,国务院办公厅出台了《关于进一步推进省以下财政体制改革工作的指导意见》,对进一步推动省及以下财政体制改革的任务和举措进行了部署。通过梳理以上省以下府际财政关系改革的历程,我们发现,2000年以来,中央高度重视省以下府际财政关系改革,在长达二十多年的过程中一直在持续推进这个领域的改革,其中改革的重心就是围绕从中央到乡镇的五级财政向三级财政转变(贾康,2022)。然而,这种改革必然离不开府际行政权责的改革与划分,而府际行政权责的改革与划分又与我国五级政府的行政层级问题联系在一起,因此府际财政权改革很难单兵推进,府际财政权改革必须与行政权改革同步推进,由此可见省以下府际财政关系改革在整个府际关系治理改革中的重要性和艰巨性。

第二节　1978年以来省以下地方府际关系的变革

改革开放以来,在中央与地方之间关系变化的影响下,地方府际关系也发生相应变化。除了受央地变化影响外,由于地方行政区划的调整或实施相关地方区域发展战略等原因,也驱使地方府际关系出现了一些重要变化。这种变化与一般的自上而下在某些领域某种程度放权不同,而是变革性的,在空间上引致地方府际关系出现割裂性的块状特征,从而使得地方府际关系在全国不可能以整齐划一的姿态出现。

一、市管县引致的地方府际关系变化及影响

1983年之前,虽有像宝鸡、六盘水和温州等个别地方分别于1971年、1978年和1982年由地区改设为地级市,但无论是边疆省区还是内地,"地区"都是地级行政区的主要形式,且地区的管理机构行政公署只是作为省、自治区政府的派出机关,并没有国家政权机构和行政机构在地方进行实际设置,因此地级市原本并没有在《中华人民共和国宪法》规定的政府层级序列中,府际层级只是四级政府层级架构。1983年,中共中央、国务院下发《关于地市州党政机关机构改革若干问题的通知》,要求"积极试行地市合并、撤地设市",即撤销地区及其管理机构地区行政公署的同时,设立行政建制与地区相同的地级市及其管理机构地级市人民政府和人民代表大会,新设立的地级市基本以原地区的行政区域为其行政区域。由此,市管县体制得以确立,此后逐渐在全国大规模推行,截至2022年,全国所有省份的绝大多数地方府际关系都实行"市管县"的府际关系管理体制,全国仍是"地区"的数量仅剩7个,其中西藏自治区1个、新疆维吾尔自治区5个、黑龙江省1个。

市管县后所引致的地方府际关系变化及其产生的相关影响可以分为以下五点,一是从府际放权方面考察,在地级市成为府际间的一级政府之后,地方上府际层级由之前的三级变为现在的四级,这也为政府下放权力增加了一个重要的新环节。在地级市成为一级政权之后,省政府对下进行逐步放权的时候,自然将所要下放的权力先赋予市,然后再从地级市下放

到县区这一层级。在自上而下的放权过程当中,市这一级政府正好处于一个承上启下的位置,继而出现上下级府际信息沟通、权力运行、公文传递及政策的执行过程当中都要经历市级政府的控制(樊红敏,2008)。地级市政府在纵向的政府层级关系中起到一级"关卡"的作用。二是从府际权力运行方面考察,市管县后不可避免产生对县乡的府际集权现象,自1983年我国开始在地方治理方面施行"下管一级"的管理制度以后,市政府对下面的县乡基层政府享有了府际政治权和发展权集权。三是从府际权力和资源配置方面考察,市管县后对地方政府层级关系带来的不利影响之一便是可能出现"市卡县"和"市刮县"现象,即市可以通过对县乡基层政府进行权力和资源配置集权,将县的关键性行政权力如区域发展规划权、土地指标分配权及财政权上收到市,由市进行统筹掌控,县乡政府的自主性被削弱。四是从市县府际关系与市县发展的关系方面考察,市管县后地级市可以通过府际集权将原本支撑县乡发展的资源上抽集中到市,用来做大做强市所在的城市的经济规模,这可能会致使县乡级的经济活力被地级市的集权控制所限制,其经济发展的资源被上级管理者利用地方集权的方式进行向上抽夺(马斌,2009),进而出现了地区经济发展的"劫贫济富"、农村乡镇哺乳城市发展的现象。五是从府际关系与农村基层的发展关系方面考察,县只有自身发展好了才能进一步带动乡镇的经济发展,自从施行市管县后地级市能够通过对下一级的集权、重要发展资源控制及财税收益上抽夺,去支援地级市、省会城市的进一步发展。而就算地级市发展起来后,其直接受益的是市所在的区,并不一定会给广大县乡等基层区域带来更多的收益,这类地方性集权的管理办法让市政府对县乡等下级政府"只取不予",进而加重他们的负担,县域对于所辖区域的带动作用进一步减弱(剧锦文,2010)。

二、省管县引致的地方府际关系变化及其影响

针对市管县后引致的地方府际关系变化对县乡发展与治理所带来的以上弊端,为了强化县乡基层政府的发展与治理能力,激活县域经济,1992年开始,在中央政府的支持下,浙江、江苏、安徽、湖北等省份陆续推行了以"强县扩权"为主要内容的改革试点,对经济发展较快的县市进行了扩权,把地级市的经济管理权限直接下放给一些重点县。2002年,省管县改革开始在全国试点推行,2012年后省直管县改革提速推进,受"海南方向""浙江经验"的启发,我国大力推行"强县扩权""扩权强县"等形态的"省管县"改革。2013年党的十八届三中全会提出"优化行政区划设置,有条件的地方探索推进省直接管理县(市)体制改革"。此后,省直管县体制改革

在许多省份得到更大范围推行,逐渐成为我国地方纵向府际关系一种重要变革现象,至2022年,全国基本上每个省份都在本省范围内推行过不同形式不同程度的省直管县的改革试验。从全国范围省管县实践情况看,各省所推行的省直管县改革做法,主要涉及三个方面(柯学民,2015):一是在财政权方面推行省直管县财政体制改革,县级财政由省直管;二是在行政权方面推行强县扩权,将属于地级市的经济管理权限和行政审批权限全部或部分下放至县;三是在政治权方面推行人事管理体制改革,将省直管县的县级的党政主要负责人人事任免交由省决定。这三种改革做法虽然在省对县的放权方式、内容范围存在一定的差异,但都主要是财政权、行政权、政治权三种权力进行放权。

根据省对县放权的范围程度,省直管县可以分为完全的省直管县和局部性的省直管(李先涛,2019)。在完全省管县的情况下,县级政区直接隶属于省级政区,县级行政主体直接接受省级行政主体的领导和指导,如海南省由于土地面积和人口都较少,实行"县市分治",市只管理城市本身,县则由省直接管理;在局部性的省直管县情况下,县级行政主体只是在部分管理权限(如财政权、人事权和经济管理权)方面直接接受省级行政主体的领导、监督和指导,而在其他方面仍需要接受地级政区的领导和指挥,在行政层级上,县级政区仍隶属于地级政区(李先涛,2019)。在省管县的财政管理体制下,省直接对县进行财政放权,地市一级政府不参与或很少参与县级财源的分配,省级财政将财政收入报解、资金调度、财政结算、转移支付、债务管理、项目申报、工作部署等越过地级市直接到县级财政,地级市财政只与省财政有结算关系,与其行政辖区内的县没有财政结算关系。毫无疑问,在省直管县财政体制下,县级财政权力扩大了,而地市级财政权力被缩小了。

总结改革开放后在全国范围内开展省直管县的放权试验,一共有三种比较典型的代表模式:一是浙江省推行的从省直管县财政体制改革开始向行政体制改革突破的模式。浙江省在1953年就开始实行省管县财政体制一直至今,省对市县财政一视同仁。市县财政同权,地市预算内的财政收入只来源于地市本级,与其下属县或县级市没有隶属关系,地市财政部门对县财政部门只在财政政策传达与业务指导上存在上下级关系以及预算外的相关行政规费结算关系。为解决省直管县行政体制与财政管理体制不匹配的矛盾,浙江对被确定为省直管县的试点县市在1992年、1997年、2002年和2006年进行四轮扩权,2002年把313项原属地级市的经济管理权限下放给17个市县和萧山、余杭、鄞州三个区,2006年又以义乌市(县级市)为试点,把472项只有地级市享有的权限下放给义乌市,推动省直管县从财政体制改革向行政体制改革突破。二是安徽省推行的仅在行政权方面实行省直管县并进行动态考核淘汰的模式。2007年,安徽省决定在宁国等12个县(市)开展扩大经济社会管理权限试点工作,试点县享有省辖市部分经济社会管理权限,主要包括计划管理、经费安排、税务办理、项目申报、用地报批、证照发放、价格管理、统计报送、政策享有、信息获得等方面。安徽省管县改革的特点在于试点县实行考核淘汰制,12个试点县(市)并不是固定的,在省对县进行放权的同时,省政府还将对试点县(市)实行动态管理,由省加快县域经济发展领导小组每两年考核一次。三是湖北省推行的行政权与财政权同步放权,在部分地区先推动再扩大至全省的模式。2003年6月,湖北省决定将原属于地级市的239项权限,下放至汉川、大冶等20个县(市),2004年4月,湖北省又决定除恩施自治州所属的8个县(市)继续由恩施自治州管理外,在全省其他所有的县都实行省管县财政管理体制。2007年初,湖北省又进一步决定除恩施自治州和市辖区外,赋予全省所有县(市)政府享受地市级经济社会管理权限。湖北省省管县改革的亮点在于其转移支付制度创新,将省对县的一般性转移支付分为均衡性转移支付、激励性转移支付和政策性转移支付三种形式。激励性转移支付主要是在保持已形成各县财力基数的一般性转移支付资金存量不变的基础上,将一般性转移支付资金增量中的一部分作为激励性转移支付,促进各县努力做大财政"蛋糕"和做小财政供养系数。

以1992年开始开展扩权强县改革为推进省管县改革的始点,回顾改革开放以来省管县近三十多年的府际放权历史实践,其对地方府际关系及所产生的相应影响有以下四点:一是从府际权力运行环节方面看,"省管县"促使传统府际放权路线出现了一定层级的跃迁,省市县行政管理关系由"省—市—县"三级管理转变为"省—市、省—县"二级管理,使府际权力运行过程缩短,打破了地市级政府进行地方性集权的可能性,在一定程度上避免了府际选择性放权的现象。二是从府际放权的目的方面考察,实行"省管县"的府际关系体制是为了激发县域经济活力,提升县域经济发展水平,并通过简化层级政府的管理流程提升地方行政管理效率。三是从府际放权的功效方面看,由于内陆许多省份在其省域范围内缺乏历史性经济中心城市,地级市自身缺乏内生性增长动力发展过于缓慢,无法快速实现真正的城市化发展。而全省人口又主要分布在广大县域中,县域经济又是省域经济的主要组成部分,因此通过省管县对市县之间进行府际关系调整,淡化或者削弱市对县在府际权责和资源配置方面的控制性影响,进而提升县的自主性和资源支撑保障来强化县的发展能力的做法,是推进县域经济发展的有效手段。四是从府际关系匹配适应地方发展的方面考察,省管县可以合理配置区域资源,缓解地市级城市与县级区域的矛盾,减少二者争利带来的问题,避免"市卡县""市刮县"现象,有利于市县平衡协调发展。

三、撤县设区引致的府际关系变化及其影响

撤县设区,就是将县改设为某市的市辖区。显然,撤县设区不仅是城市扩容的重要途径,也是市级权力范围的扩张,但在本质上是行政区划的变更,因此也是地方府际关系的一种调整变化方式。据有关数据统计,改革开放以来,从1992年开始至2021年全国累计共有132个县被撤县设区,但在1992年至2010年之前,全国只有19个县撤县设区。另据民政部相关数据,2010年底,我国共有1461个县,853个市辖区;但到2020年底,全国县的数量缩减至1312个,而市辖区数量增至973个,十年间,全国共撤销了149个县,同期增加了120个市辖区。在这120个新增的市辖区中,有7个市辖区由县改成市。考察改革开放以来撤县设区的历史过程,我们发现,撤县设区主要出现在2010年之后,并且与国家推行城市化发展战略紧密联系在一起,是府际关系匹配适应国家城市化发展进程的应激制度反应。

2010年以来,随着中央在地方府际关系方面进一步推动省直管县财政体制改革,在很大程度上削弱了地级市的财权和财力,地级市依靠其自身做大做强市区经济就更迫切了,因此自然就想把其辖区中经济发展和资源基础较好的县进行撤县设区纳入市里统筹进行发展,以提升城市的经济地位,并增加城市收入。2014年国家发布了《国家新型城镇化规划(2014—2020年)》,建议要优化设市的标准,并允许有行政区划调整条件的县系统性的转变为城市,制定城市市辖区设置标准,优化市辖区规模和结构。这个规划出台之后,正好为地级市进行城市扩容提供了绝好的发展机会,于是在全国就出现呈井喷式的撤县设区发展现象。据有关方面统计,2014年至2021年期间,全国共有112个县(市)被改为市辖区,其中2014年、2015年和2016年分别有20个、26个和30个县被重组。在这一波撤县设区的浪潮中,一些省会城市通过撤县设区推行"强省会"战略,一些有实力和潜力的三、四线城市也极力通过撤县设区推动城市扩容,做大做强市区经济,这让许多城市进入"无县时代"。城市无实际产业的大规模支撑扩张不仅让许多县消失,同时也剥夺了农村和农民的正当利益和发展空间,大量土地被浪费成了"鬼城"。在这种情况下,2017年开始中央收紧城镇化发展政策,撤县设区的浪潮才得到遏制,至2022年全国两会时,"严控

撤县建市设区"被写入了《政府工作报告》,这意味着全国性的撤县设区浪潮开始逐渐进入静息期。

撤县设区表面上看虽然是作为一种地级市推进城市化的手段,但从地方府际关系变化的层面考察,其实质上通过调整行政区划对市县府际之间的权责和资源配置进行重新划分,将地方的政治权、发展权、行政权和财政权及其他发展资源进一步集中到地级市进行掌控。在撤县设区的情况下,在府际政治权方面,区级政府的党政主要负责人的任免权自然就由市来直接行使,一般情况下省不能直接干预。而县的党政主要负责人任免权可能由省来直接行使。在府际发展权方面,被撤县改成区后,区成为地级市所在地的有机组成部分,其建设与发展自然就要接受市的统一规划部署。而县作为一级独立层级的政府就相对自主发展。在府际行政权方面,区的各种行政权限要受市的直接控制或监督,有些行政权可能上收到市,区的行政权不具有宪定性。而县是独立一级政府,行政权受宪法保护,具有宪定性。在府际财政权方面,区的财政是半级财政,财政预算与支出要接受市的管理与控制,县一级是独立的财政,拥有相对独立的财政支出权限。撤县设区后,市一方面可以通过经济管理权限、产业发展政策等方面的调整,让财政资源向市集中;另一方面可以对区调整财政收入分成,县往往只与市分享20%~30%财政收入,而被撤县改区的政府这一比重扩大至50%左右,这样区基本上就丧失了辖区财政自主性和独立性。

撤县设区所引起的上述地方府际关系变化,如果市的发展基础和力量原本就比较弱小无法对周边区域产生巨大溢出发展效应的话,那么就可能会产生以下地方发展与治理问题:一是可能会使城乡区域发展更加不平衡。撤县设区后,往往会出现"虹吸"效应,市区会进一步吸取原有县的财政、土地、教育、医疗、人口等经济发展要素和公共服务资源向市的中心城区集中,这无疑会限制设区后广大乡镇基层农村区域的发展,甚至导致发展后退或衰败的窘境。二是容易引发各种地方治理问题。撤县设区后带来的城区面积和人口规模的扩大,对城市的基础设施和公共服务能力要求更高,"摊大饼"式的城市扩张所带来的"城市病"必然会增加城市治理难度,而由于设区后区的财政资源和行政能力相对不足,其治理能力不仅没有提升反而下降,驱使地方治理风险上升。三是出现"假性城市化"问题。一些地级城市通过撤县设区追求土地和行政区划意义上的城市化,但由于其本身实体产业发展比较弱,产业结构仍然以第一产业和比较初级的第二产业为主,而相对高质量的第三产业并未发展起来,且市区内还有大量建制村、农村、山区比例仍然很高,因此不但没有通过撤县设区带动城乡一体化、人口城镇化和村民市民化发展,反而造成城市空间结构畸形、城市空间效益低下、就业机会欠缺和公共服务供给不足等"假性城市化"问题。

四、省对地级市放权引致的府际关系变化及影响

2012年党的十八大以来,许多省份为了推进本省经济的发展,采取做强做大本内域中心城市的发展战略:将本省区位和经济基础比较好的城市作为区域经济发展中心城市,在涉及经济和社会管理方面的相关行政权,由省对这些城市进行比较全面的放权,让这些城市在某些事项上享有省级行政管理权限,以强化区域中心城市的自主性发展权限和能力,省对市进行放权开始成为一种新的府际放权形态。当然,2013年以来许多省份对地级城市的放权在很大程度上受国家对相关自贸区的放权试验所启发和影响,放权的目的大都是出于发展地方经济的考虑,培育出本省的经济和产业强市或区域中心城市,从而能带动本省全域的经济发展。

2013年12月,为了促进长沙市的进步发展,承担起省会的辐射带动作用,提高全省发展的整体竞争力,湖南省决定将45项省级经济社会管理权限下放给长沙市,其中,直接下放24项,委托下放21项。2015年,为进一步简政放权,促进经济社会发展,湖南省又决定向长沙市以外的13个市州下放47项省级经济社会管理权限。2020年,云南省决定向中国(云南)自由贸易试验区范围内的昆明、红河、德宏片区管委会下放第一批省级行政权力事项73项,其中行政许可事项55项,行政确认事项2项,其他行政权力事项16项。河南省为了进一步激发郑州市、洛阳市的改革创新动力,加快建设郑州国家中心城市和洛阳中原城市群副中心城市,向郑州市、洛阳市下放部分省级经济社会管理权限,并提出要"推动最大限度向郑州下放省级管理权限"。2020年,山东省决定将在2020年12月底前,将除涉及国家安全、公共安全、生态安全和意识形态安全的重要事项外的所有省级行政管理事项下放给各地区的市实施,并在济南、青岛和烟台市先行试点。广东省于2021年发布《2021年广东省推进政府职能转变和"放管服"改革重点工作安排》,支持深圳建设中国特色社会主义先行示范区、支持广州实现老城市新活力和"四个出新出彩",对广州、深圳以同等力度下放了若干个省级经济社会管理权限;为珠海、汕头、佛山、东莞、湛江等地依法配置了一批省级经济社会管理权限,一批重要领域的省级管理权限将移交至相关城市实施,并促进各地级以上市加快"放权强区"。同年,广东省政府发布"省政府令",调整了117项省级行政职权事项在广州和深圳市实施,其中包括103项与深圳市有关的事项。2022年8月,广东省委、省政府决定,按

照能放则放、应放尽放原则,结合两市改革发展需要,依法赋予东莞和佛山部分省级经济社会管理权限。据不完全统计,2013年以来全国至少有15个以上的省份对本省的具有较好经济产业基础或区位较好的地市或省会城市在一些事项上进行放权,并赋予省级管理权限。

在省管县放权的情况下,省对县一般就具体事项进行授权或者市县同权,从而让县在一些事项上可以自主决定而不需接受市的限制或同意,放权的基准对象是市所享有的权限,而不是让县去超越市的权限。但省对市的放权则不同于省管县的放权方式,由于市本身的权限相对较大,对相关事项的承接能力相对更强,因此省对市的放权空间相对更大,放权程度更高且放权范围也更广。一般来说,省对市的放权方式有三种,一是由省将相关权限下放给城市。对法律、行政法规、部门规章规定只能由省级政府或者其所属部门行使的权限,可以依法下放给各市。二是由省将相关权限授权给市来行使。在法律、行政法规规定可以授权的事项中,或者国务院部门规章和规范性文件确定由省级政府或者其所属部门行使的权限,可授权城市行使这些权力。三是将省级相关权限的行使直接下放给城市。对我省地方性法规、省政府规章和规范性文件、省直有关部门规范性文件明确由省级行使的权限,省级权力机关可以委托省政府做出决定,也可以将其直接由省移交到市级或其下属部门(李点,2020)。上述省对市的三种放权方式在放权力度上层层递进,其中省对市直接下放权力的方式是放权力度最大的方式。

省对市放权的重要之处在于让市在一些事项上享有省级政府的权限,这些权限包括了部分地方发展权和行政权限,并且这是由省作出的而不是由中央做出的,这无疑增添了我国府际关系的放权体制色彩。在这之前,在一些事项上享有省级权限的城市只能是被中央确定享有副省级地位的计划单列市。而在这一波省主动对市的放权浪潮中,被放权的城市被寄予推动地方发展的厚望,一般担负着带动区域发展的使命,但同时也使得未得到放权支持的城市处于更不利的竞争地位,会驱使相关资源向被放权的城市集中。相比较于省管县引致的市县之间经济发展竞争空间尺度效应,省对市放权产生的府际关系调整变化所引致区域竞争空间尺度已经上升至市域乃至省域范围,这在一定程度上会重塑区域发展的竞争格局,并有可能会激发重塑华夏大地城市版图的涟漪效应。

第三节　1978年以来省以下地方府际关系的演进变化特点

1978年改革开放以来,中央与地方之间在发展权、行政权和财政权等权能的配置上一直在变动之中,相应的在省以下地方府际关系当然受中央与地方之间这种关系变化影响。由于我国至今未对地方制度和府际的权责划分进行专门具体立法,且由于地方有自己的利益,各省的发展情况各异,某些方面的府际制度保留有历史的遗留影响因素,并且各省在探索推进府际关系体制改革的认知、步调以及具体举措并不完全一致,导致省以下地方府际之间出现的府际放权和集权自然就会形成不同的府际关系模式,从而使得省以下地方府际关系呈现相当丰富的演进变化特点。这些特点不仅反映出一个超大面积和超大人口国家既要保持长治久安实现良好治理又要推进经济和社会快速发展的难处,同时也折射出具有中国特色的政府治理方式。总结归纳起来,改革开放以来省以下地方府际关系演进变化具有以下几方面的特点:

第一个特点是省以下地方府际之间形成了不同的府际关系模式,造就产生出府际关系的空间经济效应。从整体上看,1978年改革开放以来地方纵向府际关系逐渐形成纵向交叉层叠的状态,而横向府际关系则逐渐形成不对称不平衡的状态。地方府际关系发生的各种变革及府际权力在纵向维度对不同区域不同对象进行不同范围的选择性下放,使地方纵向府际权力呈现层级管辖交叉和层叠的运行状态,这种运行状态会在不同区域不同层级的地方政府之间形成不同的府际权力配置结构,而正是所形成的不同府际权力配置结构,驱使相同区域的同等层级政府之间的横向府际关系形成不对称不平衡状态,由此形成不同的府际关系模式,而不同的府际关系模式所形成的"区域租金"和"政策租金"会影响经济要素资源在地方上的流动,从而造就形成府际关系的空间经济效应。

第二个特点是省以下地方府际关系与地方经济发展存在政治经济相互强化的逻辑联系。因为在省以下各层级政府之间存在不同程度和不同形式的府际放权,导致县县之间的政治、经济和行政地位不一样,市之间的政治、经济和行政地位也不一样。而县县之间、市市之间和市县之间在政治、经济和行政地位的不对称不平衡会在地方上制造出政治经济空间重心区域,从而有可能诱使各类地方发展资源在空间上朝政治经济空间重心区域流动,由此在地方府际关系与区域发展之间就形成了一种基于府际权力配置运行与经济发展要素资源相互吸附的紧密联系,并且它们之间的这种联系具有相互强化的效果。

　　第三个特点是省以下地方府际关系的演进变化映射了国家在不同时期所推行实施的区域发展战略。无论是实行市管县、省管县还是撤县设区，都主要是出于推动地方不同层面发展的需要，其中市管县或者撤县设区主要是为了推动地市一级城市的发展，着眼的是通过强化区域中心城市的发展来带动更大范围的区域发展，注重的是推行城市化发展战略。而实行省管县则是为了推动县域经济发展，注重的是推行城镇化发展战略。从府际关系治理与地方经济发展的关系方面看，改革开放以来地方府际关系的变化与国家和地方实施的区域发展战略紧密相连，国家在不同时期推行实践的区域发展战略在府际关系治理领域都有相应的映射与反映。

　　第四个特点是通过调整省以下府际关系进行府际放权或集权以扩大或压缩地方政府的可控资源边界，成为地方推动经济发展的一种政策工具。调整省以下地方府际关系既可以通过自上而下的府际放权来实现，也可以通过行政区划调整来实现。自上而下进行府际放权如省对市的放权或者实行省管县，而通过行政区划调整进行府际集权如推行市管县和撤县改区。但是，不管是府际地方性放权还是集权，都是作为一种政策工具通过扩大或压缩地方政府的可控资源边界来影响地方的发展，只不过进行府际放权是为了推动下位区域的地方发展，而进行府际集权是为了推动上位城市的地方发展。按照现行相关府际关系治理制度规定进行乡镇政府以上的层级的府际关系调整至少需要获得省级政府的支持，因此对哪些区域和哪些层级政府进行府际放权或集权一般来说完全取决于省级政府的认知考虑，因此省级政府在地方府际关系的演进过程中扮演的角色是至关重要的。

　　第五个特点是省以下地方府际权力的实际配置与运行并不与相应的府际层级相对应，正式府际科层组织权威被非正式的府际权力配置运行规则所消解，府际之间在行政权和财政权配置方面存在严重的冲突。本来，府际关系中的正式科层组织层级性与权威性是为《中华人民共和国宪法》所确定的，也是为《中华人民共和国地方人民代表大会和地方人民政府组织法》所规定的，具有宪定性与法定性。但在改革开放以来府际关系的实际演进过程中，无论是市管县、省管县、撤县改区，还是在2006年进行农村税费改革对乡镇基层政府实施"乡财县管"后使乡镇基层政府失去自主性的做法，均使得省以下地方府际之间的行政权与财政权不相匹配，并且这种不匹配无法复位。在府际之间"政权—事权—财权—税基—产权—预算"的关系链条上，由于实行省管县和乡财县管的财政管理体制，根据可配税基来源所确定的财政实体化层级,已实际演变为中央—省—市县这三级,在省以下的地方实体财政层级则是两级,而正式的府际行政层级仍为五级,在省以下的地方行政层级则是四级,市县之间形成"行政不同级但财政同级"的局面(贾康,2022),而乡镇基层政府本质上演变为县级政府的一个预算部门。由此可以清晰地看到,正式的府际科层组织权威被非正式的政策性府际权力配置运行规则所消解,反映出我国地方府际关系模式的复杂性、政策性和丰富多样性,同时也折射出我国省以下地方府际关系缺乏制度刚性和法治权威性。

总体上看,改革开放以来省以下地方府际关系的演进与地方的发展和治理变化是紧密关联的。省以下地方府际关系除了深受中央与地方关系的影响外,更深受我国这样一个超大国家的地方复杂性所影响,地方既需要发展,也需要治理。总体上看,相对模糊弹性的地方府际关系更适于推动地方发展,而相对具有规则确定性的地方府际关系更适于推进地方治理。因此对省以下地方府际关系如何进行塑造以平衡好地方的发展与治理,必须根据因地因时制宜的原则,善于调适配置好地方府际之间的政治权、发展权、行政权和财政权四大权力,构造好府际权力配置结构,在此基础上尽可能设定好各级地方政府的可控资源边界、可触达的行为边界和行动底线,以使地方政府在有界的约束下能有为起来推动地方经济发展。从这个意义上讲,1978年改革开放以来通过推进各种相关府际放权试验引发的地方府际关系变革都是相当有积极意义的,为我国未来探索形成更优良的府际关系治理体系来推进国家的发展与治理积累了宝贵的经验。

第五章　府际权力运行及配置

改革开放以来,随着探索中国特色社会主义道路事业不断深化和推进,政府治理和府际关系体制也在不断适应这种变化。可以说,改革开放以来我国府际之间长期演化形成的权力运行与配置模式,不仅高度体现了我国府际关系制度和政府治理的特征,也集中体现了我国的国家发展与治理特色,是推动我国地方经济长期高速发展的制度"密钥"。

上一章虽对新中国成立以来中央对地方放权的实践及改革开放以来省以下地方府际关系演进的情况做了比较详尽的梳理,但这只是从历史的维度看我国府际关系的总体演化情况,还未能进一步揭示体现府际关系中最本质的一对关系,即府际权力运行及其配置关系。可以说,府际关系的所有方面都是受这一对关系所左右。本章主要探讨府际权力运行及其配置关系,因为一方面府际权力运行关系决定了我国府际关系体制完全区别于西方国家的府际分权体制,体现了我国政府治理制度的本质特征,具有极强的政治性;另一方面,府际权力配置关系又体现了我国政府治理制度的特色性,具有较大的弹性和灵活性,这使得我国府际关系体制能契合适应于广袤国土的国家发展与治理。由于府际权力运行包括了府际权力向上集权运行和向下放权运行两个方面的权力运行维度,对某一层级的地方政府而言,府际权力的向上集权运行或向下放权运行直接决定了其可以拥有的权力程度,因此在事实上决定了地方政府的行动边界;而府际权力配置决定了不同种国家权力和政策资源在某一层级地方政府的实际拥有情况,直接决定了地方政府所可能拥有的施政资源,因而在事实上设定了地方政府的可控和可触达的资源边界。

政治权和发展权是我国府际关系体制中具有中国特色的府际权种,具有高度的政治性,是最能体现中国共产党治国理政特色的两种执政权力。行政权和财政权虽然为各国政府共有,具有一定的共性,但在我国这两种权力也是具有政治性和人民性的,其本质上是要为执政党行使政治权和发展权服务的,不仅要为维护并巩固中国共产党长期执政服务,也要为长期坚持走中国特色社会主义发展道路服务。因此我们在探讨府际权力运行与配置是否会对地方政府行为和地方经济发展绩效的生成产生影响问题时,不仅要了解清楚府际权力的运行机制与模式,也要搞清楚上述四种权力在府际之间的实际运行与配置状况。

第一节　府际权力运行机制与运行模式

府际权力运行机制是驱动不同层级政府组织为一定行为和不为一定行为的权力作用机制,强调的是府际关系治理制度体系中的政府行为驱动的力量作用方式。而府际权力运行模式是指国家权力在不同层级政府组织之间的运行方式与规程,从府际权力运行维度方面看,府际权力运行包括集权性运行和放权性运行两种运转方式,不同的府际关系治理制度具有不同的府际权力运行机制与模式。只有了解清楚我国府际权力运行的机制与模式,才能把握住我国府际权力运行关系的性质、功能及其对地方政府的影响。

一、府际权力运行机制

在西方分权性的府际关系治理制度下,中央与地方政府之间的府际权力运行机制是一种独立机制。在这种机制中,地方是独立的行为主体,中央不能主导控制地方的自主性发展,府际权力运行的模式是一种基于府际权力划分法律规则的独立性分权运行模式。地方实行自治,地方政府的行为一般不受中央政府所左右,府际权力运行及其配置状况不会对地方政府的行为边界和可控资源边界产生或大或小的影响。在这种状况下,地方政府的行为边界和可控资源边界是相对恒定的,对地方市场干预程度有限,因此地方政府与地方市场之间的关系是相对稳定的。

而在我国放权性的府际关系体制中,府际关系治理还未形成一种基于法律规则的制度性治理模式,纵向府际关系中的各层级政府之间的权责分配完全取决于中央对地方、上级政府对下级政府的府际放权状况。国家权力在不同层级政府组织之间运转的方式与规程并不是刚性恒定的,府际权力运行机制是一种"纵向性依赖"的运行机制。需要特别指出的是,这种机制有别于传统计划经济集权体制下的"条条专政"府际权力运行机制,因为在"条条专政"机制下,中央政府是一个全能型政府,靠在纵向府际关系中设立的各种"条条"部门主导控制着全国的一切资源,地方政府只是中央政府手足的延伸,是个哑巴政府,地方政府一般只是被动地执行中央的意志,不是一个独立的行为主体。相比较而言,改革开放后逐渐形成的"纵向性依赖"府际权力运行机制明显不同于上述"条条专政"机制。虽然"纵向性依赖"府际权力运行机制一方面要求地方政府必须在发展的路径选择和方向方面服从中央政府,地方政府施政要按照中央的部署或者得到中央的许可后才能展开;但另一方面也要求中央政府要主动向地方政府下放权力特别是为推动地方发展与治理所需要的相关权力,地方政府基于上级政府放权获得了发展自主性。但不管怎样,地方政府都是要在服从于中央和上级政府的前提下才能获取一定的自主性,这种自主是一种"侍从自主",不是"分权自主",更不是"自治自主"。

从权力运行内容与特征方面考察,"纵向性依赖"府际权力运行机制主要体现在以下几方面。一是在政治权方面,中央政府通过干部组织人事与纪律检查等方面的政治集权制度,中央紧紧控制着地方政府的党政领导班子。二是在地方发展权方面,中央通过政治权、行政权与财政权等控制手段主导地方的基本发展方向,不允许地方偏越国家的根本发展方向和发展道路,并且地方所实施的发展手段与发展方式也需要获得中央的肯定或认可,在相关政策与物质资源方面也需要由中央专门配给。三是在行政权方面,中央可以采取相机性的行政放权对地方政府下放权力,赋予地方一定程度的为推进地方发展与治理所需的自主性权力,除保留对地方发展方向与发展方式的干预权力外,一般不对地方市场进行干预。四是在财政权方面,中央政府通过央地之间的财政制度安排,和地方共享地方发展成果,但分享程度仍由中央最终决定,当然地方也享有中央认可的地方发展利益,但同时中央拥有平衡地方发展差距的调节权力。五是在府际组织体系中,中央政府通过建立"条块结合"的组织体系,让"条"来执行中央的意志,让"块"来执行地方的意志,在充分发挥作为"块"的积极性和自主性的基础上,根据国家发展与治理的需要以"块"牵"条"或以"条"制"块"。同时中央政府通过垄断全国公共机构设置和人员建制的机构编制权力,也可以削"条"并"块",也可以削"块"并"条"。以上五方面的组织与权力控制机制,造就地方依赖于中央、下级政府依赖于上级政府的府际权力运行机制,让地方政府只有在推进地方治理和发展事业方面具有"自主性"的可能,而没有在政治与组织方面具有"自治性"和"独立性"的可能。

二、府际权力运行模式

在上述这样的"纵向依赖性"府际权力运行机制作用下,纵向府际关系中的权阶处于下位的地方政府行为就必然深受上级政府权力行使方式的影响,因此府际权力运行模式就取决于中央和上级政府的权力行使方式。通过考察新中国成立以来的府际权力实际运行情况,我们发现府际权力运行会随着上级政府对下级政府在府际政治权、发展权、行政权和财政权四种权力行使方式不同,"纵向性依赖"的府际权力运行机制会驱使府际权力运行出现动员式运行、科层式运行和契约式运行三种模式。

动员式府际权力运行模式通常在以下情况下发生,即上级政府为实现特定的不合理发展目标或达成不科学的目的,通过强力地运用府际政治权和行政权来驱使下级政府按照其意图开展工作,下级政府在来自上级政府强大的政治和行政压力下,打破政府组织的科层制运转规程,动员一些资源去实现上级政府设定的目标,以达成上级政府的目的。在这种情况下,府际权力运行失去正常的规程,府际之间的权力运转不仅是非科层性的,也是非理性的,而且有可能会呈现出政治主官的个人人格性,毫无疑问,动员式的府际权力运行模式会对健康的府际关系造成伤害。然而,尽管动员式的府际权力运行模式并不是一种理想的权力运行模式,但在新中国成立后的不同历史时期,这种府际权力运行模式一直都时不时出现于我国府际关系治理体系中,而且在有些时候是一种主导性的府际权力运行模式,被一些地方主政官员用来开展锦标赛生产运动、招商竞争、经济达标竞争和环保达标竞争等各种项目竞争,并造成了许多的地方治理问题。

科层式府际权力运行模式是一种正常且常态化的府际权力运行模式。在这种府际权力运行模式中,上级政府即使想实现特定的目标或达成特定的目的,通常也会运用相应的府际政治权和行政权来驱使下级政府按照其意图开展工作。但上级政府设定的相关发展目标是相对合理的,运用相关府际政治权和行政权驱使下级政府实施相关行动也是保持在相对合理的压力范围之内,一般不会打破政府组织的科层制运转规程,下级政府通常也在正常的科层规程之内尽可能去实现上级政府设定的目标,达成上级政府的目的。在这种情况下,府际权力运行遵守正常的科层规程,府际之间的权力运转是科层性的,也是理性的。科层式府际权力运行模式应当是现代国家府际关系一种主导性的府际权力运行模式,符合现代国家和现代政府的治理原则,因而应该是值得倡导的府际权力运行模式。其主要弊端是可能会产生府际权力运行的官僚病而带来政府组织效率低、信息流动不畅等方面的问题,这应该值得重视并尽可能通过改进府际管理来避免。

契约式府际权力运行模式是一种比较极端的府际权力运行模式。在这种府际权力运行模式中,上级政府为实现特定的目标或达成特定的目的,通常将相应的府际权力包括府际政治权、发展权、行政权和财政权等权种授权或承包给下级政府来实行,通过对下级政府进行权力激励获得发展利益上缴来实现相关发展目标,达成相关行政意图。在契约式府际权力运行模式中,府际权力运行出现分工协作,上级政府通过政治和行政承包支持下级政府行使本属于上级政府的相关权力来达成其想达成的目标。这种府际权力运行模式虽然没有完全打破科层规程,但由于对待府际权力运行不太严肃,过于随意性,可能会使府际权力运行脱轨,不符合现代国家政治与政府治理的原则。因而是应当谨慎采取的府际权力运行方式。契约式府际权力运行方式在我国改革开放之初曾经在不少地方出现过,尤其是一些沿海地区将这种府际权力运行模式作为一种推动地方经济发展的政府权力运营工具,以牺牲政府权力的公共性价值来获取地方基层的局部性私利,这在现代社会是应当杜绝的。

综上,府际权力运行机制与运行模式与地方经济发展及地方治理事业紧密联系,其运行效果好坏会直接影响到地方的发展与治理质量。我国经济和社会发展所出现的各种发展与治理问题,其实均与府际放权体制及府际权力运行机制有关,与不同地方所存在的府际权力运行模式存在紧密的联系。理解这一点,才能明白为什么在地方发展与治理中所存在的诸多重大问题,总是引起中央重视并由中央来采取措施才能使问题得到解决。

第二节　府际权力的集权性运行

虽然改革开放以来,我国府际关系中国家权力在不同层级政府的运行总体上是自上而下呈放权性运行的,但并不是说对所有国家权力在纵向府际之间都是放权运行。总的来说,府际政治权和发展权这两种权力在总体上仍然是自下而上高度集权运行的,由于这两种权力具有高度的政治性,进行府际集权的目的就是为了维护中国共产党的执政地位,保障党能够按其宗旨来领导国家发展和推进国家治理。因此要深入了解我国府际权力运行的本质,首先必须对府际政治权集权和发展权集权有深刻的认识。

一、府际政治权集权

我国府际关系体制中政治权运行的特点表现为府际政治集权,这不仅是中国共产党执政权在政府组织系统的体现,也是中央集权政府组织制度的本质要求。府际政治集权具体表现为两方面:一是在府际组织领导体制方面确立上级党委政府领导下级党委政府,地方党委政府接受中共中央和中央政府(国务院)的统一领导的体制。这种政治高度集权的组织领导体制已为《中国共产党章程》和《中华人民共和国宪法》以及相关法律所确定。《中国共产党章程》规定党是按照民主集中制原则组织起来的统一整体,党的下级组织服从上级组织,全党各个组织服从党的全国代表大会和中央委员会,又规定有关全国性的重大政策问题,只有党中央有权作出决定,各部门、各地方的党组织可以向中央提出建议,但不得擅自作出决定和对外发表主张。党的下级组织必须坚决执行上级组织的决定。下级组织如果认为上级组织的决定不符合本地区、本部门的实际情况,可以请求改变;如果上级组织坚持原决定,下级组织必须执行,并不得公开发表不同意见,但有权向再上一级组织报告。另根据《中华人民共和国宪法》《地方各级人民代表大会和地方各级人民政府组织法》的有关规定:"国务院统一领导全国地方各级国家行政机关的工作,并规定中央和省、自治区、直辖市的国家行政机关的职权的具体划分","国务院有权改变或者撤销地方各级国家行政机关的不适当的决定和命令","地方各级人民政府对上一级国家行政机关负责并报告工作","全国地方各级人民政府都是国务院统一领导下的国家行政机关,都服从国务院","县级以上的地方各级人民政府领导所属各工作部门和下级人民政府的工作,并有权改变或者撤销所属各工作部门的不适当的命令、指示和下级人民政府的不适当的决定、命令"。二是实行党管干部的组织人事制度,在府际干部管理制度方面确立上级党委和政府对下级党委和政府在干部任免、干部考核、纪检监督、人事处罚和机构编制等方面享有的专门性政治权力。正是通过以上从党政组织领导制度到干部任免管理的两大集权,如同两根钢梁一样,不仅架好了我国府际关系的基本治理体制,也架构起了我国府际权力运行的基础。

　　众所周知,在我国,地方政府如何施政及其行为表现是由地方党委主要负责人来主导的。地方党委主要负责人作为地方党委组织的"主官"必然要接受府际干部制度的管理与约束,从地方政府经济发展行为的形成溯源方面考察,地方政府的经济行为动机、方式与表现与府际干部管理制度具有紧密的联系。因此,要考察府际关系治理与地方经济发展绩效的关系,必须深入考察了解府际政治权运行如何影响干部行为并进而影响地方政府的行为的情况。府际政治中的府际组织领导体制具有很强的制度刚性,不仅是政府基本管理制度,也是我国基本政治制度在政府组织领域的体现,构成了府际权力运行的基本制度环境。比较而言,府际干部管理制度必须适应党的建设及党和国家事业发展的需要,并且要因应改革开放与时代发展的变化,是相对动态弹性和具有时代性的。因此,我们考察府际政治权对地方政府行为的影响,就是重点要考察府际干部管理制度与地方政府行为之间的关系。

　　1983年之前,府际干部任免与管理实行"下管两级"的管理制度。1983年10月,中组部颁布《关于改革干部管理体制若干问题的规定》,提出对干部要"管少、管活、管好"并开始实行分级分类管理的原则。1984年7月,中央决定适当下放干部管理权限,实行"下管一级"的干部管理体制,从此新中国成立后一直沿用的府际干部管理制度由"下管两级"制改为"下管一级"制。干部管理制度的这种变化调整看似是中央对地方下放了人事任免方面的政治权力,削弱了高层级政府对下级政府领导干部任免的权力,实则是强化了上一级政府对下一级政府的政治控制,使政治权力更向上地进行有效集权。因为之前在"下管两级"的干部管理制度下,在地市一级政府没有形成一级地方政权的时候,省级党委和政府对县级党委政府、县一级党委政府对乡镇机构党委政府负责人没有实质性的影响力,以至在现实的府际关系实践中,上一级政府无法通过行使干部管理的政治权来影响下一级政府。所导致的问题是。由于中央高度地进行形式上的政治集权,使得对地方干部的政治管理任务和难度增大,与此相对应的是地方党委和政府的政治功能被边缘弱化,不利于提高地方政府的执政能力。同时,"下管两级"的制度安排让高层级党委政府承担过多的组织人事事务,组织人事效率极低,又因为对干部实际情况不了解及上下信息的不对称等原因,很难保证让高层级政府真正任用好干部。

在作为政治权力之一的干部任免制度调整为"下管一级"制度之后,上一级政府有权直接决定任用下一级政府的主要负责人,一级控制决定一级,层层控制,这样就使得每一级政府的政治权力都得到加强,实际上是使得府际之间的政治权力更进一步地有效地向上集权起来,从而促使府际之间的政治集权更为直接化和层级化。这不仅让上级政府和党委拥有提名和任免下级政府党委和政府主要负责人及其领导班子的权力,同时还直接拥有考核和监督整个下级政府的权力,另外,如果下级政府和党委领导干部违规,还拥有组织政治处罚的权力。可以说,正是因为府际政治权力的向上集权,才保证了府际关系在由传统计划体制转向放权体制的过程中,其行政秩序不会紊乱,行政效能没有降低反而得到更大程度的提高。这在客观上为改革开放事业提供了更为坚强的干部队伍保障、政府组织保障和更为稳固的政治基础。

除干部任免权外,干部考核也是一项极其重要的政治权力。新中国成立以来,对干部如何进行考核一直是执政党探索治国理政事业的一个重要方面,随着时代的变化,有关干部考核的具体制度一直处于演变之中,特别是1978年以来,干部考核工作日益制度化、系统化和科学化,考核监督内容与执政党的执政理念和国家的发展理念结合得越来越紧密。通过对干部进行科学合理的考核和监督,把地方各级领导干部的日常施政理念和施政行为全面统一纳入考核体系之中,进而与中央的施政理念和要求相一致,干部考核机制日益成为中央和地方各级党委及政府推进工作的重要抓手。表5.1展现了不同时期内我国干部考核管理的内容和重点,从中可以看出我国干部考核制度因应了时代的发展与执政党倡导的发展价值观以及国家发展权的实施相结合起来,干部考核的内容越来越与地方经济的发展方式相结合起来,这不仅有效激发了地方官员按照干部考核要求去实现执政党在不同时期倡导的发展思想,同时也引导推动地方政府按照执政党的发展要求积极推动地方经济发展。

从权力的性质和运行功能看,府际政治集权关系是我国府际关系的基础性关系,是保证其他三种府际权力自上而下得以有效运行的基础性权力,正是因为有府际政治集权,奠定了我国府际关系绝不是像西方国家那样分权性的关系,而只能是放权性的关系,因此我国的府际关系体制不是分权体制,而只能是放权体制。从相反的方面看,在我国这样一个国情极其复杂的大国中,如果没有有效的府际政治集权,中国共产党的执政地位就可能发生动摇,中央政府的权威就可能荡然无存,府际发展权就无法统一行使,国家和地方的发展就无法有效整合起来。更进一步说,如果失去府际政治集权的约束,府际发展权失去统筹力和整合力,那么府际行政权和财政权运行就可能会失去政治价值指向和依归,成为地方的工具性权力,甚至有可能沦为地方暴政的工具——中国历史上反反复复出现的国家治理失败的经验教训无不警示着我们。而如果把府际的政治集权与发展权很好地有机结合起来,让府际政治权对发展权予以有力的保障,府际发展权又能对府际政治权提供理性科学的发展价值引导,那么就可以组织动员所有的国家公共性人力与资源,推动国家的发展。对此,国外有学者对府际政治集权与地方经济发展的关系做了相近的研究,Blanchard 和 Shleifer(2001)对中国和俄罗斯的政治和财政体制进行了比较,认为中国的政治集权是推动中国地方政府发展经济、促进地方经济增长的最主要原因。当地方政府财政收入分成比例越高(即财政分权程度越高)、中央任命官员的能力越强(即政治集权程度越高),地方经济发展就越好。并且,Bardhan(2006)比较了中国和印度两国的地方经济发展现象,两国的收入水平在过去20年均有显著提升,但中国人均国内生产总值增长率远远高于印度,至少是其两倍。印度与中国一样,也实行了财政分权,但是中国的政治体制更加集中,地方政府会听从上级命令,积极发展当地经济。而在印度,大部分当地选举出来的地方政府官员实际上是在攫取来自上级资助项目的好处,而非发展当地经济。中国、俄罗斯、印度三国经济发展绩效的差异,最

表5.1　1949年新中国成立后不同阶段我国干部考核情况列表

阶段	相关颁布的干部考核文件和考核依据	干部考核主要内容和考核方法	干部考核的侧重点
1949—1956	1949年11月,中组部颁布《关于干部鉴定工作的规定》	干部鉴定内容重点应放在立场、观点,作风,掌握政策,遵守纪律,联系群众,学习态度等方面	侧重点看干部对党和革命的忠诚程度,着重考察干部的政治思想表现
1957—1966	1964年,中共中央组织部出台《关于科学技术干部管理工作条例(试行草案)》	考核干部的政治思想,工作贡献,业务能力和科学技术水平	侧重干部的"红"和"专"两方面的表现情况
1967—1977	停滞阶段		
1978—1987	1979年11月,中组部下发《关于实行干部考核制度的意见》,干部考核正式代替之前的干部鉴定工作;1983年10月,中组部颁布《关于改革干部管理体制若干问题的规定》	坚持德才兼备的选人原则,从德、能、勤、绩四个方面进行考核,考核方法实行领导和群众相结合,平时考察和定期考核相结合	侧重干部的工作成绩,强调要从以政治表现为主导的主观非指标考核逐步转向以可量化的具体指标为主导的客观指标考核
1988—1997	1988年6月,中组部下发《关于试行地方党政领导干部年度工作考核制度的通知》,同时印发《县(市、区)党政领导干部年度工作考核方案(试行)》和《地方政府工作部门领导干部年度工作考核方案(试行)》两个文件;1989年2月,中组部和国家人事部联合下发《关于试行中央、国家机关司处级领导干部年度考核制度的通知》,同时印发《中央、国家司处级领导干部年度工作考核方案(试行)》;1994年3月,人事部印发《国家公务员考核暂行规定》,1995年2月,中共中央印发了《党政领导干部选拔任用工作暂行条例》	把干部工作实绩考核纳入年度考核,并具体规定以工作实绩为重点考核工作的内容、程序、原则、方法和要求。首次将税收、工业总产值、基础设施投资、农业产量等指标纳入干部考核指标范围;在考核方法各地逐渐推行岗位目标责任制或年度工作目标责任制	侧重考核干部的工作实绩,GDP和税收等能够量化的与经济发展有关的考核指标成为重点考核内容
1998—2002	1998年5月,中组部颁布《党政领导干部考核工作暂行规定》;2000年6月,中央办公厅印发《党政领导干部人事制度改革纲要》;2002年7月,中共中央印发《党政领导干部选拔任用工作条例》	将考核主要内容拓展为"思想政治素质、工作作风、组织领导才能力、廉洁自律、工作实绩"五个方面	干部考核必须全面考查干部德、能、勤、绩、廉的情况,尤其注重工作实绩考核

续表

阶段	相关颁布的干部考核文件和考核依据	干部考核主要内容和考核方法	干部考核的侧重点
2003—2012	2006年7月,中组部印发《体现科学发展观要求的地方党政领导班子和领导干部综合考核评价试行办法》; 2009年6月,中央政治局审议通过《关于建立促进科学发展的党政领导班子和领导干部考核评价机制的意见》,为贯彻落实该《意见》,中组部同时制定颁发《地方党政领导班子和领导干部综合考核评价办法(试行)》《党政工作部门领导班子和领导干部综合考核评价办法(试行)》《党政领导班子和领导干部年度考核办法(试行)》三个文件;	主要考核干部联系本地实际贯彻落实科学发展观的自觉性和坚定性,考核发展速度、发展质量、发展代价,思想道德和纪律教育、廉政、班子自律等14个观测点;在考核方法上把干部考核评价与干部选拔任用、培养教育、管理监督、激励约束结合起来。	侧重考核干部贯彻落实科学发展观的能力,开始注重民生方面考核
2013—2022	2013年12月中组部颁发《关于改进地方党政领导班子和领导干部考核工作的通知》 2019年4月中组部颁发《关于党政领导干部考核工作条例》,原有相关试行办法废止 2020年10月中组部颁发《关于改进推动高质量发展的政绩考核的通知》	坚持新发展理念,聚焦高质量发展。综合运用多种方式考推实领导干部推动高质量发展政绩。对限制开发区域不再考核地区生产总值,进入用人不能简单以地区生产总值及增长率论英雄,加强对政绩的综合分析、规范和简化各类工作考核实行责任追究。要看全面工作,看全社会、文化、社会、生态文明建设和党的建设的实际成效,看解决自身发展中突出矛盾和问题的成效,不能仅仅把地区生产总值及增长率作为考核评价政绩的主要指标,不搞地区生产总值及增长率排名	注重干部政治忠诚,政绩考核要突出高质量发展导向,不能单纯以地区生产总值及增长率来衡量各省(自治区、直辖市)发展成效。不能简单以地区生产总值及增长率排名评定领导干部班子和领导干部的政绩和考核等次,强化约束性指标考核,加大资源消耗、环境保护、产能过剩、安全生产等指标的权重。更加重视科技创新、劳动就业、居民收入、社会保障、人民健康状况的考核。把人民群众的获得感、幸福感、安全感作为评判领导干部推动高质量发展政绩的重要标准

资料来源:根据中组部颁发的在不同历史阶段的干部考核材料整理归纳。

大的不同就在于是否实行府际政治集权以及是否将政治集权与国家和地方的发展权融合起来,把府际行政权和财政权统摄到国家发展需要之下,让地方发展有动力且不偏航。因此,新时代确立的以人民为中心的发展思想和可持续协调发展观,就是引导我国当下及未来府际政治权运行的价值之轨,而强化践行"四个全面"发展战略和"五位一体"总体发展布局的政治集权,则是保证国家和地方发展不偏航的行动之轨。

二、府际发展权集权

站在居民个人的立场上来说,发展权是公民个体的基本人权,也是基于个人生存权之上的一类人权。而站在国际社会立场上来看,发展权的内涵是某一国家或民族在国际社会集体安全框架下都拥有自主选择本国或本民族发展道路的权利,且这一权利不应该受到其他国家或民族的干涉。鉴于发展并不是意识形态的一种,因此在世界范围内社会主义国家与资本主义国家都将"发展"放在一个显耀的位置,世界范围内已将发展和人权关联起来,同时把发展权作为人权的重要核心之一加以保护,属于第三代人权概念的集体人权范畴(张千帆,2004)。从这方面意义上讲,发展是一种权利,所对应的英文单词是"Rights"。

可是,从一个国家内部范围来看,如果从国家内部纵向府际关系来审视发展权的性质,这时国家或地方的发展权又变成了一种权力,所对应的英文单词是"Powers",指的是一个国家的中央政府确立国家发展方向、发展道路、发展方式来主导和推动国家与地方发展的权力。在中国,就是指中国共产党作为执政党确立国家发展方向、发展道路、发展方式,主导和推动国家与地方发展的权力,这个权力只能由中国共产党来享有和行使,这是由中国共产党带领全国人民坚持走中国特色社会主义道路实现国强民富的初心和使命决定的。从这个层面上讲,发展权不仅具有经济性,更具有政治性,是一种政治性权力,因此与上述立足公民个体和国家民族意义上所讲的发展权并不是同一事物,两者并不是一回事情。

在中国,宏观层面的国家发展权和地方层面的发展权必须高度统一,每个地方有自身的发展权,但它必须服从于整个国家发展,任何地方都不能背离国家的总体发展道路,各行其是选择自己独有的发展方向,地方能够采取符合自身特点,发挥自身比较优势的与众不同的发展措施,但无论如何独特,都需要与国家的发展方向、国家确立的发展观念并行不悖。地方的发展措施切合国家提倡的发展观,虽有一定的灵活空间,但是在根本上地方不可以自行其是,只有完全领会这一点,才能真正理解中国国家治理当中中央与地方关系的本质特征。中央与地方之间关系的四类权力中，中央政府通过垄断政治权进而实现对发展权的垄断，其中财政权与行政权必须为国家发展权服务，不仅在不同等级的政府之间，行政权与财政权的分配需要根据不同时期国家发展所呈现特点及所确定的方向来进行配置，并且在国家权力结构体系中，国家的发展权在政府所有权力序列中，其位阶要比其他政府权力显得要重要一些。

由于国家的发展权在中国发展过程中的位置十分特殊，因此该种权力只能由中央垄断拥有与行使，而地方发展权由于包含于国家发展权之中，因此各地方政府行使自身发展权时必须得到中央层面的认可和支持。否则，中央有权对其进行干涉，甚至剥夺与国家的发展权相违背的地方发展权种。纵向各级政府之间，低一级政府行使自身发展权同样需要获得其上级政府的支持，上级政府也有权干涉下级政府某些与本级政府确立的发展方向相违背的发展权种。

如果从政府权力运行的角度上看，不同层级政府的发展权也存在很高程度的集权，这同府际政治权是一样。纵向各级政府间发展权的高度集中，才能保证整个国家在发展中实现高度统一，而没有让地方自行其是。自改革开放以来，不同的历史发展阶段，我国中央政府对地方进行发展权下放，同时行政权与财税权方面进行权力下放，以期加快地方的发展速度，而且这样做也加快了国家整体发展速度，这是得到中央层面认可与社会支持的，但这并不等于说为了让地方发展起来，可以无限制的放权甚至牺牲国家的整体发展道路与方向。

虽然我国强调地方的发展权一定要高度集权在中央政府手中，但不意味所有与发展相关的权力完全由中央政府事必躬亲，这与为了提升国家与地方治理水平而国家必须将部分的治理权转移到地方一样。为了让整个国家与地方能实现和谐且快速发展，中央也是需要将部分的发展权力下放到地方政府手中的，以便地方政府有信心、有能力发挥自身的主观能动性，实施与地方相匹配的发展措施，推动地方更好更快的发展，最终实现央地都能和谐发展的目的。中央政府对下级政府的权力下放就是为了实现这样的目的，但是下放发展权必须同时下放相应的行政权和财政权，以为所下放的发展权能发挥出实际发展的功能提供保障，不然的话就相当于绑住一个人的手脚，却同时要求其干重体力活一样，因此发展权下放一般都会伴随着行政权和财政权的下放。

在我国，地方不可以单独确立与中央确立的发展观相背离的自我价值观，也不能选择与中央层面背离的发展方向与道路。因此，确立国家发展观念的权力、确定国家发展方向的权力、抉择国家发展道路的权力三类细分发展权种共同构成了国家发展权的内涵,决定国家发展权的性质,这些权力都只能由中央政府享有,地方政府需要在这三个发展领域完全服从于中央,这不单是国家与地方之间协调发展的问题,更是涉及中央与地方关系的根本政治问题。在上述三个领域发展权力外,关系到国家整体发展目标制定的权力也必须集权于中央政府手中。中央制定完国家总体的发展目标后,还要将对应的子目标分派到相对应的地方政府部门,地方政府须贯彻执行中央层面所分派的发展目标,在中央下达发展目标的基础之上,不同地区的政府才能够根据自身的实际状况,在中央制定的发展目标以外自行设置部分地区性发展目标,但是这些地方政府新增加的地方性发展目标不可以与中央制定和分派的目标相背离。与此同时,下级政府设定的自身发展目标也不能同上级政府制定的目标相违背。在全国的层面上,关系到国家发展方式及发展措施的选择权,也是由中央政府所独享的。在推动地方发展的这个问题上,每个地方的政府都有选择适合自身特点的发展方式及措施的权利,但是中央政府对于各个地方在发展方式与发展措施的选择上,有最终确认的权力。如果中央政府对一些地方所选择的发展方式与措施不予认可,那么地方政府就必须停止实施,中央政府或其上级政府都有撤销中央不予认可的发展措施与发展方式的权力。

发展权还有一个关键的细分权种——发展规划权,它是中央政府与特定的地方政府根据科学理念运用科学方法制定全国或针对特定地方的发展目标、发展战略及所需要采取的措施,同时还要确定使用何种方式发展的权力。发展规划权不能等同于普通的行政规划权,它是一个具有综合性质的发展权种类,其规划的具体对象是针对国家或特定地方应当如何发展、怎样在一定的期限内实现良好的发展的问题,是执政党推动国家发展与实施治理的一项重要的权力,是中国共产党如何带领全国人民实现发展的重要权力。在我国,这项权力只能由中国共产党来主导和行使,其所包含的内容是关系到全局或特定地方综合的、全面的、长期的发展,当执政党将这些综合性的规划由政党意志上升到国家意志之后,政府机构就必须贯彻和执行执政党的这一意志。图5.1展现了我国从中央到地方的发展规划权组成体系。

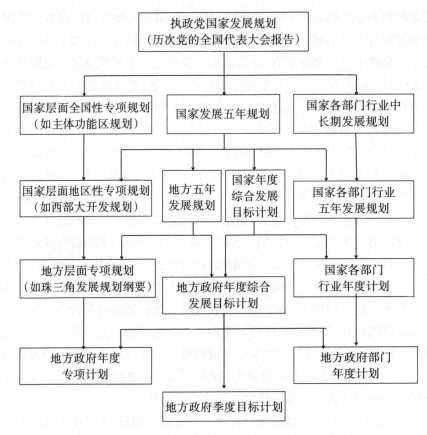

图 5.1　中国国家发展规划权与地方发展规划权关联体系图

　　显然,国家层面的发展规划必须由中央来主导制定,当中央将国家发展规划制定好并将之转化成国家意志执行的时候,中央以及地方各级政府都必须严格执行。在地方的层面上,地方的发展规划由地方党委来主导制定,但地方的发展规划必须与中央制定的国家的整体发展规划相符,而且必须体现中央制定的国家发展规划,只有在符合中央制定的发展规划内容的原则下,地方各级党委和政府才可以因地制宜地制定体现本地区特定需求的发展规划内容,但是任何一级地方党委政府所制定的发展规划都不能与中央和其上级党委政府所制定的发展规划相违背冲突,否则中央和上级政府都有权撤销之。以上所有关于发展规划权的这些特征,鲜明地体现了发展规划必须高度集权于中央和上级党委政府。

　　1949 年新中国成立以来,中央一直都在紧紧把握行使国家发展权,从来都没有放弃或轻视过这种权力,这不仅是我国的社会主义国家性质决定的,也是中国共产党的初心使命在掌握国家执政领导权后推动国家建设发展的必然要求。虽然在不同的历史阶段,地方发展权不同程度地下放给地方政府来行使,如在相关地方建立不同类型的发展功能区,并授予不同程度的发展权限,但这些都是在中央可控之下的发展权下放,始终都是中央通过在相关地方下放一些发展权进行发展试验,实质上都是在践行中央的国家发展思想、国家发展战略和国家发展意志,而不是让地方的发展权可以与国家的发展权相悖。地方政府在地方上采取的任何推动本地区发展的方式、措施、手段都必须符合中央的国家发展权意志或得到中央的授权、认可或支持,具体表现在某些地方空间上享有特殊发展权力的经济特区、沿海沿江沿边开放城市、各种类型的统筹发展实验区、各种功能性试验区及肩负特殊改革使命的自贸区等都必须得到中央的支持、认可或授权,否则,中央不仅有权取缔之,而且还可以对相关机构和责任人进行政治或行政问责。

　　1978年改革开放后,国家的发展权在不同的权力维度方面都经历了很大程度的改变,具体表现在不仅国家发展的价值观念与时俱进,发展目标越来越体现"人本"的精神,而且有关国家发展的方式、发展要求和国家发展规划制定越来越科学,更体现在具体的发展手段、措施方面要求越来越严格,表明了党中央对国家发展权的把握越来越专业精细,经过较长实践探索终于走上了科学发展的有中国特色社会主义发展道路。2012年党的十八大以后逐渐形成以人民为中心的发展思想,并形成"五位一体"总体发展布局和"四个全面"的发展战略布局,党的十九大和二十大把创新驱动发展作为国家的基本发展战略,并把推进区域协调发展作为新时代新发展征程中的重要发展措施。表5.2反映了新中国成立后在不同发展阶段的国家发展权变化情况。

　　从权力性质和运行功能方面看,府际发展权最能体现我国府际关系的特点,它同时兼具政治性和行政性,但它既不是政治权,也不是行政权,而是同时融合了政治性权力和行政性权力特征的一种独立的府际权力形态。说其具有政治性,是因为反映其权力特征的本质性权种如发展观念确立权、发展道路抉择权、发展方向确定权以及发展目标设定权等是由中国共产党的初心、宗旨和执政使命决定的,且这些方面权种的行使只能通过执政党的组织系统来组织推动实施;说其具有行政性,是因为其一些具体权种如关于国家和地方的具体发展规划权以及具体的发展措施的采取一般需要通过政府行政机构实施相应的行政权和财政权来推动实施。因此,对府际发展权的研究应当是研究我国府际权力运行和配置关系问题的重要方面。

表 5.2　新中国成立以来不同发展阶段的国家发展权变化情况列表

维度		1949—1978年	1979—1990年	1991—2001年	2002—2012年	2013年至今
发展观念		"多快好省"发展观	经济发展效率观	可持续发展观	"以人为本"的科学发展观	以人民为中心的发展思想
发展方向		社会主义计划经济	有计划的商品经济	社会主义市场经济	社会主义市场经济	社会主义市场经济
发展道路		传统社会主义道路	中国特色社会主义道路	中国特色社会主义道路	中国特色社会主义道路	中国特色社会主义道路
基本国家发展战略		重工业优先发展战略	对外开放战略 "三步走"发展战略	科教兴国战略 可持续发展战略	"五个统筹"发展战略	科教兴国 人才强国 创新驱动发展战略；新"三步走"发展战略
发展目标	阶段总体发展目标	赶英超美 提出实现"四个现代化"目标	经济发展比1980翻一番目标 人民生活实现解决温饱目标	经济发展比1980年"翻两番"目标 人民生活总体达到小康水平,四化建设上台阶	提出"两个一百年"国家发展长期目标,全面实现"四化",2020年全面建成小康社会	提出实现中国式现代化,本世纪中叶达到中等发达国家水平,全面实现中华民族伟大复兴
	五年计划(规划)目标	指令性计划指标	指令性计划指标 指导性计划指标	指导性计划指标 指令性计划指标	预期性指标 约束性指标	预期性指标 约束性指标
	年度发展目标	年度各种物资的具体计划生产指标	年均GDP增长6%	年均GDP增长率达到8%以上	年均GDP增长率达到8%以上	年均GDP增长率在6%左右

续表

维度		1949—1978 年	1979—1990 年	1991—2001 年	2002—2012 年	2013 年至今
发展措施		大跃进生产、冒进主义	放权地区试验创新、渐进主义	实施社会主义市场经济体制，让市场机制在资源配置过程中起基础性作用	深化实施社会主义市场经济体制	完善社会主义市场经济体制，让市场机制在资源配置过程中起决定性作用
发展方式		全能计划手段	从计划经济为主、商品经济为辅到商品经济为主，计划经济为辅	提出可持续发展方式，经济发展方式由粗放型向集约型转变	科学发展方式	"五位一体"总体布局，"四个全面"战略布局，人与自然的协调发展
发展手段		依靠自身积累进行资源与资本投入	改革开放吸引外资	推进改革，内外资并重	深化改革，善于利用内外两种资源，依靠科技创新	全面深化改革，国内国际双循环，科技自强自立
区域发展战略		"三线"建设战略	特殊经济区试验战略，沿海开放战略	西部大开发战略，沿边开放战略	东北振兴战略，苏区振兴战略	长江经济带、粤港澳大湾区、京津冀协同发展战略
发展计（规）划		"一五"至"五五"计划	"六五"计划、"七五"计划	"八五"计划、"九五"计划	"十五"计划至"十二五"规划	"十三五"规划、"十四五"规划

资料来源：本表根据中国共产党历次党代会文件和历次国家五年计划（规划）内容整理。

第三节　府际定向放权与区域创租

如果说府际政治权和发展权是为了给地方政府设定发展方向与道路，保证地方发展不偏航不越轨，那么府际放权主要是通过上级政府为下级政府"松绑"来扩大下级政府的行动边界进而扩大下级政府的自主性，以使下级政府能有为起来发展地方经济。但在府际放权实践中，有无差别性放权和定向放权两种不同的放权方式，特别是定向放权，已成为1978年改革开放以来中央政府实行区域发展战略的一种手段。

一、府际定向放权

1978年改革开放以来，中央政府为推动全国和地方经济发展对地方下放了许多权力，地方获得了空前的自主性。从放权的权力内容和对象方面考察，府际权力的放权性运行有两种方式：第一种放权方式是由中央政府对地方政府、上级政府对下级政府进行无差别放权，放权的主要目的就是要扩大地方政府和下级政府的自主性，以便让地方政府和下级政府在其辖区内能发展起来并实现更好的治理。这种府际放权主要是在行政权和财政权方面进行放权，一般具有无差别性。第二种放权方式是由中央政府或上级政府针对特定地方进行综合性全面放权，这种综合全面放权目的主要是通过给予地方较大的自主性来发展地方经济，具有极强的定向性，如改革开放初期对设立的经济特区的放权。显然，由于放权的目的不一样，以上两种府际放权形式在放权的对象、放权的程度和范围方面都是不一样的，相应地府际权力运行的稳定性及其所具有的功能性也是不一样的。由于第一种放权方式本书在前面两章已有详细阐述，本节只重点阐述府际定向性放权的权力运行关系。

改革开放以来，中央政府在不同时期对不同的地方采取非均衡空间发展战略，非均衡空间发展战略的政策特点是中央政府通过不同地方实施空间差异化政策来配置资源，促使经济要素资源在空间上积聚于某些特定地方，以期推动这些地方的经济发展。非均衡空间发展战略在不同时期表现为中央针对不同地方实施的不同性质和功能的具体区域发展战略，从改革之初在部分沿海地区设立经济特区，后推进沿海沿江沿边开放，至2000年以来部署西部大开发、东北振兴、中部崛起、在相关省份布局设立综合配套改革试验区，以及2012年后在全国各地大力推动设立自贸区、建设粤港澳大湾区等战略。虽然这些区域发展战略形式与内容各异，但本质上都是通过中央列入承载实施这些区域发展战略的特定地方进行府际综合全面的定向放权,扩展被放权的地方政府发展地方经济的行动边界和可控资源边界,在被放权的地方区域创设出区域政策租金,强化被放权地方的发展势能,来达成中央通过推动特定地方发展来带动全国发展的战略意图。一般而言,为实现中央这种区域发展战略意图,对特定地方政府的府际放权力度是相当大的,放权的范围也是相当广的,不仅在府际行政权和财政权方面放权,同时在府际政治权和发展权方面进行放权。这种通过对特定地方进行府际综合全面放权先创设出区域政策租金进而形成区域经济租金,可以让被放权的地方获得"强人一等"的经济地位和"优人一等"的社会地位,更能获得"高人一等"的政治地位,从而可以引导政治、经济、社会和人口资源流向被放权的地方,促使被放权的地方获得优势竞争地位。这种通过府际定向放权来推动国家和地方区域发展战略的做法,体现了我国府际关系治理制度特质,揭示了我国府际关系治理制度与地方经济发展的具有紧密的内在政治经济联系。

二、区域创租

租金一词最早是源自"地租"的概念(宋承先,1994),马歇尔率先从微观经济学的角度提出了"经济租金"的概念,他将经济租金的概念界定为要素资源的拥有者所得到的超过要素资源机会成本的报酬。也有学者从政府干预市场的角度,把经济租金界定为政府通过干预市场而产生的高于市场出清价格下的额外利润(H. Khan Mushtaq and K. S. Jomo,2000)。青木昌彦等学者提出了政策性租金和相机性租金的概念,认为东亚国家通过政府干预市场创造了以"经济绩效为中心"为导向的政策租金模式,并认为这种租金模式对国家的经济增长能产生比较有效的推动作用(青木昌彦、金滢基、奥野一藤原正宽,1994)。这种对政策租金的理解,意味着政策租金并不一定是坏的东西,其对经济的实际效果取决于租金的实际运行模式。

改革开放以来,府际通过对特定地方区域的定向性放权和定向性配置来创设区域租金发展地方经济,典型的就是全国设立各种行政层级不一的开发区。通常,在府际定向性放权的过程中一般都支持地方政府同时实行干预地方市场的选择性政策,这类选择性政策通常具有两个方面的特征:一是具有非市场性;二是具有空间排他性。选择性政策以上两点特征必然会使被定向放权区域内的市场主体获得超出其他一般区域内主体的经济租金,使得它们获得相应的"超额利润"。由此,通过府际定向放权运行不仅可以扩大被放权的特定区域的地方政府的行为边界和可控资源边界,让其可以获得其他区域地方政府不能得到的区域政策租金,同时提升了区域内地方政府干预市场的能力,让其获得更大的政策空间可以对本区域内的市场主体实施空间排他性的选择性政策,从而可以为区域内的市场主体创创设出其他区域市场主体得不到的市场超额利润也即经济租金,而这又会进一步强化经济要素资源流向被放权的特定区域,由此又会在被放权的区域内形成经济集聚发展的空间租金。

以上因为府际权力定向放权运行而使被放权的地方政府获得区域政策租金、被放权区域中的市场主体获得经济租金,以及被放权的区域获得经济集聚发展的空间租金的效果,就是府际定向放权对被放权区域所具有的区域创租效应,这种效应显然会对被放权的地方区域带来极大的经济发展益处。由此可见,府际权力的定向放权与定期配置实际上就是上级政府通过对下级地方区域进行创租设租来推动地方发展的一种发展途径,当然这也是一种发展手段。当然,这里需要明确的是,尽管中央或上级政府通过对特定区域进行府际定向放权进行区域创租对该特定区域会产生经济要素聚集的空间效应,但这种效应仍只是一种可能性或者说是一种可期待性效应。现实中这种效应实际是否会对经济要素聚集产生作用,还取决于府际定向放权对经济要素拥有者所能带来的经济租金丰厚度、可靠度和可变现度。更为直白地说,要让区域政策租金首先能变现成经济要素拥有者的经济租金,才有可能产生真实的空间租金,因此通过采取府际定向放权来推动特定区域经济发展的做法在现实中需要跨越区域政策租金至经济租金再至空间租金的鸿沟。因此通过府际定向放权在特定区域创租也并不一定能产生推动该特定区域的经济发展的效果,因为在经济社会现实中经济要素拥有者所能获得的经济租金的丰厚度、可靠度和可变现度还受其他多种外在因素的影响。

表5.3 府际定向放权可以创设出的区域租金

府际定向放权		具体定向放权内容	创设的区域租金		
			区域政策租金	区域经济租金	空间发展租金
政治权放权	官员任免权	给予较高行政级别官员自行任免的权力	√	-	有利于吸引优秀人才聚集
	机构设定与编制核定权	给予较高行政级别机构自主设定和编制核定的权力	√	-	有利于吸引优秀人才聚集
发展权放权	区域发展路径探索权	支持自由探索区域发展路径而其他区域无资格获得	√	√	√
	区域发展方式选择权	支持自由选择区域发展方式而其他区域无法享有	√	√	√
	区域发展先行先试权	支持进行试点发展的权力而其他区域无资格享有	√	√	√
财政权放权	财政支配权	给予财政奖励,投资津贴,固定资产投资,政府采购等支持政策	√	√	√
	财税上缴优待权	给予财税不上缴或有限上缴政策支持	√	√	√
	税收征管权	给予税率税目设定,各类税收优惠,折旧,规费返还等支持政策	√	√	√
行政权放权	行业准入许可权	给予特定行业准入许可和特定领域经营权	√	√	√
	土地管理权	给予用地指标,土地规划,土地发展,土地用途等支持政策	√	√	√
	金融管理权	给予外汇,银行,保险,证券,担保等监管支持政策	√	√	√
	人事管理权	给予职称评定认定,人才等支持政策等	√	√	√
	贸易管理权	给予进出口,海关监管支持政策	√	√	√
	其他行政管理权	给予各类公共服务,户籍,社会服务保障等支持政策	√	√	√

第四节 府际权力配置

府际权力配置是指府际政治权、发展权、行政权和财政权四种权力在不同层级政府之间的组合调配，但主要是指行政权和财政权两大权种在不同层级政府之间的配置组合。对于某两个相邻层级的地方政府而言，它们接受中央和上级政府权力放权或集权后所形成的府际权力组合状态，就是府际权力配置结构。

一般情况下，政治权由于向上高度集权并最终集权到中央，很少在府际之间进行配置。而府际发展权运行虽具有向上高度集权的特点，但那只是在涉及发展的宏观方向性方面的权力进行集权，由于国家的发展最终要在地方基层实现，因此在涉及具体如何推进地方发展的问题上中央政府必须对地方放权以激励地方政府来推动发展，并且通常情况下主要是通过对地方下放行政权和财政权来激励地方。因此央地之间在不同阶段的放权实践，实质上就是在仍然保持维护中央对地方强有力领导的前提之下，调整中央和地方之间的行政权、财政权及发展权三大权力的具体权种分配，以发挥地方的积极性，而政治权仍由中央对地方有效地进行层层控制。同样，在省以下地方府际之间，上级政府在保持府际政治权集权的情况下，也可以通过调整下级府际间的相关权力分配来实现特定的地方发展目标。

改革开放以来，我国纵向府际之间主要是对发展权、财政权及行政权三项权力在不同时期进行集权或放权，当这三项权力在府际之间发生重大运行调整变化时，必然会驱使各级政府之间的权力结构状态发生变化。对某一级地方政府而言，当上述情况发生后，其所能控制的资源体量及政府可触达的行为边界也会随之发生变动，地方政府的经济行为以及其与市场之间的关系也会产生联动变化，地方经济发展的情况随之也会受到府际权力运行情况的影响。因此，府际权力运行问题必然是与府际权力配置问题紧密联系在一起的，当府际权力运行情况发生变化时，府际权力配置关系也必然会发生变化。

立足地方政府的层面，当中央对地方政府进行放权时不仅会改变央地之间的权力配置关系，而且也会改变不同层级的地方政府之间的权力配置关系，笔者在全国相关地方调研发现，在中央对地方进一步赋权以及地方不同层级政府间权力的调整过程中，地方纵向府际间一般存在三类权力运行状态，相应地会出现三类权力配置结构，它们分别会对地方政府设定出不同行动边界和可控资源边界，从而可能会对地方政府的行为选择及地方市场产生不同影响,下文将分别阐述这三类府际权力运行状态与府际权力配置结构之间的联动关系。

一、地方整体性集权与秩序导向型府际权力配置结构

地方整体性集权是指在地方纵向府际关系中,虽然中央对地方进行了放权,但在中央把相关权力放到省一级政府后,经省和地市级政府的两层级政府选择性放权,省和地市级政府各自留置了大部分重要性行政和财政权力,下放到县级政府后已无多少,乡镇基层政府几乎不拥有权力,而是负有各种上级政府压下来的行政职责。从府际纵向维度方面看,地方府际权力运行整体往上集权,府际权力运行重心整体在上而不在下,这种府际权力运行模式可称之为"地方整体性集权"模式。

在地方整体性集权的府际权力运行模式下,县级政府与其上级政府的权力配置结构,呈现一个以领导控制型的集权结构,上级政府通过权力控制对县级政府进行资源抽取,上级政府对县乡政府的权力和资源配置以县乡基层政府维持行政秩序为府际权力配置的中心落脚点,因此我们将这种地方府际权力配置结构称为"秩序导向型权力配置结构"。

在秩序导向型权力配置结构中,上级政府虽然同样会对下级政府进行治理权威的转移,但这种治理权威的转移并不是全面性的转移,而是部分转移,转移的治理权威只以维护保证下级政府的基本行政秩序和履行基本行政职能为导向,并不注重发挥下级政府的经济发展职能和有效治理地方各种事务的职能。基本行政秩序是指地方基层政府机构能正常运转,能够正常执行上级制定推行的政策、命令和决定,同时能及时将基层社会的社情民意及时反馈给上级政府,以便为上级政府决策提供事实基础。基本行政职能通常包括社会管理、组织提供基本的社会公共品,并在此基础上及时回应基层社会的简单合理诉求,维持基层社会的稳定等方面。

在秩序导向型权力配置结构之中,县乡基层政府没有太多的自主性,没有太多的行政资源,其明显的权责结构特点是以履行上级规定的职责和政策执行为主要工作内容,没有什么激励机制鼓励基层政府进行工作创新,调动基层政府努力谋划本地经济发展工作的积极性。一般来说,这种府际权力配置结构出现在不少实行市管县体制并且是地方经济相对落后的地区。

二、地方整体性放权与增长导向型府际权力配置结构

地方整体性放权是指在地方纵向府际关系中,中央对地方进行了放

权,但在中央把相关权力放到省一级政府后,省级政府除保留一些适合或必须由省级政府行使的权力外,其他权力除放到地市级政府外,同时也直接放权到县级政府。从府际纵向维度方面看,地方府际权力运行整体性趋下运行,府际权力运行重心整体在下而不在上,这种府际权力运行模式可称之为"地方整体性放权"模式。

在地方整体性放权的府际权力运行模式下,县级政府与其上级政府的权力配置结构,呈现一个以放权激励的权力运行结构,省市级政府通过权力整体性下放对县级政府形成强大的以促进经济增长为目的激励,上级政府对县乡政府的权力和资源配置以调动提高县乡基层政府的积极性来促进地方经济发展为府际权力配置的落脚点。对于这种以调动地方基层政府积极性、促进实现地方经济发展为导向的府际权力配置结构,我们将之称为"增长导向型权力配置结构"。

增长导向型配置结构是指在上下级政府之间的权力和资源配置方面,首先在保证下级政府能履行基本行政秩序和基本行政职能的前提下,更加注重激励发挥下级政府努力发展本地经济的一种权力结构安排形式。在增长导向型权责配置结构之中,上级政府通过授权或放权的形式允许基层政府享有较大的自主性,同时尽可能为下级政府配置较大的行政资源激励下级政府集中精力努力从事地方经济建设,以使地方经济发展能取得较快增长的效果,在地方经济取得较好的发展之后,再来调整府际之间的权责安排以实现良好的地方治理。

增长导向的权力配置结构安排具有一个鲜明的府际关系特征,即上级政府对县乡基层政府进行充分的放权,不仅让县级政府获得相对多的资源和权力,强化县级政府的自主性,同时县级政府也对乡镇基层政府进行放权,乡镇基层政府也获得比较大的自主性,县乡在上级政府全面性的放权激励下形成合力,共同努力促进地方的经济发展。一般来说,这种府际权力配置结构出现在实行省管县体制并且是地方经济相对发达的地区。

三、地方选择性放权与治理导向型府际权力配置结构

地方选择性放权是指在地方纵向府际关系中,在中央把相关权力放到省一级政府后,省级政府首先有选择性地对权力进行下放,区分出哪些权力只能由省级政府本身掌握行使,哪些权力可以下放给地市级政府掌握行使,哪些权力可以由省级政府直接下放给县级政府行使而不需经由地市级政府。从府际纵向维度方面看,地方府际权力运行在某些权力运行方面趋上集权运行,但在另外一些权力运行方面趋下放权运行,府际权力运行重

心在权力的上下交互运行力量中和后趋于府际中间层级位置,这种府际权力运行模式可称之为"地方选择性放权"模式。

在地方选择性放权的府际权力运行模式下,县级政府与其上级政府的权力配置结构,呈现一个以实现府际治理、兼顾地方发展的权力运行结构。在这种权力运行结构中,省级政府通过权力选择性下放,一方面能起到限制县乡政府只追求地方短期利益、各自为政的投机性行为;另一方面通过选择性地对县直接下放一些必要的权力和资源,以调动提高县乡基层政府的积极性,同时避免出现地市级政府对县乡基层政府通过集权进行资源抽取的行为,基于选择性放权形成的地方府际权力配置结构,我们将之称为"治理导向型权力配置结构"。

治理导向型配置结构是指上下级政府之间的权力和资源的配置首先在保证下级政府能履行基本行政秩序和基本行政职能的前提下,注重下级政府能有效治理地方各种事务并兼顾激励下级政府努力发展经济的一种权力结构安排形式。在治理导向型权力配置结构之中,上级政府通过授权或放权的形式允许基层政府有一定的自主性,同时配置适当的行政资源激励下级政府发挥地方治理的主动性、积极性和创新性,鼓励下级政府整合多方面的资源以促进地方治理和地方经济发展,从而使基层政府既有能力维持地方基层基本的行政秩序,实现良好的地方治理,也有动力去投身于地方经济和社会建设。在这种权力结构配置模式中,地方的经济发展是一种治理性发展的结果,也就是说经济发展是在实现地方有效治理的约束之下取得的。一般来说,这种府际权力配置出现在实行市管县体制而地方经济具有较大发展潜力的地区。

综合比较以上三种府际权力配置结构,为更进一步区分上述三种府际权力配置结构的不同点,表5.4通过分别设置府际权力运行、资源控制及下级政府的决策自主性三个特征维度,来概括对比这三种府际权力配置结构中上下级地方政府的权力分配特征。

表5.4　三种府际权力配置结构的权力分配特征

维度	秩序导向型权力配置结构	治理导向型权力配置结构	增长导向型权力配置结构
权力运行	上级政府以控制规范下级政府行为管理导向,要求下级政府折不扣执行上级政府意志,注重行政秩序,下级政府行政权限范围受上级政府很大限制	上级政府以因地制宜、因势利导为管理导向,根据情况对下级政府进行选择性放权,注重行政效果,上级政府权限在辖区内对不同下级政府行政权限进行区分性节制,各下级政府行政权限约束有大有小、各不相同	上级政府对下级政府以分权为积极性导向,要求下级政府发挥地方性创新、发展地方经济,进行地方性竞争,注重行政效率,上级政府进一步放权,下级政府相对有较大的行政权限
资源控制	财力由下向上集中,市县级政府财政关系无有效制度规则约束,市县级政府经常性修改行政分成规定,市县之间财政关系以"省共管"。乡镇政府无自主性财力,实行"乡财县管" 土地指标分配完全由上级决定,上级根据各地方申报的项目综合比对其所掌握的土地指标进行倾斜性配置	财力分配上下兼顾,下级政府对上级政府在财政关系方面有较大的谈判权,市级政府比较重视无下级政府的财力,市县之间的财政关系为"省市共管,以省为主"。乡镇财政支出方面有相当程度的自主性,但在收入和日常财政管理方面受县及县级政府管理代办 土地指标分配完全由上级决定,上级根据项目进园区集中使用的原则将土地指标集中统一使用	财力分配向下倾斜,上级政府获得下级政府增收自留,市县级政府财政关系比较稳定,有比较明确有效的制度约束,乡镇有完全的自主性财力,并设置相应的财政管理机构 土地指标分配由上级决定,上级对下级政府有基本保量的分配指标
决策自主	基层政府决策自主性很小,主要任务是执行上级政府制定的政策,行政被动性非常强	基层政府有一定的与自身财力基础相匹配的决策自主性,基层政府行政选择性决策特点较强	基层政府的决策自主性很大,除执行上级政策外,由于有自有的财力,在谋划发展本辖区的社会经济等发展事业方面有很大的自主性

第六章 府际目标治理

上一章对府际权力运行机制及运行模式、府际政治权和发展权的集权性运行及府际权力的定向放权运行和区域创租问题进行了阐述，并结合实地调研总结概括了目前在我国府际关系治理制度环境中所存在的府际权力配置结构模式，目的是让人们理解府际权力运行和配置与地方政府行为及地方经济发展绩效的生成问题存在联系。本章则进一步探讨研究府际政治权和发展权的集权性运行所形成的府际目标治理对地方政府行为的影响。

府际权力配置结构主要是行政权和财政权的一种物理组合，对处于府际关系治理制度环境中的地方政府而言，它是一种静态的机械性权力组合结构，其主要功能是界定地方政府的可控资源边界。相比较而言，府际目标治理是由府际政治权和发展权相绞合而来，但它是府际政治权和发展权相绞合所产生的一种化学反应结果，而不是一种静态的机械性权力组合结构。由于府际政治权和发展权这两种权力在本质上并不是行政性权力，而是政治性权力，因而这两者在深度绞合之后形成的目标治理是一种政府为实现其目标的治理工具，其主要作用是规引地方政府按照中央和上级政府要求开展工作并达成上级政府所设定的目标。与府际权力配置结构相比，如果说府际权力运行和配置是为地方政府设定行为边界和可控资源边界的话，那么对府际目标治理而言，就是为地方政府设定行动方向并提供行为驱动力。由于府际目标治理的实施必须依赖于府际政治权和发展权的强力实施，而且要把两者结合起来实施，而一个国家的府际关系中是否具有如本书所描述的府际政治权和发展权运行状况，则又完全取决于一个国家所实行的政党制度、政治制度和政府制度。府际目标治理是体现我国国家和政府治理特色的一种府际关系治理方式，是我国府际关系治理制度体系中直接影响地方政府行为的关键性制度因素变量。

为深入揭示府际目标治理对地方政府和地方经济发展产生作用的机制，我们首先需要了解在我国现行府际关系中府际目标治理是怎么形成的？在府际关系中实际是如何运转的？其治理的对象、内容及具体的治理机制是什么？只有把这些问题搞清楚了，我们才能进一步探讨府际权力配置和府际目标治理这两个变量各自单独以及共同对地方政府和地方经济发展如何产生作用的问题。

第一节　府际目标治理形成

发展权与政治权分别具有不同的权力内涵、性质和特点,分别属于不同的权力体系范畴,但这两者在我国却具有了混合交织在一起的权力形态,而且逐渐成为各级政府推动各项工作的最主要治理工具。有学者已经注意到这种政府治理工具的性质与特点,并将这种政府治理工具称为"目标治理",将之定义为国家通过有意识地运用整体知识,制定国家规划,引导资源配置,以推动目标实现的公共事务治理方式。并认为,对于中国的府际目标治理体制,具有四个方面的体制特征:首先,目标治理是一种国家的治理方式,它不同于计划经济的行政指令,并不是简单的自上而下的行政管理,而是中央、地方、企业、公民等多元主体共同参与的治理方式,通过行政方式、社会网络、市场机制等多种渠道共同作用的公共事务治理。其次,目标治理是一种运用整体知识提供公共产品的治理模式,整体知识就是提供公共产品所依赖的知识,目标治理体制就是能够有效地产生并运用整体知识、并将这种整体知识运用于公共事务的处理而不是私人产品的提供知识的体制。再次,目标治理是一种集中计划引导的治理模式,对公共事务的处理需要制定相应的目标,并作出集中的安排和计划。最后,目标治理通过集中的计划引导资源配置的推动以达到目的,集中的计划是引导资源配置的重要手段,它通过直接指令和间接引导的方式,协调各个分散主体的行为,并引导相关资源配置,以推动实现国家目标(鄢一龙,2013)。

以上论述显然是将目标治理放在了一个极高的治理地位上,认为它不仅是一种国家治理方式,也是一种政府提供公共产品的治理模式,同时还是一种政府引导资源配置、推动实现国家发展与治理目标的一种治理模式。如果真如此所言,那么,它究竟具有什么与众不同的治理机制?其治理机制是如何发生作用的?在国家和政府的治理实践中,其治理机制到底能否产生如此引人注目的治理绩效?这些是我们主要关注的问题。

客观地说,上述对目标治理所做的定义及从四个方面所概括的体制特征仅仅反映了中国府际之间的目标治理本质和独特性的一部分,还无法区分当今中国与苏联式国家府际之间所实行的目标管理的不同之处,因为苏联式国家中央政府在制定国民经济和社会发展目标时同样也要运用整体性知识制定计划目标,同样也通过运用集中的计划来引导资源配置,至于在制定目标计划时对所谓的整体性知识吸收运用多少则是由不同国家政府决策机制所决定,而不是目标治理体制本身所决定的。

因此,想要更深入更为本质地了解目标治理的性质与特点,必须立足我国府际关系体制的层面,通过追溯府际目标治理的历史形成过程,从府际权力运行及配置的角度进行考察,才能真正理解府际目标治理这项政府治理工具在推进我国国家发展与治理事业中的独特作用。

前面述及,发展权是一种由与国家发展有关的多个相关权种组合起来的权力。1949年新中国成立后,国家发展权一直都是高度集权的,地方发展权必须要在服从国家发展权的前提下才能拥有一定程度上的自主性空间。然而,理论上发展权虽然自下而上地高度集权,但其实在现实中想要很好地让各级地方政府按照中央的意图去积极努力地贯彻落实发展权的各种要求,却是一件困难重重的事情。相反,由于各地方都有自身独立的"块状"利益,各地方为了自己眼前的短期利益或者是出于地方的私利,往往会做出与中央制定的发展目标相悖的行为。也就是说,地方政府对地方发展权的行使往往会与国家的发展权履行及其制定的目标相冲突,在这种情况下,如何让地方发展权真正地服从国家的发展权,则是执政党必须首先要面对并解决的难题。

解决中央和地方之间关于存在利益矛盾所带来的发展权冲突这个问题,中央通常有三种解决手段。第一种是政治手段,即中央在政治上通过控制地方政府的组织和人事来迫使地方政府服从于中央;第二种是行政手段,即中央政府在行政上公开规定并声明有权撤销地方与中央要求相悖的行为,但在这种情况下,如果地方政府仍不配合中央的话,事实上这种手段不会起到太大作用;第三种是法律手段,即当中央与地方出现矛盾和冲突时,通过中立权威的司法机构来调和两者之间的利益。目前,以上三种解决手段世界上均有国家采用,但对于我国,通过中央采取政治手段来控制和要求地方服从是最有效的手段,这可以让地方在所有的方面都必须服从于中央,当在国家和地方的发展权之间出现冲突时,中央有权通过废免地方政府领导班子的政治手段来保证地方发展权必须服从于国家发展权的要求。因此,像我国这样一个拥有广袤国土、国情极其复杂、经济社会发展任务相当艰巨的大国,必须将府际政治权与发展权集权起来并且必须将两者紧密融合起来,以政治权来规制发展权并推动发展,以发展权支撑政治权实现政治目标,才有可能在一个统一的发展方向上和正确的发展道路上,聚集起强大的发展力量,实现国家的繁荣富强和民族的振兴,同时巩固并维护中国共产党的长期执政地位。

本书认为,府际目标治理是一种府际政治集权和发展权集权的混合性的交织集权形态,它是将国家发展权中的某些权种和政治权中的一些权种合并的成果(表6.1列举了这种交织集权的权种组合)。中央或上级政府通过行使相关政治权权种来要求下级地方政府遵循中央或上级政府的发展要求,并实施中央或上级政府所制定的发展规划和发展目标,以确保国家的发展权能够得到贯彻落实,促使国家的发展目标能够顺利实现。从纵向府际关系方面看,国家发展权在地方各级政府的实施都是通过纵向府际之间的目标治理机制实现的。而从治理功能方面看,在府际之间把政治权和发展权相结合,确保了地方发展权必须服从于国家发展权。因此我们可以认为,府际目标治理是上下级府际之间以目标设置为工作导向、以目标实施为工作内容、以目标实现为工作结果,发动政府组织整合政府组织体系内外资源实施所设定的目标,取得目标设定的绩效,在此基础上使政府相关职能得以实现的一种政府治理方式。

表6.1   府际政治权和发展权诸权种的交织组合

政治权权种		发展权权种
干部任免权		发展观念确立权
干部调整权		发展道路抉择权
干部考核权	政治权权种和发展权权种的混合交织形态:府际目标治理	发展方向选择权
纪律监督权		发展目标设定权
政治处罚权		发展方式确认权
机构和编制设定权		发展规划权
政治表征权		发展实施权
决策撤销权		发展探索权

那么,府际政治权是如何与发展权交织起来而组合成府际目标治理的呢? 这个疑问只能从府际目标治理发展的历史演变中找到答案。

从起源的角度看,府际目标治理最初应起源于企业的目标管理,然而尽管目标治理与目标管理两者之间只有一字之差,但它们完全代表了不同的含义。目标管理是一种工商管理技术,是一种以目标为导向,以人为中心,鼓励员工实施"自我控制",确保自下而上地实现目标的现代管理方法。大约在20世纪80年代初,目标责任制度作为一种企业管理手段,开始被引入我国一些地方的政府组织,作为一种干部绩效考核的手段。所谓"目标责任制",简言之,就是将上级党政组织所确立的行政总目标逐次进行分解和细化,形成一套工作目标和指标体系,以此作为各级政府组织干部管理考核的依据,并以书面形式的"责任状"在上下级党政部门之间层层进行签订,形成一个严密的上下责任链条,以限制和引导地方各级领导干部的行为(徐勇、黄辉祥,2002)。

随着政府职能和执政党执政思想的转变,干部政绩考核也经历了从注重政治到注重经济、从注重经济到注重治理的转变。在干部考核评价制度的发展和完善的历史过程中,作为干部考核制度核心的干部目标责任管理逐渐演变成府际目标治理形式,这一演变过程同时也是府际政治权和发展权在不同时期所发生的不同程度绞合形成府际目标治理的过程,大致经历了四个阶段(见表6.2)。

表6.2　府际政治权与发展权在不同时期的混合形态

1949—1978 (发展权与政治权相分离期)	物质生产导向型目标治理 工业发展根据计划指令进行,在"投资饥渴症"的刺激下致力于物质生产;政治权中的干部提拔主要根据政治忠诚和又"红"又"专"的标准;领导干部鉴定主要看干部政治思想、工作贡献、业务能力和科学技术水平,与完成生产计划指标相联系较少。
1979—1990 (发展权与政治权融合探索期)	物质生产与经济发展混合导向型目标治理 干部考核内容中开始注重干部工作成绩,开始探索推行目标责任制和岗位责任制,上级政府设定的年度目标考核指标主要为部分重要物质的生产计划指标和经济发展指标,部分地方政府开始探索将其所设定的经济发展指标纳入下级政府领导干部的考核内容,
1991—2002 (发展权与政治权融合紧密期)	经济增长导向型目标治理 干部考核内容比较注重干部实绩,目标责任制和岗位责任制普遍得到推行,上级政府设定的年度目标考核指标主要为经济类指标,干部考核内容主要为完成上级政府设定的经济指标情况;同时政治权中的干部提拔任免在部分地区开始与发展权挂钩,完成上级政府设定的经济发展指标情况成为干部提拔和废免的重要标准。
2003—2012 (发展权与政治权融合绞合期)	科学发展导向型目标治理 干部考核内容尤其注重干部实绩,目标责任制和岗位责任制得到严格推行,上级政府设定的年度目标考核指标主要为体现科学发展的综合指标,干部考核内容主要为遵循中央和上级政府要求的发展方式情况,以及完成上级政府设定的经济发展指标和公共服务情况;同时在许多地区普遍将政治权中的对干部的提拔任命、废免、纪律检查、人事处罚等权种与地区发展权挂钩,在遵循中央和上级政府所要求的发展方式完成上级政府设定的经济发展指标和公共服务指标情况成为干部提拔、废免和纪律检查的重要标准。
2013—2022 (发展权与政治权深度融合绞合期)	以人民为中心的可持续协调发展导向型目标治理 干部考核内容不仅注重干部实绩,更加注重政治忠诚。国家"四个全面"的发展战略布局和"五位一体"的总体发展布局作为府际目标治理的发展导向性目标得到强力推行。干部考核内容将政治忠诚、执行中央和上级政府发展战略思想、贯彻发展意志以及干部本身的发展能力作为主要方面考核指标,并成为干部提拔、任免和纪律检查的重要标准。

资料来源:本表根据相关历史文献资料归纳整理。

第一个阶段是从20世纪80年代早期至90年代初期这个阶段,这一阶段为府际发展权与政治权融合探索期。在这一时期刚开始的阶段,各地方在干部政绩考核工作中实施目标责任制具有试探和自愿的性质,中央对之没有统一的要求,也没有对之作出相应的规范和实践指南。从1979年中央组织部下发《关于实行干部考核制度的意见》,干部考核正式代替之前的干部鉴定工作开始,直至1988年6月,在中央组织部下发的三个文件中首次将税收、工业总产值、基础设施投资、农业产量等指标纳入干部考核指标范围,并且在考核方法方面逐渐推行岗位责任制和年度主要工作目标责任制,强调考核的重点要侧重干部的工作成绩,要从之前以政治表现为主导的主观非指标考核逐步转向以可量化的具体工作业绩为主导的客观指标考核。在这一时期的后期阶段,府际目标治理开始将目标责任制与领导干部年度工作考核结合起来,GDP和税收等可量化的经济增长指标逐渐成为府际目标治理主要追求的目标内容。因此,可以将这一阶段视为府际目标治理形成的探索阶段。

第二个阶段是从20世纪90年代中期开始至21世纪初期这个阶段,这个阶段为府际发展权与政治权融合紧密期。这一时期干部绩效考核一个明显的特征就是注重工作实绩考核,尤其关注地方领导干部在促进地区经济增长方面所取得的成绩,地方GDP和税收成为最主要的考核指标,在创造政绩为导向的激励作用下,对领导干部的奖励也以物质激励为主。领导干部年度工作考核和目标责任制的核心内容就是上级地方政府如何督促下级地方政府完成其所下达的经济增长目标任务。因此在这一时期的府际目标治理实质上就是地方经济增长治理,府际目标治理的核心内容就是上级政府如何发动下级政府运用各种资源积极发展地方经济,以达成预期设定的地区经济增长目标。因此,可以将这一阶段视为府际目标治理方式形成的发展阶段。

第三个阶段是从21世纪初期至2012年党的十八大召开之前的阶段,这一阶段为发展权与政治权融合绞合期。在这一阶段中,中央政府的施政理念根据国情的变化相应地进行转变,开始探索以科学发展观作为干部考核的指导思想。党的十六届四中全会明确提出要抓紧制定体现科学发展观和正确政绩观要求的干部实绩考核评价标准,中央组织部出台了相应的规范性文件重新规范干部考核工作,对地方党政领导班子和领导干部以及党政工作部门领导班子和领导干部考核的评价方式、评价内容、评价标准、评价手段、激励机制进行了相应的调整。在科学发展的施政理念指导下,政府职能和政府治理模式也逐渐进行转型,相应地,府际目标治理的内容由之前侧重地区经济和税收增长的单一指标考核转向民生、环境生态和经济发展并举的多指标体系考核，以实现经济的包容性增长，对地方各级党政领导班子和领导干部侧重考核贯彻落实科学发展观的能力。因此，可以将这一阶段视为府际目标治理形成的初步成熟阶段。

第四个阶段是2012年党的十八大召开以来至今的阶段，这一阶段为发展权与政治权深度融合绞合期。这一阶段是在之前形成的科学发展观的基础上，为更有效推进国家经济发展方式转变，破除以GDP为中心作为干部创业干事的评价观，在以人民为中心的可持续协调发展思想指引下，中央组织部继续完善干部评价考核标准，干部评价考核内容不仅注重干部实绩，更加注重政治忠诚。随着"四个全面"的发展战略布局和"五位一体"的总体发展布局，作为府际目标治理的发展导向性目标得到强力推行。党政领导班子和领导干部评价考核内容将政治忠诚、执行中央和上级政府发展战略思想、贯彻发展意志以及干部本身的发展能力作为主要方面考核指标。由于这一阶段对党政领导班子和领导干部评价考核内容是在上一个阶段的基础上完善优化的，因此可以将这一阶段视为是府际目标治理方式形成的完善阶段。

经过上述四个阶段演化过程，府际目标治理最终演化成我国干部治理的一项核心制度。综合考察我国干部考核治理制度及实际党政机构工作推进机制的历史演变过程，本书对府际目标治理的定义如下：府际目标治理以设定政府发展与治理目标为工作导向，以目标实施为工作内容，以目标实现为工作结果，运用府际体系内外资源实施所设定的目标，通过政府职能的实施以取得目标设定的政治经济和社会管理绩效，并在此基础上实现国家与地方发展与治理目标的一种政府治理方式。因此，从治理功能看，目标治理不仅是党政领导干部和领导班子选拔与考核的重要政治手段，同时也是政府绩效考核与评价的重要方式，而且也是各级党委和政府工作推进的重要抓手，更是政府实现对国家政治、经济和社会事务进行管理的重要治理方式和治理手段。

第二节　府际目标治理体系

如果我们想将府际目标治理定义为府际间的政府治理工具，那它必须能够承载和实现政府治理的各种期待，并且能够被政府予以广泛地使用。如果要将目标治理由一种政府治理工具进一步界定一种政府治理模式，那么其就应当被各级政府普遍接受并需被当作一种政府常态化的行为方式。

从改革开放开始,一些地方政府将工商企业目标管理技术引入政府内部管理,并逐步将之与干部考核制度相结合演变为目标治理的四十多年的演变过程来看,府际目标治理无疑既具有政府治理的工具性特征,又具有作为政府治理模式的常态化行为模式特征。而要了解府际目标治理的政府治理工具特征和行为模式特征,就必须了解目前存在于政府系统中的整个府际目标治理体系,这个体系可以从我国政府组织体系内的纵向府际关系维度和横向府际关系维度进行考察。

首先,从某一级别政府的内部横向管理来看,目标治理现在被广泛应用于干部考核管理及地方党政组织在实施和完成国家和地方发展计划方面的绩效等方面。在干部考核管理方面,2009年6月,中共中央政治局审议通过了《关于建立促进科学发展的党政领导班子和领导干部考核评价机制的意见》。为贯彻落实该《意见》,中央组织部还制定出台了《地方党政领导班子和领导干部综合考核评价办法(试行)》《党政工作部门领导班子和领导干部综合考核评价办法(试行)》《党政领导班子和领导干部年度考核办法(试行)》三个文件。上述四个文件总称为关于干部考核的"一意见、三办法"。根据这四个文件的规定,干部考核可以分为地方党政领导班子和领导干部任期综合考核、党政领导班子和领导干部年度考核,以及党政工作部门领导班子和领导干部任期综合考核等方面的考核。通过对党政领导班子和领导干部方面的年度和任期的综合考核,把中央所设定的发展规划目标和要求的发展方式细化成若干具体细分考核指标,同时通过实施目标考核机制,层层下达考核指标,从而把国家的发展权实施落实到地方的发展过程中,达到驱使地方各级政府落实贯彻中央的发展目标和要求。2019年4月中央组织部颁发《关于党政领导干部考核工作条例》,将上述在2009年颁布的三个试行办法合并成一个正式条例。2020年10月中央组织颁发《关于改进推动高质量发展的政绩考核的通知》,进一步将干部考核聚集在高质量发展上。总体而言,我国当前整个干部考核治理体系的本质机制,实质上就是对干部的目标考核治理机制。

此外,根据图5.1所展示的国家发展规划权与地方发展规划权关联体系,在地方政府党政机构实施发展规划的工作绩效管理方面,各地方政府必须承担的相应的国家和地方发展目标计划任务,地方政府为落实国家和地方的五年规划目标和一些专项规划目标,必须在规划期内将这些规划目标分解至每一年完成,并需要制定年度目标计划予以贯彻实施落实。同时,各级地方政府为将规划实施落实好,必须通过目标治理机制将中央和上级政府下派的规划目标任务做进一步分解,并将分解后的目标任务下派到下一级政府。因此,地方政府为落实好上级下达的发展目标和地方自己制定的发展目标,不仅需要通过目标责任考核机制才能推进各年度的目标计划实施,也需要通过目标责任考核机制来提高目标计划实施绩效,这时,目标治理机制就成了地方政府推进年度目标计划实施的重要抓手。表6.3反映了在我国干部考核治理制度体系、地方政府党政领导机构和党政部门工作绩效管理体系中,目标治理机制都是这两套体系的共同工作机制,凸显了当下我国干部考核治理制度体系、党政领导机构和部门工作机构的工作绩效管理体系的本质都属于府际目标治理体系。

表6.3　　政府内部横向目标治理体系构成

干部考核与党政机构工作体系	干部考核治理制度体系					党政领导机构和党政部门机构工作绩效管理体系				
	地方党政领导班子任期综合考核	党政领导班子年度考核	地方党政领导干部任期综合考核	领导干部年度考核	党政部门领导班子和领导干部任期综合考核	国家和地方五年规划年度目标计划	地方党政部门年度目标计划	地方党政机构年度综合目标计划	地方党政机构年度专项目标计划	地方专项规划年度目标计划
党政机构和部门工作推进机制与考核机制	以上各种干部考核形式在考核实践的具体考核机制:府际目标治理机制					以上各种党政机构工作的推进机制:府际目标治理机制				

注:本表根据相关文献资料归纳整理。

其次,从纵向的府际关系方面看,根据图6.1所展示的府际目标治理实施流程:从中央政府开始,每一级政府的党政领导机构都会根据中央和地方自己制定的五年发展规划和专项规划制定每一年度的发展计划目标,并将每一年度的发展计划目标进一步向各级政府所属的党政部门和下一级政府进行目标任务分解,要求各部门和下一级政府完成所分解的目标任务,这样一层一层地分下去,每向下分一级,目标任务就得加大一点,最后直至分解到最基层的乡镇政府。

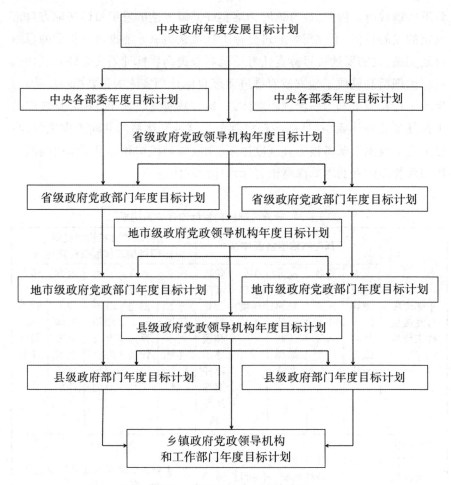

图6.1   府际目标治理实施流程

同时,各级政府为了督促其下一级政府和其所属各部门积极努力地去完成目标任务,都会建立一套完整严密的目标治理机制,用来发挥出府际目标治理的督导作用。而且,在上级政府所建立的目标治理机制的督导作用下,每一级政府为完成上级政府下达的目标任务,都会动员本级政府所能控制利用的资源,积极努力地去完成上级下达的目标任务。由此从纵向府际关系方面看,从中央政府开始,为了保证国家五年发展规划目标实现,先将五年发展规划拆分为年度发展计划目标,并将年度发展计划目标任务由中央政府开始,将目标任务层层分解、层层下达,一级压一级,层层加码、层层督导、层层努力,直至最基层的乡镇政府。这个自上而下层层动员的府际目标治理体系,展现出在中央政治权和发展权集权体制框架中所发动的府际目标动员机制的组织特征,即以严密的政府科层组织,动员各级政府拥有的权力和资源,聚集各级政府党政干部的智慧,调动各级政府领导班子的积极性,汇聚成一股强大的集中力量,去保证实现中央政府所制定的国家发展目标。因此,蕴含在放权体制中的府际目标治理体系所具有的府际目标治理力量,是西方分权制国家所不可能具有的力量。我国府际关系治理制度体系中基于府际政治权和发展权集权绞合形成的府际目标治理机制,集中展现"社会主义国家可以集中力量办大事"的制度优势和府际关系治理制度优势,高度体现了中国的国家发展和治理特色。

第三节　府际目标治理形式

府际目标治理形式是指在上级政府对下级政府设定并分解下达目标任务的时候,具体如何进行设定目标、设定何种目标任务并运用何种目标管控手段促使下级政府去实现目标的一种目标治理形态。

改革开放初期,中央开始探索干部治理改革,首先采取的改革措施是将改革前的干部鉴定转变为干部考核,并且在干部考核工作中开始引入工商企业中的目标责任管理技术,由此逐渐探索建立适宜国家发展与治理的干部目标考核制度,以调动干部工作的主动性与积极性。同时,中央在不同时期内也积极探索对地方领导班子的目标考核治理,以促使各级地方政府能按照中央的发展要求去推进实现地方的发展与治理事业。在这个自上而下推进府际目标治理探索实践的过程中,因为各地方在探索实践中存在差异性,在不同的地方逐渐形成了一些相当具有代表性的府际目标治理形式,而府际目标治理形式的不同,在客观上对地方经济发展和社会治理产生了不同的绩效影响。为深化府际目标治理对地方政府行为和地方经济发展绩效影响的研究,我们必须对府际目标治理的形式做更深入一步的探讨。

综合来看,在地方政府探索府际目标治理的实践中,可以根据目标内容导向、目标实现方式、目标在府际自上而下的传递过程中的膨胀程度三个方面的差异来区分不同的府际目标治理形式。

首先,根据目标的内容导向,在我国府际关系中存在的府际目标治理可分为四种形式,即物质生产导向型目标治理、物质生产与经济发展混合型目标治理、经济发展导向型目标治理和科学发展导向型目标治理(见表6.4)。

目标设置导向实质上是体现了执政党治国理政思想观念的变化,执政党治国理政观念指导着其执政的思路和行为,并最终体现为政府具体的政策。在府际政治集权的制度网络中,中央政府作为各项政策和制度的顶层设计者,在决定治国理政的基本制度和政策之后,就是通过府际目标治理让地方政府遵循中央已经设定好的发展思路、制定好的政策与制度进行贯彻和实施。

改革开放以来,世界政治经济情况和科学技术的发展和变化深刻地影响着一个国家发展与治理的价值观。在我国近四十年来的改革实践过程中,国家的发展观念经历了一个从单纯追求经济增长到可持续发展再到实现科学发展的过程,到今天认识到发展与治理是密不可分的,发展是为了能更有效有力地实现治理,而治理是为发展提供良好的保障,经济发展不仅要与自然环境相协调,也要与人的全面发展相协调。从不同时期各地方政府所实施的目标治理内容来看,地方政府目标设置的导向也明显根据执政党的治国理政观念的变化发生了重大的转变,表现为从之前比较单纯追求地方经济增长的单维指标设置导向转变为追求实现地方有效治理的多维综合指标设置导向(杨春学等,2012)。

表6.4　根据目标内容导向区分的目标治理形式

区分维度	物质生产导向型目标治理	物质生产与经济发展混合型目标治理	经济发展导向型目标治理	科学发展导向型目标治理
目标任务取向	以扩大生产、增加投资为取向	以扩大生产与经济发展并举为取向	以经济和税收获得增长为取向	以转变增长方式实现包容性增长为取向
目标任务内容	主要涉及各种国民经济所需的重要物质生产	主要涉及部分国民经济重要物质生产以及地区GDP和财政收入增长	主要涉及地区GDP、财政收入增长	主要涉及节能减排、科技进步、地区创新、公共服务、财政收入增长
目标任务性质	强制性任务	强制性任务与诱导性任务并存	诱导性任务与强制性任务并存	引导性任务与强制性任务并存
目标任务形式	物质生产计划与指令性计划指标形式	生产计划指标形式与经济发展指标形式并存 指令性与指导性增长指标并存	经济发展指标形式 指导性增长指标	科学发展指标形式 预期性指标与约束性指标
实践时段和地区	1949—1978年在全国普遍推行实践	1979—1990年在全国普遍推行实践	1991—2001年在全国普遍推行实践	2002年后在全国普遍推行实践

注:本表根据相关历史文献资料整理归纳。

多维综合性的目标设置,驱使地方政府必须承担并完成上级下达的复杂多样的行政职责和行政任务。各地方政府不仅在各自的辖区内负有推动地方经济发展的职责与任务,更负有有效治理辖区内各种社会事务的职责与任务。由于发展观念的变化,科学发展和包容性发展已成为现代政府治理的共识性价值观,并已逐渐成为我国干部绩效考核和政府治理的价值指引,相应地府际目标治理的目标设置导向和内容的重心也从之前注重经济增长转向以追求实现国家和地方治理现代化为目标治理的逻辑。

根据目标内容导向所区分出上述四种的目标治理形式,反映了不同时期国家发展权内涵的变化,府际目标设定的重点及府际目标考核内容的重点都紧紧围绕不同时期的国家发展方向,体现了不同时期国家所确立的发展理念和发展价值观,也反映了执政党治国理政观念和手段的变化,从而推动国家经济发展与治理的思路和变迁。

其次,根据府际权力的运行方式区分,府际目标治理可分为三种目标治理形式:即契约目标治理、科层目标治理和动员目标治理等三种形式(见表6.5)

表6.5　根据府际权力的运行方式区分的目标治理形式

区分维度	契约式目标治理	科层式目标治理	动员式目标治理
目标管控手段	行政契约式手段	科层管控手段	政治动员(包括组织、态度行为动员)
目标管控力度	信任约束为主,干部考核约束为辅	科层纪律和组织绩效考核约束	干部政治考核约束
目标激励方式和激励强度	经济激励为主,表现为允许激励对象可以多劳多得,提高财政分成比例;超目标累进激励方式,超过目标任务约定,经济激励强度越大	岗位职责激励,表现为主要依靠科层内部的奖励与惩罚;常规激励,激励强度一般	政治激励和经济奖励并用、社会激励为辅,表现为官员提拔、对官员个人的巨额奖励;超强激励方式,激励强度大
目标实施与监督措施	契约履行式实施目标、监督措施相对宽松	按科层流程实施目标、一般性科层人事监督	全面组织动员实施目标、监督措施严格
目标责任形式	契约性责任,以经济责任为主	科层性责任,以行政责任为主	混合性责任,以政治性责任为主

区分维度	契约式目标治理	科层式目标治理	动员式目标治理
实践阶段 与实践地区	1979—2000 年阶段在部分地区得到实践推行；2000 年以后较少实践	1991—2000 年阶段开始在部分地区推行实践；2001 年以来全国范围内普遍推行实践	1991—2000 年阶段在部分地区开始推行实践；2001 年以来在部分地区之间互相模仿推行实践；2012 年以来又在许多地方政府得到普遍推行

注：本表根据实地调研情况整理归纳。

府际目标治理作为我国干部绩效考核和政府推进工作的一项重要治理形式，具有与政府权力运行模式同体化的特点。在政府体系中，一个目标要能有效实现，必须赋之以相应的资源和权力后盾。如没有强大的权力驱动保障，再好的目标都可能停留在纸面上。因此，府际权力运行模式不仅直接决定了府际目标治理的形式，而且也与一个国家治理的现代化程度有着不可分割的联系。

如前一章所述，综观 1949 年新中国成立以来我国纵向府际之间的权力运行情况，可以概括为三种府际权力运行模式：契约式权力运行模式、科层式权力运作方式、动员式权力运行模式。这三种权力运行模式有时虽同时存在于同一历史阶段中但它们各自的主导地位是不同的。在新中国成立后的很长一段时间里，"动员式"治理是我国府际权力运行的主导模式。在改革开放后的前十多年中，府际权力运行模式呈现出"契约式"运行特征。20 世纪 90 年代以来，府际的权力运作方式发生了巨大变化，"科层式"治理已逐渐成为府际权力运行的主导模式，但地方政府仍还经常采取"动员式"治理手段来实施某些专项工作。针对"动员式"治理深深植根于我国政府权力运行过程的现象，一些学者对之进行了深入的研究，如周雪光（2012）认为，"动员式"治理是由政府科层组织体系所建立的常规组织机制出现"组织失灵"而诱发出的一种权力运作逻辑。

一般而言，在科层式的府际权力运行模式下，府际目标治理形式也同样呈现科层式特征；在动员式的府际权力运行模式下，府际之间目标治理形式相应地呈现动员式特征；在契约式的府际权力运行模式下，府际之间的目标治理形式相应地呈现出契约式特征。三种不同的府际目标治理形式，反映了各级地方政府在实现中央和上级政府所下达的目标任务时具体所采取的目标实现手段、目标实现方式,以及相应所采取的目标激励措施的不同。在这三种府际目标治理形式中,契约式目标治理形式是一种制度化不足的非正规性的目标治理形式。在这种目标治理形式中,下级政府为实现上级政府下达的发展目标任务,仅靠一种类似于府际行政契约的手段去保障实现目标,上级政府对下级政府在目标考核方面并没有严格的考核监督机制约束,下级政府实现上级政府下达的目标的激励方式主要是府际之间的经济和财政激励,而不是对官员个人进行激励。1978年至1990年间,中央组织部开始探索干部考核与国家和地方的发展目标设定相结合来改变干部考核方式和内容的时候,这种目标治理形式在部分地方实践过,之后随着干部考核越来越制度化、正规化和科层化,在纵向府际体系内逐渐形成了基于科层组织运作来实现府际目标的目标治理形式,即科层式目标治理形式。自然地,随着我国政府治理现代化事业的推进,制度化不足的非正规性的契约式目标治理形式便逐渐被制度化、正规性的科层式目标治理形式所取代(周天勇,2008)。

科层式目标治理形式是指上级政府对下级采取科层化的政府组织运作模式,通过科层的运作机制和运作流程,建立干部目标责任制,将中央和上级政府所制定的目标具体细化为若干细分指标下派给下级政府,并以正常的干部绩效考核作为目标实现的手段来促使下级政府实现目标任务的一种目标实现方式。科层式目标治理形式最大的特征是与"科层"二字紧密地联系在一起,表现在地方政府是通过科层化的组织体系,运用科层性的管理手段,以科层的运作机制和实施正常的组织绩效管理来实现目标。它既与契约式的目标治理有着明显的科层机制区别,也与动员式目标治理形式超越科层机制的限制而以组织和政治动员的手段去实现目标有着明显的区别。

韦伯式的现代科层制组织虽然有着分工明确、职责清晰、组织行为可预期性等诸多优点,但随着政府体系内的"官僚病"的蔓延和恶化,其在组织效率方面存在的人浮于事、拖沓惰怠、推诿扯皮等现象也备受人们诟病(帕特里克·敦利威,2004)。为克服科层式组织在完成目标的缺陷,许多地方政府发展出动员式目标治理形式,这种目标治理形式通常会越过科层化组织的分工界限,上级政府对下级政府通过采取政治动员、组织动员、思想动员、人员动员和资源动员等手段,并实施超常规的目标激励方式、非常强的激励措施及严格的目标实施监督措施来驱动下级政府实现下达的目标。这种目标治理形式与科层式目标治理形式明显区别是打破了科层制组织的条条框框,将政府体系内外的所有资源和力量动员起来去实现目标(周雪光,2011)。

第四节　府际目标治理机制

府际目标治理机制是指上级政府向下级政府设定和分配目标任务后,上下级政府进行府际分工协作与监督,通过建立相应的组织实施手段、调动实现目标任务所需的各种资源,并采取相关激励和监督措施,以保证府际目标任务能够实现的一系列推动目标实施的工作制度与行为规程的总称。对于某一级别的地方政府而言,府际目标治理机制是由一系列集成性的子机制来保证中央和上级政府设定的目标能够实现。从目标治理所涉及的方面来看,府际目标治理包括了五个方面的子机制,即府际目标传导机制、府际目标实施机制、府际目标激励机制、府际目标督导机制和府际目标强化机制。

一、目标传导机制

目标传导机制是指中央政府和上级政府将制定的发展目标任务进行分解后以一定方式传递给下级政府,下级政府在收到上级政府下派的目标任务后将目标任务进一步分解下派给所属部门和再下一级政府,从而将中央政府的发展目标任务通过府际层层传导的方式最终传递给县乡基层政府。

纵向府际之间的目标传导机制在实质上就是中央将自身制定的国家的发展目标在各级地方政府之间层层分解、层层下派,地方各级政府各自在接到其上一级政府下派的发展目标任务后,为了保证能完成上级下派的目标任务,也将上级下达的目标任务进行层层分解、层层下派,甚至层层加码。在这个目标任务在纵向府际之间的层层分解、层次加码、层层下派的传导过程中,相当于上一级政府将其自身的发展任务目标作为契约的标的,对下一级政府进行任务发包,下一级政府在接受了上一级政府下派的目标任务后,就相当于与上一级政府签订了在本辖区完成目标任务的契约,之后便有义务完成这种契约规定的目标任务要求,因此有学者将中国纵向府际之间的权责分配关系用"行政发包制"来概括描述,并将纵向府际之间的目标传导机制描绘成"行政逐级发包制"(周黎安,2008)。

"行政逐级发包"式的府际目标传导机制让上下级地方政府成为地方经济发展契约的当事人,并且那些处于中间层级的地方政府还扮演着双重契约角色。一方面,其作为上一级政府目标任务发包的承包相对方,必须完成上一级政府下派的发包任务;另一方面,同时向下级政府派送目标任务的发包方,有权要求下一级的地方政府完成其发包出去的目标任务。通常情况下,为保证能完成上级政府下派的目标任务,中间层级的地方政府常常在接受上一级政府的目标任务后,在对其下一级政府发包下派目标时,或者进行目标任务量加码,或者根据自己的意志在上级发包下派的目标任务之外添加一些其他目标任务,由此就形成了府际目标任务传导"层层加码、层层添加"的膨胀性传导现象,这种现象最后一直延伸到乡镇政府(王汉生、王一鸽,2009)。因此,"行政逐级发包式"的府际目标传导机制造成的最终结果是县乡基层政府最后承受了国家发展任务的不堪承受之重,许多地方不良发展与治理现象因此出现。

二、目标实施机制

目标实施机制是指府际层级政府各自采取相关实施组织措施、通过相关实施组织方式,以推动中央和上级政府所分解下派的目标任务能够实现的所有目标实施组织措施与实施组织手段的总和。

比较契约式、科层式和动员式三种府际目标治理方式中的府际目标治理机制,其最大的区别就是它们各自具有不同的目标实施机制。在契约式目标治理机制中,上下级政府之间在具体实施目标任务的时候采用类契约式的做法,即下级政府作为承包完成上级政府下派目标任务的一方,具有比较大的自主性去实施目标任务,而作为目标任务发包方的上级政府一般不会干预下级政府实施目标任务的过程,下级承包方如在规定的目标完成期限未能完成上级发包方政府下派的目标任务,则不能享有双方事前约定好的由发包方政府给予承包方政府的相关经济利益。需要注意的是,契约式目标治理机制上下级政府一般不涉及政治利益或其他性质的利益的交易。这与民商事关系中的契约履行机制非常相似,因此可以称为"契约式"目标实施机制。

科层式目标实施机制是指下级政府在具体实施上级下派的目标任务的时候采用科层机制来落实执行目标任务。即下级政府在接受上级政府所下派目标任务之后,一般采用利用韦伯式的科层手段,将目标任务在各下属职能部门和下级政府进行分解后,按任务分工的原则将目标任务在政府组织体系内部转变成岗位任务,并通过政府组织科层机制的运作落实目标任务。这种目标实施方式随着我国政府组织体系建设的科层化与正规化,已逐渐成为府际常态化的目标实施方式。

动员式目标实施机制是指下级政府在具体实施上级下派的目标任务

的时候采用政治动员的方式来落实执行目标任务。一般来说这种目标实
施方式在以下两种情况下会发生:一种情况是基于法治根基的政府治理科
层化建设不足,科层组织工作机制还未作为政府常态化的工作机制,这时
候政府组织体系很容易受政治力量的驱使,政治人物往往采取政治动员式
的府际权力运行方式来达成其所要追求的某种施政目标;另一种情况是政
府组织科层化建设过度,以致在政府组织体系内形成严重的"组织官僚
病",导致政府组织功能失调、效能低下等异科层化现象,这时候政府组织
行动力低下,无法保证实现上级政府下派的目标任务,这时候政治人物不
得不考虑采取动员式的府际目标实施机制来实现上级政府下派的目标
任务。

　　动员性目标实施机制实际上就是地方政府主要领导人通过态度动员、
组织动员、资源动员、行为动员及项目动员等诸多动员方式,将政府组织体
系内外能够调动的各种人员和资源充分组织动员起来,打破科层制组织的
条条框框和组织规范约束,变通地执行国家法律和行政法规的规定,为实
施完成上级政府下派的目标任务而竭尽所能。经笔者多地调研,在实践
中,发现在动员式目标实施机制中,一些地方政府在实践中推行的动员方
式或典型动员做法可归纳如表6.6。

表6.6　动员性目标实施机制在实践中推行的动员方式或典型动员做法

动员方式	动员对象或代表性动员做法
组织动员	动员对象:本级政府部门组织动员、下属政府组织动员、企事业组织动员、社会团体组织动员、个体动员
态度动员	典型动员手段:主要领导带头示范分派任务、领导班子全体跟进分派任务、一般干部积极参与承担任务
行为动员	典型动员行为手段:"白加黑""五加二""七到十"
资源动员	动员对象:经济资源动员、政治资源动员、社会资源动员
项目动员	动员对象:"一跑三争"、项目立项至竣工全程跟踪督导、效益评比

注:本表根据实地调研所获取的资料内容整理归纳。

三、目标激励机制

　　目标激励机制是目标治理机制的核心机制,是指上级政府通过采取一
定的激励方式或手段来促使下级政府努力完成其所下派的目标任务的工

作机制。激励机制是保证目标实施机制能够实际发挥作用的有效力量,如果说"搞对价格"是提高市场效率的最有效手段,那么"搞对激励"就是提升政府组织完成府际目标任务效率的最有效手段。

一个组织对其成员所能给予的激励程度和激励水平是与该组织所掌控的资源的广泛和丰富程度紧密联系在一起的。在纵向府际维度上,政府层级越高,其对下级地方领导干部所能采取的激励手段就越多,相应的激励程度就越强;政府的层级越低,其对干部的激励能力就越弱,至乡镇基层政府,因为其几乎不掌握什么资源,因此就很难采取相关有效的激励措施对乡村干部予以有效激励,以实现上级政府下派的各类目标任务。

在自上而下的府际目标传导机制中,县乡基层政府实质上要承担大部分的自上而下所下达府际发展目标任务,但乡镇基层政府缺乏足够的财力资源、组织资源以及政策执行资源,乡镇基层政府和干部怎么能完成上级政府自上而下所下达的目标任务呢? 在这种情况下,如何能让目标实施机制发生实际的作用? 这是一个很难解决的问题。改革开放以来,为解决这个问题,一些不同的地方在各自所推行的目标治理形式中相继实践了不同的目标激励手段和激励方式,其中,动员式目标治理形式中的府际政治动员激励手段在许多地方的市县乡三级政府之间推行的目标治理机制中越来越盛行。对于这种现象,位于苏北平原某县的一位副县长这样讲道:

> 在乡镇一级的基层政府,干部思想和人心比较涣散,干工作积极性不高,得过且过的现象比较严重,用传统的行政管理办法要他们按照县委、县政府的政策思路去完成下达的目标任务,很难办得到,因此如何激励他们、调动他们的积极性,找到一些有效的激励手段是县领导必须予以认真考虑的问题,这也是目前为什么现在的县一级政府偏向运用政治动员性的组织手段和目标考核手段来驱动基层干部认真做事的最重要原因。[①]

基于府际目标激励在府际目标治理机制的重要性,比较契约式、科层式和动员式三种目标治理机制各自所蕴含的激励机制有什么不同呢? 在实践中,它们各自对激励对象能起到什么样的激励作用呢?

契约式目标治理机制中所蕴含的目标激励机制是经济激励机制,是指

---

① 该调研信息为笔者在苏北平原某县对该县副县长调研该县如何对乡镇和县直部门制定年度经济发展考核目标任务的决策过程时所获取。

作为目标任务发包方的上级政府在对作为目标任务承包方的下级政府进行目标任务发包的时候,设定一个最低的必须完成的目标任务值,如果下级政府在目标考核期限届满时不能完成这个最低的目标任务值,那么下级政府其领导班子及全体政府工作人员就不能得到任何经济性的奖励,也享受不到其他任何方面的奖励,也不允许其动用本级政府的财政资金来发放奖金。如果下级政府在目标考核期限届满时能够完成或者超额完成了这个最低的目标任务值,那么下级政府领导班子及其全体政府工作人员就可以得到上级政府预先规定的经济奖励。而且,超额完成任务越多,就可以从超额完成的财政收入部分提取一定比例的资金用于对有贡献人员的特别奖励,超额完成越多,提取的比例也就越高,形成超额累进式的经济激励机制。不仅如此,在超额完成目标任务值的情况下,上级政府还允许下级政府从超额部分的财政收入中享有更高比例的财政收入留成,甚至将超额部分的财政收入全部留成给下级政府,以对超额完成目标任务的单位形成高能激励。显然,契约式目标治理机制所蕴含的经济激励机制把经济利益作为最主要的激励手段,这种激励机制对经济处于快速发展阶段的地方,或者对有些实行"乡财县管"财政体制的县乡政府,是一个能发挥出较强激励效果的相当有效的激励机制。

科层式目标治理机制中所蕴含的激励机制是责任激励机制。与契约式目标治理机制中的正向性经济激励机制不同,它是一种负向性激励机制,鲜明地体现了韦伯式科层制的责任激励模式与特点。即注重事先预设组织岗位责任,并运用组织责罚手段对组织成员形成负向性的行为激励,来引导或者约束组织成员的行为,从而达成组织预先设定的目标。实行科层式目标治理机制的地方政府通常将领导干部政绩考核、目标责任考核与政府组织的绩效考核三种考核方式相结合统一在一起进行合并统一考核,以强化干部的组织行为责任和目标责任,在一定程度上放大了韦伯式科层制的责任机制效果,对保障完成上级政府所下派的目标任务起到了比较好的积极效果。

动员式目标治理机制中所蕴含的激励机制是以政治激励为主的混合性激励机制。这种激励机制综合运用多种激励方式和激励手段,主要包含政治激励、经济激励和社会激励三种激励方式。其中政治激励就是上级政府向下级政府作出确凿的政治承诺,将下级政府有关官员的提拔和任免与上级政府对下级政府目标责任考核结合在一起,目标任务完成落后者的下级政府领导将被免职,目标任务完成先进者的下级政府领导将被提拔重用,这种将官员的职位大小和安全性与目标考核紧密联系在一起的激励方式无疑会对地方领导官员产生相当大的影响,同时也必定会对地方政府的经济行为产生影响。

除政治激励外,动员式的目标治理机制也同时运用经济激励和社会激励手段来激励官员努力积极地去完成上级政府所下派的目标任务。经济激励即是由上级政府设定较具有吸引力的金钱奖项,对目标任务完成先进者进行相当数量的金钱奖励,对目标任务落后者不仅不给予物质奖励,还要进行责罚,比如扣除事先预缴的目标责任保证金。社会激励即是由上级政府通过运用相关特定的社会网络手段对被激励对象进行心理刺激,以形成紧张性的个体心理反应,从而达到改变或引导被激励对象行为的一种激励方式。其比较典型的做法是在府际目标实施过程中,上级政府通过建立动态性的目标实施过程跟踪体系,定期或不定期举行相关特定会议,对目标任务完成先进者在大会上公开进行表扬,同时要求其总结交流先进经验,并通过相关政府内部刊物或公共宣传网络对其进行表彰宣传;对目标任务完成落后者要求其在大会上进行检讨,建立会场中设立"落后者"席位区,挖掘其落后原因并要求向主要领导书面汇报并作出整改措施,同时还可能运用像"领导私下或公开诫勉谈话"方式对之进行督促,以促使落后者更奋进有为实现目标。显然,动员式目标治理机制中所采取的以政治激励为主的混合式目标激励机制对被动员对象会形成多重的强激励效果,被动员对象同时承受着极强正向激励刺激和负向激励压力。通常,这些被动员对象都是承担完成目标任务的地方政府主要领导,所以在这种目标激励机制下,地方政府出现多样多重性的异化性经济行为就毫不为奇了。

四、目标督导机制

目标督导机制是指在目标实施过程中,上级政府通过采取适当的措施来监控或督促下级政府如期完成其所下派的目标任务的工作机制。与目标激励机制从激励的角度来推动下级政府实施完成目标任务的做法不同,目标督导机制是从监控或督促的层面来促使下级政府如期实施完成目标任务。

组织督导是提高组织绩效的有效手段之一,督导的方式不同,对绩效的影响程度也就不一样。从督导的严格程度方面分,可以分为刚性督导、中性督导以及软性督导,这三种督导方式虽然存在不同的督导严厉程度,但不能说刚性督导就一定比软性督导产生更好的督导效果,也就是说,督导效果不一定与督导方式存在直接的联系,而是与被督导的对象特点及组织治理的具体环境有关。

应当说,契约式、科层式和动员式三种目标治理形式各自都有最适宜适用之的政府治理环境和时机,而从各自所蕴含的目标督导机制所产生的督导效果方面看,契约式目标治理中的督导属于软性督导,科层式目标治理的督导属于中性督导,动员式目标治理的督导属于刚性督导。

契约式目标治理形式中的目标督导是一种信任督导。在契约式目标治理中,目标如何完成下级政府自主的事情,作为目标任务发包方的上级政府一般不会强行干预,对下级政府予以相当的职责信任和能力信任,下级政府在接受上级政府下派的目标任务后,会积极采取措施自觉主动努力地去完成上级政府下派的目标任务。上下级政府之间对是否能实施完成府际目标任务完全依靠府际信任而不需借助其他监控督导手段,因此契约式目标治理形式一般只适用于下级政府所处的主客观环境及其自身的资源很能支持其完成目标任务的情形。

科层式目标治理形式中的目标督导,是上级政府对下级政府的目标实施行为进行督导,属于行为督导。根据科层制的组织原则,组织成员必须按照组织规定的工作行为规范和岗位职责要求去履行相应的工作义务或工作职责,一旦组织成员违背这些方面的要求,组织就可以行使相应的督导权力,运用事先设定好的监督控制措施对组织悖逆行为进行行为矫正、态度矫正或者结果矫正。所以,在科层式目标治理形式中,其目标督导实际上就是由上级政府对下级政府实施目标的行为进行督导,要求下级政府按照上级政府的要求切实履行目标任务,不能脱轨或推诿责任。对不按上级政府规定的要求履行目标职责的行为,上级政府有权启动科层组织的行政管理权力,对行为者进行及时处置,矫正他们的行为和态度,以保证目标任务能够及时推进完成。

动员式目标治理形式中的目标督导,是上级政府对下级政府的目标实施过程进行监督控制,属于过程督导。即下级政府在具体实施上级政府下派的目标任务的过程中,上级政府采取严格的组织监控措施对其进行严格的监督控制,以督促下级政府按照上级政府规定的时间进度、方式、标准完成下达的目标任务。从督导的严厉程度方面看,上级政府对下级政府整个目标实施过程的监督控制都非常严厉,检查督导的力度也非常大,例如在部分地区,采取"一月一检查、一季一总结、月月排名、季季奖罚"等诸多监督控制措施,对承担目标任务实施的单位进行动态跟踪监督,以保证目标能够按照规定的时间节点步步推进实现,防止目标任务实施单位搞"临时抱佛脚、搞临时突击、做花架子"等的应付性的形式行为。

五、目标强化机制

目标强化机制是指上级政府对下级政府所达成的目标结果进行相关激励与惩罚性的处理或对目标结果进行有针对性的运用,以对被激励对象形成正反馈的预期激励效应,从而达到进一步强化目标实施的一种工作机制。

目标强化机制实质上是一种激励的正反馈效应机制,契约式、科层式和动员式三种目标治理机制各自都具有自身独特的激励正反馈回路。对契约式目标治理机制而言,其独特的目标强化机制可称作"多劳多得"的经济利益诱导机制,这种机制与契约式目标治理机制的经济激励机制紧密联系在一起。在契约式目标强化机制作用下,下级政府在接受上级政府下派的目标任务时就得到预期,如果它能完成上级政府所设定的最低目标任务值,不仅可以得到上级政府预先规定的全部奖金。而且完成的目标任务超过越多,从上级政府获得的奖金和财政分成比例就越多,这种累进式的基于超额利益分成的激励机制会对被激励对象形成强烈的"多劳多得"的正反馈激励心理效应,在很大程度上强化了目标实施和目标激励机制。但是,这种强化机制一般只适用于那些处于经济快速发展的阶段且经济发展空间还比较大的地方。一旦地方经济水平发展到比较高的阶段,其经济增长空间越来越窄,实现地方发展任务越来越难、越来越艰巨的时候,那么这种目标强化机制就不那么具有作用了。

对科层式目标治理机制而言,其独特的目标强化机制可称作"奖优罚劣"的行政机制。虽然在契约式目标治理机制中也有对被激励对象蕴含一些"奖优罚劣"的激励,但它不是通过科层的行政机制来强化实现的,而是通过经济利益诱导机制强化实现的。另外,动员式目标治理机制中对被激励对象同样也蕴含了"奖优罚劣"的激励,但相比较于动员式目标治理机制中所蕴含的激励强度和对目标强化功能,科层式目标治理机制中"奖优罚劣"所蕴含的激励和强化功能就要逊色许多。

"奖优罚劣"的行政机制与政府组织的科层性特征直接相关。但单靠行政手段对目标激励对象进行奖罚往往会沾上比较严重的官僚习气,因为在科层体系中,当一般性的奖罚并不能有效地对被激励对象产生强烈激励的时候,这种机制逐渐失去激励的正反馈功能,相应地这种机制就会逐渐失去激励作用,从而逐渐蜕变成一般性的行政管理手段。随着科层体系中的"官僚病"愈演愈烈,这种机制的激励效果就越来越弱,在实践中,这也是有些地方政府为保证完成上级下派的目标任务往往会摒弃科层式目标治理转而采用动员式目标治理形式的重要原因之一。然而,当一个地方的经济已经处于较高的发展水平时,地方性市场力量已经成为本地方经济发展的主导性力量,而政府力量在推动地方经济发展方面的作用变得相对次要的时候,科层式目标治理就应该成为地方政府主导的目标治理形式。这时候把"奖优罚劣"行政机制作为科层式目标治理形式的目标强化机制,仍具有相当实际的科层意义,也最符合科层式目标治理机制的要求。

在动员式目标治理机制中,"末位淘汰"的竞争机制无疑会大大强化以政治激励为主的混合性激励机制的激励强度和激励效果。所谓"末位淘汰"的竞争机制,是指作为上级政府向下级政府预先做出确定性的承诺,若下级政府在目标考核期限届满时经考核排名末位,则其主要领导就要被免职或降职,或被调离主要领导岗位。这种"末位淘汰"的做法被用于动员式目标治理机制中必然会在被激励对象中产生竞争排名效应,因为在事先谁都不知道是否被排在末位,大家只有积极努力去实施目标任务,无路可退,只有尽可能靠前争先,否则就会被免职、降职或被调离主要领导岗位,而一旦出现这种结果,对任何一个在政治体系中打磨多年的领导干部来说就意味政治生涯从此中断了。

显然,动员式目标治理机制中"末位淘汰"的竞争机制对被激励对象而言所产生的正反馈激励力量是最强的,这种目标强化机制把每个被激励对象置于一个互相竞争但没有明确标杆的境地之中,每一个被激励对象都无退路可言,唯有一往直前,由此可见该机制中蕴含有超强的动员力量。这种目标强化机制虽然在驱动地方领导干部积极干事方面具有很大的作用,但是如果作为发包方的上级政府在设定目标任务值的时候脱离客观实际情况,将会带来许许多多的负面问题,例如迫使下级政府进行GDP和财政收入的增长造假、买税引税拉税等问题。

综合以上关于府际目标治理机制中所具有的五个方面的子机制的内涵及在实际府际关系治理中的作用,表6.7总结了契约式、科层式和动员式三种府际目标治理形式中的府际目标治理机制的差异。

表6.7　　　三种目标治理形式中的目标治理机制特征区分

区分维度	契约式目标治理形式	科层式目标治理形式	动员式目标治理形式
目标传导机制	府际行政逐级发包制（契约式发包）	府际行政逐级发包制（科层制发包）	府际行政逐级发包制（动员式发包）
目标实施机制	类契约履行机制：上级政府对下级政府的目标实施监督比较松散，完全由下级政府自主实施目标	科层机制实施：上级政府对下级政府根据科层组织管理的原则进行目标实施监督，对下级政府有一定的约束性	府际政治动员机制：上一级政府对下级政府进行全面性的政府动员（包括组织动员、态度动员、行为动员）实施目标，下级政府承受很大的动员压力
目标激励机制	经济激励机制	责任激励机制	以政治激励为主的混合激励机制
目标督导机制	信任督导机制	状态督导机制	过程督导机制
目标强化机制	多劳多得的经济机制	奖优罚劣的行政机制	末位淘汰的竞争机制

注:本表根据实地调研情况归纳整理。

综上,府际目标治理是一种中国独特的政府治理制度创新,具有鲜明的中国国家治理特色。这种治理方式以执政党在不同历史时期所倡导的国家与发展治理思想作为其价值指引,内嵌于我国府际关系治理制度环境之中,不仅典型地反映了我国府际权力运行状况的组织化与目标化特征,也比较突出地反映了我国各级地方政府在自上而下的发展集权与政治集权压力下,在推进实现国家发展和社会治理目标过程中不得不在动员式目标治理机制、科层式目标治理机制与契约式目标治理机制之间进行摇摆性选择的现实困境。从总体治理功效方面看,府际目标治理不仅是中国共产党将执政意志转化成国家意志和政府意志的有效治理工具,也是中国共产党通过政府组织系统行使国家发展和治理领导权的重要抓手,而且也是政府对人民兑现其应然职能的重要治理手段。但与此同时,由于这种治理方式需要以府际政治权和发展权的强力运行为依托,在现实的府际关系中很难把握这两种权力运行的力度与规范性,从而导致其同时也是造成地方诸多不良发展与治理现象的重要推手。

第七章　府际关系中的地方政府经济行为

　　目前有关文献对改革开放以来地方政府行为现象和行为角色的研究，总体上有两种路径。一种路径是将财政分权、官员激励、地方竞争与地方经济发展问题联系起来，来解释改革开放以来地方政府行为的价值取向及其行为角色变化。在这类研究中，一般是把财政体制改革所产生的对地方利益的激励与地方政府行为联系起来，指出地方政府为经济增长而竞争，而且是地方官员出于晋升激励下的"锦标赛"竞争（张军、周黎安，2005）。同时，一些学者也指出中央对地方的放权让利在增强地方自主性的同时，也带来了一些消极影响，出现地方保护主义、地区间恶性同质同标的竞争、重复投资建设等弊端。另一种路径将政府间的制度关系与地方治理问题联系起来，分析地方政府所表现出相关扭曲性行为问题和地方实现良治的道路。在这类研究中，一般是将抽象的政府间制度关系作为解释地方政府行为的变量，认为"压力型"体制驱使地方基层政府出现"行为共谋"现象（周雪光，2006），在与市场的关系方面在不同时期分别表现出"强化市场型""勾结型"和"掠夺型"等多样化的行为类型和行为特征（高鹤，2006），可能会使国家政权在基层"悬浮"起来（周飞舟，2006）。

　　以上关于地方政府行为的研究，其实都是从府际关系治理领域寻找相应的解释变量，只不过这些研究所给出的解释变量都是在某些具体府际关系治理领域中寻找，因而是一种"盲人摸象"性的研究。本书认为，对改革开放以来我国地方政府经济行为现象问题的研究不是简单地非此即彼就可定论的。"地方自利最大化""锦标赛竞争"等现象仅仅是地方政府行为的某些表象性行为，这些行为都不是中国地方政府独有的现象，也不是只有改革开放以来地方政府才有的现象，因为只要在国家空间和行政治理体系中存在行政区划的空间和行政管理单元，就必然会出现有"块状"的利益单元，而在每一个"块状"的利益单元之间就必然会出现"为发展为自利而竞争"的内生性逐利"天性"，而府际权力运行配置和府际目标治理这两种府际关系治理制度因素作为外生性制度解释变量，只会对这种"天性"起到压抑或释放的作用，而不具有创造或泯灭这种内生"天性"的能力。因而我们探究地方政府经济行为及地方经济发展绩效生成的逻辑，目的就是要揭示出那些压抑或释放地方政府这种"为发展为自利而竞争"的因素及相应的制度和行动逻辑。

第一节　府际目标治理体系中的政府与市场

政府与市场的关系是一个永不言休的话题,在理论研究领域,自由主义者认为,政府与市场之间应当是互相排斥的关系,政府不能替代市场机制配置资源,政府不应当干预市场,而应当让市场自主自由地发挥作用(Hayek F,1945)。国家主义者认为,政府与市场是相互替代的关系,当市场不能发挥作用的时候,政府可以替代市场扮演相应的角色,也只有政府或者国家的力量才能抵制或消弭市场在某些经济和社会领域中所扮演的"恶"的力量(波兰尼,2013)。青木昌彦等则认为,政府与市场之间应当是互相补充的关系,政府可以在市场失灵或者在市场不能有效发挥作用的时候,发挥增进市场机制的功能,以弥补市场的缺陷,提升市场机制配置资源的能力,并扩张市场作用的边界(青木昌彦、奥野正宽,2005)。

改革开放以来,在我国地方政府与市场之间关系的实证研究方面,有学者认为地方政府为了各自的利益,表现出地方保护主义,破坏了全国统一的市场,市场分割、"诸侯经济"现象相当突出(沈立人、戴园晨,1990)。陈抗等人认为,1994年实行分税制之后,地方的政府之手已从"援助之手"转变成"攫取之手",存在制度性的力量驱动地方政府不得不"掠夺市场"(陈抗等,2008)。也有学者认为,各地方之间的激烈竞争,驱使地方为了吸引生产要素发展地方经济,对企业经营主体尽可能地进行"庇护",对市场表现出极其的"亲善",正是各地方对市场表现出的极其"亲善"行为引发了地方之间的竞次性(Race to the Bottom)竞争,从而破坏了市场整体运行的效率(陶然等,2009)。

在地方政府与地方市场之间,政府到底会表现出哪些与市场相关的行为,除了在不同时期内央地关系的变化对之存在或多或少的影响之外,府际目标治理应当是影响地方政府市场干预行为一项最为关键也是最为重要的变量。因为在府际目标治理体系中,地方政府的行为方向、行动范围和工作任务都受上级政府下派的目标任务约束,而且有些任务指标属于必须予以完成的硬性指标。正是在这些目标约束及其治理机制的驱动之下,地方政府的行为必须表现出相符于府际目标治理指标体系的要求,以完成达到上级政府下派的目标任务。综合来看,府际目标治理实际上就是通过上述五大府际目标治理机制来发挥其对地方政府行为的影响力,进而会对地方经济绩效生成产生影响,具体是因为:

第一,从地方政府的行动边界和行动方向上看,府际目标治理机制中的目标传导机制限定了地方政府的行动范围和行动方向。正如上一章所述,在府际目标治理体系中,不管是在纵向府际维度方面,还是在某一级地方政府的内部运行方面,不仅地方经济和社会发展的五年规划目标需要由府际之间的目标治理机制来推行实现,同时地方政府党政领导机构及其部门工作机构的年度目标任务工作,也是必须通过目标治理机制来推动实现。中央制定的有关经济和社会发展的各种五年规划目标及年度计划目标,通过府际目标传导机制,一直传递到最基层的乡镇政府,在这个纵向府际的目标传导链条中,地方各级政府在本地区所采取的有关经济和社会发展的行动,都必须在中央和其上级政府设定的目标框架下展开行动,都必须接受中央和其上级政府设定的目标方向约束,这不仅是发展权和政治权高度集中于中央的表现,也是我国府际关系体制运行的必然要求。

在实践中以"行政发包制"形式所体现的府际目标传导机制,对某一级地方政府而言,由中央和其上级政府设定其推动本地经济和社会发展的目标范围、目标内容和目标方向,并具体通过各种指标对其工作任务予以量化考核,并在其他各种形式的目标治理机制的共同作用下实现中央和上级政府设定的目标任务。在这一发包过程中,作为目标任务承包方的下级政府在接受中央和上级政府的发包任务后,其行动和资源必须紧紧围绕着上级政府所下达的目标任务范围和方向展开和调配,任何下级政府都不能擅自改变中央和上级政府所设定的目标范围和目标任务方向,而只能尽心尽力地执行完成中央和上级政府所设定下达的目标任务。

第二,从地方政府的具体行为表现方面看,府际目标治理机制中目标实施机制决定了地方政府的具体行为表现。在实践中,各地方政府所呈现的种种推动本辖区经济和社会发展的行为,无不受府际目标实施机制的规制和约束。上下级府际之间实行何种形式的目标实施机制,决定了下级地方政府何种具体行为表现。

在契约式目标实施机制下,作为目标任务承包方的下级政府在具体如何完成上级政府所设定下达的目标任务方面享有较大的行动自主权,所以其具体的行为表现是相对自由和宽松的,并且享有比较大的行为选择权,上级政府一般不会对下级政府的行为做什么监督或直接干预,下级政府自主性地选择适当的行为方式以及措施去积极完成上级政府下派的目标任务。因此,"相对自由、相对宽松和相对自主"是契约式目标实施机制下的地方政府行为表现特征。

在科层式目标实施机制下,下级政府根据韦伯式的科层制组织机制去实施上级政府对下派的目标任务,韦伯式的科层管理原则和管理方法贯穿于政府组织管理的全过程,下级政府在实施上级所下达的目标任务的过程中,需要按照科层管理的要求实施目标任务。因此,在科层式目标实施机制下,地方政府行为会更多表现出"相对刚性、相对严格、相对规范、注重合法性、注重程序、注重规则"等特征。

在动员式目标实施机制下,为完成上级政府下派的目标任务,下级政府不仅承受着上级政府对之所采取的目标实施动员,其自身也不得不对下一级政府进行目标实施动员。在这样上下呼应的动员之下,地方政府为能达成目标,必然要打破科层制的行为约束限制,其行为更多地表现出"工具性、随意性、目标性"等特征。

第三,从地方政府所展开的行动逻辑方面看,府际目标治理机制中的目标激励机制塑造了地方政府推动地方经济发展的行为逻辑。因为不同目标治理形式中所生成的目标激励机制会对地方政府产生不同程度和不同性质的激励,其中,激励强度和激励效果最突出的就是动员式目标治理机制中的目标激励机制。正是因为激励性质和激励强度的不同,对地方政府的行为选择会产生不同的影响。特别是在政府与市场的关系方面,地方政府会不会干预市场、以什么样的行为方式干预市场、出于什么样的目的干预市场等都离不开地方政府所承受的激励驱动。可以说,如果未对地方政府所承受的激励做深入的分析,就不可能了解地方政府干预市场的动机和原因。

根据实地调研的结果,表7.1归纳总结了地方政府已出现过的涉及市场的八种行为类型,并列举了相应的代表性地方政府行为。表7.1中这些涉及市场的行为类型,都是地方政府在不同的激励形式作用下可能所采取的行为选择。

表7.1　地方政府市场干预行为类型

地方政府干预市场行为类型	代表性市场干预行为	地方政府干预市场行为类型	代表性市场干预行为
市场培育行为	市场环境营造	市场替代行为	政府直接介入市场行为
	市场秩序维护		行政性垄断行为
	市场主体培育	市场分割行为	市场封锁行为
	市场机制塑造		地方保护主义行为
市场机能增进行为	地区创新支持	市场掠夺行为	非法征收税费
	企业市场渠道开发支持		杀鸡取卵行为

续表

地方政府干预市场行为类型	代表性市场干预行为	地方政府干预市场行为类型	代表性市场干预行为
	企业辅助支持		随意征用征收、罚没居民财产
	企业融资支持	市场侵蚀行为	竞次式竞争行为*
	企业品牌建设支持		买税引税行为
市场优化行为	反垄断鼓励竞争	市场冷漠行为	政府主动不作为
	淘汰落后产能或企业		政府官僚化行为

注：本表根据实际调研进行归纳总结。

　　第四，府际目标治理机制中的目标督导机制强化了地方政府的行动规程。行动规程是目标下派单位通过将中长期（五年规划目标）或短期（年度目标任务）的整体目标任务细化成若干时间段的阶段性目标任务，并根据时间进度对各阶段性目标设置相应的督导措施以保证目标能够完成的一种程式性安排，在实践中，这种程式性安排常常由府际目标治理机制中的目标督导机制来强化实现。

　　目标督导机制特别是动员式目标治理机制中的过程督导机制，通过细化地方政府的行动规程，将地方政府的目标任务进一步细化，并对之予以责任化，从而使地方政府在涉及市场的行为方面表现出更浓厚的组织化和工具性特征，即地方政府的行动规程必须紧紧围绕着目标任务的实现作为行动规程安排的出发点和落脚点，所采取的任何涉及市场的行为都是为了保证目标任务的实现而予以选择或安排，与此目标实施无关的行为选择或资源的调配都有可能受到目标督导机制的约束和规制，正是目标督导机制的实施，在客观上进一步强化了地方政府的行为选择。

　　第五，府际目标治理机制中的目标强化机制强化了地方政府的行为选择意志和行动意志。不管是哪一种目标治理形式，通过对目标实施结果的运用以及相应结果运用后所产生的正向反馈效应，与目标激励机制一起发送交织性的激励效果，在客观上进一步强化了地方政府的行为选择意志——迫使地方政府倾向选择那些有利于目标任务达成的行为，并在作出这样的选择之后坚定地采取各种行为措施追求完成上级政府下派的目标任务，而可能置其所选择的行为后果不顾，甚至为了追求所谓的账面目标值的实现，不惜互相拆台，或者在增长指标方面作假。

　　正是五大府际目标治理机制的影响和作用，使得地方政府与地方市场之间的关系并不是完全单一地属于某一种的关系，因为不同的府际目标治理形式会驱使地方政府采取不同的行为方式干预市场,而地方政府所采取的那些具有相类似特征的市场干预行为可能会进一步形成某一类具体的经济发展行为模式。显然,这些经济发展行为模式会造就不同类型的政府与市场之间的关系性质,而不同类型的政府与市场之间的关系自然会产生不同的地方市场绩效。

第二节　府际权力运行与配置对地方政府行为选择的影响

如上所述,不同的府际权力配置结构是因为府际之间形成了不同的权力组合性配置,而府际之间形成不同权力组合配置的原因又是由国家权力在纵向府际之间的运行状态来决定的。由于府际之间的权力运行状态取决于府际之间的放权或集权情况即府际权力运行情况,而现实中处于府际关系治理网络中的地方政府既脱离不了府际权力运行关系的影响,也脱离不了府际权力配置关系的影响,因此地方政府行为选择必然会受府际权力运行与配置的影响。进一步深入考察分析,府际权力运行与配置会对地方政府的行为选择产生以下四方面的影响:

一是府际权力运行机制对地方政府行为选择具有制约作用。由于每一层级的地方政府都处于特定的府际关系治理网络中,在"纵向性依赖"府际权力运行机制约束下,地方政府的行为虽具有较大的自主性,但仍是在中央和上级政府划定的权力框中行使所谓的自主权力,并不能随心所欲,更不能恣意妄为,在政治上不能触碰底线,其行为选择不仅要受中央和上级政府的政治与发展导向约束,也要受中央和上级政府对其所进行的行政和财政放权所能拓展的权力空间约束,地方政府可以在受约束的行政权力空间内不作为、慢作为,但不能突破政治权力约束空间乱作为。

二是府际权力运行模式的切换对地方政府具有行为催化作用。由于我国现行府际权力运行关系中在府际政治权和发展权方面比较缺乏法治刚性约束,对某两个在纵向府际关系相邻的地方政府而言,其府际权力运行模式可以在科层式、动员式和契约式三种运行模式中随时切换,完全取决于纵向相邻上位层级政府对下位政府所采取的府际权力运行方式,而采取何种府际权力运行方式又完全取决于上位层级政府政治主官的施政意志、施政风格、施政方式与施政手段。因此,在我国现行府际关系治理制度体系中,地方政府行为选择深受府际权力运行模式影响,对权阶处于下位层级的某地方政府而言,一旦其所处的府际权力运行模式从科层式模式转换为动员式权力模式,其行为方式与行为风格必定会发生重大变化,甚至会发生跳跃式的变化,好像是受到催化作用一样。现实中在地方基层出现的让人们费解的一些非理性甚至是不符合常理的政府行为,如在地方经济发展领域中出现的政府机构或官员借债来买税引税行为,为什么会经常发生? 其背后驱动此种行为发生的原因就是府际权力运行模式发生了切换性变化。

三是府际放权与集权的整体运行状况为地方政府设定了行动边界。对某个具体的地方政府而言,其所处的府际集权和放权的整体运行状况不仅决定了其所可能拥有或调动的施政支持资源,也决定了其可以施政的行动空间,这两者共同设定了地方政府可以触达的行动边界。而对于中央政府而言,只要掌握好对地方政府的集权或放权力度,就可以伸展或压缩地方政府的行动空间,这可以左右地方政府干事创业的积极性,也在实际上可以左右地方政府的组织能力。

四是府际权力配置为地方政府设定了可控和可触达的资源边界。府际权力配置结构是府际放权与集权运行状况在某个地方政府的实际具体投射,是各种具体的国家与政治权力投射到某个地方政府的具体组合状态。同样是对某个具体的地方政府而言,如果说其所处的府际集权和放权的整体运行状况决定了其触达的行动边界,那么其实际所拥有的府际权力配置结构则为其设定了可以控制和可以触达使用的政治资源、政策资源和行政支持资源,这些资源都可以转化成推动地方发展与治理的资源。在放权性府际关系体制中,由于配置府际权力的权力在中央和上级政府,因此对于某级地方政府而言,争取到中央和高权阶的上级政府对其进行具有含金量的定向放权来为本地方区域设租创租获得区域竞争优势地位的做法,是由我国府际关系治理制度本身所蕴含具有的内在制度激励机制驱动的,典型地反映了我国府际关系治理制度内在制度特质。

需要说明的是,府际权力运行与配置虽然对地方政府行为具有以上四个方面的作用,会在较大程度上影响地方政府不同向度的行为选择,但从总体上考察这些作用对地方政府所具有的实际影响力或者说是行为驱动力,应当说这些作用对地方政府行为的影响还都只是软性的,只是一种可能性的影响力,并不必然具有直接驱动地方政府干预地方市场从而影响地方经济发展绩效生成的驱动力,因此要在更深的层面考察驱动地方政府干预地方市场进而影响地方经济发展绩效生成的力量,必须重视本书提出的另一个解释变量,即府际目标治理对地方政府行为选择的影响。

第三节　府际关系中的地方政府经济发展行为模式

如前面所述,府际权力运行与配置为地方政府设定了行动边界、可控资源边界和可触达资源边界,总体为地方政府设定了行动空间与可以利用的资源空间,虽然府际权力运行机制与模式会对地方政府行为选择具有一定的制约与催化作用,但这并不必然会驱动地方政府为一定行为或不为一定行为。相比较而言,府际目标治理是能直接驱动地方政府为一定行为或不为一定行为的驱动力量,府际目标治理形式的不同,往往会使地方政府对地方市场采取不同的市场干预行为。

一、地方政府市场干预行为与地方政府经济发展行为模式

地方经济发展行为模式是指不同地方政府在各自发展地方经济过程中所表现出的具有普遍性和共同性的行为现象,以至于可以对这些行为现象归总成同一类的行为模式。地方政府经济发展行为模式通常由地方政府所采取的具有某些共同特征的一系列市场干预行为组成,由此也导致形成不同的政府与市场关系性质。从政府与市场的关系方面考察,某些市场干预行为具有共同的特征,在地方政府的行为取向、行为表现、行为逻辑和行为结果等方面具有高度的一致性,因此可以将这样的具有同样市场行为特征的地方政府经济行为归结为同一类的经济发展行为模式。表7.2中反映了目前地方政府所表现出的四种经济发展行为模式区分。

表7.2　地方经济发展行为模式区分

特征项区分	务实主义行为模式	激进主义行为模式	机会主义行为模式	消极主义行为模式
行为取向	获取长期利益	获取短期利益	获取机会利益	利益中性
行为表现	政府培育或增进市场	政府直接介入市场	政府掠夺或侵害市场	不亲近也不排斥市场
行为逻辑	市场的逻辑	权力的逻辑	利益的逻辑	资源的逻辑
行为结果	强化或增进了市场机能	弱化了市场机制	侵害了市场机制	对市场机制无影响
政府与市场的关系	市场亲善论市场增进论	市场替代论	市场攫取论	自发秩序论

注:本表根据实地调研情况归纳总结。

在地方政府四种经济发展行为模式中,务实主义行为模式是指地方政府在府际目标治理机制的激励下,为了获取市场的长期利益,通过培育地方市场或强化增进地方市场的机能,提升地方市场的配置资源的效率和能力的一类地方政府行为方式。在务实主义行为模式的政府与市场的关系方面,地方政府虽然存在大量的干预市场的行为,但这种干预并不是政府以替代市场机制的方式直接干预地方市场,而是通过培植各类地方市场主体,或者扩容地方市场,或者放松对地方市场的行政管制、提升政府的诚信和服务效能等方面的做法吸引各类生产要素在地方市场聚集,提升地方市场的活力和容量,最大化发挥地方市场机制配置资源的作用,最终使地方经济发展的绩效建立在依靠地方市场活力和能力的基础之上。

激进主义行为模式是指地方政府在府际目标治理机制的作用下,为了获取市场的短期利益,通过直接介入市场控制相关资源或直接垄断市场,或者直接作为市场主体以政府科层机制替代市场机制配置资源,并利用其所控制的生产要素资源采取相关措施刺激地方经济,从而达成推进地方经济发展目标的一类地方政府行为方式。激进主义行为模式与务实主义行为模式的最大区别在于政府干预市场的边界和目的不同,在务实主义行为模式中,政府或者是市场的呵护者,或者是市场的培育者,或者是市场的增进者,政府的科层机制并不直接替代市场机制,而是通过政府的积极作为,让地方市场更好地发挥作用,改进地方市场在某些方面所可能出现的机能不足的缺陷,提升地方市场的活力,从而促使地方经济的繁荣。

机会主义行为模式是指各地方政府在府际目标治理机制的驱动下,通过买税引税、分割市场或者竞次性的地区竞争等手段,相互竞争性地将市场整体当作地区短期利益获取的"公地",以获取地区短期性的机会利益,从而达到完成上级政府所下派的目标任务的一类地方政府行为方式。从政府与市场的关系方面看,在机会主义行为模式中,地方政府为完成上级政府所下派的目标任务,特别是为完成财政收入增长和GDP增长等方面的指标任务,通常以获取地区短期利益为其行为取向,对市场或者进行掠夺,或者进行分割,或者进行侵蚀,不惜破坏市场机制和伤害市场效率。显然,在地方上,如果政府机会主义行为模式很盛行的话,地区整体性的市场将会被当成各地方政府短期利益竞争的"税收公地",如果中央政府对地方政府机会主义行为模式没有有效管理的手段以进行遏制的话,那么,"公地悲剧"和"囚徒困境"现象(盖瑞·J.米勒,2002))将会在全国整体性的市场中出现。

消极主义行为模式是指地方政府在府际目标治理机制对之未体现强

激励的情况下,因本地区自然环境或者财政资源的限制和约束,政府欠缺足够的资源和能力,只好以不积极作为的方式,对本地区的市场发展和繁荣听之任之,任由自生自发地生长,对地方市场进行"冷漠性"处理的一类行为方式。从政府与市场的关系方面看,消极主义行为模式好像是最符合自由主义者所倡导的政府与市场关系的价值观,但是在消极主义行为模式中,地方政府在主观方面并不是不想干预市场,而是因为客观条件的限制,欠缺相应的资源和能力去干预市场,只好放弃干预市场的念想,任由本地方市场自身自生自发地成长。从府际的纵向维度方面考察,消极主义行为模式出现在层级比较低的地方政府,比如在乡镇基层政府是比较普遍的一种政府行为模式。

在上述四种地方政府经济发展行为模式中,在地方政府发展地方经济的实践中,各种行为模式都有相对应的代表性市场干预行为。表7.3反映了地方政府四种经济发展行为模式及其通常所采取的相对应的市场行为。

表7.3 地方经济发展行为模式与地方政府市场干预行为

地方经济发展行为模式	地方政府市场干预行为类型
务实主义行为模式	市场培育行为 市场机能增进行为 市场优化行为
激进主义行为模式	市场替代行为
机会主义行为模式	市场分割行为 市场掠夺行为 市场侵蚀行为
消极主义行为模式	市场冷漠行为

注:本表根据实地调研情况归纳总结。

二、地方政府经济发展行为模式选择的影响因素

对于上述四种经济发展行为模式,在实践中地方政府具体选择哪一种行为模式,并不是由某个地方政府自身意志选择决定的,而是由府际目标治理形式和府际权力运行配置结构两者共同决定的。其中府际目标治理形式对地方政府具体经济发展行为模式的选择产生直接性影响,是地方政府经济发展行为模式选择的关键解释变量。此外,府际权力运行及配置能够对府际目标治理形式影响地方政府选择具体的经济发展行为模式时产生调节性作用,这种调节性作用或者强化了地方政府的具体经济发展行为

模式选择,或者弱化了地方政府的具体经济发展行为模式选择。

至于府际目标治理形式如何决定影响地方政府具体经济发展行为模式,本书前面已经论述了目标治理形式中的五大目标治理机制与地方政府市场干预行为之间的关系,每一种地方政府经济发展行为模式又都包含有对地方市场绩效和地方经济发展绩效具有相似效应的地方政府市场干预行为。因而,地方政府选择何种经济发展行为模式,就是要分析不同府际目标治理形式中的目标治理机制对地方政府的经济发展行为选择会产生什么样的影响。

在府际目标治理形式中的五大目标治理机制中,中央政府和上级地方政府通过府际目标传导机制决定着下级地方政府的目标任务量、目标任务范围及目标任务实现难度。其他四种目标治理机制都会在不同程度上对作为目标任务承包方的下级地方政府产生目标激励力量,当然,这四种目标治理机制中的目标激励机制对下级地方政府所产生的激励力量是最强的。正是这四种目标治理机制所共同产生的目标激励力量,构成了对作为目标任务承包方的下级政府总的激励强度,进而与府际目标传导机制所决定的目标任务实现难度一起,对地方政府的经济发展行为模式选择产生实质性的关键影响。图7.1展现了地方政府经济发展行为模式选择与府际目标激励强度和目标任务实现难度之间的关系。

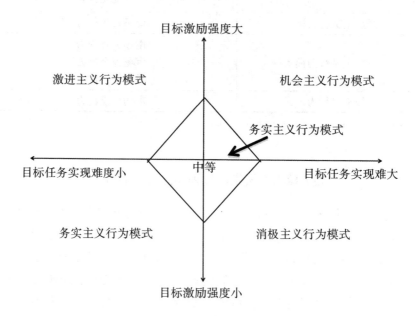

图7.1　府际目标治理与地方政府地方经济发展行为模式关系图

在图7.1所展现的五种地方政府经济发展行为模式的选择情况中,第一种情况下,中央和上级地方政府通过府际目标传导机制对下级地方政府所下派的目标任务实现难度相当大,同时又通过府际目标实施机制、激励机制、督导机制及强化机制四种目标治理机制对下级地方政府实施了相当强的目标激励强度,这时候该下级地方政府很有可能做出机会主义的经济发展行为模式选择。因为在这种情况下,上级政府所下达的目标任务实现难度很大,超出了下级地方政府的实施能力,以至于下级政府无论如何积极认真地去实施目标任务都无法达成目标,而同时上级政府又对之实施了过强的目标激励,在下级政府靠其真实的目标实施能力无法达成目标的情况下,只好寻求机会主义的方式去达成表面上的目标任务值。根据笔者实地调研,通常下级地方政府会寻求的机会主义行为根据其所承担的必须实现的不同性质的目标任务,有多种方式。例如,在完成上级政府所下达的税收任务指标方面,机会主义行为方式有"买税引税、拉税吸税"等(田毅、赵旭,2008;罗丹、陈洁,2008;周飞舟,2012)。又如在完成上级政府下达的以美元计算的吸引外商投资额任务指标方面,机会主义行为方式有通过市场中介机构花钱购买外商投资额的做法。凡此种种机会主义行为,在不同地区的基层地方政府中不同程度的存在,任何以指标形式所量化的目标任务如果其实现难度较大,而上级政府目标激励过强,激励方式过于刚性,基层地方政府都可以通过机会主义的行为方式作假,或以侵害牺牲其他地区的正当利益为代价达成目标,必要时甚至通过利用政府公权力对市场进行攫取或掠夺以达成实现目标。基层地方政府为什么会采取机会主义行为方式来达成目标,笔者所调研的属于某中部省份的一位乡镇镇长这样解释道:

> 现在整个政府行动体系,从中央开始自上而下都是一个为目标而目标的行动体系,上面想做什么事情,就知道对下面下目标,以税务任务为例,上面在对下面下目标时,通常是一级压一级、一级高过一级,压到县里的时候,目标值可能已经很高了,即使县里知道以本县的实际税收能力可能无法完成这么高的税收任务,但县里仍然还是要向各乡镇政府下达更高的税收任务,否则县里就无法完成目标,县长书记就不好当了,只能再把压力继续向乡镇传递。但任务最终派到乡镇后,乡镇能怎么办呢?村民委员会是村民自治机构,你调动不了它,农村基层党组织属于党领导下的最基层组织机构,乡镇党委和政府还可以调动它一下,但它没有什么能力帮乡镇完成税收任务,而乡镇书记

又不是神仙,所以只好到外地买税引税,将原本该在外地缴纳的税收通过高额返还的方式吸引到本地缴纳来完成税收任务,当然这种买税引税是要付出相当大的代价的,否则人家怎么会来你这边缴纳税收呢? 乡镇政府为买税付出去的代价也是造成新一轮乡镇负债的重要原因之一,乡镇这样做实在是迫不得已,谁愿意这样做呢? 是整个从上到下的政府目标行动体系将乡镇政府逼迫的![①]

第二种情况是中央和上级地方政府通过府际目标传导机制对下级地方政府所下派的目标任务实现难度比较小,同时通过府际目标实施机制、激励机制、督导机制及强化机制四种目标治理机制对下级地方政府实施了相当强的目标激励强度,这时候该下级地方政府很有可能做出激进主义的经济发展行为模式选择。激进主义行为模式是指下级政府在上级政府的强激励下,为实现上级政府下派的目标利用其可以控制掌握的各种权力和资源直接干预市场,替代市场机制配置地区性生产要素,以期达成上级政府所下派的经济和财政收入增长目标。下级地方政府之所以会采取激进主义的行为模式,在地方的经济发展实践中无非是出于两种考虑。一种考虑是认为靠地区性市场自身的经济发展力量在短期内难以实现上级政府下派的目标,不得已只好利用其所能控制的权力和资源直接介入市场去推进本地区的经济发展。体现地方政府这种考虑的典型行为方式通常有以下两种做法:一种做法是地方政府利用其所控制的权力和地方性资源发展设立地方性国有企业,并将地方性国有企业作为其可以控制的GDP和财政收入增长工具,主动软化地方性国有企业的经营约束(Kornai Janos,1980;1986;1992;Kornai Janos, Eric Maskin and Gerard Roland, 2003)。这种行为方式尤其是在某些自然资源比较丰富的地区相当明显。另一种比较普遍的做法是地方政府主动积极介入地方各种基础设施建设,通过偏向安排动用本级财政收入资金,或者通过利用各种融资方式从金融市场和社会融入资金,搞大规模的基础设施建设。这种做法能够体现四重政绩效果,一重效果是能够给地方官员带来相当明显的地方表面性政绩,因为地方基础设施的改善和提升是能够直接体现官员的政绩水平;另一重效果是大规模的地区基层设施建设必须花费巨额资金进行大量的项目投资,这种投资通过投资的乘数效应直接刺激了地区的经济发展;还有一重效果是通

---

① 该信息是笔者调研江苏省苏北某县中的某镇镇长了解乡镇如何完成县政府下派的经济发展任务指标情况时获得。

过大规模的基础设施建设确实能为地方民众和企业带来有形的福利,改善地区环境的同时,提升地区的福利水平;再有一重效果就是大规模的基础设施建设为官员提供了寻租的机会(Keen Michael,Maurice Marchand,1997)。地方政府搞基础设施建设所具有的上述四重效果直接驱动了地方官员在现实中热衷于搞地区基础设施建设,并把之作为推动地方经济发展的重要手段。

另一种考虑是下级地方政府认为上级政府每年所下达的年度目标任务会逐年提高,为了应付这种目标任务逐年增长的情况,通过设立一些政府性控制经营的企业平台、发展地方"政府性经济"来控制调节地区财政收入情况,在地区财政收入增长丰年时故意将地区的财政收入通过各种方式转移一部分至这些政府性控制经营企业平台中,在地区财政收入荒年时又将政府性控制经营企业平台中的企业银行存款转移至地区国库中,以充当地区当年的财政收入。

第三种情况是上级地方政府对下级地方政府所推行的目标治理机制所产生的激励强度很小,但对下级地方政府所下达的目标任务的实现难度又很大,这时下级政府就容易产生消极主义的行为模式。在这种情况下,因上级政府所下派的目标任务实现难度很大,以至于脱离了下级政府的实际情况,导致下级地方政府因客观的原因无足够的财力或其他资源支撑实现上级政府所下派目标的实现,在无强激励的驱动力量的情况下只好消极地对待目标任务。在我国现行的纵向府际的权力运行体系中,政府层级越低,其所掌握的资源和权力就越小,而目标任务的实现难度自上而下越来越大,因而从纵向府际的维度方面看,府际权责配置存在体制性的内在固有矛盾,这种矛盾越是在基层政府就越相对明显,对基层政府的消极主义行为模式生成具有体制性的成因。显然,消极主义的行为模式在县乡基层政府特别是中西部基层乡镇政府是较为普遍的。

第四和第五种情况是上级地方政府对下级地方政府推行的目标治理机制所产生的激励强度很小或比较适中,同时对下级地方政府所下达的目标任务的实现难度也很小或比较适中,这时对下级地方政府而言,就容易生成比较务实的行为模式。在这两种情况下,因为任务难度和激励强度相称,在上级政府所下达的目标任务难度不大的情形下,对于地方政府而言,务实主义行为模式是其最优的选择,这时候如果采取机会主义和激进主义的行为模式来完成任务难度不大的目标任务,显然是得不偿失的,因为选择机会主义和激进主义这种行为模式来完成目标任务都要地方政府付出相当大的代价,地方政府不是在迫不得已的情况(如目标任务难以完成而激励强度强)下,一般不会采取机会主义和激进主义的行为模式。

第四节　府际关系中的地方经济发展绩效生成

如上所述,每一种地方经济发展行为模式,都与地方政府所处的特定府际关系情况有关。某一地方政府所处的府际关系情况会驱使地方政府采取不同性质的市场干预行为,处于相同府际情况的地方政府都会有相类似的代表性市场行为与之相对应,而地方政府所表现出的每一种市场行为,都会对其所在的地方市场绩效产生一定的影响。显然,地方政府所表现出的市场行为性质不同,其对所在地方市场绩效所产生的影响性质和后果也就不同。

因此,地方政府采取不同的经济发展行为模式,就意味着对其所在区域产生不同的经济发展绩效影响。那么,上述四种地方经济发展行为模式,各自对地方的市场绩效和经济发展绩效会产生什么样的影响呢? 表7.4总结归纳了地方四种经济发展行为模式对地方市场绩效和地方经济发展绩效可能产生的影响。

表7.4　不同地方经济发展行为模式可能催生出的地方经济发展绩效

地方政府经济发展行为模式	地方市场绩效类型	可能出现的地方经济发展绩效
务实主义行为模式	强化增进型	促进生产要素在地区逐渐集聚、提高地方经济密度、逐渐形成地区性市场、市场活力逐渐得到提高; 改变地区要素使用方式、提升地区全要素生产率、强化地区创新、市场效率得到改进提高。
	优化改善型	优化地区资源配置或节约地区资源利用,提升地区资源利用效率。
激进主义行为模式	变异蜕化型	地方市场机制被弱化、地方市场效率降低; 地方市场机制被伤害破坏,地方市场效率受到严重伤害; 地方经济发展可能出现账面数字化、粗放型增长、能耗高、资源消耗大等发展质量问题。
机会主义行为模式		
消极主义行为模式	自然演进型	地方市场活力在原始自发秩序下缓慢发展,地方市场效率提升缓慢,地方经济发展速度慢。

注:本表根据实地调研进行归纳总结。

在务实主义行为模式中,地方政府并不追求地方经济发展的短期利益,而是根据地方的实际情况,通过政府的引导和培育来增进或者优化地方市场的机能,进而强化增进或者优化改善地方市场绩效,从而促使生产要素在地方层面累积性聚集,逐渐形成一个具有活力的地方性市场,驱使地方经济密度得到提升;或者通过政府采取的种种市场机能促进措施,改变经济生产要素的使用方式,强化地方创新,在提升地方全要素生产率的同时,改进地方市场效率;或者通过政府的科学引导和严格控制,优化和节约资源(如土地和一些重要自然资源)的使用,提升资源使用的效率。因而,在务实主义行为模式中,地方政府是一个积极有为但不越位的政府,对地方市场同时扮演着"保姆、园艺师及养护工"的角色,地方市场在地方政府尽心尽力的"养护、呵护"之下,逐渐发展繁荣,并向更高级的市场类型演化,伴随着地方市场发展繁荣和演化的过程,地方的经济发展绩效同时也经历着一个量变到质变的过程。

从对地方市场绩效所产生的影响方面看,相比较于务实主义行为模式,地方政府激进主义行为模式和机会主义行为模式两者都会对市场绩效产生相当负面的影响。在府际目标治理机制的重重压力之下,两种行为模式中的地方政府为了完成上级政府下派的GDP和税收增长及公共品供给方面的指标任务,通过直接干预市场,或者直接掠夺市场,或者推行地方保护主义分割地方市场,或者以不正当的地区竞争手段侵蚀市场等诸多方式从市场中获取短期性利益。毫无疑问,在特定的地方层面,如果这两种行为模式盛行的话,那么,该地区的市场机制作用要么被弱化,要么被伤害破坏,相应地,地方市场效率被损伤性降低。如果这种局面在一个较长的时期内得不到扭转改变的话,将会导致整个地方性市场绩效变异蜕化,地方经济短期增长的绩效不再依赖于市场机制迸发的力量推动,而是依赖于地方政府的机会主义和激进主义行为推动,最终会使得地方经济长期发展因为失去市场的推动力变得越来越低下。

在消极主义的行为模式中,地方政府因为客观原因的限制没有能力去干预市场,地方市场只有在原始的自然状态中缓慢进化,因此其市场绩效表现只有随着地方市场自身的进化过程自然的缓慢演进,并且很有可能因为地方之间对经济生产要素的激烈竞争,处于资源和自然环境劣势的地区在地方激烈的经济要素竞争中因没有什么吸引力而导致长期内都不能有效地聚集经济要素资源,从而陷入一个增长洼井中。如果没有外来力量改变其客观条件限制仅靠其自身很难跳出这个增长洼井,在这种情况下,地方的市场效率没办法提升,地方经济发展绩效也不可能得到有效的改善。

第八章　府际关系影响地方经济发展绩效的案例研究

改革开放以来,不仅中央与地方之间的权力结构发生了历时性变化,省级以下各级地方政府的权力结构也在不同省份发生了历时性变化。如果从权力配置取向的角度进行分析,基于本书之前的理论讨论和作者的广泛深入研究,通过综合比较,当前省以下各级地方政府之间的权力配置结构大致可分为三种类型:秩序型配置结构、增长型配置结构和治理型配置结构。这三种权力配置结构对区域经济发展产生了不同的影响。本书的研究对象是市、县和乡之间的权力分配结构。为了使案例研究具有相同的衡量尺度,我们将地方政府之间的权力结构分为两个维度:权力运行和资源配置。首先,我们进行案例分析,比较和总结各自的制度特征,然后对案例进行全面比较,分析各自对地方经济发展绩效的影响。

县域经济发展由三部分组成:第一部分是乡镇经济,第二部分是县直园区经济,第三部分是县域经济,它实际上在空间上构成了整个县域经济。在特定的权力配置导向模式和目标治理模式下,县域政府的经济发展行为将在县域经济的上述三个组成部分中呈现出特定的行为模式和行为特征。因此,要了解一个县的经济发展和县政府可能的经济行为模式,首先必须了解一个县域的三个经济组成部分。因此有必要对县域经济的三大组成部分进行深入分析,因为对于县政府来说,要促进当地经济的增长,无非是采取相应的政策或直接干预三个部分的经济。本章以县市三部分经济为对象,分析了A、B、C县市不同府际目标治理形式和权力配置结构下,县政府和乡镇政府采取的地方经济发展行为模式及其对地方经济发展绩效的影响。本章案例研究的访谈和数据来源如表8.1和表8.2所示:

表8.1 进入本书案例研究的访谈调研对象与调研内容

	访谈对象	访谈内容
A县	前后访谈该县在任县委书记2次；访谈该县县委办主任、财政局长、国土局长、发改局长、组织部常务副部长、县考核办主任、台办主任各1人次；深度访谈该县3个经济不同发展水平的镇长和镇党委书记、县办3个经济开发区管委会主任与副主任等各1人次	考证纵向府际的目标考核责任制对县乡基层政府发展地方经济行为的影响；考证县乡之间的土地和财政资源配置、财政收入来源构成、地方市场主导性产业发展情况；考证A县纵向府际间的财政和行政权责配置结构
B县	深度访谈该县在任副县长3次；访谈该县统计局长、财政局副局长、国土局局长、国税局长、地税副局长、县效能办主任等各1人次；访谈该县经济发展水平不同的镇的镇长3人次，其中1人获得深度访谈	考证纵向府际的目标考核责任制对县乡基层政府发展地方经济行为的影响；考证县乡之间的土地和财政资源配置、财政收入来源构成、地方市场与主导性产业发展情况；考证B县纵向府际间的财政和行政权责配置结构
C市	深度访谈该市刚退休担任过不同镇的镇长和镇委书记3次；访谈该市外经局副局长、组织部科长、科技局副局长、镇党委委员、财政局副局长、市府督查室副主任等各1人次；访谈村集体经济发达富裕村的村支书6人次，其中2人获得深度访谈；深度访谈该市卸任台资协会会长2次、台商3人次	考证C市最初促使其发展起来的政府治理因素，纵向府际的目标考核责任制对县乡基层政府发展地方经济行为的影响；考证市镇之间的土地和财政资源配置、财政收入来源构成、地方市场与产业转型升级发展等情况；考证纵向府际间的财政和行政权责配置结构

表8.2 从作为本书案例研究样本点中所获取的相关文献资料

	获取的资料文本与数据	涉及本书研究的内容
A县	省对县委书记考核文件 市对县考核文件 市对乡镇考核文件 县对乡镇和部门考核文件 该县所在省出台的关于全省乡镇机构改革的意见文件 市县乡财政分成规定	考证纵向府际的目标考核责任制对县乡基层政府发展地方经济行为的影响；考证纵向府际间的权责配置结构

续表

	获取的资料文本与数据	涉及本书研究的内容
B县	省对县考核文件 市对县考核文件 县对乡镇和部门考核文件、某镇对村居考核文件 市领导与县领导签署的目标责任状 该县所在省出台的关于促进落后地方经济和社会跨越发展的意见文件 市县乡财政分成规定	考证纵向府际的目标考核责任制对县乡基层政府发展地方经济行为的影响； 考证纵向府际间的权责配置结构
C市	1980年以来该市历届政府和党委的政府工作报告和党代会报告 C市退任市长和退任市委书记的专门访谈记录 省对市产业转型升级考核文件 市对乡镇综合工作考核文件 市对乡镇重要单项工作考核文件 截至2018年止全市乡镇和村集体资产和负债数据、市颁布的各种促进产业转型升级的政策性文件 该市所在省出台的关于促进该省产业升级转型的意见文件 市镇财政分成规定	考证纵向府际的目标考核责任制对县乡基层政府发展地方经济行为的影响； 考证纵向府际间的权责配置结构

第一节　A县案例：秩序导向型权力配置结构与科层式目标治理

一、A县简介

A县位于华北平原，辖19个镇，376个行政村，面积1000多平方千米，总人口64.1万人。A县交通非常便利，境内有两条国道和两条铁路干线，107国道经过境内。境内已探明矿产20多种，其中烟煤是第一优势资源，是全国重点产煤县和主要焦煤生产基地，炼焦煤的质量非常好。在工业和服务经济方面，该县以煤化工、装备制造、纺织服装、塑料劳动保护、新型建材和能源、旅游休闲服务等产业为主。2011年，A县规模以上企业60家，其中国有和国有控股企业17家，民营企业43家。目前有3个工业园区、1个旅游度假区和1个商贸城。在农林资源和农林经济方面，A县目前拥有耕地77.1万亩、林地37.1万亩,适合林业的山地农场24万亩,森林覆盖率24.6%,淡水养殖5万亩,农业人口59.5万人。全县总体经济形势如下:2021年A县GDP达到302亿元;财政总收入52亿元;全社会固定资产投资达到200亿元;城镇居民人均可支配收入和农民人均纯收入分别达到20430元和10380元。

二、A县的府际权力配置结构:秩序导向型配置结构

A县的秩序导向型权责配置结构并不是A县自身选择的结果,而是受上级政府的集权型府际关系影响而进行的权力配置结构选择。

(一) 府际权力运行模式

1.市县权力运行:整体性集权——市"刮"县

就A县与其上级市政府之间的整体权力安排而言,属于典型的"市管县"权力类型。在政治权力方面,A县领导任命的人事提名权和任免权属于上级市委。在行政权力方面,上级市政府对A县拥有直接和全面的控制权。A县与省级层面政府系统之间的所有双向沟通,包括官方文件的双向传递、政策传递和正式的权力运作,都必须经过市级。A县自身不能越过市里直接与省里沟通。在财政权方面,A县上级市拥有调整市县财政分成比例的权力。在地方发展权方面,A县上级市通过制定地方发展规划控制下属县的自主发展权力,要求县的地方发展战略和规划首先必须服从市的发展规划和战略。这种府际权力体系安排使得A县上级市对A县享有整体性控制权力,为市"刮"县创造了府际关系便利。

事实上,在A县历史上,就出现上级市两次攫取A县经济和自然资源的事件,至今令A县人民记忆犹新,一次是市里将本来属于A县的一个优质县属煤矿及相应的矿区资源无偿划到市里,从此该煤矿产生的利润和税收跟A县就无关了。另一次是A县20世纪90年代以来费了很大努力建成了一个经济开发区,这个开发区在A县地理区位良好并且经过A县努力已经生成了比较好的经济效益,结果市里又把这个开发区整合到市里去,整合后这个开发区每年产生的税收市里开始还给县里留点儿,过了几年后就一点也不留给A县了。最近刚发生的市"刮"县的事件是市里要搞个新区,要把A县现在正在发展中的5个经济开发区中的3个开发区整合到这个新区里。A县乡镇经济本来就不发达,这些年来费了很大力气好不容易发展成这5个功能各异的开发区作为全县工业和服务业发展的载体,现在又要被市里弄走,使得A县工业发展空间被大大压缩,更加重其对煤炭资源开采的依赖,在这种情况下,A县的干部和人民有很大意见,该县前发展和改

革局局长这样说道：

> 现在市与县的关系有点不正常，见县里有点好处就要拿走，它就像台抽水机，产生很大的"虹吸效应"把县里的有油水的东西尽可能往上抽。市里搞"1+6"城市发展组团，通过区域发展规划控制、项目审批、人事控制、财政集权等手段把县里卡得死死的，实际上是市里想集中资源搞大城区建设，领导搞大政绩工程，让县里为它不停地做贡献，通过限制县里自身发展的自主性来换取市里期待的大发展，而县里一点办法都没有，只有听上头的安排。①

2.县乡权力运行：整体性集权——县集中资源

如上所述，在 A 县与其上级市之间，无论是从市与县之间的整体权力运行来看，还是从财政或某些单一方面的权力运行的角度来看，"市刮县"现象都是这种府际权力垂直运行的必然逻辑结果，但正是这种权力运作逻辑给 A 县的经济发展造成了相对难以承受的压力。因为，一方面，作为县一级政府，必须对县域经济社会发展负总责，这是纵向府际之间"行政承包制"特征的政治契约和法定职责约束的结果；另一方面，县一级政府本身缺乏足够的资源和力量来促进该地区的经济和社会发展。

因此，在府际纵向权力和职责之间相向运行的压力下，A 县不得不集中全县的资源来规划当地的经济发展，因为只有当经济发展和财政实力都强大时，其他事业的发展才有物质基础。为此，在其上级市不断抽取资源的情况下，A 县必须统一规划力量和资源，将整个县的乡镇资源整合到县城和县政府手中，以牺牲乡镇的自治权和积极性为代价来换取县里更大的自治权与主动权，以统筹协调县里的经济与社会发展。因此，A 县在县乡财政关系方面实行"统一收支+乡财县管"的做法以及在乡镇土地资源利用方面实行"项目审批+统筹调配"的做法就很合乎府际权责配置的逻辑。因为只有这样，A 县才能集中资源扩大自身发展空间，提高资源配置和使用效率，但这样做的后果是在府际关系管理体制方面对乡镇进行釜底抽薪，牺牲了乡镇的积极性，弱化了乡镇的激励，使乡镇失去发展的动力。事实上，A 县乡镇经济和社会发展普遍落后，与南方沿海一些省份蓬勃发展的乡镇经济形成鲜明对比。反差如此之大，以至于我们不得不从府际治理关

---

① 该调研信息是笔者在调研华北某县曾担任该县发展和改革局长了解该县与其上级市的权责分配关系时获得。

系的角度来寻找差距的原因。对于这种情况,A县的财政局局长这样讲道:

> 县不得不集中资源进行统筹安排,县里如果不把各种资源抓在手中,就不可能生财了,没财就不可能理政。现在因为县里财力负担很重,来自上级政府的转移支付资金根本就解不了渴,每年县里各种支出至少要花费20多亿,大部分资金都必须由县里自己来筹集,而本县来自工商业的税收又不多,乡镇经济一时也发展不起来,远远没有形成可持续依赖的税源,你即使把仅有的一点资源放给乡镇,它一时也做不出什么事来,产生不出什么效益,而我这边还在等着米下锅呢!所以还不如由县里捏在手中集中力量进行发展,很多发展方面的事由县里出面就好做多了。以前我们县工业经济并不发达,这些年虽得到很大发展提高,但因为上头要求做的事越来越多,支出越来越大,到目前为止大部分资金来源还必须依赖县里的煤炭开采,如果离开了煤炭,真不知县里每年的这么多的公共支出该如何安排。①

(二)府际资源配置

1.市县资源配置

为推动地方的经济发展,地方政府必须掌握一定的资源,对特定的地方基层政府而言,财政和土地资源无疑是其最重要的两种资源,本书下面仅就府际财政和土地资源配置予以详细论述,府际其他方面资源配置在此省略。

(1)市县财政资源配置:攫取式分税制

在市县财政关系方面,令A县最困惑的是上级市政府并不怎么支持县里的发展,最近十年以来,A县的上级市政府在没有与县里进行充分协商的情况下前后两次调整了市县之间的财政收入分成比例,使得县里每年创造的财政收入被市里收走了好大一部分,致使A县在被调整后的县本级可支配的税收制度内财政收入根本无法维持全县的正常运转和社会经济事业建设发展需要,更加依赖县属国有企业煤炭资源开采的经营性收入。表8.3反映了A县所在地区市县两级政府在四大税种方面的税收分成比例情况,表中可以反映出A县在与上级政府分享本县创造的财政收入比例中处

---

① 该调研信息是笔者在调研华北某县财政局局长了解该县与其上级市之间的财政管理关系和财税分成时获得。

于非常不利的地位。

表8.3　A县四大税种与其上级政府的分成比例

税种	中央	省	市	县
增值税	75%	10%	15%	县没有分成
企业所得税	60%	20%	20%	县没有分成
营业税	0%	0%	2010年调整前 市分10%	2010年调整前 县分90%
	0%	0%	2010年调整后 市分30%	2010调整后 县分70%
个人所得税	60%	10%	2010年市 调整前市分10%	2010年市调 整前县分20%
	60%	10%	2010年市调 整后市分20%	2010年市调 整后县分10%

注:本表资料由A县财政局提供。

表8.3显示,在A县,虽然市县之间的财政关系是一种地方分税关系,但这是一种典型的自上而下的"攫取性分税制"形式。对于市里对县里的强刮行为,县财政局长这样描述道:

> 现在市里比较霸道。它觉得自己的财力不够时就来调整市和县政府的税收分成比例。它调整比例不是照顾县的发展,充实县的财力,让县有更大的自主性发展空间,能够为老百姓提供更好的公共服务水平。它从县里拿走了更多的钱去充实市里的财力,去支持市里的发展,但是市里发展得再好也不会为我们县里分担一些事情,考核还是照样直接考核县里的各项发展指标,该做的事情还是照样让县里做。现在你找市里要点钱下来办点事很难,报告打上去不去做底下的工作事根本就办不成,还不如不找它直接去找省里。①

(2)市县土地资源配置:项目核准+项目戴帽模式

土地是地方经济发展空间载体,自国家实行全球最严格的耕地保护制度以来,土地使用指标逐渐成了地方经济发展最重要也是最稀缺的要素,它是地方政府推动经济发展可以直接控制的生产要素资源,同时也可以为地方财政收入提供最快最直接的经济利益。对地方政府而言,掌控了土地

---

① 该调研信息是笔者在调研华北某县财政局局长了解该县与其上级市之间的财政管理关系和财税分成时获得。

就等于抓住了地方经济发展的主动权。因此,土地使用指标在不同层级政府间的分配一直是中央和地方以及地方各级政府之间最为关心的事情之一,因为分配土地使用指标就等于在不同的层级政府主体之间分配土地资源。对于基层政府而言,每年向上争取多分配一点土地使用指标是政府向上工作的重中之重。

A县所在省对土地指标在下级政府之间的分配实行"项目戴帽"制,即下级政府每年需要向省里申报本辖区的建设项目,只有经过省里审核批准后的项目才有资格进入用地项目排队序列,没有经过省里审核批准的项目是不给予用地指标的,项目没有用地指标就意味着项目即使有资本和技术也不能落地。项目最终经过省里核准后由省里会商决定该项目的具体用地指标,一旦一个项目被省里分配了具体确定的用地指标,那这些指标就戴着这个项目的"帽子"直接拨到县里,由县里具体进行安排使用,市里在这个"戴帽子"的过程中是不能直接干预的。

虽然A县上级市在A县向省里争取用地指标时没有直接决定A县用地指标数量的权力,但是市里可以通过核准控制A县向省里申报的项目数量和种类来间接控制A县每年可以向省里争取的用地指标,从而控制A县的经济发展空间。因为长期以来,A县和其上级市一直都是市管县的关系,在项目审批方面,A县向省里申报发展项目首先都必须经过市里,如果市里通不过或者市里压着不报,则项目就不可能报到省里。所以市县之间这种关系就意味着A县的发展受其上级市的影响是相当大的,市里对A县与其他县不同的态度就意味着A县可能会承受不同的实际利益待遇。

对于省市县之间这种以项目控制用地指标的土地资源配置关系,实际上使得县的经济发展空间高度依赖于省市对县里上报项目质量本身的判断。对于A县而言,为争取其向市和省所申报的项目戴上用地指标的帽子,保证项目能够落地,每年如何去组织项目申报是件十分头痛的事情,必须经过县委县政府讨论审定后以县里的重点项目名义向上力推,但是哪些项目能够既获得市的支持也能获得省里的青睐,县里并没有十足的把握。县里为争取更多的发展空间,每年必须通过正式或非正式的途径到市里和省里去跑项目、争用地指标。对此种做法,曾任A县的发展和改革局局长说道:

> 现在这种体制,上面把什么东西都卡得死死的,我们在这种体制
> 下做这样性质的工作也是情不得已,如果你不跑,坐在办公室里老老
> 实实地等批文,上面也许会给你一点,但肯定不多。如果我们积极点

地去跑,当然要利用各种关系、通过各种途径分别与市里和省里有关部门沟通好,争取把自己县里向上申报的项目最终塞进省里的用地指标分配单子,并且尽可能地争取到多分配点指标,这样对县里的发展肯定是有很大好处的。在整个跑指标、跑项目的链条中,你要向上跑首先得要把市里的工作做好,把市里工作做好了,有时还可以拉着他们和我们一起跑,因为市里与省里平时工作直接对接,通过他们的关系和途径有时可以达到事半功倍的效果,毕竟脸熟好办事嘛!①

2.县乡资源配置

(1)县乡财政资源配置:统收统支+乡财县管模式

A县在县和乡镇之间实行"统收统支"财政制度模式,同时在乡镇实行"乡财县管"的管理体制。"统收统支"的基本内容是"收支统管、核定收支、超收奖励、节支留用"。"乡财县管"的主要内容是"预算共编、账户统设、集中收付、采购统办、票据统管、县乡联网"。

"统收统支"的财政制度是相对于分税制而言的适合于经济发展落后地区的基层政府财政管理的一种财政制度。在这种财政制中,县政府作为县乡财政主体,对乡镇财政收支实行统一管理,乡镇政府变成县财政的一级预算单位,在乡镇收入管理方面,由县国税、地税、财政部门按属地原则负责组织征收,集中上缴县金库,不再设立乡镇金库。对于乡镇为履行职责而发生的各种支出,由县财政统一审核,分户核算,统一拨付。具体而言,是指乡镇机关和公益事业单位运转经费支出,由县财政按规定标准核定,包干使用;乡镇计划生育、公共卫生、乡村道路、补助村级支出和社会保障性支出,由县财政跟局长政策规定统一核定;农业生产、农田水利等经济社会发展支出,由县财政根据有关政策视财力情况统筹安排,列入财政预算,乡镇机关事业单位职工、离退休人员的个人经费支出,由县财政根据标准核定,直接拨付。

在乡镇具体的财务管理方面,2006年7月财政部印发《关于进一步推进乡财县管工作的通知》,要求在保持乡镇政府管理财政的法律主体地位不变、财政资金的所有权和使用权不变和乡镇政府享有的债权和承担的债务不变的前提下,属于乡镇事权范围内的支出,仍由乡镇按规定程序审批,县级财政部门在预算编制、账户设置、集中收付、政府采购和票据管理等方

---

①　该调研信息是笔者调研华北某县担任发展与改革局局长了解乡镇、县、市、省四级政府之间如何分配土地指标以及县如何从上级政府争取土地指标时获得。

面对乡镇财政进行管理和监督。具体而言,在预算共编方面,县财政部门按有关政策,结合财力实际,兼顾需要和可能,明确预算安排顺序和重点,提出乡镇财政预算安排的指导意见,报县政府批准。乡镇政府根据县财政部门的指导意见,编制本级预算草案并按程序报批,在年度预算执行中,乡镇政府提出的预算调整方案,需报县级财政部门审核,调整数额较大的,需向县政府报告,并按法定程序履行批准手续;在账户统设方面,取消乡镇财政总预算会计,由县财政部门代理乡镇总会计账户,核算乡镇各项会计业务。相应取消乡镇财政在各金融机构的所有账户,由县财政部门在各乡镇金融机构统一开设财政账户,并结合实际设置有关结算明细账户;集中收付是指乡镇财政预算内外收入全部纳入县财政管理,乡镇组织的预算内收入全部缴入县国库,预算外收入全部缴入县财政预算外专户,由县财政部门根据乡镇收入类别和科目,分别进行核算,乡镇支出以乡镇年度预算为依据,按照先重点后一般的原则,优先保证人员工资,逐步实行工资统发。采购统办是指凡纳入政府集中采购目录的乡镇各项采购支出,由乡镇提出申请和计划,经县财政部门审核后,交县政府采购中心集中统一办理,采购资金由县财政部门直接拨付供应商;票据统管是指县财政部门管理乡镇行政事业型收费票据,票款同行,以票管收,严禁乡镇坐收坐支,转移和隐匿收入。

从 A 县以上所实行的县乡财政管理制度和县乡财务管理制度可以看出,A 县乡镇在名义上是一级政权,实际上变成了县政府的派出机构,在乡镇财政收入和支出方面,并无什么自主性,更谈不上具有独立完整的财政权。乡镇的功能只能是执行上级政府的命令与政策,维持基层社会秩序,基本上无激励机制激励基层干部努力发展经济,改变本地区落后的社会经济面貌,由此使得乡镇陷入一个"循环落后陷阱",即越落后就越无激励,越无激励就越没有动力改变自身落后的境地,由此循环反复。对于 A 县乡镇财政的这种局面,该县财政局长说道:

现在县里对乡镇采取"统收统支和乡财县管"的财政财务管理体制是不得已的选择,上头从县里拿得多,而本县乡镇经济一直都比较落后,如果在县乡之间搞分税制的形式,让乡镇自己管自己,恐怕大多数乡镇会搞成烂摊子,最后即使让县里去收拾都收拾不起。当然像 A 镇这样的镇搞分税制是很有利于镇自身的,因为 A 镇有收入,个体工商户数量占了全县的80%以上,可其他乡镇经济普遍都很落后,穷的乡镇全年各种收入加起来至多三四十万元,它自己养自己都养不起,实行分税制让它自己搞最后还不是搞坏了乡镇政府自己、害苦了老百姓,乡镇领导一茬接一茬地换,但人走后可能给乡镇留下来的就是一堆堆负债,以前乡镇产生那么多负债不就是这样形成的吗? A镇一个镇过上天天吃肉的日子,其他乡镇没饭吃工资都发不出去怎么办? 农村税费改革后"三提五统"都取消掉了,再不能从农民身上像过去那样进行摊派收钱,而来自乡镇工商业的税收那么少,县里最后拿什么去平衡其他乡镇。所以县里经再三考虑,最后还是都搞成"统收统支和乡财县管"模式,这是县委、县政府再三权衡考虑的结果,也是省里乡镇机构和财政制度改革政策的要求。①

(2)县乡土地资源配置:项目核准+统筹调配模式

在省统筹全省土地指标分配,以具体项目作为用地指标载体、省市分别审核县里上报项目的土地资源配置模式之下,A县为每年为从省里多争取些用地指标,多拓宽些经济发展空间,首先必须尽可能保证每年从县里往上报的项目尽可能获得省市上级有关部门的青睐和支持,如果申报项目本身不符合上级领导意图或不符合上级政府和国家制定的政策,那么就很有可能因为项目在上面被毙掉而不能从省里分到合适的用地指标,从而对县里的发展构成实际性的影响。

因此,为保证县里的申报项目能够获得省市批准支持,A县县委和政府领导在每年向上申报项目时会亲自把关,县发改部门专门负责,县委常委会专门研究审定拟上报的项目,最后根据县的发展规划和领导意图统筹调配上报项目,以保证上报项目能顺利被省市核准通过。在县里统筹调配项目的过程中,各乡镇如果需要用地,必须先与县发改部门进行充分沟通,提出合适的项目获得县里的支持。一般而言,并不是哪个乡镇提出的项目都会获得县里支持,通常县里对乡镇提出的项目都看不上,因为乡镇提出的项目通常质量不高,很难进入县领导视野。针对这种情况,乡镇一般对项目引进和项目上报都不怎么积极,因为他们即使费了很大力气申报了,除了需要落实项目建设的资金存在很大的难处外,更是因为乡镇这一层级很难获取质量好的项目让县领导引起注意并予以大力支持。所以乡镇在项目上的可获得性决定了乡镇在土地资源利用方面并没有政策空间,因而A县乡镇在现实中也就不可能有什么发展空间和潜力。对于这种局面,A

---

① 该调研信息是笔者在调研华北某县财政局局长了解县乡财政关系和分税制在地级市以下适用情况时获取。

县的一位乡长表示：

> 像我们这些不是处于沿海地区的乡镇，即使想招商引资，一是没有什么特别的优势，二是也没有很好的路子，我们这个级别的基层干部拿着落后地区乡镇这块牌子出去招商，人家那些大老板根本就看不上，现在招商的基本情况是大领导招大老板、大项目，小领导招小老板、小项目。我们有时候费尽心思好不容易搭上个老板联系上个项目，但引回来的项目县里又不一定看得上，到最后你把人家引过来但项目最终还是落不了地，因为用地的事情解决不了，弄来弄去弄不成，过一阵子双方都没了热情，最后都不了了之。所以现在上头叫我们去招商，大家都是糊弄糊弄，应付一下，大家都知道这是吃力不讨好的事情，搞了半天最后都是白忙活，如果真是经常出去招商的话会花费不少钱，到时候还要自己贴，报销都报不了，现在乡镇财政就那个样子，这方面上头也不会拨专项经费。①

三、A县府际目标治理形式：科层式目标治理形式

从府际目标治理的形式方面考察，在2012年之前，A县上级市对A县所实施的目标治理以及A县对其下级乡镇政府所实施的目标治理形式都属于科层式目标治理形式。在上级市对A县的目标考核方式影响下，A县对其下属乡镇采取了同样的目标考核方式，但在考核标准方面，鉴于A县县乡府际之间的秩序导向型的权力配置结构安排，乡镇最重要的功能就是维持基层社会秩序，县里并没有对之配置什么资源和权限。因而在县乡之间的府际目标考核标准方面，A县并不是对其下属的所有乡镇政府和乡镇领导下达具体的经济发展任务指标，因此部分乡镇领导干部中缺少相应的目标激励去谋划本地经济发展。在2012后从2013年开始，为激发基层乡镇政府积极参与发展地方经济的热情，A县所在省的省级政府开始直接对全省县委书记进行考核，同时A县上级市政府不仅对A县进行考核，同时也越过A县政府直接对A县下属乡镇进行目标考核，基于上级政府的目标治理方式发生了很大改变，A县政府也改变了以前对其下属乡镇的目标考核方式、考核内容和考核手段。从整个目标治理形式表现看，A县从2013

---

① 该调研信息是笔者在调研华北某县某乡的乡长了解乡镇如何完成上级政府下派的经济发展任务和招商任务时获得。

年开始从之前所实行的科层式目标治理方式转变成更类似于动员式的目标治理形式。下面我们对A县在2012年之前所实行的科层式目标治理形式进行较详细的描述解释。

(一)府际目标传导

经实地调研,我们在此将A县府际目标治理传导机制分为三个方面展开解释,第一个目标传导方面是如何确定目标任务对象主体,第二个目标传导方面是如何确定指标任务范围,第三个目标传导方面是以何种方式进行目标任务发包。

1.任务对象主体确定

A县政府虽然承受省市上级政府的目标任务考核压力,但A县并没有将这种目标任务压力通过目标传导机制转嫁给下属乡镇政府和县属各职能部门。因为受市县府际权力配置结构安排的影响,A县在对乡镇下达目标任务时并没有进行"一刀切"式的处理,而是根据全县19个乡镇的实际情况,进行"分类式"考核,将全部乡镇分为8个产业聚集型乡镇、5个现代农业示范型乡镇和6个生态保护型乡镇三种类型,并对这三种类型的乡镇下达不同类型的目标任务。但是,A县只会对被划分为产业聚集型的乡镇下达一些与经济发展有关的指标,对于其他两种类型的乡镇,A县并不会对之下达经济发展类的指标。

另外,对于县各直属职能部门,A县政府按照各部门工作职能和发挥的作用情况划分为党政综合、执法监督、经济管理、社会发展、社团服务、县属企业与园区、垂直管理和金融服务八类部门,对这些不同性质、承担不同职能的部门,A县政府严格遵循科层制组织原则要求,只按各部门单位所承担的法定工作职能性质和内容,下达相应的分内工作考核指标,并不会不分部门性质和职能取向而对它们都下达经济发展类的指标。

以上可以看出,在A县,承担地区增长部分目标任务乡镇政府只是8个被划分为产业聚集型的乡镇,以及根据法定要求享有经济管理职能的部分职能部门。这样,承受地方经济发展目标任务对象主体只是局限于部分乡镇主体和部分政府职能部门。

2.指标设定类别

关于A县上级市对A县的目标考核,表8.4显示,在2010年之前,考核设置的指标主要以经济发展类指标为主,在2010年之后,考核指标设置每年都有所变动,但整个指标体系设置的趋势是在继续保持经济发展类指标权重和比例的前提下,社会建设指标开始受到较大的重视,其在整个指标体系中的比例得到很大提高。2009年,针对上级政府每年下达指标经常发生变动的情况,A县索性自行开发设置对其下属乡镇和县属部门的考核指标,并将这些考核指标与对干部的政绩考核评价相结合,按照科层制的政府目标管理与绩效评价的原则,委托国内某重点大学绩效考评中心联合研发网络化的绩效考评体系。为此,A县在设计目标任务指标类别时,遵循了两个必须原则,一条原则是体现上级省市政府对县下达的经济社会发展目标;另一条原则是必须体现县党代会和人代会确定的年度发展目标。根据这两条原则,A县对乡镇和县属各职能部门设置了考核指标体系。

表8.4　近几年来A县上级市对A县下达目标任务指标的种类变化情况

指标类别	2008—2010年	2011年	2012—2013年
经济建设类指标(个数)	8	12	11
政治建设类指标(个数)	3	3	5
文化建设类指标(个数)	2	3	4
社会建设类指标(个数)	4	6	10
生态文明建设类指标(个数)	2	3	6
其他方面指标(个数)	5	7	9

注:本表根据A县组织部和效能办所提供的资料进行归纳整理。

在表8.5考核指标体系中,乡镇按照相应的分类承担完成指标任务,县属部门按照各自的工作职能、承担相应的考核指标任务,县属企业与园区部门、垂管部门参照县直单位考评指标体系承担完成目标任务。按照A县目标考核规定,产业聚集型乡镇主要考核与财政收入、工资发展、产业结构调整和社会事业管理等方面相关的指标;现代农业示范型乡镇主要考核与城乡建设一体化建设与管理、农业产业化、现代服务业等方面相关的指标;生态保护型乡镇主要考核生态环境保护与建设、特色林果产业、文化旅游产业等方面相关的指标。

表8.5　　A县对乡镇和县属部门的顺向考核指标体系

序号	一级指标	二级指标	备注
1	发展＋项目	1.财政收入	
		2.项目建设	
		3.固定资产投资	
		4.服务业发展	
		5.招商引资	
		6.一跑三争	
		7.民营经济发展	
2	城镇化＋新农村	8.城镇化建设	
		9.新农村建设	
		10.农村合作组织建设与管理	
3	稳定＋民生	11.保证和改善民生工作	
		12.公共文化设施覆盖率及文化产业发展	
		13.教育事业	
		14.新农村医疗保险	
		15.低保覆盖率	
4	环境＋创业	16.节能工作	
		17.减排工作	
		18.机关效能建设	
		19.森林覆盖净增量	
5	党建＋队伍	20.领导班子建设	
		21.党风廉政建设	
		22.基层组织建设	
		23.精神文章建设	
6	核心职能	24.核心职能业务	针对县属部门

　　注:本表资料由A县效能办提供。表中各种指标是整体指标体系,在考核时根据各类乡镇和县属部门职能确定需要考核的指标。

3.科层式任务发包方式

　　从A县政府上级市政府对A县下派目标任务的方式来看,A县上级市在对A县下派目标任务时,一般都是根据政府部门的科层职能性质下达任务。在具体的任务量方面,一般会根据A县的实际情况设置一个确定的具体目标任务完成值对A县下达,A县在接受其上级市所下达的目标任务后必须努力完成。

但是,A县在接受其上级市所下达的目标任务后,在对其下属乡镇政府和县属各职能部门下派任务时,并不是对其下属的所有的乡镇和县属部门进行经济发展任务发包,而是区分乡镇经济发展的实际情况和县属部门所担负的职能性质,分对象分类区分任务地进行目标任务分解。这种任务发包方式明显体现了科层制的组织和任务分工原则,与动员式任务发包方式相比较,属于一种科层式任务发包方式。

(二)府际目标激励

为保证目标任务能够予以有效落实,任务发包单位必须制定相应的目标激励措施去激励任务接收单位努力积极去完成目标。因此,制定合适的目标激励措施是目标发包单位取得目标治理效果的关键环节。

表8.6归纳列举了A县上级省市政府对A县,以及A县对其下属乡镇政府及其县属部门所实施的目标激励措施。相比较于动员式的目标治理形式中的目标激励措施,在科层式目标治理形式中,府际目标激励措施一般都是根据科层制的组织原则来设置。其最能体现传统科层式目标的激励特点就是"重负向责任激励、轻正向政治晋升激励""重荣誉表彰激励、轻实质利益激励"。总的来说,科层式目标激励措施对被激励对象的效果是"虚的效果大于实的效果",被激励对象一般都不太相信存在实际价值意义的真正激励,只追求别被追究目标责任,"躲祸不求福"是科层式府际目标激励中被激励对象的一般行为倾向特征。因此,科层式的府际目标激励,对所有的被激励对象而言,中庸性的行为模式是他们最好的行为选择。由此可见,科层式目标激励效果在实际的府际目标治理体系中不太可能产生强而有力的目标激励效果和目标激励力量。

表8.6　A县上级市对A县以及A县对其下属乡镇和县属部门的目标激励措施

激励形式		A县上级市政府对A县领导班子的目标激励手段	A县对下属乡镇政府和县直部门领导班子的目标激励手段
政治激励	正向政治激励	1.特别优秀的县委书记要大胆提拔使用; 2.做出突出贡献的优秀县委书记作为市级班子特别是市级党政领导班子成员的重要来源人选。	对工作实绩突出、作风扎实、发展潜力较好的干部,优先选送到重点大学进修学习,进行重点培养,推荐列入领导干部储备库人选。

激励形式		A县上级市政府对A县领导班子的目标激励手段	A县对下属乡镇政府和县直部门领导班子的目标激励手段
经济激励	负向政治激励	1.对考核确定为基本称职的县委书记,进行诫勉谈话,一年内不提拔重用;2.对考核确定为不称职的县委书记,予以降职、免职或责令辞职。	领导班子如果在年度考核中认定为较差等次的,对一把手进行诫勉谈话并启动领导职务代理机制;连续两年被认定为实绩较差等次的,对单位一把手予以免职。
	正向经济激励	对考核为优秀的县委书记,按政策规定予以一定的物质奖励。	1.在年度考核中被认定为优秀等次的乡镇领导班子,授予"优秀领导集体"称号,给予10万元奖励,奖金30%用于奖励班子主要党政领导,70%用于奖励有功人员;2.在年度考核中被认定为优秀等次的乡镇领导班子,授予"优秀领导集体"称号,给予5万元奖励,奖金20%用于奖励班子主要党政正职,80%用于奖励有功人员。
	负向经济激励	无	无
社会激励	正向社会激励	1.年度考核为优秀等次的县委书记,记三等功一次;2.对连续两年考核为优秀等次的县委书记,记二等功一次;3.对连续三年考核为优秀等次的县委书记,授予"省劳动模范"荣誉称号。	领导班子在当年考核为优秀等次的,乡镇党政正职和县直单位一把手评为优秀等次,记三等功一次,并作为评定县发展功勋奖及市级以上劳动模范的优先推荐条件;连续三年评定为优秀等次的,经县委研究确定报请二等功。
	负向社会激励	无	年度考核被认定为一般等次及以下且综合考核排位处于末位的单位,在全县范围内进行通报批评并责令向县委作出书面检查。

注:本表根据A县上级政府对A县和A县对其下属乡镇的相关考核文件内容进行归纳整理。

A县还规定,乡镇和县直部门的副职领导干部按《中华人民共和国公务员法》有关规定进行奖惩。

对于A县所实行的目标激励措施对乡镇基层政府领导所产生的实际激励效果,一位被A县划为产业聚集镇的镇党委书记这样评价道:

我这个镇虽被划为产业聚集镇,但到目前为止产业聚集的效果很不理想,说实在话就没有什么产业聚集,只有几个零散的乡镇农村企业,也没有什么规模,上头虽对我设置了一些有关产业发展的目标考核措施,并且一手拿着个香饽饽、一手举着个大棒,无非就是要你努力干,干成事的话就给你尝点所谓的"甜头",老不干事的话就要打你屁股,甚至要撸掉你的小顶戴。但说句老实话,在我们这样的地方,做什么产业都不是那么容易的,你上头即使把棒子举得再高、甜头放得再大,这个地方还是这样的地方,不可能一夜之间就变了个小香港,我只要与其他兄弟乡镇相比不落到最后,不被"打屁股"就是了。①

(三)府际目标实施

从以上A县的目标传导和目标激励做法中可以看出,在上级省市对A县下达有关地方经济发展和财政收入方面的任务后,A县所采取的目标实施方式是结合下属乡镇经济和社会发展的实际情况,按县属部门的法定职能取向和部门性质分解目标任务,在整个任务分派的过程中,始终尊重政府组织体系的科层原则,在政府组织的科层体系内进行目标任务种类分解和任务量分派。同时,在目标任务分解和分派后,也按科层制的组织管理原则将建立目标实施过程纳入组织绩效管理,并建立相应的绩效管理规则。具体来说,A县所实施的与目标实施相关的政府组织绩效管理规则主要包括以下两方面:

1.实施多渠道、多层次的科层式考评方法,将目标实施纳入政府组织绩效评价体系之内,推进目标实施的效力

2009年之前,A县一直苦于没有寻找到一个比较有效的手段和方式,来对乡镇和县属部门领导班子和领导干部作出比较客观和全面的评价,以促使上级政府所下派的目标任务能有效地予以实施落实。2009年,A县经过之前多年的目标考核经验总结,决定将目标考核与政府组织绩效考核评价相结合,开发建立一个绩效考核系统,将年度目标实施的结果与干部政绩评价直接联系起来,在政府组织体系内通过多渠道、多层次的评价环节,在不同评价主体之间对目标实施的情况进行全面综合的评价,力求形成一个比较客观的结果,以作为推进A县县委和县政府年度目标任务实施的有效推手,提升目标实施的效力。2013年开始,A县又根据上级要求进一步改进了绩效考核指标体系。

---

① 该调研信息是笔者在调研华北某县一乡镇党委书记了解乡镇基层官员如何完成上级政府下达的经济发展目标考核任务以及如何对待上级政府实施的目标考核激励时获得。

2.对领导班子和领导干部建立目标实绩认定标准、设置认定方法,确立目标实绩认定的公平性,为目标激励提供评比尺度和依据

为了客观地衡量和评价乡镇和县部门领导班子和领导干部在实现目标方面所作的努力,有必要为乡镇和县政府部门领导班子及领导干部确定目标的实际执行情况的标准和方法。为此,A县建立了"优秀、良好、一般、较差"四级乡镇和县部门领导班子目标绩效标准,以及"优秀、称职、基本称职、不称职"四个乡镇和县政府部门领导班子的目标绩效标准。同时,在目标绩效的具体认定方法上,A县建立了由县绩效办公室具体负责、县绩效管理评估委员会研究、最终由县委常委会批准的认定流程。它将乡镇党政领导和县直属单位最高领导的考核等级与相应单位领导的考核级别直接挂钩,确立了最高领导全面负责的认定原则。整个目标绩效识别过程相当科层化和政治化,以加强目标绩效识别的权威性和严肃性,为目标激励的有效实施提供相对公平的评估尺度和依据,最大限度地发挥目标治理效果。

以上两方面的目标实施措施,虽然在客观上有助于府际目标的实施,但在科层制的体系中,官僚之间出于人情关系牵绊或者政治利益的竞争,互相庇护或者互相排斥的现象始终不能避免,而正是因为这种非正式性的科层内潜规则,对正式制度和科层规则的影响是相当负面的,甚至有可能完全冲淡或破坏了科层规则和正式制度的实施效果,科层式的目标治理规则也难以摆脱这样的制度实施困境。笔者为对A县的目标治理效果进行验证,对A县绩效办绩效考核办公室主任进行了访谈,他说:

> A县的目标考核和绩效考核从总体上说是相对比较公平的,考核方式也比较合理,但要做到决定的公正客观是不可能的。具体来说,在对一些部门和乡镇考核时,人情关系是难以避免的,因为根据相应的激励措施,如果一个乡镇和部门连续两年被认定为实绩较差等次,那么其主要领导就要被免职,在我们基层,混个科级顶戴是很不容易的,政治生命这样终结显然是谁都不会甘心的。因此我们在实践中,一般尽可能会对在上一年中已经被认定为实绩较差等次的乡镇或部门放一马,在认定实绩时尽量照顾他们一下,不要在本年度考核排名中继续落到最后,否则,按规定,人家就可能要下台,而人家下台了对我们又没有什么好处,所以在考核实践中一般都会互相帮衬着点,因为在一县范围之内乡镇和部门领导大家都相互熟悉,到目前为止,A

县还没有出现过因为目标绩效考核不达标而被撸掉乌纱帽的例子。①

（四）府际目标督导

为更有力地促使府际目标任务能够得到有效实施，A县也按照科层制的组织原则设置了相应的目标督导措施来对乡镇政府和县属部门所下派的目标任务进行状态监督，其中比较有力的督导措施有以下两方面：

一是建立"周督导、月纠偏、季诚勉"的督导机制。其中，"周督导"即指凡被县委县政府列入重点项目的实施进度信息必须每周进行更新，由县专门设立的网络监控平台对之进行监控，一旦发现项目进度未达到实施要求的情况，即马上对项目责任单位和责任人进行预警，以保证重点项目能够按计划推进实现。"月纠偏"即指根据被考核单位每月总结和考核部门的监管意见，对未完成目标任务计划的部门单位和负责人予以警示，对落后者予以月度督促，保证目标任务计划能够按月推进。"季诚勉"即指每季度对各目标任务单位实施目标计划任务的结果进行排位，对落后单位进行"红灯"警示，并由县纪委、县委组织部等部门对其诚勉谈话。以上可以看出，A县通过建立并实行这条有力的目标督导措施，将各目标任务单位置于日常性的行为状态监督之中，以保证A县领导可以随时掌握各目标任务单位实施完成目标任务的情况。

二是建立开放监督的督导机制，通过立体评价、强化接受目标任务单位的上级、同级、下级、"两代表一委员"和服务对象的评议，促使目标任务单位自觉实施目标任务。另外通过"公开晾晒"的方式，将各目标任务单位的目标计划实施进展、目标实绩得分、综合排名连同各考评主题评分依据以及加扣分原因等情况定期在A县专门开发的绩效管理系统与考评系统、A县发展报和政府信息网进行"公开晾晒"，这样一方面可以将目标任务单位置于社会公开的监督的情境；另一方面可以在各目标任务单位之间展开互相监督，以促使各目标任务单位规矩地实施目标任务计划。

四、A县经济发展行为模式

A县政府处于受上级政府实施的科层式目标治理体系的激励之中，受秩序导向型的权力配置导向结构约束。基于此，A县对其下属乡镇政府同样实施科层式的目标治理激励，在县乡政府的权力配置结构方面同样也推

---

① 该调研信息是笔者调研华北某县县委绩效考核办公室主任了解县委具体如何考核乡镇和县直部门领导干部时获得。

行秩序导向型的权力配置,正是在这样的府际权力结构和目标治理约束之下,其所实施的经济发展行为明显地体现了秩序导向型权力配置结构和科层目标治理形式的特点。下面我们从地方经济发展的行为主体、发展的行为动力、发展的行为策略以及发展的行为方式四方面论述 A 县促进地方经济发展的行为模式。

(一)地方经济发展的行为主体

如上所述,A 县与其上下级政府之间的权力结构属于秩序导向型结构,在府际目标治理方面实行的是科层式目标治理形式。在这样的府际权力结构和目标治理形式之中,A 县的县级政府领导班子主要承担着本地方经济发展的职责。因而,在促进地方经济发展的主体方面,A 县主要以县级政府领导班子自身为主,乡镇政府和县委县政府各职能部门基本上没有被动员起来,只是由县委县政府领导自身独自在唱独角戏。因为,A 县在科层式目标治理形式下,县级政府各职能部门按部就班办事,不超越法定职权范围之外,按科层制的方式完成其制度内的职责任务,一般不参与地方经济发展事务。同时,在秩序导向型的权力配置结构中,乡镇政府类似于县级政府的派出,没有独立的预算,功能残缺不全,机构编制人数很少,以维持乡村社会秩序为主,乡镇政府经济发展职能实际上已经被架空了。所以,A 县所实行的科层式目标治理形式又没有把乡镇政府和乡镇干部作为推动乡镇和县域经济发展的主要考核主体,乡镇政府和乡镇干部没有什么促进乡镇经济发展的目标激励压力去谋划乡镇经济的发展。因此,在 A 县现实的乡镇政府工作实践中,乡镇政府和乡镇干部在谋划本地方的经济发展方面存在动力不足的现象,对于这种情况,A 县的另一位乡长在接受访谈时谈道:

> 尽管县里对乡镇领导班子实施了目标责任考核,在目前这样的体制下,乡镇基层没有一点自主性,只承担无限的责任,谁都不太愿意去谋乡镇层面的经济发展,因为干不成这事,也没有什么激励,干得不好还可能惹上一身骚,谁愿意干这样吃力不讨好的事啊![①]

----

① 该信息为笔者在华北某县调研某乡乡长了解乡镇基层政府在其所处的府际关系体制下实际推动地方经济发展的真实想法时所获得。

另一位接受访谈的镇党委书记说:

> 现在上面没有把乡镇当成真正的一级政府,财政税收未独立,相当于县政府的派出机构,政府职能不完整,乡镇政府财权与事权不对等,权力无限小、事权责任无限大,乡镇政府没有独立的财权,是一级肢体残缺不完整的政权,行政能力非常有限。而上面要求非常多,什么事情都往下压,上级政府各职能部门把有利的东西都揽走,有权的东西抓着不放,但对他们不利的、需要承担责任的事则把乡镇拉进来,让乡镇一起承担责任。在这样的体制下,乡镇只是疲于执行上级制定的政策、指示或命令,完成上级交办的各种任务,哪有什么心思去谋发展。①

还有另一位镇党委书记则更直接地表明他自己的观点,他认为:

> 其实分灶吃饭的财政体制有利于调动乡镇的积极性,工作有主动权,上级政府若对乡镇政府配置适当的财力资源和行政资源,事权能在上下级政府合理分担,并且乡镇有一定的自主决策权的话,则乡镇自己可以当主角,而现在这个样子则是配角,只围绕着县政府转做些服务,没有积极性也没有心思去谋划乡镇自身的发展。②

(二)地方经济发展的行为动力

科层式的目标治理形式并不能形成强大的激励力量驱动整个政府组织体系去实现特定的目标,其组织的动员能力始终是受科层制本身约束的。在 A 县,在促进地方经济的发展动力方面,更多地表现为依靠地方市场自身的发展,政府的组织力量对地方经济发展的影响完全取决于 A 县的主政官员决心和意志。换句话说,A 县主政官员自身是否把心思真正用在促进地方经济发展方面上,对 A 县的经济是否能取得真正发展是极其重要的。对此,A 县县委办的一名副主任对 A 县历任领导在推动 A 县经济发展的贡献方面这样评价道:

---

① 该信息为笔者在华北某县调研某镇的镇党委书记了解乡镇基层政府在其所处的府际关系体制下实际推动地方经济发展的真实想法时所获得。
② 该信息为笔者在华北某县调研某镇的镇党委书记了解乡镇基层政府在其所处的府际关系体制下实际推动地方经济发展的真实想法时所获得。

　　在我们县,真正对推动县里经济的发展起了很大作用、作出相当贡献的是从陈书记以来的最近两任书记,从陈书记开始,县里才真正把心思和精力用在促进县里的经济发展,通过学习移植南方省份的经验,加大了招商引资的力度,大胆起用了一些能干事、想干事的年轻干部,通过这些年的努力,现在才有了些起色,干部队伍的思想观念也发生了较大变化,调动干部的积极性去为县里的经济发展服务,不像以前上上下下都是你看我、我看你,光说不做,像我们这样不靠沿海的地方,政府如果不想干事,只靠老百姓自己来发展,就是等到猴年马月也不会有什么动静和变化。但自调任的陈书记到目前的李书记,确实在改变全县经济发展面貌方面立下了汗马功劳。但是,总体上看,我们这边的体制还不太适应鼓励干部干事的需要,政府做事方式还不太灵活,比较僵化机械,对干部的激励也不够,与沿海发达地区比还存在很大差距,这需要作出调整。①

（三）地方经济发展的行为方式

　　在秩序导向型权力配置结构的制度环境和科层式的目标治理任务环境之下,综合概括起来,A县在推进地方经济发展方面采取了以下比较典型的经济发展行为方式:

　　1.实行府际目标激励,以引进重点项目为抓手,带动地方经济发展

　　在2012年之前,A县只对被划分为产业聚集型的乡镇领导班子下达了部分具体的经济发展指标和财政收入指标,并下达相应的目标任务,但对之的考核也只是停留在一般层面的考核,对乡镇干部远没有形成强有力的目标激励。然而,尽管A县对一般乡镇并不下达具体经济发展指标,但为促进县域整体经济的发展,A县对乡镇政府和县属各政府职能部门在事关县的经济发展方面设置了一些有关项目引进和招商引资的目标任务,以促进乡镇政府和县直部门能够在县的经济发展建设中发挥作用。这些目标任务就是要求乡镇和县直部门在项目建设、招商引资、一跑三争等方面做出努力,要求乡镇政府和县直部门尤其注意利用各种机会引进大项目,作为县里经济发展的重要抓手,以带动相关产业的发展,从而促进地方经济的增长。2013年以来,A县明确颁布了《乡局领导班子和领导干部绩效管理与考评工作的实施意见》,更加强调了"发展+项目"这个考核指标的重要

---

　　① 该信息为笔者在华北某县的县委办副主任了解地方主政领导对地方经济发展的作用时所获得。

性,并将这个指标进一步细化成七个方面二级指标,以强化对乡镇政府和县直部门的项目引进考核。另外,为激励乡镇政府更加重视项目引进工作,A县还专门制定颁布了《乡镇引建项目考核激励办法》,制定了相应的目标激励措施。从A县对乡镇政府项目引进工作颁发的以上两份目标考核激励文件的内容中看,A县已有意改变之前一直实施的科层式目标治理方式,转而采取动员式的目标治理方式了,但这还是刚刚开始。至于A县在2013年对乡镇政府和县直部门实施新的目标治理方式的效果,还有待时间的检验。

2.调整府际权力安排结构,集中全县资源,支持重点项目建设

由于A县的上级政府对A县进行了整体性的集权,以至于A县的财政税收资源抽得很厉害,这就迫使A县政府必须通过调整县乡之间的府际权力安排结构,把全县资源(财政和土地资源)集中到县一级政府手中,统一谋划全县经济发展事务,因而乡镇政府在事实上就变成了县政府的派出机构。

在A县,凡是能够被县级政府确定为重点支持的项目,就可以作为县里的重点项目,优先得到县一级政府的资源配置支持。乡镇政府无论从外面引进了什么项目,都必须先要得到县政府在发改部门专门设立的"重点办"的项目身份审核,审核通过后再报县委县政府班子会议商讨通过才能给与"县重点项目"的身份标签。一旦一个项目被贴上这样的身份标签,就意味着它可以得到县里各种资源的优先配置支持,同时由县里统一对项目进行安排建设,这样的项目才有可能最终落地。从中可见,乡镇并没有什么资源和自主性能够在本乡镇区域进行项目建设,以推进乡镇经济的发展。显然,A县与其乡镇之间的府际权力结构配置与其实施的府际目标治理形式在对乡镇所产生的激励效果方面是相违背的。

3.根据省市上级政府提出的园区经济发展目标任务要求,大力发展园区经济,以工业园区为地方经济发展载体,引导生产要素往园区集聚

A县上级的省市政府在对A县所下达的地方经济发展目标任务要求中,工业园区建设一直都是重点考核的指标之一。为发展地方经济,A县政府在不同时期分别设立了定位功能各有差异的四个经济开发区来推进地方经济发展。在这四个园区中,第一个园区主打装备制造业发展,第二个园区主打煤化工产业发展,第三个园区主导旅游休闲度假产业发展,第四个园区重点打造原生态观光农业和生态休闲产业、都市生态产业。按照A县的产业发展规划,这四个园区承载着A县未来经济发展的最主要希望,也是A县产业转型升级发展的最关键的路子。目前,这些产业园区产

业发展程度各不相同,生产要素集聚程度各异,个别园区如煤化工产业园区最近两年发展态势较好。

4.根据省市上级政府提出的工业升级转型和发展高级技术产业的目标任务要求,发挥地区资源优势,整合煤炭资源,延伸煤化工产业链,提升主导产业附加值,培育新的产业经济发展点

从 A 县煤化工园区之前所建设的三个园区经济的发展情况来看,这三个园区中的产业集聚程度也并不高,因而它们对 A 县整体工业经济的发展所产生的推动效应并不十分明显。鉴于这种情况,A 县政府根据省政府对 A 县下达的工业升级转型的目标任务要求以及市政府对之下达的经济高新技术产业增加值及增长率的目标任务要求,经过缜密市场调查,认真分析,认为应当结合发挥地区的资源优势来发展相关产业,才有可能培育出新的经济发展点。为此,2009 年,A 县决定利用自身的煤炭资源优势,发展煤化工产业,并以之作为县委县政府的招商重点项目,吸引外来资本,提升本地区煤炭主导产业的附加值。经过近几年的努力,目前 A 县煤化工产业发展初具规模,相对优化了以前主要以煤炭开采的经济产业格局。

5.根据省市上级政府提出的第三产业发展和县城经济建设目标任务要求,着力培育县城童装产业基地,建设县城商贸城,大力发展县城第三产业,强化县城经济发展

县城经济发展是推进一县经济发展的重要组成部分。在 A 县所在省市政府最近几年对 A 县下达的经济建设目标任务中,第三产业发展一直是重点强调的任务指标,在一个县域内,最有条件发展第三产业的地方自然就是县城所在的城关镇了。因此,A 县利用该县在历史上童装产业发展基础,专门拨出财政专款,同时吸引社会资金在县城建商贸城,实行以商贸带动县城童装产业、物流以及其他第三产业的发展,以强化县城经济的发展,提升县城经济的活力,扩大县城经济的市场规模。

从 A 县以上所实行的五个方面促进地方经济发展的行为方式中,我们发现,这些经济发展行为方式既有比较务实的经济发展行为方式,如发展煤化工产业园区;也有比较激进的行为方式,如以县财政的资金直接建设县城商贸城和经济开发园区,这些行为方式都与府际目标治理和府际权力配置结构相关。A 县政府要么是在其省市上级政府的府际目标治理激励下采取相应的经济发展行为方式发展相关产业,要么是通过调整县乡府际权力配置安排来集中资源支持重点项目建设。并且,在 A 县所实行的这五大经济发展行为方式中,都有一个共同的行为特征,就是都是由 A 县县委县政府本身作出决策并予以实施,几乎不利用市场化的力量来加以辅助。

当然从客观效果上看,这些行为方式都能对当地经济的增长起到正面促进作用。

五、A县总体实际的经济发展绩效

从经济发展总量和速度看,A县的人均财政收入和经济总量一直在逐年增长。但从经济发展能力和地方经济产业结构上看,A县的经济发展绩效并不理想。首先从县财政的收入来源组成方面的角度来分析,A县的经济发展能力就可以说明这一问题。从财政收入来源组成方面看,目前A县全县财政总收入中的70%左右的收入来源与当地煤炭资源有关,来自于其他行业的财政收入来源还非常弱小,煤炭行业在A县长期以来一枝独大,是支撑A县经济和社会发展的主要行业,其他行业还没有得到很好的发展。其次,从A县的全县经济的组成成分来看,到目前为止,以煤炭行业经营为中心的地方国有经济是A县主要组成部分,民营经济和外资经济成分占比不大,尤其是地方民营经济的发展力量弱小,远未形成民营经济和外资经济产业聚集的局面。再次,从A县经济发展的空间区域力量方面看,到目前为止,A县乡镇经济的总体发展情况还处于非常落后的状态,乡镇政府对地方市场的发展与繁荣表现出来相当冷漠的角色;县城商贸经济得到了一定程度的发展,但还未形成区域性商贸和物流中心格局,远没有形成全县的重要支撑行业角色;园区经济长期以来并没有得到很好的发展。但在A县最近一任政府班子的积极努力下,新设的煤化工产业园区在最近几年表现出较好的发展势头,但对全县整体地方经济发展的推动力还有待不断继续提高。最后,从空间经济力量对地区财政收入贡献程度方面看,以2012年为例,全县范围内在乡镇区域内形成的税收全年不到2亿元,税收少的乡镇全年税收收入就只有三四十万元,其中来自城关镇(县城所在地)的部分就占1亿2000多万元,4个开发区形成的税收加起来至多只有1亿3000万元,其中来自煤化工产业园的税收就占了1个多亿。①

六、A县案例总结

A县上述总体经济发展状况表明,这该县地方经济发展长期依赖煤炭资源开采,其他经济成分发展还不太理想,自身造血能力还比较薄弱,地方经济发展绩效不甚理想。县级政府在推动地方经济发展方面的组织力量比较薄弱,仅靠传统招商引资手段,或举办单一性功能的发展区、商贸城来

---

① 本节中对于A县的财税收入数据来自于笔者对A县财政局长的访谈。

发展地方经济,在激烈的地方招商竞争中,效果往往并不太明显。在自上而下的府际目标治理压力之下,A县政府本身虽然采取了多项措施积极发展地方经济,也对上级政府所下达的目标任务对下属乡镇和县属部门做了相应的分解。但因为A县与其上级市之间的府际权力配置结构安排对A县并没有形成强大的资源支持力量,以至于A县在其与下属乡镇之间更进一步强化实行秩序导向型的权力配置结构,乡镇政府实际上成了县级政府的派出机构,没有自己独立的财政资源和预算资源。同时在科层式的目标治理形式下,乡镇没有什么激励去积极努力谋划乡镇区域的经济发展和税收增长事务。而县属部门按科层式的组织管理原则各司其职,对地方经济发展所的贡献又非常有限,最终使得县级政府领导班子本身成了地方经济发展主体中的单打独斗角色,致使地方经济的发展完全取决于县级政府主政官员个人的能力和意志:主政官员能力和意志强,则地方经济发展的状况有可能得到一定程度的改变;主政官员能力和意志弱,则地方经济发展的状况就不可能发生什么改变,而只有依赖该地区历史的产业发展格局和发展水平。对于这种类型的地方经济发展表现,可以称之为"领导人依赖型"的经济发展模式。

第二节　B县案例:治理导向型权力配置结构与动员式目标治理

一、B县简介

B县位于江淮平原,总面积1300多平方千米,其中水域面积700多平方千米,陆地面积600多平方千米,辖12个镇和一个省级经济开发区,B县公路交通和水上运输便利,境内现有各类水运码头21座,一条高速公路和一条一级公路穿境而过,三条高速公路擦肩而行。B县矿产资源种类较多,已发现的重要矿产有石油、地热、无水芒硝、岩盐、矿泉水等资源。在工业和服务业经济方面,B县初步形成了化工、机械、建材、食品、轻纺五大主导产业,其中化工业比较发达,设立了三个工业园区、一个科技创业园和一个高新技术产业园,这些园区目前已集聚500多家中、外企业落户兴业,吸纳近万人就业。在农业和水产资源经济方面,B县境内拥有全国闻名的淡水湖,水域面积700多平方千米,湖鲜产品非常丰富。全县的总体经济情况是,2021年全县实现地区生产总值255.06亿元。其中第一产业增加值32.23亿元;第二产业增加值123.76亿元,其中工业增加值103.45亿元;第三产业增加值98.16亿元,人均地区生产总值55818元。目前全县私营企业登记注册数3876个,个体经营户登记注册数20231户。

二、B县府际权力配置结构:治理导向型权力配置结构

(一)府际权力运行

1.市县权力运行:整体性放权

B县位于所在省北部,而该省北部为全省相对落后的地区。为了促进该省北部相对落后地区的发展,在府际权力运行方面,B县所在省出台了一系列的支持性政策支持北部地区发展。在这些支持性的政策当中,除了涉及财政税收项目等方面外,就是要求省市两级政府更多地对县一级政府进行放权,给予县一级政府更大的自主性,以调动县的积极性去发展县域经济。

从部门行政权力方面看,B县上级市对B县进行放权的范围,涵盖了发展改革、规划、国土、财政税收、外经外贸等可能涉及地方经济发展方面的权力;从行政权的法律属性种类方面看,B县上级市力推行政备案制,尽可能地压缩行政许可、行政审批的项目,减少市一级中间环节控制行政许可和审批,授予县更大的自主性权力,同时加强对下属各县级之间的协调工作。在促进县域经济发展的同时,协调好县域经济发展之中的地区利益,尽可能避免县域之间的恶性竞争行为。

正是省市两级政府对B县进行了整体性的放权,B县的决策者在十多年前根据县情做出了长远合理的发展规划,主要围绕着如何调动乡镇的积极性、处理好县乡之间的利益关系、理顺县乡两级政府职责、推行乡镇经济与园区经济互相融合、做大做强县城经济、开发"政府性经济"并利用"政府性经济"支持调剂"社会市场性经济"、采取多种特色措施引来外来生产要素聚集等方面进行了极为有益的探索。近十多年来该县虽政府主要领导人发生了变动,但在本地方经济发展的思路和政策方面却具有相当强的继承性和连续性,"人走茶凉、人去政息"的现象并不那么突出。对于B县和其上级市之间府际权力运行关系对县域经济发展的影响情况,B县的一位副县长这样评价道:

现在地方之间的竞争很激烈,假如上面把政策卡得死死的,那么到县一级政府就没有什么自主性和资源,在这种情况下,地方之间互相进行竞争有什么资本呢?搞来搞去到最后还不是互相拆台,台拆了最后大家都得不到什么,还得继续穷下去,因为你手上只有这么一

点东西,就这么一点东西都给弄完了你还能干什么。现在我们这边上头对下头还是很照顾支持,不是口头讲讲,确实是给了很多货真价实的"干货",比如财政、项目审批、规划等,市里基本上不会来刮你卡你,这样我下头就好做事多了,县里头就可以根据下头的实际情况制定合理的长远规划,不用担心上头老是干预你或卡你,把你好不容易做起来的东西改掉干掉。像我管的这一摊子事,我只需要集中精力谋划好本职工作,着眼于县的长远发展需要做好各方面利益协调工作,贯彻执行好县委县政府的政策安排和工作计划,不需要隔三岔五地向上头"早请示、晚汇报"。然而,这种上头对县进行放权、并对县进行强有力的支持体制安排,其实质上是要县里自己肩负重大的发展责任,需要县的决策者具有相当高的领导素养和决策水平。在这种情况下,县里要获得相对好和相对快的发展,就需要县里头能够根据本县县情制定出得当的政策,把握好正确的发展方向,把县里上下的积极性调动起来,处理好县乡之间的利益分配,得到广大干部群众的拥护,这样县的经济就会慢慢发展起来,就会产生实实在在的经济效益。对于这样的政策,我想谁也不会去改,即使以后来了新的领导也不愿意改,因为这样的政策做好了不仅符合大家的利益,也能给做领导的带来实际的政绩。HZ县最近十多年的发展就是这样走过来的,从人口和辖区面积方面看,与周边几个县市相比,虽然是个小县,但因为最近十几年来一直持续不懈地按照十多年前定下的科学发展政策去做,到今天所取得的成绩也是有目共睹的,虽然主要领导已经换了两拨,到现在是第三拨了,中间虽对政策有些修正调整,但是我们促进发展的基本政策一直都没变,不仅没变,而且更加完善了。①

2.县乡权力运行:选择性放权+选择性集权

正是由于得到了上级政府相关的财力性政策支持和行政性放权,使得B县所处的府际制度和政策空间得到很大的扩展,从而让它具有较大的政策自主性空间和政策资源空间可以对其下属各乡镇采取"蓄水养鱼"的支持性发展政策。同时,根据乡镇的资源有限性、市场空间狭窄性、乡镇基层政府行为短视性的特点,B县对全县乡镇的发展进行了统筹性的谋划安排,在县乡之间的府际权力运行方面通过县对乡镇适当的选择性集权和放

---

① 该信息为笔者在苏北某县对该县副县长了解县市关系对县的经济发展影响情况时所获得。

权安排,在规范乡镇政府行为、不伤害乡镇积极性的同时,尽可能提升乡镇政府运行效能,实现对乡镇农村区域的有效治理。事实上,B县近十年来在乡镇和园区经济融合方面取得较理想的经济发展绩效,就是县对乡镇进行选择性集权或放权安排的权力运行逻辑结果之一。

具体而言,在县和乡镇的权力运行关系方面,B县对下属乡镇通过选择性集权和选择性放权两方面权力运行安排实现了对乡镇行为的规范以及乡镇积极性的调动。一方面,在县对乡镇的选择性集权方面,B县在土地资源利用、县域经济空间规划和功能布局、财政资金使用效能、投资项目选址、公共品和公共服务供给标准等方面进行了县一级的集权,乡镇在这些方面不能各行其是,统一接受县的统筹规划安排,引导乡镇工业向园区集中发展,以提升全县经济发展的整体性和协调性,避免沿海经济发达地区在早期发展过程中出现的财政资金和土地资源浪费严重,以及空间无序使用等弊端,推动乡镇工业经济和园区经济相互融合发展。另一方面,在县对乡镇的选择性放权方面,B县通过给予乡镇支持性的财政和税收政策安排,让乡镇享有较大财政支出自主性权力。在鼓励乡镇积极在其辖区内对居民提供本地区特色公共服务和供应地区性公共品的同时,通过支持性放权政策引导乡镇根据自身的农村山水特色和人文特色规划发展自身的无烟低碳产业,以在乡镇工业经济之外逐渐开辟出新的发展路子和新的产业,最终形成新的税收增长点,为就业能力不高的农民开辟出适合就地择业的就业渠道,增加了当地农民的收入。

B县和其下属乡镇之间的这种选择性集权和放权安排,在实际中对下属乡镇起到很好的引导作用。目前,在B县,在乡镇的农村区域中基本上看不到什么工厂,因为B县早在十多年之前就开始推行将乡镇工业经济融合于园区经济之中,将全部的乡镇企业工厂都统一安置在县集中建设成的工业园区之中,这样就让农村保持了自然性的田园风貌,在最大限度上避免了沿海经济发达地区在早期的经济发展过程中发展乡镇工业经济所造成的对农村自然环境的破坏。在自然山水资源和历史人文资源日益稀缺的今天,那些具有良好自然山水和人文环境的地方反倒成了新经济生成的一方生态热土。对此,B县JB镇的年轻的镇长很自豪地谈道:

据文献考证,在汉代就已经有人在JB镇聚居生活,是一个具有丰富旅游休闲资源的古镇,它不仅面向大湖,三面环水,还有很多历史古迹。更令人欣喜的是,据去年地质勘查探明,就在JB镇范围内,藏有很丰富的地热资源,做以温泉为主题的旅游休闲产业是非常合适的,像隔壁的LZS镇,它比我们早几年就开始做这方面的产业,去年它们全镇的收入已经超过了亿元,然而它们的地热资源现在探明还没有我们这边丰富。如果我们这边也做起来的话,那么我们和LZS镇一起就会形成一个较有影响力的旅游休闲区域,这里到南京走高速才一个多小时的路程,现在交通条件也比较好。如果客人来这儿住上几天的话,他可以泡泡温泉、吃吃河鲜,像大龙虾大闸蟹什么的,在大湖里头划划船,甚至可以玩摩托艇和游艇,我想还是很吸引人的,可现在就是还没有开发出来。因此我下一步的计划就是要用在本镇引资在县集中建设的园区中的企业所产生的税收收入来支撑发展JB镇的旅游休闲经济,发展旅游休闲地产,把JB镇做成像乌镇和周庄那样的旅游名镇,甚至可以超过它们。为此我们已经投入了相当部分资金用于对镇上街面和房子进行改造,先从改造镇上的硬件环境来着手,最近一年光我本人组队带人就到国内好几个旅游古镇进行参观考察借鉴,像徽州和婺源那边的乡村房子建筑特色我们就进行了借鉴参考。另外我们也请了国内几个著名的规划设计机构对JB镇进行总体规划设计,努力把JB镇做成一个融合自然山水资源和历史人文资源的旅游休闲名镇,提升它的古镇特色,这是我们未来要努力的方向。①

(二)府际资源配置

1.市县资源配置

(1)市县财政资源配置:支持性分税制

2007年3月,B县所在省的省政府以苏政发〔2007〕29号文件形式下发了《省政府关于实行省直管县财政管理体制改革的通知》。决定从2007年1月1日起实行省直管县财政管理体制,规定包括财政体制、财政分配、预决算、财政往来等在内的主要财政事项,都由省财政厅直接与县(市)财政局建立财政管理关系,实行省对县(市)的"五个直达",即资金直达、分配直达、指标直达、结算直达、报表直达,把原有的省、市、县三级财政管理模式转变为省、县两级财政管理的模式。对于改革前各省辖市对所属县(市)的财政体制性集中与专项补助、财力补助等基数,都以2005年为基期年办理划转,市县对省的各项上解和各项补助、税收返还等基数,都以2006年财政结算数进行划转。从2007年6月1日起,市县财政之间停止资金往来拨

---

① 该信息为笔者在苏北某县某镇对该镇镇长了解县与乡镇关系对乡镇基层经济发展的影响情况时所获得。

付关系,之后市县之间不得再发生任何形式的资金往来关系。改革后,按照"省进市不退"的原则,各省辖市将继续履行统筹协调区域发展的重要责任。市财政局既可接受省财政厅委托,对县财政局进行检查监督指导;也可根据市委、市政府的部署,向所辖县财政局布置有关业务事项,并可要求其提供有关财政资料。原省辖市财政局对所属各县(市)专项拨款补助暂不划转,仍由省辖市统筹用于对所属县(市)进行补助,补助项目及补助金额可在各县(市)间调剂;省辖市财政局可单独或与市有关部门联合向县下达补助指标。从2007年起,省辖市财政每年对所属各县(市)实际补助总额不得少于核定的专项拨款补助基数,否则省财政厅将按省补额予以结算扣减;对于高出的,则按高出额的一定比例予以奖励。

由此可见,在财政关系方面,B县上级市对B县并没有像A县上级市对A县那样实行攫取性的分税制,而是实行支持性的分税制。具体而言,B市除了在一些主要税种方面每年要求B县向市里上缴一部分固定合适的税收收入之外,县里其余的收入都留给县里自己支配,市县两级政府之间并不对县里的每个税种收入约定具体的分配比例来分配税收,而是让县里象征性地向市里上缴一点固定税收收入,其余部分全部留给县里自己支配,以充实县里的财政实力,调动县的积极性。从财政方面尽可能为县里创造良好的发展环境,鼓励县级政府积极组织税源,用于谋划县区的经济和社会发展项目。

在支持性分税制下,B县虽然在更大程度上获得积极去谋划自身发展事务的自主性,但也要独立地为本县居民提供相应的公共服务。虽然市里并不会对县里进行"刮、拿、卡、要",但同时也就意味着市不会对县进行较大的财政转移支付,根据法律和政策规定应当由县负责承担的各种财政支出应当由县里自己负责承受。在这种实现财政资源分配模式下,虽然省里也会尽可能对县实行支持性的财政支持政策,但更主要是把县看作一个独立的财政收入和支出单元,让县承受着比较大的财政硬预算压力,从而迫使B县自身努力组织本县各种财政收入,甚至采取"动员式"的手段组织财政收入,县乡两级党委和政府的工作重心逐渐转向了以"组织财政收入"为工作的重中之重。对此,B县的统计局长这样说道:

你问我在县一级政府是如何对本县的GDP和财政收入进行统计的,我就跟你说句实在话吧,现在县一级政府最重要最中心的工作是围绕着"如何提升财政收入"展开的,招商引资发展经济也是为了提高财政收入水平,因为财政是党委政府施政的基础,无财哪有政啊! 政自财来。我们做统计工作,怎么去搜寻核实一个县的各种经济发展数据呢? 比如GDP的数据统计方面,我们能怎么做? 我们只有将委县政府在每年年初或上一年年底向各乡镇和各政府职能部门下达的目标考核任务数据作为参考依据,到年终考核时我们就按照各乡镇各部门上报的并经县考核部门考核后实际完成的目标任务数作为最终的统计数据来源。也就是说,各乡镇和各部门上报并经县委县政府目标考核通过后所确定形成的实际目标任务数汇总数据就是我们统计县GDP的数据,这个GDP就是这么来的,至于这个真实的GDP到底是多少,各乡镇各部门所报出来的数据真实不真实,我们只能相信县考核部门的考核结果。至于县级财政收入的总体数据统计,一般我们就是按照每年已组织入到库的财政收入作为最终的统计数据。至于这个已经入到库的收入到底是怎么搞上来的,我们就不得而知了,事实上我们也管不了那么多。但是根据上面所讲的由我们汇总的数据在往上报之前先要报县委县政府,让县委县政府领导最终斟酌审定后才能往上报。[1]

(2)市县土地资源配置:项目备案+项目戴帽模式

B县与市之间的关系虽然在政治人事方面仍然实行的是"市管县",但在行政关系方面确是"省管县"。因此在土地资源配置方面,B县上级市虽然对B县有指导和建议方面的权力,但主要还是由省直接决定县里的年度用地指标,市里并没有直接决定的权力。

B县所在省也是实行以项目定用地指标的配给办法,即各县每年从省里所获得的用地指标首先由县里先向市申报。但市只是对项目进行备案,并不需要核准,然后由县里直接向省里申报项目,最后由省里核定项目,经省里对县市下面所申报的各项目进行核定后筛选出省重点项目。只有成为省里的重点项目之后再由省里根据中央向省所分配的用地指标、各项目本身的性质、国家和省里的产业政策及省领导的经济发展思路等方面综合考量,来决定各项目的用地指标配给。因此在整个项目申报的过程中,市里并不能对B县每年从省里获取用地指标的数量构成什么实质性影响,县里每年能从省里获取多少用地指标,完全取决于B县自身向省里所申报项目的情况和质量。对于B县和其上级市之间的土地资源分配关系,B县国

---

[1] 　该信息是笔者在苏北某县调研该县统计局局长了解该县GDP数据和税收形成情况时所获得。

土资源局局长这样说道:

> 　　在每年县里向上争取用地指标的工作方面,市里一般不会卡县,县里项目到它那边备一下案就行了,主要还是县里自己直接向省里上报争取,这让县里少了一层协调和沟通的行政关卡,县里就可以集中精力和资源直接到省里与省里相关部门沟通,当然要尽可能多做些工作,你知道办事都是这样的,为争取县里申报的项目能够进省重点项目名单,这时候什么七大姑八大姨的关系都可以用上。总而言之,用地指标从省里争取得越多越好。现在对于基层政府,用地指标就是钱啊! 就是政府的收入啊! 指标多一点,县里的各项工作都会主动一点。①

2.县乡资源配置
(1)县乡财政资源配置:支持性分税制+乡财县管模式

在省市对 B 县实行支持性的分税制模式下,市不参与县里的税收分成。在财政关系方面由省直接对 B 县进行管理,同时省对县进行扶持性的财政力量支持,这样就从地方政策和制度的层面保障充实了 B 县的自有财力基础,剩下的问题就是 B 县如何发展经济组织本级政府的财政收入了。

可能正是基于"省管县"的财政关系安排对 B 县形成的财政激励,B 县在与其下属乡镇之间也同时实行了县乡分税的府际财政关系模式,其基本分税的原则也是和上级政府支持县的发展一样,尽可能给予乡镇较多的财政分成,以调动乡镇的积极性,激励乡镇积极发展镇域经济。根据笔者的调研,从县乡财政关系方面考察,B 县在支持乡镇发展方面的力度是很大的。表8.7反映了 B 县乡县之间的财政分成比例。

虽然 B 县在财政收入分配体制方面实行了县对乡镇的支持性分税制,但在县乡具体的财务管理关系方面,B 县又根据中央和省的要求实行"乡财县管"的模式。从具体管理的做法看,B 县的"乡财县管"模式与 A 县把其乡镇当作其县派出机构的"乡财县管"模式又不完全一样。严格来说,B 县的乡镇在乡财的管理方面仍具有比较大的自主性,乡镇党委政府和县级财政部门联合管理乡镇财政,对乡镇的财政支出预算安排、资金用途等方面在接受县财政部门监督的基础上仍由乡镇自己说了算,县里通常会充分

---

① 该信息是笔者在苏北某县调研该县国土资源局局长了解该县如何从市和省争取土地指标时所获得。

尊重乡镇的财政支出自主性。另外,在对乡镇财政干部任免、录用和调配等主导权的大小方面,乡镇有比较大的影响力,财力较大的乡镇甚至是以乡镇党委政府为主来决定乡镇财政干部的任免。

表8.7　B县县乡之间的财政分成规定

税种	"三区两园"落户内的企业产生的税收分成比例	非"三区两园"内的企业产生的税收分成比例	"总部经济"形成的税收
增值税	除去中央和省里的分成,市县不参与分成,全部留给乡镇	除去中央和省里的分成,剩余部分全部归属县里,乡镇不分成	除去上缴中央和省里,以及根据县里的政策返还给纳税企业后的剩余部分,县里蹭一点,余下部分归属乡镇
企业所得税	除去中央和省里的分成,市县不参与分成,全部留给乡镇	除去中央和省里的分成,剩余部分全部归属县里,乡镇不分成	除去上缴中央和省里,以及根据县里的政策返还给纳税企业后的剩余部分,县里蹭一点,余下部分归属乡镇
营业税	除去中央和省里的分成,市县不参与分成,全部留给乡镇	除去中央和省里的分成,剩余部分全部归属县里,乡镇不分成	除去上缴中央和省里,以及根据县里的政策返还给纳税企业后的剩余部分,县里蹭一点,余下部分归属乡镇
个人所得税	除去中央和省里的分成,市县不参与分成,全部留给乡镇	除去中央和省里的分成,剩余部分全部归属县里,乡镇不分成	无
地税基金及其附加	归属县级财政	归属县级财政	按照中央和省的政策规定扣除一部分后,再根据县里的政策返还给纳税企业后的剩余部分,县里蹭一点,余下部分归属乡镇

资料来源:本表根据B县JB镇镇长和财政局局长口述归纳整理。

对于B县的这种县乡之间支持性的分税制模式和适当给予乡镇较大财务支出和管理权的财政体制,对乡镇产生了相当大的财政激励,激励乡镇积极谋划自身的发展。以B县JB镇为例,JB镇在十多年前经济并不发达,镇的年财政收入在十五年前不到一百万,经过十多年来的积极努力招商,到目前为止已经积累起较大的财政实力,为推进后续发展打下了很好的基础。对此,JB镇的镇长很自豪地说:

去年我们镇的年财政收入总计达4700多万元,当然这其中大约有2700万是以"总部经济"的形式引进外地企业到B县形成的收入,这部分税收大部分需要返还给企业,自己能留几百万左右,这样我们实际上可以支配使用的财力可以达2500万左右。对于我这样一个人口不多、面积不大的镇,有这么多收入摊镇上的各种开支基本上都可以应付过去。如果不好大喜功搞面子贴金的事,稍节俭点我还可以有些盈余,这样日子就相当好过了,不像过去做个乡镇领导总被债主天天追债,上面来人检查工作下饭馆吃个饭还要厚着脸皮事先跟饭馆老板商量好赊账,现在就不会过这样的日子了,我镇政府的食堂自己也搞了漂漂亮亮的大包房,用不着出去赊账吃饭了。这样我组队出去招商引资,或者需要接待个重要客商,或者需要发展一个重要项目,我这心里头都是踏踏实实的,不像过去那样"手头没把米,叫鸡都不来",那样哪能干成事呢?①

(2)县乡土地资源配置:园区制+集中分享模式

十几年之前,鉴于我国人多地少而多数国土又不适宜开发的现实国情,为实现可持续发展战略目标,中央开始实行"全世界最严格"的土地管理制度,对地方政府在经济和社会发展的用地实行"动态性用地指标"管理制度。针对国家土地管理制度的变化,地方用地指标稀缺且难以申请的情况下,B县改变了之前发展经济的用地政策,将县里每年从省里分配到的用地指标集中起来,整合全县土地资源,推行"园区化"工业发展战略。县政府在不同时期根据县经济发展的现实情况把土地指标主要用于建设各种功能和目标各异的经济园区,所有乡镇对外招商引资所招进的企业全部集中到县集中建设的园区之中,企业集中到园区之后,乡镇本身不能在乡镇土地上建设园区或者直接开办企业,园区建设的成本由县里承担,不需要乡镇掏钱负担。

B县通过将土地指标集中起来,统一优先用于建设园区经济,并对所建设的园区逐年进行滚动式开发。十多年累计开发下来,已经形成了"三区两园"的园区经济格局,这"三区两园"分别为县经济开发区(西区)、盐化工区、经济开发区东区、科技创业园、高新技术产业园。这"三区两园"中几乎集中了全县的工业企业和科技开发企业,乡镇下面基本上不再办工业,

---

① 该信息为笔者在调研苏北某县一乡镇镇长了解县与乡镇的财税分成对乡镇的激励情况时所获得。

特别是对环境具有污染性的工业B县严格禁止在乡镇区域中开办,这样就很有效地保护了农村耕地的数量和土壤品质,保持了乡村原貌。同时,B县出台了动员性极强的招商引资目标考核责任制,激励各乡镇努力进行招商引资。乡镇如果能招到企业,由县里根据企业的行业性质统一安排进这五个园区之中,所招企业产生的税收根据B县制定的县乡税收分成规定在县乡之间进行分配。根据上一节所述,B县制定的县乡税收分成政策对乡镇是极其照顾支持的。

B县实行的"园区制+集中分享"县乡土地资源分享利用模式,一方面把有限的用地指标资源整合集中起来,做大做强了园区经济,在特定的空间范围内逐渐形成了一定程度的聚集经济效果,提升了单位土地产出,使得有限的土地资源利用效率得到很大提高。另一方面,县通过成立资产经营公司集中进行园区土地资源滚动开发,统一进行水电气、网络、排污、废气处理、噪音控制等方面的基础设施建设,大大降低了单位土地资源开发成本,最大化地避免了在发展区域经济过程中对环境所产生的损害。更为重要的是,在由县承担园区开发成本而乡镇在不需要承担园区开发成本的情况下,通过县对乡镇支持性的税收分成制度安排,调动全县乡镇的积极性去招商引资,乡镇招到企业后统一进园区,但由此产生的税收利益和GDP归属于乡镇,在这个基础上所形成的乡镇经济和园区经济在空间形态上出现了高度重合。

对于B县"园区制+集中分享"县乡土地资源分享利用模式,B县的另一位镇长谈起来很激动地说:

> 在我们县,通过县乡集中分享土地资源和对乡镇实行的扶持性的财政收入分成安排,鼓励乡镇积极去招商引资,并将招进来的企业引入到由县里集中建设的"三区两园"中,以充分享受县给与乡镇的税收分成好处,尽可能让乡镇得到更多的税收分成比例。这样做乡镇得到了实际的好处,同时也不用让乡镇承担园区建设、厂房建设以及其他配套基础设施的建设成本,让我可以安心努力地去招商,谁先招到企业就先安排进园区。这样我招到一个企业就有相应的税收,招多少就得多少,我何乐不为呢?所以从这点看,县里作出这样的土地利用和财政安排决策是很英明的,完全把乡镇的积极性给调动起来了,乡镇领导做起来还有些意思,通过领导带头努力、班子团结一心真正把一

个镇发展起来还真有点事业成就感。①

　　以上以B县为中心,比较全面地分析了市县和县乡的府际权力配置情况对相关地方政府行为所可能产生的影响。这样的影响归根结底都要传导到乡镇一级的最基层政府,虽然B县通过对乡镇进行选择性的放权来尽可能地给予乡镇以支持,但B县的乡镇仍对目前的府际权力配置关系存在颇多颇深的微词,认为乡镇应当得到更多的治理性权威才能更好地为地方经济的健康发展提供基础性和持久性的组织保障。对此,B县一位镇党委书记发出这样感慨,他说:

　　　　现在国家的发展很快,看起来很成功,但我认为,在乡镇一级能做到既有实实在在的发展,社会又很和谐稳定才是最大的成功,因为乡镇才是中国广大农村社会最基础的治理单元。现在是上面一害病,我们下头就得吃药,乡镇政府和干部好像是个出气筒,老百姓和上头的气都往我们这里出。乡镇做事无限多,但手上又没什么资源和权力,原来有七站八所,还有些人手可以做点事,现在都进行垂管了,事多权小,财权与事权极不对等。比如,我们辛苦招到一个企业,增值税省市乡镇四级政府才共同分25%,如果上头政府不对我们最基层一级的政府让利,那乡镇肯定就没什么收入了,况且在乡镇一级的地方地税税源又很少,没有什么体量,每年过年镇里都要和县长要钱,和财政局局长吵账,如果乡镇书记镇长不行,那这个乡镇肯定不行,乡镇一旦不行了,上头的负担不就更重了吗。②

三、B县目标治理形式:动员式目标治理

　　动员式目标治理是指政府领导人将目标责任考核制度作为政府促进地方经济发展的动员工具,以行政和政治动员的方式动员督促政府体系中的干部和政府组织动用一切可以动用的资源去促进本地区的经济发展,达到预先设定的各种增长和施政目标,其与科层式的目标治理方式的重要区别是目标责任考核本身就成了政府达成目标的动员工具和动员手段。

---

① 该信息为笔者在调研苏北某县一乡镇镇长了解县与乡镇的关键性资源配置对乡镇的激励情况时所获得。

② 该信息为笔者在调研苏北某县一乡镇党委书记了解县与乡镇的权力配置对乡镇的影响情况时所获得。

在动员式目标治理方式下,地方经济发展的目标设定、目标激励、目标实施和目标考核结果的运用无不体现了政府动员的特征。因为其动员强度之大,动员对象范围之广,动员监督措施之严格、目标结果对被动员对象影响之重要,使之已经完全超出一个组织的正常组织行为绩效考核概念范畴,并且使得整个组织体系失去了科层化运转的特征,政府组织的科层治理已经完全被扭曲,甚至被破坏,完全服从于领导个人所欲达成的目标意志。同时,对于被动员对象而言,在动员式目标治理下,被动员对象通常会被布置超出法定工作职责的工作内容,打乱正常的工作时间,去做非本职工作的事情。反映在整个政府组织体系层面,在动员式的目标治理方式下,整个组织体系失去了科层性的工作机能,取而代之的是一茬接一茬的运动式的目标达成行为。

B县在最近十来年的经济发展的过程中,政府力量一直发挥着极其重要的作用。这些年来,B县政府通过两种途径对县乡两级干部进行激励,激励他们积极投身于促进地方经济发展的事业之中。在这两种途径中,一种途径就是本书上面所述的通过设置合适的府际权力结构来激励县乡两级政府积极有为地促进地方经济发展,另外一种途径就是通过对县乡两级各政府组织实现动员式的目标责任考核制度,来激励督促县乡干部为本县的经济发展做出积极贡献。

B县上级市对B县实行的目标治理形式及B县对下属乡镇和B县政府部门所实行的目标治理形式,明显不同于A县的做法,具体表现在目标考核对象、目标设定、目标激励、目标实施和考核结果运用等方面B县的治理行为极其鲜明地体现了政府行政动员和政治动员特征。正是因为B县实行了这种动员式的目标治理,使得B县的所有政府组织和干部全都被动员起来,深深地介入B县的地方经济发展事业之中,而正是因为政府深深地、全面而又广泛地介入B县的经济发展事业,B县最近十多年的经济发展绩效明显地受到政府动员式目标治理的深刻影响。

(一)府际目标传导动员

1.任务对象动员

由于受到上级市强力的目标考核激励措施刺激,B县为保证市里下达的季度指标和年度指标都能圆满完成,对全县范围内所有的政府组织机构、国有企事业单位(学校和医院除外)进行了目标考核动员,将他们都列为目标考核对象,分派相应的经济发展和税收增长任务。以2013年为例,根据B县县委办公室、B县政府办公室对B县范围内的各镇、各部门联合下达的《目标分解情况表》和《关于2013年全县跨越发展目标的说明》两份文件中的规定,B县对县委县政府下属的各个党委和政府职能部门、企事业单位按领导管理权属关系进行了归类划分,归类划分出了23个政府综合部门、23个政府一般部门、15个政府条管部门、11个金融部门、9个其他部门(见表8.8),在具体进行目标任务分解时对以上这些被划分归类的各部门以及全县范围内的12个乡镇和经济开发区(该县"三区两园"的统称)都下达了相应的目标任务。在这些考核动员的主体对象中,乡镇和开发区作为地方经济发展的考核对象本无可厚非,但是对于那些肩负特定政府职能的部门、履行特定职责的事业单位,甚至将公检法等执法和司法机构作为地方经济和税收增长的目标考核对象,则完全破坏了现行政府法定科层机制的运转机能,很明显,这种动员式的目标考核做法已经完全突破了科层制组织机制的约束。

表8.8　B县目标组织动员的部门和机构

综合部门 (23个)	一般部门 (23个)	条管部门 (15个)	金融部门 (11个)	其他部门 (9个)
经信委、商务局 发改委、农　委 林业局、水利局 水产局、开发局 民政局、教育局 卫生局、物价局 交运局、住建局 环保局、文广局 县委办、人大办 政府办、政协办 监察局、组织部 宣传部	财政局、人社局 审计局、规划局 粮食局、计生委 旅游局、统战部 总工会、统计局 农机局、农工部药 监局、乡镇局科技 局、团县委供销公 司、党校商业公 司、妇联机关工 委、残联信息中心	国土局、国税局 地税局、工商局 邮政局、电信局 质监局、烟草局 盐务局、气象局 供电公司 移动公司 联通公司 人保公司 寿保公司	农信社 人民银行 工商银行 农业银行 中国银行 建设银行 江苏银行 邮政储蓄 XX农商行 农业发展银行 XXX村镇银行	政法委 公安局 检察院 法　院 司法局 城管局 安监局 信访局 地震局

注:本表资料来源由B县考核办提供。根据2013年B县制定的目标考核方案,上表中综合部门中教育局和体育局合并考核、组织部和老干部局合并考核、政府办与法制局合并考核;一般部门中人社局和编委办合并考核。

不仅如此,B县似乎并不满足于将其下属乡镇、开发区和列表中的政府部门列为目标考核对象的做法,为激励本县各级和各部门领导干部更积极努力地推动本县的经济和税收增长,B县县委县政府决定,从县委书记和县长两位主要领导开始,所有县委、县政府、县人大、县政协、县法院、检察院和公安局长等机构正副职领导都肩负有为县里引入税收的任务,以示领导在全面目标考核实施中以身作则、引领带头示范的效果。各机构领导具体分配的税收任务如表8.9。

表8.9　B县领导班子税收任务分配数量

县委		县政府		县人大		县政协		县法院		县检察院	
书记	其他常委	县长	副县长	主任	副主任	主席	副主席	院长	副院长	检察长	副检察长
500万元	400万元	500万元	400万元	200万元	100万元	200万元	100万元	200万元	100万元	200万元	100万元

资料来源:本表根据B县某副县长口述后记录整理。

2.指标设定动员

B县上级市对B县设定的考核目标不仅紧跟中央和省的政策要求,同时也体现了地区发展的特殊要求和B县上级市主要领导的施政意图。为保证地方经济又好又快的获得发展,最近十多年来,B县上级市通过对下属县区和其职能部门分设季度考核指标和年度考核指标进行考核的方式,实现对被考核对象进行季度考核和年度考核,其实质上是通过季度考核动员来保障实现全年考核目标。季度考核动员具体考核季度考核指标在每季度的实现情况,重点侧重地方经济发展数量和速度方面的考核,考核各被考核单元在季度时间里推动地方经济发展的工作情况。年度考核指标覆盖范围超过了季度指标,一般在年终时进行总体考核,全面考核县经济发展的速度和质量,以及被考核单元履行职责和提供公共服务的情况,体现了科学发展的一些专门要求。

以2013年B县上级市对B县的跨越发展考核指标项目设置为例(见表8.10),在季度考核指标设置中,全部都为与地方经济发展有关的指标。从全年的考核指标设置看,与经济发展有关的指标的总计分值仍达到总分值的三分之一以上,这反映出B县上级市要求其下属县仍以促进实现地方经济发展为其常年的工作重心。从考核指标整体方面看,B县上级市所设置的指标极具发展理性,其意图是希望本地区能够在取得较快发展的前提下,实现一个较具有质量的经济发展效果,同时还希望实现达到包容性增长的目标。在这样理性而又比较苛刻的高发展目标要求下,B县政府在实际的工作实践中是否真的能够达到上级市所设置的各考核目标的要求呢?B县政府可以通过县一级政府组织的力量实现本县经济又好又快地发展吗?且看下节论述。

从B县本级政府的目标考核层面考察,在上级市对B县下达目标考核任务后,B县为保证圆满实现上级市对之下达的各项与经济发展相关的目标,B县同样也对乡镇采取了季度考核和年度考核的方式,分别设置了相应的季度考核指标和年度考核指标。表8.10反映了B县对乡镇所设置的考核指标名录,从表8.11中可以发现,B县对于乡镇的考核指标设定完全侧重于经济发展和税收指标。其中,对于乡镇季度考核指标的设定,B县在全部吸收上级市所设定指标的基础上,同时自设了四项重点指标,以督促乡镇千方百计增加服务业税收和各类市场主体数量。对于乡镇年度考核指标的设定,B县在选择吸收上级市相应9项年度考核指标的基础上,另对乡镇自设了3项重点考核指标,以督促乡镇积极努力增加工业总产值和工业税收,以及积极向上争取专项资金支持。

　　如前所述,B县为保证圆满完成市里下达的目标任务,不仅对乡镇进行分派考核任务,同时把全县所有的政府职能部门和大部分的国有企事业单位列入目标考核体系之中。以2013年的B县考核为例,B县在对乡镇侧重经济发展和税收指标考核的基础上,将全县所有的政府职能部门和大部分的国有企事业单位划分归类为五个部门,并对这五个部门分别设置考核指标进行考核。表8.12反映了B县对五个部门所设定的考核指标名录,从表8.12中我们可以得出这样的结论,凡是被归类划分的部门单位、不管是公检法司机构还是其他像气象局和地震局之类的事业单位,B县都对之分派了增加现代服务业税收的考核指标任务,都要接受县里的服务业税收考核,其中政府综合部门和一般部门根据考核要求更是肩负着比较重的促进地方经济发展和税收增长的任务。B县对各政府职能部门和相关国有企事业单位设定经济和税收增长考核指标的做法,明显突破了科层制政府组织的职能范围,背离了其正式的组织目标,因而具有极强的指标设定动员特征。

表8.10　B县上级市对B县进行考核所设定的季度考核目标和年度考核指标

指标类别	序号	考核内容	分值
季度考核指标（100分）	1	公共财政预算收入	8
	2	规模以上工业应税开票销售收入增量和增幅	8
	3	服务业入库税收增量和增幅	8
	4	开工项目注册外资实际到账	8
	5	工业用电量增量和增幅	8
	6	固定资产购置进项税总量	8

指标类别	序号	考核内容	分值
	7	签约亿元项目开工考核	8
	8	在建亿元项目竣工考核	30
	9	竣工亿元项目质量考核	10
	10	省重点项目质量考核	4
年度考核指标（100分）	1	地区生产总值增量和增幅	6
	2	规模企业数增量和增幅	6
	3	二、三产业占GDP比重	2
	4	社会消费品零售总额增量和增幅	2
	5	财政总收入增量和增幅	2
	6	注册外资实际到账	2
	7	农业农村工作	12
	8	金融存款增量和增幅	4
	9	企业上市工作	4
	10	全社会R&D支出占GDP比重、百亿元GDP专利授权数和发明专利申请数	4
	11	高新技术产业发展	4
	12	高层次人才工作	6
	13	文化产业增加值增量、增幅和占GDP比重	2
	14	亿元GDP建设用地占用下降率	4
	15	单位GDP能耗下降率	2
	16	城乡居民人均收入增量和增幅	4
	17	城乡基本社会保险覆盖面	4
	18	农村低收入人口脱贫率	2
	19	水功能区水质达标率	2
	20	城市化率	2
	21	城镇保障性住房覆盖率	2
	22	主要污染物排放削减率	4
	23	食品药品抽检合格率	2
	24	教育现代化	4
	25	医疗卫生水平	2
	26	社会管理综合治理、平安和法治建设	10

表8.11　B县对乡镇考核所设定的季度和年度考核指标

指标类别	序号	考核内容	分值
季度考核指标（100分）	1	公共财政预算收入	8
	2	规模以上工业应税开票销售收入增量	3.2
		规模以上工业应税开票销售收入增幅	4.8
	3	服务业入库税收增量（不含房地产）	3.2
		服务业入库税收增幅（不含房地产）	4.8
	4	开工项目注册外资实际到账	8
	5	工业用电量增量	3.2
		工业用电量增幅	4.8
	6	固定资产购置进项税总量	8
	7	签约亿元项目开工考核	5
	8	在建亿元项目竣工考核	25
	9	竣工亿元项目质量考核	8
	10	省重点项目质量考核	4
	11	现代服务业税收★	5
	12	规模工业企业数增量★	2
		限额以上批零住餐企业数增量★	1.5
		重点服务企业数增量★	1.5
年度考核指标（100分）	1	财政总收入增量	4
	2	财政总收入增幅	6
	3	注册外资实际到账	10
	4	农村居民人均纯收入增量	3.2
	5	农村居民人均纯收入增幅	4.8
	6	农村低收入人口脱贫率	4
	7	工业产值★	5
	8	工业实体企业税收增量★	4
	9	向上争取资金★	10
	10	农业农村工作	20
	11	高层次人才工作	8
	12	社会管理综合治理、平安与法治建设	15

资料来源：表8.10和表8.11由B县考核办提供，带"★"的指标为B县自设指标。

表8.12　B县对县直部门、条管部门及其他相关部门考核的指标类别设定

指标类别	序号	指标考核内容	综合部门	一般部门	条管部门	金融部门	其他部门
季度考核指标	1	规模以上工业应税开票销售增量(万元)	√	√	工商		公安
		规模以上工业应税开票销售增幅(%)	√	√	工商		公安
	2	开工项目注册外资实际到账(万美元)	√	√			
	3	固定资产购置进项税总量(万元)	√	√			
	4	签约亿元项目开工数(个)	√	√			
	5	在建亿元项目竣工数(个)	√	√			
	6	竣工亿元项目质量考核(万元)	√	财政			
	7	省重点项目进展情况考核(个)					
	8	规模工业企业数增量(个)	√	√			
		限额以上批零住餐企业数增量(个)	商务				
		重点服务企业数增量(个)	交运				
	9	现代服务业税收(万元)★	√	√	√	√	√
年度考核指标	1	公共财政预算收入		财政			
	2	财政收入总量和增幅		财政			
	3	地区生产总值和增幅		统计			
	4	二、三产业占GDP比重		统计			
	5	社会消费品零售总额增量和增幅		统计			
	6	注册外资实际到账(万美元)	√	√		√	
	7	向上争取资金(万元)	√	√	√		√
	8	高层次人才工作(组织部牵头)	√	√		√	√
	9	社会管理综合治理、平安与法制建设	√	√		√	√
	10	开票销售增量和增幅	经信				
	11	工业用电增量和增幅	经信			供电	
	12	固定资产购置进项税总量	经信				√
	13	服务业税收增量和增幅(万元)★	发改			√	
	14	农业农村工作		农工			
	15	企业上市工作	发改				
	16	全社会R&D支出占GDP比重、百亿元GDP专利授权数和发明专利申请数		科技			
	17	高新技术产业发展		科技			

指标类别	序号	指标考核内容	综合部门	一般部门	条管部门	金融部门	其他部门
	18	文化产业增加值增量、增幅和占GDP比重		统计			
	19	亿元GDP建设用地占用下降率		国土			
	20	单位GDP能耗下降率	经信				
	21	城乡居民人均收入增量和增幅		统计			
	22	城乡基本社会保险覆盖面		人社			
	23	农村低收入人口脱贫率		农工			
	24	水功能区水质达标率	水利				
	25	城市化率	住建				
	26	城镇保障性住房覆盖率	住建				
	27	主要污染物排放削减率	环保				
	28	食品药品抽检合格率	药监				
	29	教育现代化	教育				
	30	医疗卫生水平	卫生				
	31	招商目标			√		
	32	本外币存款增量(亿元)				√	
	33	本外币存款增幅(%)				√	
	34	本外币贷款增量(亿元)				√	
	35	本外币贷款增幅(%)				√	
	36	省重点项目	发改				
	37	向上争取用地指标完成2个以上点供地项目☆			国土		

注：本表资料来源由B县考核办提供。表中带"☆"为县自设特别目标，带"★"为县自设重点目标。

3.目标任务发包动员

在考核项目指标设定后,B县上级市每年会对其下属各县区设定并下达全年的各考核目标项目指标任务值,这个任务值是上级市对其下属县提出的要求完成目标达成值,这就意味着这个任务值一旦上级市向B县下达后,B县必须竭尽全力去达到这个任务值。以2013年为例,根据上节图表所反映的项目指标数,2013年B县上级市向B县下达了26项考核目标指标,囊括了经济发展、财政收入、节能减排、公共服务及社会管理等方面。

对于这么多考核指标,其考核指标任务值是怎么确定的呢？其定值的依据是什么？对此,B县负责全县目标考核的效能办主任这样解释道：

一般而言,指标任务值的确定分三种情况,第一情况是如果有些指标在省里根据中央的要求或按照省里自身的意志已经向市里下达具体任务值的情况下,那么市里为保证省向市下达的目标任务值能圆满完成,通常会考虑在省向市下达值的基础上,首先按照一定的比例加上一定的幅度值,再按照下属各考核单元总数根据各被考核单元的实际情况进行任务分解,将加幅度值并且分解后的指标任务值下达给各被考核单元。如果有些指标项目,像经济类的指标在中央和省里有明确增长目标的情况下,则市在加幅度值时一定要根据省里提出的增长目标比例的基础上再加上一定的比例幅度值。同样,在县对乡镇和各政府部门确定下达最低目标任务值时,也根据同样的办法进行确定下达,由此形成了"层层加码"指标任务值体系;第二种情况是如果有些指标在省里没有向市里下达具体任务值的情况下,而是由市里自主决定设定任务值。此时市里在考核各被考核单元实际情况的基础上,贯彻中央和省里的指导精神,体现市主要领导的执政意志来综合考量确定,确定后将指标任务值进行分解再向各被考核单元下达。县里在接受这样的指标值之后为保证圆满完成该指标任务值,同样也会考虑适当地加上一定的比例幅度值后再进行分解,并将分解后的指标值下达到乡镇和县直部门等被考核单元;第三情况是有些指标在省市都没有明确具体任务值的情况下,或者有些指标是属于县里自设的指标,这时候就由县里目标办根据各乡镇和各部门的实际情况以及他们上一考核年度完成目标的情况来综合权衡确定一个目标值,报县委常委会讨论决定后下达。①

在动员式任务发包方式下,考核目标任务值在由上级政府下达下级被考核单元后,就会对被考核单元产生相当大的考核压力。根据2013年B县上级市委办公室、市政府办公室联合颁发的《2013年XX市县(区)跨越发展考核实施细则》中的规定,在上级市将考核指标任务值下达给B县后,假如B县在某个具体的考核目标项目指标没有完成上级市对之下达的目标任务值,那么对于B县,该未完成的指标项目就不能得分,上级有关考核部门在年终考核时会对该未完成指标的考核目标项目给予零分,而一旦某个考核指标被给予零分,那么就会对B县全年的考核总分拖后腿,这就意味着 B 县可能在该年的年度考核排名中处于全市所有县区的落后位置。当这种考核结果出现时,根据其上级市的考核办法规定,B 县领导就可能在政治和经济方面承受相当不利的考核后果。鉴于完不成上级市下达的目标任务值所造成的不利考核后果,B 县为确保上级市下达的目标任务值能够达成,通常将考核指标任务值又分为两个具体目标值对乡镇和县属各部门进行下达,这两个目标值一个称作为确保目标值,另一个称作为工作目标值。确保目标值是指下达给被考核单元的必须完成的最低值,被考核单元若在一个考核周期内完不成此任务值,则同样会承受相当不利的考核后果;工作目标值是指下达给被考核单元的所要争取的目标值,若被考核单元在一个考核周期内能够完成此任务值,则根据考核激励措施会得到相应的考核奖励。

（二）府际目标激励动员

为调动被考核对象积极努力地去实现设定的考核目标,完成下达的考核任务值,建立一种合适的机制激励被考核对象是非常必要的。但是,如果一种激励措施对被激励对象所产生的激励力量与目标任务实现的难度不相匹配,以至于对被激励对象而言难以承受,那么这种激励机制显然存在一定的不合理性。

在 B 县所采取的动员式目标治理方式中,虽然动员的手段在目标管控的很多方面都得到体现,但最能显现动员力量的就是为激励考核单元实现达成目标所采取的目标激励措施。对于科层式目标治理与动员式目标治理之间的区别,除了上述被列入目标考核对象存在比较大的科层与动员特征的区分之外,另一个最大的区别就是两种目标治理方式所采取的目标激励措施具有重大的差异性。

以 2013 年 B 县上级市对 B 县所采取的目标激励措施为例（见表 8.13）,B 县上级市对 B 县采取了立体性的目标激励措施,这些激励措施涵盖了政治、经济和社会性的激励手段,激励的方向既有正向激励也有负向激励,对被考核对象而言,会产生相当大的激励力量。B 县领导就处于这样一种涵盖政治、经济和社会激励手段的动员性极强的立体激励网络中,如果 B 县完不成 2013 年其上级市对之下达的目标任务,那么 B 县领导就要承受表8.13 中规定的负向政治、经济和社会激励后果,而这种后果对于一个好不容易获得一个县的主要领导职位的人而言,显然是难以接受的。

因此,对 B 县领导为避免出现承受不利的目标激励后果的结果出现,同样地在制定对下属乡镇的目标激励措施的时候,也仿照 B 县上级市对 B 县所采取的目标激励措施,对其下属乡镇也综合采取政治、经济和社会激励等多种目标激励手段,同样也对下属乡镇领导构建了一个动员性极强的立体性的目标激励网络,以激励乡镇能够实现B县对之下达的目标任务值,从而保证B县能够完成其上级市对之下达的目标任务值。

从8.13中我们可以看出,如果某个考核对象完不成上级政府对之下达的目标任务值在目标考核中排名处于末位的话,那么,其主要领导除了要遭受"面子"上过不去的难堪之外,还要接受经济处罚,甚至还有可能丢掉"乌纱帽",这对谁来讲都不是一件好受的事情。因此在这样强大的立体性激励网络之下,被考核对象无不积极努力地去想办法实现上级对之下达的目标考核任务。对于这样的极具动员性的目标激励措施如何进行评价,B县的一位镇长这样说道:

> 现在上头对我们的考核手段真是厉害了,好像有点是千方百计地想把我们这些基层乡镇领导逼上梁山似的。现在可以说上头下达的大部分目标都不好完成,你说每年老老实实、勤勤恳恳地做到最后年终考核还是完不成目标,还要当着那么多人的面上台发言出丑,面子上也不好受,责任保证金被扣、年终没奖金虽有些心疼不甘倒也没什么,没钱可以少花点,但是弄不好还把你从现有位置给撸下来,那还真是让人接受不了,所以现在我们在这样的考核动员体制下都感觉到相当大的压力。先是每年六月份一到最怕两个"过半",如果时间过半但任务不过半的话,就意味着整个下半年都不好过了,除了"两过半"压力,接着还有"四阶段"的季度考核,更让人不好过。其实我也不想在年终考核时争第一,也很难做到第一,只求别落到最后就行了,一旦在这一年落到最后,那么在下一年就必须将考核排名往前靠,采取什么手段都行,也管不了那么多,否则,我只有下台另谋出路了。①

表8.13　B县上级市对B县及B县对其下属乡镇的目标激励形式和激励措施

激励形式		B县上级市政府对B县的目标激励手段	B县对下属乡镇政府的目标激励手段
政治激励	正向政治激励	1.目标考核前3名且领导班子经济发展实绩考核不低于80分的县区,每年提拔10名实绩突出的干部至副处级予以重用,名额比例按5:3:2比例执行; 2.赋予县级党政正职直接向上级推荐提拔10名副处级干部人员的权力; 3.连续3年综合考核前3名的县区,对党政主要领导予以推荐使用。	1.考核综合得分前三名的,由该考核单位每年计选3名实绩突出的干部向县委推荐并由县委予以提拔重用; 2.连续三年考核综合得分前2名的,对党政主要领导优先予以推荐使用。
	负向政治激励	对连续两年综合考核排名末位的县区,经组织考察认定存在问题的,对主要责任人采取调离、降级降职使用等组织措施,一年内不予提拔为处级干部。	1.凡是连续两年在目标考核没有项目得分的单位,县里在该单位不能提拔任何级别的干部; 2.凡是在目标考核中没有独立得分项目的单位,其主要负责同志不能作为处级干部推荐人选; 3.连续两年考核综合得分排名末位的,对主要责任人采取调离领导岗位,其他人一年内不予提拔科级干部。
经济激励	正向经济激励	对年度考核总分前3名的县区由市财政拨付奖励,一等奖200万元、二等奖100万元、三等奖50万元。	在目标考核季度和年度总分排序一、二、三等奖,一等奖80万元、二等奖40万元、三等奖20万元。发放的奖金额按各镇公共财政预算收入完成情况按比例发放。
	负向经济激励	1.在各季度考核得分低于80分的,扣除当季主要领导奖金; 2.县区党政正职在与市里立目标责任制时需缴纳保证金、没有实现目标考核任务时扣除保证金。	县直部门和乡镇负责人向县考核部门缴纳保证金10000元,按季考核、按季兑现,季度目标完成情况低于县平均数的单位扣除负责人缴纳的保证金,扣除的保证金用于奖励平均数以上的单位。
社会激励	正向社会激励	1.开会时交流先进经验;在会议场合列入先进区域坐席; 2.在目标考核年度总结会议上进行专门表彰。	考核得分排名靠前的单位,其党政领导在全县大会上做经验总结交流,县委县政府以不同形式对之进行表彰表扬。
	负向社会激励	1.排名落后者开会时列入落后区坐席; 2.综合考核后两名的县区,要在全市大会上表态发言,并向市委、市政府书面报告原因,提出整改措施。	考核得分排名末位的单位,其党政领导必须在全县大会上表态发言,并向县委县政府书面报告原因,提出整改措施。

注:本表根据B县上级市对B县和B县对其下属乡镇的相关考核文件内容进行归纳整理。

(三)府际目标实施动员

根据 B 县上述实施的动员式目标激励措施,年终考核排名靠前的三名将获得具有实质性内容的政治和经济方面的正向激励,而排名靠后者将承担相当不利的政治和经济负向激励后果。显然,在这样的强激励考核模式下,如何设定考核计分标准、如何设定考核排名规则,以及如何设定目标考核竞争规则是让考核获得可信信赖的关键规则安排,从而推进目标能够有效地予以实施。在动员式的目标治理形式下,根据 B 县的多年累积起来考核实践经验做法,笔者总结了以下三种考核设定规则,这三种规则在实施过程中同样也会对被考核对象产生很大的动员力量。

1."背对背"式目标竞争机制

"背对背"式的目标竞争是指被考核单元在被下达最低任务值后具体实施目标值的过程中,只能估算自己的目标实现可能性,以及实现目标的程度,但他并不知道其他同质的被考核单元实现目标的可能性有多大及他人实现目标的程度。在这样的目标竞争考核方式下,每个被考核单元好像是在一个"黑屋子中点着一根蜡烛看着自己的目标值来与其他一群毫不知情的被考核对象进行目标竞争博弈,来决定自己付出工作努力的程度"。在这种目标竞争博弈中,对每个被考核对象存在着一种向上不停冲刺的竞争机制,因为每个被考核对象都害怕成为落后者,从而受到政治、经济和社会三重性的负向激励惩罚。因为每个被考核对象都不知道被考核群体中其他考核单元在年终时用于考核排名的目标成绩,因此处于考核竞争排名中的所有考核对象在自己心中都没有底,都害怕自己被其他所有的考核单元超越,唯一能做的是只有积极努力地去尽可能提高目标实现值,以避免自己成为一名落后者。毫无疑问,"背对背"式的目标竞争机制对身处被考核竞争中的考核对象存在着一种机制性的动员力量,一旦一个政府组织被确定为这种考核目标竞争队伍中,那它就必须动员自己能控制使用的一切资源去尽可能高地实现目标值。

2."坠崖式"考核计分原则

"坠崖式"的计分原则是指在某个考核年度年终时对被考核对象考核计分过程中,若被考核对象在某项考核指标接受考核时没有达到考核单位下达的最低目标任务值,则对这项未达标的考核指标分值直接计为零分,而不管被考核对象为完成这项考核指标方面付出了多少工作努力。这种考核计分设计方法本意是为了杜绝在考核计分过程中出现的"人情分"和"随意分"现象,但因为其执行起来相当刚性,对被考核对象而言,这种考核计分方法所产生的压力是不言而喻的。

在 B 县,不管是其上级市对 B 县的目标考核,还是 B 县对其下属乡镇和政府各部门的考核,都采用这种考核计分方法。我们可以想象一下,在多目标的考核机制中,上级政府考核指标项目越多,目标实现难度越大,根据这种"坠崖式"的考核计分方法,作为被考核对象的下级政府所承受的考核压力也就越大。对某些考核对象而言,如果有些考核指标因为客观条件的限制确实难以实现,且这项考核指标又在整个指标分值体系中占有较大分值,那么这个被考核对象必然在考核目标竞争中处于不利的考核地位,这会产生较大的考核不公平性。另外,在被考核对象以有限的资源去实现多种目标任务的情况下,这种"坠崖式"的计分方法会驱使被考核对象故意忽视那些考核分值占比小的考核指标,特别重视那些考核分值占比大的考核指标,从而出现考核指标选择性实现的现象。在现实中,B 县的一位镇长对这种考核计分方法这样评价道:

> 　　到了乡镇基层,各种能够控制掌握的资源都是极有限的。现在上面压下来的目标任务那么多,既要叫你把 GDP 和财政收入搞上去,又要叫你把乡村公共服务搞上去,还要叫你做节能减排、农村环境卫生整治、维稳和党建,哪个考核指标任务压下来讲到底都是叫你花钱办事。上面千条线、下面一根针,我的针头就那么小,放在地上立都立不住,在这种情况下我只能将很有限的资源去优先满足实现那些对我最重要的考核指标,那些花不了什么钱出点力就能完成的指标我也会尽力地去完成,其他那些难以完成不好实现的指标就附带做做,如果都按照上头要求把压下来的每个指标任务很较真地做起来,我看就是叫"玉皇大帝"来做也完不成。①

3."标杆式"的计分排名方法

"标杆式"的计分排名方法是指考核单位对每个考核指标进行量化计分时采用"无量纲化"处理。事先不明确设定某项考核指标第一名的达标分值,而是根据该指标考核竞争的最后考核计分结果情况,选择该指标得分排名第一的被考核对象作为该指标考核排名"标杆",考核结果第一名的被考核对象该项考核指标分值为满分,其余被考核对象以其在该项指标的考核实绩与第一名被考核对象的差距,按比例折算为其该项指标的应得

---

① 该信息为笔者在调研苏北某县一乡镇镇长了解乡镇基层对上级政府的目标绩效考核的评价感受时获得。

分值。

结合上述"坠崖式"的考核计分原则,"标杆式"的计分排名方法在实际作用方面能够起到强化"背对背"的目标竞争机制动员效果。在这种计分排名方法中,处于互相竞争的目标博弈者如果能在某项考核指标竞争中排到第一名,那么它就能在该项指标方面获得满分,其他竞争者就只能以它与第一名之间的相对差距成绩计分。但这种情况只能用于所有的被考核对象在某项考核指标方面都至少达到上级考核单位对之所下达的目标任务值的情况下才能适用。假如被考核单位在某项考核指标方面没有达到上级考核单位下达的目标任务值,则只能记零分,就不存在与第一名被考核对象之间相对差距成绩的相对计分问题。

综合上述三种目标考核方式,对某个具体的被考核对象而言,它们所叠加起来的目标动员效果是很强烈的。对处于目标竞争机制中的优胜者而言,存在"赢者通吃"的正向激励,对处于目标竞争机制中的落后者而言,存在"落后通输"的负向激励。

(四)府际目标考核督导动员

为保证市县所制定的目标在每一个考核年度内能够实现,B县上级市对B县以及B县对其下属乡镇都采取了相当严格的目标实施和监督动员机制。目标实施监督动员是指考核单位通过制定某种具体的考核方式要求,督促被考核对象根据其制定的各种考核指标及其在各种考核指标方面对被考核对象所下达的相应目标任务值积极地去考证相关工作并达成目标任务值的动员性做法。在一个极具理性的组织中,为达成组织目标必须有相应的目标实施和监督措施,但是如果目标实施监督措施过于严厉的话,就可能突破韦伯所定义的科层制组织的绩效考核,而嬗变成一种浓厚政治或行政动员色彩的政府动员措施。根据B县的动员式目标考核治理实践中的做法,目标实施监督动员可具体细分为目标考核动员和目标督导动员。

1. 目标考核动员

在B县推进地区跨越发展的目标考核实践中,B县上级市和B县采用了平时目标考核与年终目标考核相结合的考核方式,以督促各被考核对象积极努力地去实现目标。其中,平时考核具体又包括为两种考核方式:第一种考核方式为"两过半"考核,是指目标下达考核单位要求被考核单位在每一个考核年度中的六月份过后必须完成其全年度所下达的目标任务量一半,简单地说是对年度考核指标进行半年制考核,对被考核单位的标准要求是"时间过半则任务完成量必须过半",否则,就要受到考核单位的通报批评、扣分或严厉责罚。第二种考核方式为"四阶段"考核。"四阶段"考核则是考核单位对被考核对象按季度分阶段进行目标任务实施考核,每季度末由考核单位专门设立的负责考核的机构对考核对象下达的季度考核指标实施情况进行专门考核考查。显然,上述两种考核方式是相辅相成的,通过把握好"四阶段"的季度考核结果,不仅"两过半"要求能实现,全年的目标任务达成也就能取得保证。

为保证季度考核能切实发挥作用,取得实际的考核效果,B县采取了一项很有意思的季度考核激励制度,就是对季度考核目标实施保证金制度。这项制度体现于B县颁发的一份考核文件中,根据B县颁发的《关于2013年全县跨越发展目标的说明》文件中的一项规定:"2013年季度目标考核与往年一样继续实行保证金制度,县直部门主要负责人和各乡镇主要负责人均需向县负责考核部门缴纳保证金10000元,按季考核、按季兑现。季度考核时,完成情况低于平均数的扣除保证金,扣除的保证金用于奖励平均数以上的单位。"按照上述规定,如果某个被考核对象在每个季度的考核指标分值都达不到全县考核平均数的话,那该被考核对象单位的主要负责人(包括党委和行政主要负责人)在每个季度都要被扣除10000元保证金,四个季度考核下来意味着就要付出40000元保证金。对一个收入水平不高的基层公务员而言,这种季度目标保证金制度确实是一个现实性压力型激励。

考核单位利用上述两种具体的考核方式对被考核对象进行目标任务实施动员的做法,其实质是促使被考核单位认真对待完成上级考核单位对之下达的考核指标,目标任务能够尽量提前完成,避免被考核单位日常平时工作疏于对待目标任务、到年终考核时临时抱佛脚搞年终突击冲刺的慵懒惰怠的科层化科层组织现象。毫无疑问,这样的考核方式对目标任务完成不仅具有一般性的组织功效,更具有动员性的组织机能效果。

另一种年终目标考核方式是指上级考核单位在某个考核年度年终时对被考核对象下达的全年考核指标完成情况进行全面性的考核评价,鉴定被考核对象主要负责人在这个考核年度所取得的工作实绩,并作为被考核单位主要负责人在考核年度的干部评价依据。在动员式的目标治理方式下,年终目标考核不仅对被考核单位的全员福利有实际影响,更会对被考核单位主要负责人的政治前途产生实际影响。如果说"四阶段"的季度考核主要针对的是以地方经济发展和财政收入增长为核心的主要经济指标,考核重点相对集中单一,但年终的考核指标通常涉及被考核单位的方方面面工作,既要体现科学发展要求地方经济发展,又要按照上头要求做好地区性公共服务,还要实现良好的社会管理和基层党组织建设。这些相当综合的、目标任务值经过层层加码的考核指标都要在每一个考核年度的年终时来全面考核评价,这对处于基层的乡镇被考核单位的主要负责人而言,着实压力很大。实际上,在B县,虽然这种考核方式动员力度很大,但大多数乡镇在年终时都难以完成上头压下来的目标,B县的一名镇党委书记这样讲道:

> 现在其实上头都知道他们每年向我们下达的目标最终可能都实现不了,但是他们还是照样对我们会一年比一年下达更高的目标,然后绞尽脑汁地推出一些所谓的考核激励措施来驱使我们下头往他们定的目标去奔。他们这样做,好比是制造了一场以"海市蜃楼"为目标终点的跑步竞赛,其实参赛者都知道是跑不到目标终点的,但我们还得去跑,而且在跑的过程中有人拿着鞭子在旁边催你甚至抽着你跑,如果你不跑的话那就不要在这位置干了,你去跑的话就看大家最后都能跑到哪里,我不要掉队就行了,至于那个"海市蜃楼"能否真的跑到,最后就由每个参赛者自己说跑到终点见到了"海市蜃楼",这样就算是你跑到终点了,有点儿自欺欺人的意思。[①]

2.目标督导动员

上面已经述及,B县上级市在对其下属县市设定考核指标时,已经设定了季度考核指标和年度考核指标。其实,季度考核指标就是B县上级市对其下属县市要重点考核的经济指标,只是不好在有关文件中明确将此类指标公开说成是重点指标,只有用一个更一般的词"季度指标"来替代,相应地,B县也根据上级市确定的重点指标确定了本县的重点考核指标。

重点指标通常是考核单位需要对被考核对象重点进行考核的指标,因为其他指标说到底都需要相应的财力支撑才能更好地实现,所以被考核单位列为重点的指标就是指那些与本地方经济和财政税收增长直接相关的指标,这些指标的实现通常能增强地方经济和财政的实力,因为是地方政府最看重的考核指标。

根据B县上级市委和市政府联合颁布的《2013年度县(区)跨越发展考核实施细则》文件中的规定,B县上级市明确规定对被列入重点考核的指

---

① 该信息为笔者在调研苏北某县一乡镇党委书记了解乡镇政府实际如何完成上级政府目标绩效考核指标时获得。

标实行"一月一通报、一季一检查"的考核监督制度,对于被考核单位重点考核指标的完成情况,要求被考核单位在每个月都要向上级考核单位通报各个重点指标完成的实绩和完成比例,在每季度考核完成实绩和目标完成情况,季度目标任务未完成的,按未完成比例在年终考核时扣除相应的考核分值。

因为重点指标的实现需要相应的项目做支撑,B县上级市干脆将能够促使地方经济和财政税收有较大影响的项目列为重点项目,并直接设定一些指标来考核其下属县区实施重点项目的情况,这些指标包含"签约亿元项目开工考核、在建亿元项目竣工考核、竣工亿元项目质量考核及省重点项目考核"四个指标,同时规定对重点项目指标实行"一月一督查、一月一通报"考核监督制度。此项考核监督制度要求被考核单位每月都要到现场督查在建项目建设情况、签约项目新开工情况和省重点项目进展情况,通报各地新开工项目数和未达计划进度的项目。在建项目未达到计划进度的,考核单位将对被考核单位采取交办、提醒等方式进行督促,经提醒后仍未达到计划进度的,每有一个项目,在年终考核时必须在该项目指标的得分中扣除一定的分值。

上述对重点指标和重点项目的考核监督制度明显具有相当强的监督动员效果。在此监督制度下,要求被考核单位把对重点指标和重点项目的目标任务实施细化到每一个具体的月份,把月份作为指标考核的时间单元,驱使被考核单位必须重视这些考核指标,调动资源优先保证这些指标能够完成。

上述内容从不同侧面反映了B县所实行的动员式目标治理形式对被动员对象所产生动员力量和作用机制,都是根据笔者对B县进行实地调研获取的情况所做的归纳总结。对于B县实行的动员式目标治理形式到底会对下级乡镇政府行为的产生什么样的影响,B县JB镇的镇长这样讲道:

> 现在在乡镇做领导的工作主要有这几种做法,第一种做法是抓两头,首先一头是尽量满足并达到上面的考核目标,这是第一位的任务,另外一头再来考虑这样做对当地经济发展是否有利,再来修补;第二种做法是不顾当地什么情况都满足上面目标考核要求,不管这样做是否会给当地造成什么不利影响,不管当地死活;第三种做法是死心眼为当地做事,不考虑上头的目标考核要求,但这样做生存不下来。实践中这三种做法,大多数人会考虑采取第一种做法,采用第二种做法

的人也不少,选择第三种做法等于自寻死路。^①

四、B县经济发展行为模式

受上级政府动员式目标治理形式的压力影响,B县地方经济发展的行为模式不仅表现出强烈的务实主义性质,也表现出较强的激进主义性质,同时还表现出比较典型的机会主义性质,下面我们仍然从地方经济发展的行为主体、行为动力及行为方式三方面来描述B县的经济发展行为模式情况。

(一)地方经济发展的行为主体

除各类市场主体是B县的经济发展行为主体外,如本章前面所述,为达成上级政府下达的目标任务,B县采取了动员式目标治理形式,将全县政府体系中的所有单位和干部都统统纳入了目标实施和激励体系中。因此,在B县,不仅县委县政府的领导班子是该县的经济发展行为主体,县属各部门承担着财政税收增长、招商引资和项目引进的任务,所以也是该县经济发展的行为主体之一。另外,B县通过目标传导机制每年对下属各乡镇都进行了超强的动员,各乡镇都被分派了相应的财政税收增长、招商引资和项目引进的任务,上级政府下派给B县每年的各种目标任务大都要乡镇去完成,因而乡镇政府无疑是该县最主要的经济发展行为主体。显然,这与A县仅靠县级政府主政官员作为地区的经济发展行为主体存在明显的差别。

(二)地方经济发展的行为动力

在B县,地方经济发展的行为动力来自多方面。除地方市场本身所存在的驱动力外,来自政府层面的驱动力是相当大的。同时,因为政府动用各种力量和资源去整合各种社会性资源来驱动地方经济发展,因而,来自社会方面对地方市场发展的促进力量也起着比较重要的作用。正是因为地方政府的积极努力,使得B县的地方经济发展的形成了"市场—政府—社会网络"的三重力量驱动模式,这种驱动模式为地方经济的发展提供了相当强大的动力。

(三)地方经济发展的行为方式

1.实行超强的府际目标激励,动员县级政府各部门和所有的乡镇进行

---

① 该信息为笔者在调研苏北某县一乡镇镇长了解乡镇干部如何对待上级目标考核的实际态度时获得。

招商引资,吸引各种生产要素流入B县

B县为实现上级设定的地方经济发展目标和财政收入目标,采取了动员式的手段在县乡两级党委和政府组织体系内进行目标责任考核,并进行任务分解,其动员范围之广、力度之大、实施监督措施之严格,给乡镇基层干部和各职能部门带来了巨大的任务压力。为完成上级政府设定的目标,B县将招商引资工作置于县委和政府的头号重点工作的地位,建立了县领导轮流负总责、部门和乡镇各负其责的招商制度,由县领导担任县招商部门的领导人常年带队负责招商,B县采取了各种措施、动员社会各种资源、利用各种社会网络动员外地客商投资于B县。对于B县招商引资的工作成绩,B县的县长这样评价道:

> 自B县开展全民招商式工作十余年来,招商工作一刻也没放松或停止。至2012年底,B县招商引资工作效果相当明显,各种生产要素已经在B县形成了一定的聚集程度,县里相继建成了经济开发区、盐化工区、开发区东区、科技创业园和高新技术产业园,三区两园都汇聚了相当多的不同行业的制造和加工企业。从最近几年B县的经济和财政收入数据中,可以看出B县的务实的招商行为为B县的经济和财政作出了最主要的贡献,通过招商引进到三区两园中的企业已经成为县财政收入的最主要税收来源。①

2.调整县乡权力配置结构,赋予乡镇以较大的财政自主权;确立县、经济园区和乡镇三者之间的财政利益,由县政府筹集资金统筹建设各种类型的经济发展园区,融合园区经济和乡镇经济;在充分调动乡镇参与谋划地方经济发展的积极性的同时,优化地方经济空间布局,引导制造生产性企业统一进园区集中聚集发展

为优化地方经济空间布局,在促进地方经济发展的同时,尽可能保护乡村自然生态环境,避免形成某些沿海发达地区在改革开放早期所形成的"村村点火、镇镇冒烟"的乡镇经济空间格局。B县在靠近县城、交通便利的地方,统一规划建设了功能各异的五个经济园区,并通过确立县、经济园区和乡镇三者之间的财政分成规则,赋予乡镇以更大的财政分成比例,将园区经济和乡镇工业经济这两种空间经济形态进行融合,鼓励并引导乡镇的招商项目统一安排进经济园区发展,把乡镇工业经济融合进园区经济

---

① 该信息为笔者在调研苏北某县县长了解该县经济发展情况时获得。

中。按照融合安排,园区的规划、建设和日常维护事务都由县统一进行规划安排,相应的建设成本由县政府筹集安排,不需要乡镇承担园区的建设资金,乡镇只要将其所引进的项目选址安排到各种类型的园区,由其引进的项目所产生的税收按县乡约定的财政分成规定大都归由乡镇自主支配。显而易见,这种融合安排能够产生几方面的好处:一是充分调动了乡镇的积极性。乡镇在不需要承担经济园区建设成本的情况下,只要引进相关项目到园区,就能享有大部分引进项目所产生的财税利益,乡镇不需要另外考虑为项目的配套建设服务问题,可以集中精力和资源专门搞招商引资工作,这大大减轻了乡镇的经济发展职能负担。二是优化了空间经济布局。县政府设立专门的机构统一负责规划建设园区,为园区企业提供优质服务,这不仅可以获得基础设施建设的规模优势,减少分散建设的成本,也对乡村生态环境发挥了保护作用,避免到处分散建设对环境所产生的分散污染现象。三是可以促使县域经济获得空间集聚的好处。企业在特定的空间区域内集中扎堆,必然会产生聚集效应和规模效应的好处。四是园区由县设立的资产经营公司统一负责规划建设经营。经营单位可以利用园区所产生的租金收入从市场进行项目融资获得社会资金,用于园区开发建设,这样就可以降低园区建设开发的成本。因此,从上述四方面的好处中我们可以得出这样的结论,园区经济和乡镇工业经济的空间融合在提升地方经济的增长绩效方面能够起到相当正面的作用。

3.设立县政府控制的资产经营公司,发展政府性经济,发挥调节地方经济发展速度和地方财政收入的作用

鉴于上级政府通过目标传导机制对B县所下派的目标任务特别是地方公共财政收入方面的任务越来越重,为发挥出B县县委政府在调节控制地区财政收入增量方面的机动性和灵活性,拓展县委县政府在调节控制地区财政收入方面的空间,B县从财政资金中划出一部分资金作为县设立资产经营公司的资本金,设立了由县政府控制的地方国有资产经营公司并派出一名副县长担任该公司董事长,通过整合地方国有土地、矿产和农林水利等方面的资源并以相关手段将这些资源以资产包的形式充实到县资产经营公司,县资产经营公司通过运作经营这些资产,承担着B县县委县政府介入地方经济发展和获取地区公共财政收入的职能,发挥政府性经济的作用。例如在前些年房地产市场比较繁荣的时候,B县资产经营公司经济介入本县的房地产市场直接在县城经营开发房地产,以致其在县城开发的房地产物业占了全县70%左右的市场份额。又如,B县在靠近县城附近所开发的三区两园等五个经济开发区也由县资产经营公司来开发经营。再

如,B县从资产经营公司中切割出两块资产组成两家新的公司,并以这两家新设立的公司作为地方融资平台向上争取发行地方债券,拟融入20多亿元用来B县的经济建设。这些年下来,B县通过运作经营其可以控制的资源和资产已达80多亿元,深深地介入地方市场中,对地方经济的发展发挥着强大的政府性经济调节作用,对于这种政府性经济调节作用,B县同时兼县资产经营公司董事长的一位副县长这样解释道:

　　县里通过设立控制经营资产经营公司,至少可以发挥好几方面的作用,一是将县资产经营公司的账户和县公共财政收入的账户互通起来,以调节县的公共财政收入水平,发挥县财政收入调节器的作用。具体的做法是:当本县在某一年的经济状态比较好且来自政府不能控制的市场财政收入水平取得较高的增长,当这种增长超过上级政府对本县下达的财政收入目标任务时,县里就可以考虑将超过上级政府对本县下达的目标任务部分的财政收入通过相应的操作性手段转移到县资产经营公司账户,作为县资产经营公司的利润挂在账上不用或用来做一些短期性的稳妥性投资。这样做的目的就是避免因为这年财政收入好,如果全部做成县的公共财政收入往上报的话,那么明年省市上级政府就可能对县里下达更高的财政税收目标,但明年完不成目标怎么办,这样岂不是给县长书记出难题了吗? 相反,当某一年县的经济发展不怎么好导致来自政府控制的市场财政收入水平较低,从而无法完成上面对县里下派的财税目标,在这种情况下,县里就可以动用县资产经营公司账户上的钱,将之转移到县的公共财政账户上,用来冲抵完成上级政府下派的财税目标任务。二是将之作为地方经济发展的推进器的作用,当某年县里的经济发展状况不太理想,各种经济指标难以完成上级下派的任务,那县里就可以动用资产经营公司的资金实力,加大对县里各方面的投资,当然是要有回报的投资,以带动县里的经济发展,同时还可以通过对这种投资的引导,吸引更多的市场资金来共同投资,这样做实际上就是在一县范围内发挥政府投资乘数的作用。三是将之作为平台载体的作用,县里有这个可以自己控制的企业平台,就可以借助这个企业平台来达到一些特殊的目的,特别是那些不好由政府直接出面干的事,可以利用这个企业平台去干,这样不仅可以让政府脱离商业性的风险,也可以让政府在面对一些具体事情的时候有回旋的余地。四是可以将之作为各种项目资金吸收器的作用,以项目来吸收各种资金,比如需要向上争取一些专项资金,向社会进行融资,发行企业债券或地方债券、向银行借贷等等,县资产经营公司完全就可以担当这个角色,县里可以通过规划等手段利用县里的资源先包装出一些项目,在通过项目把钱吸收进来,有钱就好办事,这些年来,三区两园的开发建设都是由资产经营公司来具体运作的,所需的开发资金县里只出了一部分财政资金,其他都由资产经营公司来解决。①

4.在府际财政收入目标任务压力下,通过发展"总部经济",完成上级政府下达经济发展和财税目标任务

在上级政府强大的目标考核动员压力之下,为达到上级设定的经济发展和税收目标,B县对县属各政府职能部门和乡镇都进行了强大的目标动员。为强化动员力度,县委书记和县长自身带头对各自规定每年需要从外地为B县完成引进500万元财税的目标任务,通过县各机构部门各领导班子的带头示范,县委和县政府制定的财税目标任务被分解到各乡镇和各部门,并且制定了严格的目标激励措施和监督实施措施,以保障上级政府下派的经济发展和财税目标能被执行完成。

在这样严格且强大的目标动员压力下,各乡镇和各部门都积极采取措施、通过各种关系进行招商引资,或者直接进行招商引税。在这些引资或引税的措施中,最主要的就是通过对投资者进行巨额返税来吸引外地投资者,这种做法在B县被冠之以发展"总部经济"的衔名。

B县所称的"总部经济"指的是由B县县委县政府出台本县招商引税的政策,通过给予企业以极其优惠的返税返利,吸引县外企业到B县登记注册设立所谓的"企业总部"并在B县缴纳税收,而不管企业是否真正在B县开展经营活动的一种招商引税方式,这种引税方式在许多地方也被通俗地称作"买税"。

按照B县出台的发展"总部经济"的政策,凡县外企业以"总部经济"形式到B县登记注册的,根据其在B县所缴纳的税收,B县承诺都会按表8.14中的规定对企业进行返还税收。从表8.14可以看出,B县发展所谓的"总部经济"的主要目的并不在于要得到税收,而是在于通过极高比例的税收返还来吸引县外企业到B县缴税,以完成上级政府对B县所下达的财税目标任务。因而通过这种招商引税的方式发展"总部经济",并不真正在于发

① 该信息为笔者在苏北某县调研该县一位副县长(同时兼县资产经营公司董事长)了解县委县政府在现实中所采取的推动地方经济发展的手段时获得。

展地区实体经济,而是为了充抵上级任务而不得已采取的一种类似于挖他人墙角、带有机会主义性质的增加地方税收的办法。实际上,这种办法不仅不会真正地有利于地方经济,相反,还会对整个国家经济造成一定的税收流失,也衡量不出真正的地方经济发展水平,同时也对地方政府之间的竞争造成扭曲性的影响。

从B县以上所采取的几种典型经济发展行为方式上看,有的与府际目标治理形式直接相关,有的与府际权力配置结构相关,而这些经济发展行为的目标都指向一个共同的目标,就是促进该县的地方经济发展。那么,B县通过采取以上这些经济发展行为对地区的经济发展有什么作用呢?且看本书下节解释。

表8.14　B县以"总部经济"形式引税对不同行业和不同企业的税收返还政策

商贸经济建立税收返还政策			
实现税收金额	增值税	企业所得税	地税及其附加
50万元以下(含50万元)	50%	100%	55%
50万—100万元(含100万元)	60%	100%	55%
100万—200万元(含200万元)	70%	100%	60%
200万—500万元(含500万元)	80%	100%	60%
500万—1000万元(含1000万元)	85%	100%	65%
1000万元以上	90%	100%	70%
物流运输业税收返还政策			
1.县外规模较大的物流运输企业到B县注册,并在县外从事运输业务			
实现税收金额	增值税	企业所得税	地税及其附加
50万元以下(含50万元)	营业税3%改增值税11%,增加税收由政府承担	100%	35%
50万—100万元(含100万元)		100%	45%
100万—200万元(含200万元)		100%	50%
200万—300万元(含300万元)		100%	55%
300万—400万元(含400万元)		100%	60%
400万—500万元(含500万元)		100%	65%
500万—800万元(含800万元)		100%	70%
800万元以上		100%	80%

续表

物流运输业税收返还政策			
1.县外规模较大的物流运输企业到B县注册,并在县外从事运输业务			
实现税收金额	增值税	企业所得税	地税及其附加
2.现有物流运输企业			
以上年税收为基数	基数内	按地方留成部分35%奖励	
	超基数部分	县外运输业务参照县外在B县注册物流运输企业从事县外运输的税收奖励政策	
	企业所得税	参照园区企业政策执行(五免三减)	
建筑企业(基金即征即奖)			
实现税收金额	增值税	地税及其附加	企业所得税
100万元以下(含100万元)		55%	
100万—300万元(含300万元)		65%	
300万元以上		75%	
外地企业不在B县做工程,只在B县注册			100%
外地企业在B县做工程,注册新企业或设立分公司			80%
B县企业在外做工程,在B县开票			50%

资料来源:本表由B县地税局提供。

五、B县总体实际的经济发展绩效

从地方经济发展速度和增长总量方面看,B县近十几年以来一直都处于增长状态。至2012年,B县全县实现地区生产总值已达155多亿元,全县财政总收入(不含土地出让金收入)27多亿元,其中公共财政预算收入17多亿元。这对于一个不依赖自然资源开发的、陆地面积只有600多平方千米的小县来讲,其地方经济发展的绩效显然是相当不错的。但是,如果更进一步地从地方经济发展的动力和成分方面去考察,B县的实际经济发展绩效与账面统计的经济发展绩效是有出入的。首先,从县级财政收入来源组成方面看,B县的账面统计的经济和财政收入增长水平与实际的水平存在一定的差距。以2012年B县的财政收入来源组成为例,在该县27多亿元总财政收入、17多亿元的公共财政预算收入中,大约有接近4亿元左右的收入是通过发展"总部经济"途径获得的,还有一部分财政收入则通过县政府控制经营县属资产经营公司所获取的政府性经济收入,这部分收入大约每年贡献1亿—3亿元不等,其余部分的财政收入除少部分上级返还外,都是通过最近十年的招商引资工作所引进的制造业和服务业所提供的财政收入贡献①。所以,从地区财政收入来源构成情况看,B县实际的实体经济暂时并没有能力支撑提供账面上所反映出的财政收入水平。其次,从B县全县经济的组成成分来看,除政府性经济占有小部分比例外,民营和外资经济在全县的经济成分中处于绝对性主体地位,这与高度依赖地方国有经济成分的A县相比较,B县的地方市场经济活力明显强于A县。再次,从B县经济发展的空间表现情况看:B县将乡镇经济融合于园区经济之中,优化了经济的空间分布状态,改良了经济的空间绩效。最后,从空间经济力量对地方经济和财政收入的贡献程度方面看,在B县,园区经济和乡镇经济是地方经济发展的主要驱动力量,也是B县地区生产总值的最主要创造者,并且吸纳了最多的就业岗位,同时也为B县提供了最大部分的财税收入。当然,县城经济和政府性经济也对地区财政收入做了较大的贡献。

另外,从实地访谈中,我们明显也感觉到,B县尽管通过实行动员式的目标治理形式对B县的经济和财税增长发挥了重要作用,但同时也是其所实行的动员式目标治理形式,造就出了B县一部分不切实际的经济发展绩效。对此,B县JB镇的镇长这样告诉笔者:

> 现在我们在基层做事,最怕上面出题目,更怕出题目不出资金,出资金也就罢了。现在上头目标一个接一个地出,一提出来就是讲跨越式发展,上面往下面下达目标时层层加码,一级压一级,这些目标压到乡镇是什么情况呢?打个比方说,早前推下来的目标我们努力跳一下还能够得着,现在推下来的目标就是架上梯子都够不着。我们基层这些干部为了保位子、为了排名,只能弄虚作假糊弄上面,好比喝酒一样,他上头不是想多喝酒吗?那我只能端上一杯掺了水的酒给他喝。

六、B县案例总结

B县实行动员式的目标治理形式推动全民招商,同时对乡镇进行选择性放权和选择性集权,通过设置合理的土地资源和财税资源分享规则形成

---

① 本节中有关B县的财政收入构成数字情况,主要根据B县主管财政副县长口头陈述,并经B县财政局局长补充核实。

了治理导向型的县乡府际权力配置结构,在调动乡镇积极性的基础上推动乡镇经济融合于园区经济之中,使经济在空间的层面上得到优化。正是动员式府际目标治理形式所产生的强大动员力量,驱使B县地方经济发展形成了"市场—政府—社会网络"的三重力量驱动模式,将县域范围内各部门和各级的干部纳入强大的目标激励动员体系之中,从而使其地方经济和财税收入获得了较快的增长。民营和外资经济成分、乡镇经济和园区经济力量各自分别都为地方经济发展做出了较大的贡献,其地方经济发展已经具备了一定的自我造血能力。但从地区的实际经济发展能力方面看,B县在账面统计层面上的地方经济发展数据与其实际增长能力之间或许存在着一些差距,不能排除其中存在些许并不真实的增长成分,而这或许可能是动员式目标治理形式对地方经济发展绩效所可能带来的负面影响。在此,本书对于B县的地方经济发展表现,称之为"治理动员型增长"。

第三节 C市案例:增长导向型权力配置与契约式目标治理

一、C市简介

C市位于珠江三角洲,全市总面积2465平方千米,2011年户籍人口为184.77万人,外来暂住人口为413.62万人,常住人口为725.48万人,其城市化水平在2000年开始即高达82%。C市1985年之前为一个县,1985年撤县建市(县级市),1988年升格为地级市后实行市直管镇、镇辖村的三级管理体制。目前辖28个镇、4个街道;386个行政村、205个社区。C市公路和水路交通均十分发达,境内有107国道和多条高速贯穿南北,境内4条主干公路和13条联网公路均为一级公路。目前,C市全市公路通车里程2759千米,平均每百平方千米国土有等级公路111.93千米。C市工业和服务业经济相当发达,多种经济成分互相交融,外向型经济占主导地位,农林经济在国内生产总值中占比很低。2021年,地区GDP达到10287.23亿元,其经济规模在国内所有大中城市中排名第八,该年C市财政总收入、财政一般预算收入、进出口总额、金融机构各项存款余额分别达到1637亿元、598亿元、2467亿美元和9800亿元。

二、C市府际权力配置结构

C市在1985年由建制县改为县级市建制,1988年1月7日由县级市升格为地级市后,在市和镇之间不设置县或区一级政府,成为全国少有的"直筒子"市,在纵向府际权力运行关系方面实行市直接管镇,开创了全国市管镇体制的先河,衍生出纵向府际权力运行关系的一种新的模式。这种模式由于直接缩减了县一级政府的管理层级,使得C市镇一级政府拥有比较大的权限和自主性。相比较于一般的乡镇,C市乡镇比一般的乡镇政府权限和决策自主性要大得多,表现在镇一级的政府机构建制规模比一般的乡镇健全得多,在政府机构设置的许多方面几乎与县一级政府的部门建制相对应起来。但相比较于县级政府,C市镇一级的政府比一般的县级所拥有的权限和自主性要小一些。

之所以把C市与其下属乡镇之间的府际权力配置结构称作为是"增长导向型权力配置结构",是因为C市与其下属乡镇之间的府际权力配置最初是通过市对乡镇的整体性放权,让乡镇政府成为一级享有自主决策权和独立财政权的主体,通过赋予乡镇政府相应的府际权力和资源以促使乡镇能够自主发展,在促进乡镇区域经济发展过程中扮演积极主动角色。因而这种府际之间权力配置完全是以促进地方经济发展为优先考量的一种配置模式。

正是C市纵向府际关系的独特运行模式,使得C市政府在推动地方经济发展的行为模式以及地方经济发展的空间绩效方面呈现出与众不同的特点。由于C市下属没有县级政权建制,而其本身又是由原来的县升格为地级市,因此对于C市在纵向府际关系方面的这一变化,可以将之视为是地级市对县的整体全面放权,以至于让原来的县级政府享有了地市级政府的全部权力。因而在本节中讨论C市府际权力配置结构的时候就可以直接讨论C市市镇之间的府际权力配置结构情况,而不需要分层讨论市县之间,以及县和乡镇之间的府际权力运行关系。

(一)府际权力运行:市对镇整体性放权

据在C市曾担任过县委书记和市委书记的L回忆,为扩大C市政府的管理权限,突出C市乡镇基层政府在地方经济发展中的基础性作用,早在1984年,时任C市(县)县委书记的L担任县委书记时在提出向"农村工业化"进军的地方经济发展战略时,就已经有了独立成为广东省直辖市的想法。1985年,C县向省和中央写报告由县改成县级市,这是向地级市迈进的第一步。在得到中央县改市的批准后,C市更加快了由县级市升格为地级市的步伐。在1987年向上级政府所递的一份6页纸的请示报告中称:"C市由县改市后,1986年和1987年工农业总产值都以35%的速度持续高速发展,经济条件基本达到地级市要求……把C市建设成为对外开放的窗口,进出口的重要基地,并建设成为一个现代化中等城市,特请示从县级市升格为地级市。"在1988年升格为地级市之后,C市成为广东省直辖市,原行政管辖范围不变,虽脱离了原所在地区但又为何又不设县,而是直接实行市管镇的管理体制呢? 这是因为C市一方面想通过政府管理体制创新减少行政成本、提升行政效率,为地方经济发展积累更多的建设资金;另一方面想通过府际权力运行关系革新提升乡镇基层政府的权限来促进地方经济的发展。

事实上,在1985年C市由县改市之前,C县政府就存在想通过提升C县基层政府的管理权限来促进地方经济的发展,并在此方面采取了一些实际措施。这些措施是一方面由市一级政府通过对下属的乡镇和村居放权,为乡镇和村居"松绑",鼓励乡镇和村居大力发展乡镇和村居经济;另外一方面是通过赋予乡镇和村居以一些"高帽子"或一些"顶戴子"的做法,放大乡镇和村居对外交往的"脸面",以方便乡镇政府和村居组织对外招商和经济往来。

C市(当时还叫C县,C县于1985年由县改市)在当时采取了看似颇为大胆,如今却觉得有趣的做法。早在20世纪80年代初,为解决招商方面的形象问题,C市已悄然让下面的村、大队进行升级。上级政府原是要求把公社取消,改成乡。C市当时所在地区下属的其他一些县就按部就班改了。但是C市为方便基层对外招商想琢磨叫个更好听的名字。据当时担任C市升格为地级市之前还是县级行政区的县委书记L回忆:

> 为解决基层政府对外招商的形象问题,我们把公社改成叫区,因为新中国成立前华侨对区公所的印象很深,觉得很有权威。让他们觉得我跟区长谈生意,很有面子。再把原有的大队改成乡。1983年,C市(县)设31个区公所,区级镇3个,乡级镇29个。C市的这种超前做法当时受到不少人质疑与批评,有人说C市乱来。1988年1月,田纪云等中央领导人到C市,C市特地向领导们汇报了这个做法,他们称赞说"很好"。①

1988年C市由县级市升格为地级市是其地方历史发展的一个标志性转折点,在府际关系方面,这个转折点的意义一方面就是C市政府本身由原来的县级政府权限获得享有地市级政府的管理权;另一方面就是C市下

---

① 该信息为笔者调研华南某省某市已退休的县委书记了解该市经济的历史发展过程情况时获得。

属各乡镇相应地扩充了各自的权限。在当时的C市,相比较于周边其他地区,市镇两级政府的"扩权"使得C市在促进地方经济发展方面拥有了更多的资源支配空间和政策操作余地,而正是因为享有了这种对资源和政策、权限和管理的优势,事实上是使C市获取了"区域发展租金"(殷存毅、汤志林,2010),这对地方经济的发展产生的正面作用是不言而喻的。而在市镇两级政府之间的府际权力运行关系方面,呈现出以下两方面的特点:

1. 行政成本和官民比例低,用节约下的行政费用充实地方经济建设资金

在C市市级政府和镇之间要不要设县,是当时C市市委书记L最为关心的问题之一。据他回忆道:"因为我一直在思考如何建设一个高效廉洁的政府,把臃肿的政府缩小。早在升格为地级市之前,我梦寐以求就是减少一个行政层次,就做好准备不会设县。我始终认为,(企业竞争力+市民购买力+对投资与人才吸引力+城市自我积累自我发展能力)×(行政效率-不廉洁现象)=一座城市的经济发展活力。按照这一公式,在整个机构改革过程中,纵向上,尽量可以减少层次;横向上,不妨扩大分工,因为每增加一个层次,指令下达到下面都需要一段时间。扁平化的行政架构,效率更高。更重要的是减少行政支出,多养一层级,老百姓的负担很重,毕竟当时我们正处于需要加快原始积累的时候,经济建设需要大量用钱。如果设县的话,举个例子,我曾经在20世纪80年代在HZ当过市长,当时HZ的水利、交通等基础设施比C市差很多。我过去后发现,那边要比C市多养数个县级政府班子,这些人要坐车,要发工资及其他行政开支费用,把钱都用完了,就没有多少钱可以用来建马路、搞水利了。"

又据C市政协原主席Y坦言:"如C市在1988年由县级市升格为地级市的时候增加县一级班子,要增加比如政府、人大、政协、两院等5套班子,多几千名公务员,行政经费会飙升。"当时的C市决策层都认同一个很形象的比喻。一群牛吃一片肥美的草地,比三群牛吃一片贫瘠的草地好很多。C市当时正在图谋发展,不希望增加负担影响经济发展,多一分钱可以用于经济建设方面,这样才可以提高老百姓的收入水平。

另据相关资料显示,全国由财政供给的行政事业单位人员4500多万人,平均每28人供养一个。广东省全省平均为每26人供养1个,而C市为每68人供养1个,如果计入外来常住人口,则C市官民比例更低。正是C市实行的市直接管镇,节约了设置县一级政权所必须付出的费用,使得C市把节约出的费用全用于地方经济发展的硬件建设方面,大大改善了地方经济发展的投资环境。

2.镇长变"市长",镇一级政府权限增大,拓展了乡镇基层政府干事的空间,提升了乡镇政府的办事效率

1992年,C市开始实行《C市市关于简政放权提高办事效率的暂行规定》。从工商、消防、质检、税务、外经外贸、财政、规划、国土8个方面简政放权,强化镇级管理职能。在行政审批权方面,C市在升格为地级市之后把投资总额1000万美元和500万美元的项目立项审批权,分别下放给全市各个乡镇。截至2013年,C市政府前后四次对其下属乡镇在各个方面进行简政放权,并相应地在乡镇层面设置了C市政府各职能机构的下属职能分局,最大化地健全乡镇的行政事务管理和服务职能,提升乡镇政府的行政管理和服务能力。目前C市乡镇除法律规定的行政执法权必须由县一级政府执法部门行使之外,在许多重要的行政权力方面已经享有相当于县一级政府的权力。C市乡镇因此获得了相当于县一级政府的行政审批权和行政事务管理权,在招商引资和对外经济交往方面享有高度的自主性,政策操作空间获得拓展,已非一般的乡镇政府可比。由于乡镇政府处事的灵活度高了、决策自主性强了、乡镇获得了比较大的发展空间,随着C市乡镇经济日益发展壮大,C市镇长和镇委书记也逐渐"牛"了起来。在C市升格为地级市第一次对乡镇进行简政放权之后,当时C市就产生了一种说法"30个镇长一夜之间变成30个'市长'"。

由此可见,原来行政管理层级只是属于县级的C市通过升格为地级市获取到了地市一级政府的权限之后,通过对其下属乡镇不停地进行放权,以至于在许多重要行政权力方面让乡镇政府在实际上享有了相当于县一级政府的权限。显然,C市和其下属乡镇之间的府际权力运行关系典型的是一种整体性放权的关系。这种整体性放权关系让C市乡镇政府在现实的经济和社会发展过程中日益"坐大",成为事实上的地方"小诸侯",其行为对C市地方经济的发展及城市空间发展格局造成了重要影响,本章后面会对这种影响做进一步的论述。

(二)府际资源配置

1978年至今,在C市和其下属乡镇之间的资源配置情况可以分为两个阶段:一个阶段是1978年开始至1996年,另一个阶段是1997年开始至今,两个阶段的府际资源配置模式截然不同。第一个阶段的资源配置模式虽然现在已不采用,但恰恰就是C市在这一个阶段所采取的特有府际资源配置模式对C市的地方经济发展发挥着重要影响,并且这种影响在C市现实的地方经济发展空间绩效中至今乃至将来都会持续地发生作用,以至于形成了C市一种独特的地方经济空间发展模式,同时奠定了C市后续地方经

济的发展的基础。由于1994年后分税制在全国的推行以及全国土地管理模式中央集权化,C市第二阶段的府际资源配置模式与全国其他省份所采取的模式相比并没有相当突出的特点,也没有形成独特的地区府际资源配置模式。因此在本书中,主要讨论的是C市在第一阶段所采取的府际资源配置模式。

1.市镇财政资源配置:"包干奖励式分税制+镇财镇管模式"

在1994年实行分税制之前,C市与其下属各镇街采取的财政大包干的税收分成模式,并且在这种财政大包干的府际财政分成模式的基础上进一步实行了超收留成制。同时,在镇的财政和财务管理方面,各镇的财政完全独立,实行镇财镇管,镇区政府享有本辖区内的独立财政自主权,镇区范围所产生的税收经向上级政府缴纳规定的比例后完全自我自主支配和管理。1994年国家实行分税制以后,C市所在省并没有立刻根据中央的分税制要求在C市所在省全省实行省以下的分税制做法,而是继续沿用1994年之前实行的包干制。直至1996年,C市所在省才参照中央的分税制要求在其全省范围内实行分税制。从1996年至今,C市与其下属镇街之间大致经历了3个阶段的市镇两级政府财政资源划分调整。

第一个阶段是从1996年开始至2000年,为C市镇区收入财力快速增长的阶段。1996年,结合中央、C市所在省的分税改革,C市政府制定该市当年的第86号文件,制定了市镇之间的财政分成和管理体制,其主要内容是:"划分收支、核定基数,基数内外按比例分成。"具体而言是指将C市范围内所产生的工商税收划分为中央、省、市和乡镇等四级政府收入,以1995年的镇区工商税收作为1996年的收入基数,从1997年起,基数每年递增12%,市与镇区工商分成比例为基数内市占70%,镇区占30%;超基数部分市占30%,镇区占70%。显然,在该阶段,C市与其下属乡镇之间继续沿用了1996年之前所采取的财政包干体制思路,目标是调动乡镇政府发展乡镇经济的积极性,鼓励乡镇多劳多得,对于超出基数的税收,尽量给予乡镇更多比例的分成。相关数据表明,在1996年至2000年的这一阶段,来自C市各镇区的工商税收年均增长率达32.2%,镇区财力快速增长,而市级财力增长相对缓慢,同时这一阶段也表明C市下属各镇区的经济发展是非常快速的,按基数内外分成的财政包干制对调动镇区发展经济的积极性发挥出了很好的正面促进作用。

第二个阶段是从2001年至2004年,为C市镇区收入和市级收入财力共同增长的阶段。在该阶段,C市于2001年发布《关于印发C市与镇区财政管理体制实施方案的通知》这个文件,对之前在1996年实施分税制之后所沿用的部分财政包干制体制做出了调整,取消了按基数内外比例分成的做法,在各税种方面按规定比例上缴中央和省级政府后的部分在市镇两级政府之间实行"五五固定分成"的方法,以形成市级财力和镇区财力共同增长的局面。

第三个阶段是从2005年至2013年,为C市进一步增强镇区财政收入、提升镇区财政能力、完善市镇两级政府财政管理体制的阶段。在该阶段,C市首先于2004年颁布了《关于适当调整市与镇区财政管理体制的通知》,规定从2005年起调整市级收入,将基础产业、特大型企业的主要税收和部分集中缴纳的税收(不含中央和省级收入)继续保留作为市级收入,余下之前财政管理体制规定属于市级收入的企业税收,全部下划作为镇区收入,同时,以下划的市级收入2003年至2004年平均入库数作为基数,由镇区每年定额包干上缴。

之后,随着C市经济社会双转型、产业结构升级调整不断深入推进,以及简政强镇事权改革、村级体制改革等逐步推开,市镇行政、经济和社会管理格局有了新的变化。为了更好地适应管理的需要,进一步扩大镇街财权,增强镇街发展经济的积极性,提高全市基本服务均等化水平,C市政府决定从2011年1月1日起再次调整C市与其下属镇街财政管理体制将契税市镇6:4分成,调整为市镇5:5分成;将耕地占用税(减除缴省40%后的60%)市镇6:4分成,调整为市镇5:5分成;将城镇公用事业费附加市镇65:35分成,调整为市镇5:5分成;将文化事业建设费地方留成部分市镇7:3分成,调整为5:5分成;将社会抚养费市镇2:8分成,调整为市全额返还镇街;取消流动人员调配费镇街包干上缴任务;取消治安联防费镇街包干上缴任务。同时,将之前保留作为市级收入的原市属工业企业下划属地镇街管理,其税收镇街参与分成,并以所下划企业前两年地方留成税收(含出口退税)的平均入库数为基数,由所属镇街每年定额包干上缴市政府,市级只保留少量企业的纳税收入作为市级收入项目。

为进一步体现下属镇区政府增加工商税收收入激励的公平性,C市政府决定从2011年起,对所有镇街之前实行较久的镇街超收分档按比例奖励办法,调整为统一的奖励政策,具体是:按镇街参与分成工商税收收入(不含契税和耕地占用税)比上年的增长率进行分段奖励,增长率越高,奖励比例越高,其中增长不超过20%的增收收入,每增长1个百分点市就奖励分成0.5个百分点,最高奖励10%;增长超过20%的增收收入,每超过1个百分点,市的奖励分成比例在10%的基础上再增加1个百分点,最高不超过50%。对全市镇街参与分成工商税收收入比上年增收额前3名、增幅前3名的镇街领导班子进行奖励,1—3名的奖励标准从原来的100万元、80万元、60万元提高到200万元、160万元、120万元,同时获得两项奖励的按其中最高标准奖励,奖励资金改为由市财政另外拨付。

经过上述几次调整后,C市与其下属各镇街之间就财政资源方面形成了以下财政分成体制:首先,在各种税费分成方面,形成了"五五均分"财政分成基本格局,表8.15中比较全面地体现了C市与其下属镇街的税费分成比例,这种均分性的财政分成办法有效地保证了市镇两级政府财力共同增长的局面,防止产生"市刮镇"或"镇坐大"的财政资源分配局面。其次,在这种"五五均分"的财政分成基本格局的基础上,对一些大型企业和重点产业的纳税大户所产生的税收,在兼顾市级政府利益的基础上,为充实镇街的财力,调动镇街政府的积极性,市镇之间又实行财政包干体制,由镇街以收入基数的形式进行包干上缴,激励镇街政府为"纳税大户企业"提供良好服务。最后,通过实施市对镇让利性的财政收入增收奖励性措施,同样实行激励下属镇街政府积极采取各种措施促进镇街经济发展,培植各种税源,提升镇街实际财力水平。

表8.15　中央、省、C市与C市下属镇街各税费分享比例表(以2011年为口径)

序号	税种	中央分成比例	省级分成比例	市级分成比例	镇区分成比例
1	一般增值税(减除出口退税)	75%		12.5%	12.5%
2	一般营业税		40%	30%	30%
3	金融保险企业营业税(地方)		100%		
4 企业所得税	中央企业所得税	100%			
	省属国有企业所得税	60%	40%		
	市属国有企业所得税	60%		40%	
	其它企业所得税(含内资、港澳台和外商投资企业所得税)	60%	16%	12%	12%
5	一般个人所得税	60%	16%	12%	12%
6	利息税	60%	40%		
7	土地增值税		40%	30%	30%
8	资源税			50%	50%
9	城市维护建设税			50%	50%
10	房产税			50%	50%
11	印花税			50%	50%

序号	税种	中央分成比例	省级分成比例	市级分成比例	镇区分成比例
12	城镇土地使用税			50%	50%
13	车船使用和照牌税			50%	50%
14	耕地占用税		40%	30%	30%
15	契税			50%	50%
16	城镇公用事业费附加			50%	50%
17	文化事业建设费地方留成部分			50%	50%
18	社会抚养费(全额返还镇街)				100%

注:本表资料来源由C市财政局提供。

对于C市在市镇之间所实行的财政分成体制对于C市镇街政府行为的影响,曾在C市不同的镇街分别担任过镇长和镇委书记的L先生这样评价道:

C市乡镇从1978年改革开放以来,在区域经济发展的过程中一直都扮演着非常积极的角色,C市现在30多个镇街都进入全国千强镇之列,其中大多数乡镇的经济实力位列全国前一百强,好几个还处于全国前十强位阶。试想如果没有乡镇党委和政府的积极努力,这种经济发展的成绩怎么能够取得呢? 相比较于周边其他地区,C市政府对C市乡镇政府一直以来都充分地予以放权,在财政权力方面尽量给予乡镇以较大的支持。镇区有钱就好办事,很多基础设施镇区自己都谋划做起来,可以规划自己的发展,乡镇经济发展起来就可以有钱花在自己的身上。像我以前担任镇长的QX镇,当时完全是个山区镇,地处C市的最边缘,交通非常不方便,都没有一条像样的主干公路,如果乡镇没有一定财政自主权的话,要改善交通是不可能的。但是在镇自力更生努力下,我们过了几年紧日子,通过自筹资金完全改善了交通条件和其他基础设施条件,为QX镇的发展打通了和外部沟通的途径。那些年QX镇的以电子信息为主的相关产业发展突飞猛进,现在成为C市的电子信息产业重镇,集聚了很多家规模较大的电脑和通信设备制造工厂。总而言之,C市的经济能有今天的局面,位于乡镇区域层面的工厂星罗棋布,乡镇经济相当活跃,这些当然与乡镇党委和政府的努力是密不可分的。如果上级政府不给予乡镇政府比较大的财权的话,他挣到的钱都让别人花掉了,而自己却不能花,那它为什么会努力积极地谋划自身的发展呢?纵观C市这30多年的发展历程,历届C市政府都非常注重市镇之间财政利益的合理分配,尽最大可能地对镇街的财力都比较重视和照顾,并不会像其他地方只知道眼光向下。①

2.市镇土地资源配置:从"农村集体组织主导+分级利用模式"到"市统筹控制+项目分配"方式

土地资源在C市目前非常稀缺,据C市有关国土部门提供的信息,目前C市用于工业方面可供开发的土地不超过300平方千米,这些面积还是C市政府以极高的代价通过规划拆迁和土地整理后所形成的工业规划用地。从府际权力配置结构方面考察,C市土地资源的紧张状况是之前长期以来府际整体放权式的做法在土地资源管理方面所造就的粗放式用地的结果。

1978年,C市(当时还只是C县,以下同)HM镇吸收了全市第一家自来料加工企业。这家企业当时在用地方面租用了HM镇里的一家倒闭的集体企业厂房,经一年的经营后,C市的人们发现,同样大小的土地租用给外资企业用于工业生产和由农村集体组织用于农业生产所产生的经济效益存在非常大的差距,这种在每平方千米上的工农业生产土地产出比所存在的巨大差距给C市当时的农村集体组织和农民带来了极大的震撼。于是,从那时起,C市人民就一下子突破了传统观念必须将土地用于农业生产的认识,农村集体组织和农民逐渐接受转换土地用途的观念并慢慢付诸行动。

随着C市政府通过各种手段和途径吸引外商到C市设立以"三来一补"为贸易和投资形式的对土地和厂房需求量越来越多,C市乡镇和农村集体组织一开始是从农村荒坡地、山脚地等非农用地的地方平整出土地租给外商建厂房,并且建厂房的费用都是由外商自己承担,厂房建设规划要求亦由外商自己提出,因为当时C市农村集权组织和农民都很穷,没有什么资金可以兴建现代厂房,甚至连标准化厂房都没有见识过。因此在C市1978年改革开放刚开始的阶段,C市下面乡镇对土地的使用方式大多是"裸地"出租,更谈不上什么整体用地规划,土地使用往往是在非农用地上以"见缝插针"的方式对外出租盖厂房,上级政府甚至都没有设置一个专门

---

① 该信息为笔者在华南某省调研在某市担任一乡镇镇长和镇单位书记了解该市经济的历史发展过程时获得。

履行土地规划和管理职责的部门,农村土地的使用完全由农村基层集体组织自我管理。因此,在这一阶段,C市对于土地资源的配置和使用是属于完全没有管理和规划的阶段,完全放手给农村集体经济组织自己去处理。

在逐渐尝到土地出租和厂房出租的甜头后,当时的C市决策者看到了在广大农村土地上发展外资经济和农村集体经济的前景,顺应时势地提出了"向农村工业化进军"的口号。在这一属地政策的感召下,C市下属各乡镇为了发展农村集体工业经济,鼓励并支持农村集体经济组织开始通过当地的农村信用合作社贷款,或者在农民中进行集资筹钱在农村交通便利的地方以集体的名义兴建厂房用于对外出租,或者作为与外商合作的条件设立"三来一补"形式的工厂。这些用于出租或作为合作条件的土地在农村"分田到户"后本应由农民家庭耕种使用,但是因为尝到了农村发展工业经济的甜头,C市政府允许农村集体经济组织在各自的管辖农村地域范围内调整已经"分田到户"的土地,具体的做法是:由农村集体经济组织先从某一个农户家庭中调整出需要盖厂房的土地,再由集体经济组织从整个集体经济组织中调整出相同面积的土地用于补偿被调整出土地的农户家庭。而这块被调整出来的土地由整个集体经济组织筹款盖厂房用于出租或与外商合资合作后,自然就形成了一笔集体资产,其所产生的收益在扣除相关成本和集体经济发展资本准备金后在整个集体经济组织的全部农户中按家庭人口数进行按份分配。

1989年,C市成功引进了第一批台商到大陆来投资,之后短短几年,C市就成了台资在大陆投资的最早聚集地。随着台资大规模的进入,日资、韩资及欧美资本也相继选择以C市作为其投资于中国大陆的投资地。从这一时候起,C市农村基层集体经济开始得到快速发展,农村集体资产开始产生并逐渐形成壮大,但这些集体资产全部依附在农村集体土地上,实际上是通过农村土地资源的用途转换让农村集体组织和农民获取了农村工业经济发展的部分收益。也是在这一时候开始,C市乡镇政府利用对其下属的农村集体经济组织享有的相关权力开始从各村集体经济组织手中调整出农村土地,以镇的名义建设镇一级政府所控制的工业园区,发展镇一级的集体经济,逐渐形成了产权属于镇一级政府的集体资产。并且同时也是从这一时候起,随着C市经济的高速发展,C市下属各镇街农民家庭开始纷纷脱离农村集体经济组织进行"单干",自己筹款在自家土地上盖厂房对外出租,从而又形成了依附于家庭承包土地上的家庭经济形态。从上述所述可知,在C市当时的情境下,加上市级政府对土地所享有的使用权,

C市土地资源实际上涉及市、镇、村集体、生产小组集体和农户家庭五级层面的配置和利用。这也就意味着,这五个层面的主体都参与了C市土地资源配置的过程,并且相应都享有了基于农村土地资源配置利用所产生的经济利益,表8.16的数据就反映了截至2011年末,C市全市范围内各镇街下属的村组两级集体依附于集体土地历年所累积的资产和收入状况。

表8.16 2011年末C市各镇街村组两级依附于集体土地形成的集体资产

单位:亿元

序号	镇街名称	村社个数	期末资产总额	生产性资产	可支配收入	经营性纯收入	土地和物业转让收入
1	GC街道	3	19.48	6.93	1.54	1.38	0.16
2	SL镇	7	16.08	14.15	1.96	1.60	0.28
3	HM镇	27	102.28	66.97	14.97	12.85	0.88
4	DC街道	19	62.53	39.74	10.25	8.85	0.87
5	WJ街道	26	43.78	29.80	5.57	4.75	0.27
6	NCH街道	14	74.64	41.38	8.05	4.57	1.67
7	ZT镇	19	39.65	28.19	4.45	3.85	0.09
8	WND镇	21	9.10	5.63	1.74	0.83	0.03
9	MC镇	14	24.13	16.69	4.40	1.54	1.05
10	SJ镇	14	37.93	29.86	6.80	5.79	0.66
11	GB镇	18	16.62	11.03	2.99	2.23	0.08
12	DJ镇	13	19.33	11.35	3.27	1.97	0.89
13	HM镇	9	5.77	2.22	1.07	0.47	0.06
14	ST镇	17	27.02	12.72	4.82	2.05	1.03
15	HJ镇	22	84.48	53.86	12.30	10.12	1.65
16	CHA镇	12	117.26	63.10	16.34	14.26	1.40
17	LB镇	29	61.29	38.16	10.15	6.07	3.34
18	DLS镇	23	29.82	12.01	5.75	3.38	1.67
19	DL镇	26	68.92	35.72	10.23	5.07	4.03
20	HJ镇	20	17.08	8.58	3.16	1.92	0.78
21	ZMT镇	9	21.37	10.32	2.71	1.81	0.57
22	QX镇	21	34.05	17.31	6.10	3.26	0.99
23	TX镇	20	49.45	28.68	10.40	4.63	3.93
24	FG镇	12	61.82	30.65	7.67	5.11	1.30

序号	镇街名称	村社个数	期末资产总额	生产性资产	可支配收入	经营性纯收入	土地和物业转让收入
25	XG镇	11	7.41	3.46	1.46	0.52	0.26
26	CHP镇	31	49.55	24.12	7.71	5.97	0.54
27	QT镇	16	24.80	17.48	3.33	2.40	0.29
28	HL镇	16	22.53	13.06	3.19	2.17	0.56
29	DK镇	14	16.03	7.18	2.87	1.79	0.57
30	QS镇	19	14.95	8.12	2.27	1.30	0.22
31	SP镇	19	26.69	13.99	3.84	2.65	0.83
32	CHS镇	16	32.60	18.21	4.04	3.08	0.57
33	全市合计	557	1238.46	720.68	185.41	128.24	31.53

注:本表资料由C市财政局提供。

　　上述这一过程从20世纪80年代初期开始至90年代中后期,前后大约持续了16年时间。这一阶段过程开启了C市土地资源大规模无序利用和欠缺规划控制的资源配置模式,各村组集体和农民家庭在农村土地利用方面各行其是,镇一级政府从村集体经济组织中获取集体土地发展镇级集体经济参与牟利或争利,而市一级政府又在土地资源利用方面完全放权,甚至没有进行统一的规划和控制,以至于在C市形成了"村村点火、镇镇冒烟"的乡镇空间工业经济形态,"走过了一镇又一镇,镇镇像农村,走过了一村又一村,村村像城镇"这句话就是当时对C市在农村土地资源管理完全放权所导致的城市发展空间现象描述。

　　直至20世纪90年代后期,国家开始对土地资源实行用地指标控制,并且日益趋紧趋严管理。C市政府发现,以前完全对下放权的土地资源管理配置模式已不可能再继续维持,而且,在客观发展方面也已不再允许这种让基层集体经济组织对日益显得稀缺的土地资源进行粗放式利用,因此才下决心改变原来实行多年的在市镇村三级层面上的放权性土地资源配置利用模式,开始逐渐采取向上集权管理。在开始集权管理的阶段还实行向镇街分配土地指标的办法,但由于之前C市土地占用大,中央和省级政府根据C市的存量土地情况对C市所下达的土地指标数逐年减少,迫使C市在极有限的土地指标配额内再无法向下属镇街分配指标,因为这样分的话每个镇街只能分到很少的土地指标,远远无法满足镇街的实际用地需求。最近几年C市又取消之前向镇村分配土地指标的做法,转而实行用地指标方面由市里统一控制安排,各镇街根据具体项目的用地效益情况向市里申请来调配土地,并且相关需要用地的项目本身需要经过市里把关审核批准,只有经过市里审核批准后的项目才能获得配给土地指标的资格。

C市市镇村之间的府际土地资源配置经历了一个从整体完全放权到整体完全集权的过程,放权阶段由农村基层集权经济组织进行粗放式的土地利用模式,使得C市耗费了大约70%的可利用土地。尽管这种由农村基层集权经济组织进行粗放式的土地利用模式弊端重重,但是在当时的历史条件下,这种府际土地资源配置模式对于调动基层政府发展乡镇经济的积极性起到了相当大的促进作用。因为正是这种土地利用模式,为C市农民和农村基层集体经济组织参与C市乡村工业的发展提供了交易资本和交易平台,并且凭借这样的交易资本和交易平台,C市农民获得了乡村工业发展所带来的各种土地收益,C市农民因此而富裕,地方经济因此而活跃。虽然现在看来,这样的地方经济发展方式可能质量不高,但在当时的C市乡镇,在促使地方经济发展的方面又能做出什么更好的选择呢?①

三、C市府际目标治理形式:契约式目标治理形式

契约式目标治理形式与其他两种目标治理形式最大的不同点就是在目标传导和激励方式方面存在很大的不同,当然在目标实施和督导方面也存在较大的差异,综观C市改革开放以来利用府际目标治理促使地方经济发展方面的情况,始终都体现出契约式目标治理的特征,这可能与C市所在地区内敛、务实的民间历史文化有一定的关联性。

(一)府际目标任务传导

1.任务对象主体

在确定目标任务对象主体方面,与其他地方不同的是,C市一直遵循"公对公"原则,即以上级政府对下级政府领导班子的名义下达目标任务,而不会将目标任务分解到具体的干部个人,这与B县所推行的动员式目标治理形式存在明显的不同。同时,C市也不同于A县所实行的将目标任务责任考核与组织绩效考核相结合的科层式目标治理形式,它并没有将促进有关涉及地方经济发展方面的目标任务在政府各职能部门进行分解下达,政府职能部门只按其法定职能和行政效能进行组织绩效考核,并不具体承

---

① 本节有关对于C市历史上土地资源的利用状况来自曾担任C市HJ镇BH村村支书长达三十多年的已退休老村支书的深度访谈,并结合担任二十多年C市LB镇外经局副局长(外经办副主任)的深度访谈进行综合汇总描述。

担地方经济发展的指标任务。因此,在C市的府际目标传导关系中,市镇两级领导班子是实施完成C市目标任务的主体,其下属镇街领导班子是C市政府所下达目标任务的主要任务对象。

2.指标类别设定

在对下属镇街的目标任务指标设定方面,C市根据其本地区的经济和社会发展采取了区分性的做法,将任务指标分设为整体综合指标和"单打冠军"指标。

整体综合指标主要是体现科学发展观和上级政府目标任务要求,指引下属镇街和园区必须按科学发展观以及省和市级政府制定的目标任务开展工作,以促进镇区的经济和社会发展。"单打冠军"指标是C市为强化C市市委和市政府的工作指引,围绕全市重点工作部署,共设置了33项固定奖项指标,鼓励各镇街和园区结合自身工作亮点在促进本辖区经济和社会发展方面进行争先创优,并对优胜者进行表彰。

以2013年为例,在整体综合指标设定方面,C市设定了四个方面的大类综合指标,分别涉及经济发展、社会发展、人民生活和环境保护,每个大类综合指标又包含有数量不同的二级指标,而每个二级指标方面又进一步分为若干个三级子指标。表8.17和表8.18分别体现了C市在整体综合指标和"单打冠军"指标的设定中所涉及的与地方经济发展相关的指标类别情况。

表8.17　C市2013年设置的镇街领导班子落实科学发展观涉及地方经济发展的年度整体综合指标及权重表

经济发展指标			分值
经济发展	经济水平	1.地区生产总值	24
		2.出口总额	20
		3.固定资产投资总额	15
		4.当年规上工业新增增加值	20
	经济效益	5.人均生产总值	20
		6.人均税收收入	20
		7.政府性债务率变动	10
		8.经济发展质量指数	15
		9.规上工业增加值率	10
		10.新增"三上"企业主营业务收入	10

续表

经济结构	11.规上高新技术企业增加值占规上工业比重	10	
	12.加工贸易企业转型升级指数	25	
	13.社会消费结构变化指数	10	
	14.民营经济税收占税收总额比重	15	
	15.实际引进外资	10	
	16.高新技术产品出口总额	10	
	17.第三产业增加值	10	
	18.现代制造业发展指数	10	
	19.规上工业企业销售产值内销率	20	
发展动力	20.R&D经费比重	20	
	21.质量竞争力指数	15	
	22.技术标准指数	15	
	23.商标发展指数	10	
	24.专利发展指数	10	
	25.规上工业全员劳动生产率增长	10	
	26.增值性服务业营业税增速	20	

表8.18 C市2013年设置的涉及地方经济发展的"单打冠军"年度任务指标

一级指标	二级指标
1.科技平台成果转化	镇街、园区企业与科技平台签订的技术服务协议数量
	镇街、园区专利成果数
	镇街、园区科技平台财政投入
2.传统行业创新提效 (纺织服装、家具、玩具、造纸、食品饮料等五个行业)	传统行业的税收
	中国名牌名标数量
	广东省名牌名标数量和联盟标准数量
3.培育整合大企业	主营业务收入超10亿元企业数量的增量
	企业主营业务收入、利润总额和纳税总额
4.存量工业企业增值提效	所有存量工业企业的税收总额
	所有存量工业企业的税收增速
5.土地集约利用	单位建设用地承载GDP
	单位建设用地承载税收
	闲置土地处置率

一级指标	二级指标
6.重大项目招引	
7.重大项目落地	
8.村级集体经济管理	
9.人均生产总值	
10.规上工业增加值率	
11.规上高新技术企业增加值占规上工业比重	
12.R&D经费比重	
13.就业率水平	
14.居民人均可支配收入	
15.单位GDP能耗	
16.镇级财政良性运营	
17.重大产业聚集区建设	
18.水乡特色发展示范区建设	
19.加工贸易转型升级指数	

资料来源：表8.17和表8.18由C市GB镇政府办提供。

3.契约式任务发包

根据上一节所阐述的情况,C市的年度目标任务分为整体综合指标任务和"单打冠军"指标任务两种,这两种目标任务C市都采用契约式任务发包的方式对其下属镇街下达目标任务,其中整体综合指标任务采取的是"承揽契约式"发包,"单打冠军"指标任务采取的是"招投标契约式"发包。

在整体综合性目标任务下达方面,C市所采取的任务下达方式与A县科层式的发包方式和B县动员式的发包方式都存在不同。首先,与动员式发包方式不同的是,C市并不对下属镇街领导班子下达非常硬性的和非常具体的目标任务,而是通过制定综合性的整体指标体系,作为一种工作指引方向,指引下属镇街领导班子按照C市市委市政府所推行的工作方向和工作重点去开展工作,而促进地方经济发展无疑是市镇两级党委和政府的工作重点工作。其次,与科层式发包方式不同的是,C市也并不将对其下属镇街所下达整体综合指标与科层组织责任和组织绩效联系起来进行考核,而是单独就镇街领导班子指标任务完成情况的本身进行考评,并且考评结果并不影响镇街领导班子的其他方面情况,如政治晋升、工资奖金等方面的情况。镇街领导干部的个人考核和领导班子的绩效考核根据组织部门的另外有关规定进行,而不与上级政府所下达指标任务直接联系。

在整体综合指标任务的发包方面,C市在市一级政府制定生成整个任务指标体系并向镇街下传指标任务的过程中,往往会在市镇两级政府之间为目标任务的平衡出现"讨价还价"的现象,在达成这种平衡之后,C市市委市政府将整体综合指标体系中所蕴含的一揽子工作目标任务发包给下属镇街领导班子,而镇街领导班子在承揽接受上级市委市政府所下达的目标任务后,一般会进行自我加压,并承诺会按照指标体系所指引的方向积极努力地去完成相应的目标任务。以上C市市镇两级政府之间的指标任务生成和传导过程,很像我国合同法中所规定的"承揽合同(契约)"的缔约过程。

在"单打冠军"指标任务发包方面,C市政府与其下属镇街之间更像我国合同法中所规定的"招投标式契约"的缔结过程。根据C市市委2013年颁发的《C市"单打冠军"年度考评方案》中的规定,为强化C市市委和市政府对镇街的工作指引,围绕全市重点工作部署,C市特对其下属镇街和园区设置了33项固定指标奖项,由下属镇街和园区自主向市委市政府申报评比这些指标奖项。另外,为鼓励各镇街和园区结合自身的实际情况积极参与全国全省争先创优项目,C市允许下属镇街和园区向市委市政府自主申报除上述33项固定指标奖项之外的"单打冠军"奖项。从上述"单打冠军"指标奖项的两种申报方式来看,C市市委市政府所开出的33项固定指标奖项申报进行评比的做法,实际上相当于C市市委市政府向其下属镇街和园区进行"封闭式招标"行为,而下属镇区和园区在这33项固定指标奖项中进行申报评比的做法实际上相当于投标行为。显然,镇街或园区一旦向C市市委市政府投标申报参与某个固定指标奖项评比,就相当于与C市市委市政府缔结达成了一个指标任务完成契约,在这个指标任务契约达成之后,镇街或园区就必须采取措施积极努力去完成这个指标任务。另外,C市所规定的镇街或园区结合自身实际情况自主向C市市委市政府申报的除33个固定指标奖项之外的"单打冠军"指标奖项进行评比的做法,实际上相当于C市市委市政府向其下属镇街或园区进行"开放式招标"行为,镇街一旦向C市市委市政府自主申报上述33固定奖项之外的其他指标奖项,就相当于响应了C市市委市政府开放式招标邀请进行了所谓的"投标"。同样,镇街或园区一旦自主向C市市委市政府投标申报某个非固定指标奖项评比,就相当于与C市市委市政府缔结达成了一个自设的指标任务完成契约,在这个指标任务契约达成之后,镇街或园区就必须采取措施积极努力去完成这个指标任务。

(二)府际目标实施

C市以契约式任务发包方式对镇街和园区下达指标任务之后,市镇两级政府如何促使这些指标任务能够得到圆满实现呢?在关于府际目标实施方面,长期以来C市也逐渐积累起与其所倡导的契约式目标治理形式相融合适应的目标实施经验措施,这些目标实施经验措施有以下方面:

1.通过对指标和任务贴上明确的身份标签,给予指标任务接收单位以明确的工作方向指引信号,引导指标任务单位努力实施这些带有身份标签的指标任务

C市在对下属镇街下达指标任务时一般明确区分重要指标和一般指标,主要任务和一般任务,并根据不同指标任务的重要性赋予不同的分值权重。其中重要指标分别要从绝对量和增长速度两方面进行评比考核,并对之分别赋予相应的评比分值和权重。一旦某个指标任务被标注为需要由市镇两级政府完成的主要任务,则必须将该指标任务列入市镇两级政府的重点工作日程表中,作为两级政府的共同重点工作内容安排由政府采取下述措施实施该重点工作的指标任务。

2.对列入政府重点工作内容的重点指标和主要任务内容进行政府组织内部任务发包,以政府组织内部发包的方式完成府际纵向上的外部发包任务

根据实地调研,C市政府组织内部任务发包的方式通常有以下两种:

第一种方式是对于需要协调、任务工作量较大且有一定实现难度的指标任务,C市一般会通过在政府组织体系内组建相应的任务小组来进行内容任务承包,此时,小组负责人必须是政府领导班子成员之一,小组成员一般会包括与指标任务完成相关的政府职能部门负责人。对于特别重要的指标任务,有可能由市长或镇长亲自担任任务小组组长。对于需要由市镇两级政府联动完成的重要指标任务,通常由市级政府领导班子成员之一担任任务小组负责人作为承包责任领导,镇长担任第一直接责任人具体负责实施目标任务,同时纳入与指标任务完成相关的政府职能部门负责人作为小组成员辅助配合目标任务实施。同时,对于那些重要的指标任务,通常是一个小组对应一项任务,当然,一个小组可以肩负多项内容不同的任务。显然,C市这种根据指标任务性质通过在政府组织体系内部组建任务小组的方式来具体负责实施上级政府所下达的目标任务,能有效调动政府组织体系内的各种资源支持指标任务的完成,同时具有分工明确、责任到位、组织措施严密、工作协调便利、工作效率高效等多方面的优势。

　　第二种方式是对于有些适合以各自为战、单打独斗，或者需要灵活便利、随机随动方式完成的指标任务，C市通常会在政府组织体系内外将这种类型的任务发包到合适的具体的个人身上去完成，让个人进行"个体承包"完成任务。例如在C市改革开放后很长的一段时期内为招商引资需要，针对港商和台商发明了"人盯人"的招商任务发包方式，将招商引资任务在政府组织体系内外进行发包到具有招商引资关系资源的个人身上，让这个接受发包任务者全权负责联络目标引资客户，并为目标客户提供各种与投资相关的服务和协调工作，对整个招商引资过程进行全程负责、全程跟踪、全程服务，直到让目标客户满意并成功招到商为止。对C市当时所实行的"人盯人"的招商方式，1989年最早决定来C市进行投资、曾担任C市台资协会会长的台商YHD先生深有感触地讲道：

　　　　你问我当时是什么原因下决心到大陆来进行投资，并且把投资地选择在C市。我这样跟你说吧，实际上我1987年就开始来大陆考察了，在1987年至1989年差不多两年时间里我跑过大陆广东、北京、上海、沈阳、大连和广西、南宁等地，发现那时候大陆北方那边的城市市场意识很不够，还不适合投资做生意。广东那时候有广交会，在这期间我参加过两次广交会，在这个会上当时可以见到不少老外，这说明这个会还是比较有国际性的。在广东投资我参加广交会就比较方便，相对于大陆其他地方来说当时广东更适合做投资，这是一个大的投资地域方向选择。至于为什么最后选择在C市投资，那是因为我在参加广州广交会的时候认识了一个香港客商，后来相互就彼此熟悉了，他告诉我他的老家就是C市的，现在他老家C市当地政府在大力对外招商引资，叫我跟他到C市看看，后由他负责介绍引见C市的当地领导，我当时已经计划好就想在广东这个地方选择个地点进行投资，于是就跟他来到C市。一到C市SJ镇这个地方之后，就受到了SJ镇领导非常热烈的欢迎，他们很热情地招待我，镇政府的领导班子成员全体出动，书记带队，陪我整整一个多礼拜。他们带我在SJ镇到处看地，动员我到SJ镇投资，他们告诉我只要我看中了哪一块地，他们负责把地平整好给我盖厂房，或者按照我的要求由他们盖好厂房给我，其他涉及投资方面所有的事情和手续，包括海关、工商、税务等方面的事情，都不用我花心思，由镇党委书记作为第一责任人负责包办好，我只管投资经营企业就行。当时SJ镇党委书记怕我有顾虑，对我这样保证说，万一我在SJ镇投资有什么这样或那样的安全问题，我用生命保证担保你的人身安全。他讲的这些话,坚定了我到C市SJ镇投资的信心,我那次回台湾之后就立即与股东协商,1个多月后就决定到C市SJ镇来投资。我1989年底来C市投资设厂之后,次年上半年与我相配套的十几个上下游工厂都跟着我到C市SJ镇来投资设厂,在这与我配套的十几个台企来C市投资之后,与这十几个台企相配套的上下游工厂总共100多个也接着到C市来投资设厂,所以到了1990年以后,台资企业大规模进驻C市投资,他们到C市投资的过程大多与我相似。其中,有两个最主要的因素促使我们第一批台商到C市投资,一个是我们第一批台商大都对大陆比较有感情,因为我们的祖籍都是大陆的,内心爱国的因素是很重要的,为到大陆来投资我们还把已经在泰国设立好并正在生产的工厂都撤了;另一个是当时C市当地的政府官员对外来客商的诚心实意打动了我,这一点在当时我到大陆其他地方根本就没有碰到过,当时大陆其他地方的政府好像对市场都没有一丁点感觉似的。①

(三)府际目标激励

在府际目标激励方面,C市历来都比较注重经济激励方式,很少将政治激励与目标实施相结合起来,这与B县注重运用政治激励的动员式目标治理形式有比较大的区别,也与A县注重运用责任激励的科层式目标治理形式有比较大的区别。从激励的性质和功能方面看,C市的经济激励相当于目标任务承包方完成契约式任务发包的"合同对价"。

从历史方面考察,据曾任C市市委书记LJW先生回忆,C市在20世纪80年代之初的改革开放初期就开始注重运用经济激励方式激励地方干部和村民进行招商引资。在这一阶段,C市在干部和群众中广泛推行"人盯人"的招商引资方式,将招商引资任务在广大干部群众中进行发包,凡是接受发包的干部和群众招商引资成功,就一定会得到作为发包政府单位的经济奖励,这些经济奖励的方式有:凡是招商引资成功的,以所引企业投资后的1—3个月的厂房租金作为奖励回报,并可以参与分成经营该外资企业投产后所发生的报关费用和运输费用。毫无疑问,相对于当时的社会工资水平,这种经济激励的强度是极其大的。

现在,C市在目标激励方面,市委和市政府每年颁布的年度目标工作

① 本信息为笔者在华南某省某地级市对曾担任该市的台商投资协会会长调研了解台商到该市投资的历史过程时获得。

考评方案中一般都只以经济激励为最主要的激励方式,基本不会将政治激励,如把干部"乌纱帽"和"工作饭碗"与府际目标的实施相联系起来。虽然也会采取社会激励方式,但社会激励方面一般也只是从正面进行表彰性的激励,不会进行负面惩罚性的面子激励。总体而言,C市府际目标激励的方式侧重鼓励,不重惩罚,而且随着时间的推移和物价的上升,会逐渐加大经济激励的幅度和激励范围。以2013年C市市委颁布的《C市镇街领导班子落实科学发展观年度工作考评方案》中规定的激励方式为例,在这份涉及C市落实全年整体综合指标任务的文件中,只规定了"综合奖"和"进步奖"两种经济激励方式,但这两种奖项的奖金都不菲。其中"综合奖"中一等奖设10名、二等奖也同样设10名,凡是综合排名前10的镇街都可以获得一等奖、综合排名第11—20名的镇街都可以获得二等奖;"进步奖"适用于凡是综合排名能比上年度上升3名的镇街,或者地区生产总值增速前三名的镇街,目前C市一共只有三十多个镇街单位,可见奖励的范围和幅度是非常大的。实践中,C市所采取的这种目标激励方式对目标任务对象的行为能产生务实主义的激励效果,这与动员式目标激励方式容易产生机会主义的激励效果截然不同,也与科层式的目标激励方式容易产生市场消极主义的激励效果不同。

(四)府际目标督导

在契约式的目标任务发包方式下,目标任务的实施交由接受任务承包的单位具体自我自主实施。整个目标实施过程与任务发包单位联系较少,上级政府一般对目标实施的过程干预较小,也不会采取严格的基于实施目标过程和实施环节的督导措施对目标实施进行监控监督。上级政府作为发包单位一般只是基于目标任务实施的完成情况对作为任务承包单位的下级政府作出总体性工作评价,并把这种评价结果作为目标任务承包单位获得奖励的重要参考因素。一般而言,在契约式目标治理形式之下,府际目标督导过程由事先指引、过程信任和结果评价三个阶段组成。督导方式相应地有行为指引、信任和评价三种方式。在目标督导效果方面,通过事先指引、过程信任和结果评价,鼓励目标承包单位自我自主依据主客观条件努力实施目标任务,使得目标任务承包单位整个目标实施过程既获得相当的行为弹性和自主性,同时又不会脱离作为任务发包单位的上级政府所制定的行为指引方向,从而使得整个府际目标督导方式体现出相当的人性化的特定。显然,这种目标督导方式与动员式目标治理形式侧重对目标实施的具体过程进行严格监督的刚性监督控制的机器性做法存在本质上的差异,也与科层式目标治理方式侧重通过岗位责任制对目标实施过程进行责任性监督的机械性做法不同。

　　C市所采取的府际目标督导方式很好地体现了上述契约式目标治理形式中目标督导的特点。为能促使镇街积极努力地去实施C市所下达的目标任务,在对接受目标任务的下属各镇街的行为指引方面,C市在每年年初对下属镇街下达当年年度指标任务的时候,会对镇街一并下达C市市委市政府重点工作督查考评规范和领导评议规范两份指引性文件。其中,重点工作督查考评规范由C市市委督查室和市政府督查室负责,领导评议由C市市委市政府主要领导、市委常委、副市长、市政协、市人大常委会常委副主任对镇街领导班子进行评议。表8.19和表8.20分别反映了2013年C市所制定对镇街和市直单位的重点工作督查考评内容和评价标准,以及领导评议内容和评价标准。

表8.19　C市镇街领导班子落实科学发展观年度工作考评重点工作督查考评
内容与权重表

考评项目	考评内容及评价标准	权重1000分	考评单位
市委、市政府重要督办事项和重点督查考评工作	根据《C市市委常委会2013年工作要点》,围绕重大项目建设、加工贸易转型升级、农村综合改革、土地统筹整合、以及党组织及班子建设、宣传、统战、党管武装、工会等重点工作,制定量化考评表、由市委督查室汇同相关牵头部门实施考评,督促各镇街狠抓市委中心任务和重点工作的贯彻实施。详见《C市市委2013年决策督查考评工作方案》。	600分	市委督查室
	根据各镇街在完成2013年市政府主要目标任务、2013年市政府十件实事、2013年市政府常务会议决定事项的工作情况进行评价。	400分	市政府督查室

资料来源:本表由C市市政府督查室提供。

表8.20　C市镇街领导班子落实科学发展观年度工作考评领导评议内容及权重表

考评项目	考评内容及评价标准	权重1000分
市委、市政府主要领导评议	对各镇街贯彻科学发展观、加快转型升级、建设幸福C市、实现高水平崛起战略部署、根据自身资源禀赋条件和主体功能区规划、围绕中心、抓住重点、创新增效、执政为民的工作情况进行总体评价。	500分

考评项目	考评内容及评价标准	权重 1000分
市委常委(不含书记和市长)、副市长及市政协主席、市人大常委会常委副主任评议	对各镇街贯彻科学发展观、加快转型升级、建设幸福C市、实现高水平崛起战略部署、根据自身资源禀赋条件和主体功能区规划、围绕中心、抓住重点、创新增效、执政为民的工作情况进行总体评价。	500分

资料来源:本表由C市市政府督查室提供。

通过表8.19和表8.20的工作指引,C市各镇街结合C市委市政府下达的指标任务和所要核查的工作重点,按照上述相应的目标实施措施努力积极地去实施目标任务。但在镇街具体实施目标任务的过程中,C市并不会具体去干预各镇街如何实施目标以及怎样去实施目标,整个目标任务的实施过程完全由接受目标任务的镇街自我自主地去完成,C市市委和市政府督查室只是根据工作指引文件对镇街进行督导。到考评年度结束时对镇街的工作做出总体评价,再由市领导进行领导评议,并按照事先规定的考评公式计算各镇街的目标完成情况得分,作为镇街评奖和实施目标激励的依据。

四、C市经济发展行为模式

与B县所实行的动员式目标治理形式相比,C市所实行的契约式目标治理形式,赋予了C市下属各镇街政府在实施上级政府目标任务较大的选择自主性。更为关键的是,C市下属各镇街基层政府并没有承受来自上级政府的巨大目标实施、激励以及督导压力,这可以让它根据本身的实际情况和客观条件比较务实地采取相应的措施去推动地方经济的发展。综观C市改革开放以来三十多年的发展过程,C市地方经济发展的市场化程度水平相当高,市镇两级地方政府在推动地方经济发展的行为方式中更多地表现出相当务实的风格,机会主义的行为模式在C市并没有为地方政府所接纳,地方政府也很少采取激进主义的方式去干预地方市场经济的发展。下面我们仍然从地方经济发展的行为主体、行为动力及行为方式三个方面来描述C市的经济发展行为模式情况。

(一)地方经济发展的行为主体

30年之前C市是一个农业县,而目前它已是一个国际制造业名城,短短30年其地方经济的发展发生了天翻地覆的变化,这显然是与C市地方政府推动C市经济发展的努力分不开的,地方政府毫无疑问是推动C市经济发展的最主要行为主体之一。结合C市地方经济发展的过程,C市市镇两级政府在扮演促进地方经济发展的行为主体角色方面,在不同的时期其所扮演的主要角色也不尽相同。

在1978年改革开放的初期阶段至2000年,这一阶段C市的地方经济发展速度非常快,C市市镇两级地方政府在推动地方经济发展方面起了相当大的作用,是地方经济发展的主要引擎,相关镇区经济发展形成了一定程度的聚集状态,是C市赢得"国际制造业名城"美誉的主要阶段。当然,在这一阶段,市场各类主体也无疑是C市地方经济发展的最主要主体之一。

在2000年之后的阶段,C市的地方市场已经高度发达活跃,这一阶段,在C市地方经济的增长数量方面最主要还是靠市场自身的发展推进,市镇两级政府在这方面的作用相对弱化。但是,在提升地方经济发展的质量、促使地区产业升级转型、改变地方经济发展方式等方面,市镇两级地方政府正发挥越来越大的作用,是提升地方经济发展质量的最主要行为主体,其中C市一级政府在促使C市产业升级转型、转变地方经济发展方式方面采取了各种实际有效的措施,发挥着主心骨的作用。当然,C市地方经济产业升级转型还在进行之中,市镇两级地方政府在这方面能不能像它之前在促使地方经济发展方面起那么大的作用、发挥出那么好的效果,还有待时间的检验。

(二)地方经济发展的行为动力

在C市改革开放后的早期发展阶段,C市市镇两级政府在促进地方经济发展方面扮演着最主要积极的角色。在全国其他大多数地方市场意识还是很封闭的时候,C市市镇两级政府就开始采取"契约式增长任务发包"的做法吸引政府体系内外和社会中的各种力量参与政府的招商引资工作,因而,在这一阶段,C市政府的组织力量是地方经济发展的最主要行为动力。

在C市地方经济发展到一定阶段后,C市逐渐形成了一个相当活跃的地方市场,地方经济到了相当高的聚集程度,地方市场本身就逐渐替代了政府力量而成为地方经济发展的最主要的行为动力。在目前,C市的地方市场已是全国市场意识和市场活力最为活跃的地方之一,地方政府目前对C市的地方市场直接干预较少,更多地表现在增进地方市场机能、促进地方经济升级发展的方面发挥关键性作用。

（三）地方经济发展的行为方式

由于C市对其下属镇街政府采取了契约式的目标治理形式,地方经济发展目标任务以"契约式发包"的形式对镇街和村居进行发包,同时在府际权力配置结构方式上对镇街进行整体性的放权。在这样的目标治理形式和府际权力配置结构下,C市镇街政府在推动实现地方经济发展的行为方面一贯表现出相当务实的行为方式。特别是在C市发展的早期阶段,C市所采取的契约式发包的目标激励手段是地方经济发展与地区财政收入和官员的个人经济收入直接相挂钩,这种激励方式不仅一直贯穿到C市最基层村居组织和村居干部,同时也向社会进行公开招标发包、鼓励C市全市居民发动各自所拥有的社会资源来对港台投资者进行招商引资。为提升招商效果,C市采取"人盯人"的招商手段,实行市镇两级政府全过程服务于招商和投资者的政府行为导向,尽最大可能改善地区的基础设施环境。这种以经济激励手段为主的全民招商方式对C市广大干部和群众形成相当强烈的利益激励,在这种利益刺激下,C市在1980年代就创造出"全民招商"的热潮,这种由地方政府发动的、全社会参与的网络式招商模式在当时是罕见的。毫不夸张地说,今天在C市所形成的强大制造业经济的地区聚集在很大程度上是得益于C市地方政府的这种务实主义行为方式。

五、C市总体实际的经济发展绩效

从地方经济发展速度方面看,C市从1978年改革开放以来四十多年以来一直都处于高速增长的状态,地方经济年平均增长速度超过了15%以上,在某些年份甚至超过了25%,虽自2008年金融危机爆发以来,地方经济发展速度有所下降,但也是处于增长状态,地方经济自2008年以来的年均增长速度也达到7%以上;从地方经济总量方面看,C市在1978年之前是一个农业县,地区GDP在1978年不超过2亿元,在1978年之后,C市地区GDP总量不断扩大。至2013年,C市地区GDP达到了5500多亿元,以相当于一个县的行政区面积,创造出相当于西部地区一个省的地区GDP。与此同时,在改革开放以来的地方经济高速增长过程中,C市从一个农业县蜕变成国际闻名的制造业名城,其城市规模和城市经济实力在全国大中城市排名中名列前茅。

从地方经济发展能力方面看,C市的制造业相当发达,且已经形成了相当高的产业聚集程度,地区范围经济和规模经济相当庞大,与国内其他城市相比较,C市每平方千米的经济密度已经达到相当高的水平,大大超过了与其行政级别相当的地级城市的经济密度,已经发展成全国公认的地方经济聚集程度最高的城市之一。从地方经济组成所有制成分方面看,C市的地方经济成分主要是来自本地区的外资经济和民营经济,国有经济成分在C市整个地方经济总量中占比很小,几乎处于微不足道的地位。更为关键的是,通过多年来的发展外资经济所带来的溢出效应,使得C市民营经济从无到有、从小到大、从弱到强发展起来,至2013年止,C市民营经济对其地方经济的贡献程度已经接近45%,基本上形成了与外资经济平分C市地方经济总量的局面。从地方经济的产业组成成分方面看,目前第一产业生产总值在C市地方经济生产总值中占比已经非常小,实际上不到5%,至2013年第二产业生产总值占比超过65%以上,而第三产业生产总值占比不断提升,至2013年占比已经达到30%左右。

从地区财政收入来源的构成方面看,C市税源相当充足,2013年来自C市的各种税收总收入接近900亿元,超过了全国省会城市的税收收入水平。从税收来源的行业分布方面看,C市的税收行业来源主要来自制造业和服务业所提供的税收,制造业为C市税收作出了最为主要的贡献;从税收来源的空间分布方面看,C市各乡镇经济为C市全市的税收来源提供了最主要的贡献,乡镇税收是C市财政收入最主要的来源;从地方经济发展的空间绩效方面看,C市乡镇经济非常发达,其行政管辖下的30多个镇街都位列全国千强镇范围之内,许多镇街成为某些行业或某些产品的专业制造名镇,2013年C市属下有些镇街经济的地区GDP已超过300多亿元,三分之一的镇街经济总量超过200亿元,其镇街经济力量之强大,令全国其他省份的县域经济都难望其项背①。

六、C市案例总结

C市的乡镇经济发展成今天这样的局面,与上面所述的其所实行特殊的府际权力配置结构和目标治理形式密切相关。在府际权力配置结构方面,C市以增长为导向的府际权力配置结构安排中,市对乡镇进行整体性放权使得乡镇可以控制拥有一定的资源,乡镇在此基础上获得了自我自主的规划和发展的权力。同时,在府际目标治理形式方面C市所实行的以"契约式经济发展任务发包"为中心的目标治理形式使得C市乡镇基层以促进地方经济发展作为目标任务的中心点,并围绕该中心点通过实施强大的经济激励促使乡镇基层政府大力发展乡镇经济。但也是因为C市实行

---

①　本节中关于C市的经济数据来自于C市最近十年统计年鉴及C市政府最近十年的政府工作报告归纳整理提炼。

过于放权的府际权力配置结构安排,使得C市各乡镇经济发展各行其是、遍地开花,而市区经济长时间以来没有得到很好的发展,整个城市经济发展缺乏统一有力的整体规划,"牛皮癣"的城市经济发展格局使得C市在发展早期阶段土地资源利用过于浪费,对城市环境也造成了巨大的负面影响。同时,过于契约化的目标治理形式使得镇街基层在发展地方经济和产业引进方面不仅产生了很多短期性行为和过于追逐短期利益,也以透支地区的整体发展利益为代价来成就镇街自身的利益。凡此种种现今在C市地方经济发展方面所存在的一些负面问题,亦直接与C市的增长导向型的府际权力配置结构和契约式的目标治理形式有关。在此,本书对于C市的地方经济发展表现,称之为"放权分利型增长"。

第四节　案例间比较分析:研究命题提炼与变量关系模型设定

通过对上述A县、B县和C市三个个案的案例分析,我们发现,三个县市各自处在不同的府际权力配置结构中,实行了不同的府际目标治理形式,并且三个县市的地方政府在推动地方经济发展的过程中,所采取的地方经济发展行为模式也不尽相同,并在基础上取得了不同程度的地方经济发展绩效。

在本章前面几节对三个县市的案例分析中,虽然比较详细介绍描述了三个县市所实行的不同的府际权力配置结构安排和不同的府际目标治理形式,和三个县市的地方政府在不同的府际权力配置结构安排刺激和不同的目标治理形式压力下各自所采取的发展地方经济的行为方式,以及各自所获得的地方经济发展绩效。但是,个别案例的介绍描述并不能深刻揭示出本书各变量之间的关系性质和关系类型,因而,有必要更进一步通过案例间的比较分析方法来分析各个研究变量在不同案例中所起的作用和差异,并在对比分析各研究变量在不同案例中所起的作用和差异的基础上,探寻出在府际权力配置结构、目标治理形式、地方政府地方经济发展行为模式和地方经济发展绩效各研究变量之间所可能存在的联系。

对本研究的各个研究变量而言,地方经济发展绩效作为因变量是确凿无疑的,而本研究的目的就是寻找相关的府际治理变量因素对因变量地方经济发展绩效的影响,以及其相应的影响机制和影响程度。因此,在案例间的比较分析工作环节中,首先,最重要的工作是要确定府际权力配置结构和府际目标治理形式这两个变量的角色。是否这两个变量都能被确定为解释变量,抑或只能是其中一个作为解释变量,而另外一个变量应当扮演其他变量角色,如扮演其他变量角色,那么这种变量角色又是什么性质的变量? 其次,需要做的工作是确定地方政府所采取的地方经济发展行为方式是否在自变量和因变量之间扮演了中介变量角色并产生了中介作用?

为方便进行案例间的比较分析,表8.21对比归纳总结了上述A、B、C三个县市的案例分析情况。实际上只有通过对案例内的分析进行归纳总结,案例间分析才具有比较分析的基础、框架和相应的参照系,才有可能分析推断各研究变量之间所可能具有的关系性质,并作出相应的研究命题判断和研究假设推断。同时,在所提出的研究命题和做出研究假设的逻辑推理的基础上,自然就可以在相关研究变量之间建立起相应的理论变量关系模型,而正是具有了理论研究意义上的研究命题、研究假设和理论变量关系模型,后续的定量实证检验才能真正获得具有实证研究意义的假设检验依据、对象和范围。

表8.21　关于府际权力配置结构、目标治理形式、地方政府地方经济发展行为模式和地方经济发展绩效的案例间比较

比较维度		A县	B县	C市
府际权力配置结构	整体权力配置结构	秩序导向型配置结构	治理导向型配置结构	增长导向型配置结构
	市县权力配置结构	整体性集权市刮县	整体性放权市支持县	整体性放权不设县、市直接管镇
	县乡权力配置结构	整体性集权县集中资源	选择性放权县乡合理配置资源	整体性放权市镇分享资源
府际目标治理形式	整体目标治理形式	科层式目标治理形式	动员式目标治理形式	契约式目标治理形式
	市县目标治理形式	科层式	动员式	无
	县乡目标治理形式	科层式	动员式	契约式
地方政府地方经济发展行为模式	行为主体	县级政府主政领导、市场	县乡两级政府组织、市场、社会	市镇两级政府组织、市场、村居、社会
	行为动力	较弱	很强	较强
	主要行为模式	务实主义模式、激进主义模式、消极主义模式	务实主义模式、激进主义模式、机会主义模式	务实主义模式

比较维度		A县	B县	C市
地方经济发展绩效	地方经济发展速度绩效表现	年均增长速度相对缓慢	年均增长速度较快	年均增长速度相当快
	地区税收能力增长绩效表现	长期依靠地方国有经济、民营和外资经济对税收贡献小,地区财政收入主要依赖地方国有企业经营收入,市场税源不能支撑地区实际财政支出。	主要依靠民营和外资经济,民营经济对地区税收贡献较大,地区财政收入存在一些水分,地方市场税源还不足以支撑地区实际财政支出。	主要依靠外资和民营经济,外资经济对地区税收贡献大,地区财政收入真实,地方市场税源足以支撑地区实际财政支出。
	地方经济空间增长绩效表现	乡镇经济很弱、县城经济有一定程度发展,园区经济发展缓慢不甚理想	乡镇经济和园区经济相互融合发展、县城经济有一定程度发展,政府性经济角色突出。	乡镇经济相当发达、市区经济也比较发展、园区经济发展滞后但发展较快

注:本表根据上述三个案例情况归纳整理。

一、府际目标治理对地方政府地方经济发展行为的影响

比较上述三个案例中的地方政府在发展地方经济过程中所采取的经济发展行为模式以及相应所运用的府际目标治理形式,我们可以发现,府际目标治理形式与地方政府的地方经济发展行为模式之间存在紧密的关系性。

在A县案例中,科层式的目标治理形式将政府组织绩效考核、岗位责任考核和目标考核联系结合在一起,A县上级政府以科层式的任务发包机制驱使A县党政领导班子对A县的地方经济和社会发展承担科层性的任务职责。同时,在科层化的组织运作机制下,A县县政府在可以控制和调动的地区资源范围内积极努力采取相应的措施发展地方经济,其所采取的地方经济发展行为模式是务实主义和激进主义两种行为模式。由于受上级政府所采取的秩序导向型府际权力配置结构所带来的资源向上集中的影响,迫使A县政府对其下属乡镇也进行资源集中,同时弱化对乡镇政府以经济发展为中心的目标治理,在A县对乡镇的这种注重科层秩序的目标治理形式影响下,A县乡镇一级的政府在促进乡镇经济和社会发展方面表现出相当明显的消极主义行为模式特征。

在B县案例中,B县政府的地方经济发展存在A县和C市政府所不具有的机会主义行为模式,这种机会主义行为模式表面上是以发展"总部经济"形式出现,实际上是目前在许多地方出现的"买税引税"的地方税收竞争行为,这种税收竞争行为就是地方政府为完成上级政府下达的税收任务,不惜以各种不正当的手段来互相争夺税收。显然,这种所谓的地方经济发展行为方式具有较为典型和强烈的"机会主义"性质。同时,在地方政府采取激进主义的行为模式积极干预地方经济发展和地方市场方面,B县政府的干预表现也比A县和C市政府更为激进,干预范围更为广泛,且干预方式和手段更为多样。

在对B县的实地调研访谈中,我们发现,与A县和C市政府地方经济发展行为模式选择相比较,B县政府所采取的地方经济发展行为方式深受B县政府所处的上下府际动员式目标治理形式的影响。如前所述,动员式目标治理形式对被考核对象不仅会具有难以实现的目标任务实施压力,而且也具有政治激励、经济激励和社会激励的立体性目标激励压力和刚性严格的全过程目标考核督导压力。从B县上级政府对B县政府以及B县政府对B县下属乡镇县所实施的动员式目标治理后果来看,B县县乡两级政府在发展地方经济的方面所采取的激进主义和机会主义这两种经济发展行为方式与B县所采取的动员式目标治理形式存在紧密的关联性。

在C市案例中,C市采取契约式的府际目标治理形式。在促进地方经济发展的事务方面C市政府对其下属镇街采取了类似契约式的目标任务发包机制,接受任务发包单位根据其所实现的目标任务程度享有相关提成报酬,多劳多得、少劳少得、不劳不得。尤其需要强调的是,一般情况下C市并没有像B县那样采取将基层政府官员的政治前途与地方经济发展绩效直接挂钩的做法,也没有像A县那样采取将地方经济发展绩效与政府组织绩效直接挂钩的做法,而是通过设置比较有吸引力的正向经济激励措施,将经济发展成果和地区财政收入增长与基层政府官员经济报酬直接联系挂钩,去鼓励基层政府官员积极地进行对外招商引资、改善政府服务和基础设施条件来发展地方经济,逐渐形成了C市为人所称道的务实主义的地方经济发展氛围。显然,C市在改革开放以来长期所实行的这种以经济激励为中心的契约式目标治理形式,在很大程度上避免了地方基层政府在动员式目标治理高压下所产生的机会主义和激进主义的地方经济发展行为方式。

比较以上三个案例,在府际目标治理形式和地方政府所采取的地方经济发展行为模式选择之间,似乎存在某种内在的联系机制,地方政府在不同的府际目标治理形式所产生的不同程度的目标激励压力中,会作出不同的地方经济发展行为模式选择。在此,对于府际目标治理形式与地方政府地方经济发展行为模式之间所可能存在的关系,本书提出如下研究命题,以便在后续的定量分析实证中加以进一步的检验。

研究命题一:府际目标治理形式影响决定地方政府的地方经济发展行为模式选择。

二、府际权力配置结构对地方政府地方经济发展行为的影响

在三个案例中,三个县市在府际权力配置结构方面存在较大的差异,那么,这些差异对地方政府的地方经济发展行为选择方面会产生什么样的影响呢?

在A县案例中,秩序导向型的府际权力配置结构驱使A县不得不集中全县财政和土地资源至县级政府手中,乡镇政府职能残缺不全,事实上成了县级政府的派出机构,乡镇政府基本不需要履行乡镇经济发展的职责,仅扮演维持乡镇基本社会管理秩序和提供基本农村服务角色,并且由县级政府承担乡镇政府所有方面的财政支出,地方经济发展的事务和责任也主要由县级政府承担。秩序导向型府际权力配置结构实质是在府际关系中,上级政府希望通过集权整合地区资源,加大资源支配力量集中资源发展地方经济,但这种做法是以剥夺和牺牲下级政府的地区发展权为代价的,对下级政府的地方经济发展积极性带来了相当大的打击。显然,资源向上集中会产生两种后果,一种后果是会在主观方面强化地方基层政府在发展地方经济过程中所存在的消极倾向;另一种后果是会在客观方面弱化地方基层政府发展地方经济的行为。

在B县案例中,治理导向型的府际权力配置结构不仅合理分配了县乡之间的财政和资源利益,并且根据现有中央所实施的制度和政策及地区的实际情况向乡镇调配资源尽力地去支持乡镇经济的发展,同时也注重通过规划引导调整经济发展的空间布局。这里的所谓“治理导向”即指府际权力的配置以合理分配政府所控制和拥有的各种资源为原则,从而促使地方基层政府在促进地方经济和社会发展、提供公共服务、履行政府职能等方面能够有效地发挥相应的作用。B县的府际权力配置正是体现了这种“治理导向”的权力和资源配置原则,不仅对乡镇政府形成了明确的地方经济发展目的导向,也形成了较强的财政和行为激励,尽管从地区自然资源、管辖面积和人口数量等方面都远不同A县,仍然采取各种措施发展地方经济,在一定程度上弥补了B县在动员式目标治理刺激下对县乡两级政府所

表现出的机会主义行为模式和激进主义行为模式所产生的一些负面性作用。B县的案例说明,合适恰当的府际权力和资源配置同样也会产生两方面的效果,即不仅会在主观方面强化地方基层政府在发展地方经济的努力,同时也会在客观方面强化地方基层政府积极地去发展地方经济行为。

C市的案例中,增长导向型的府际权力配置结构不仅允许乡镇拥有相当独立的财政权限,也将土地资源使用和规划下放给乡镇基层政府甚至村居自治组织。所谓"增长导向"即指通过上级政府对下级基层政府进行府际权力和资源的下放,让下级基层政府获得较大的自主性,拥有相对多的权力和资源,提升基层政府的积极性去发展乡镇区域经济。C市在1978年改革开放以来一直把乡镇作为地方经济发展的主体,一方面通过把自身从县一级的行政级别升格为地级市的行政级别,从上级政府获得较大的权限和资源;另一方面将从上级政府所获得的相关权限和资源持续不断地下放给镇街,让各镇街获得比一般乡镇大得多的行政权限、资源调配能力和自主性,以促使乡镇经济不断地发展壮大。在C市所实行的契约式目标治理影响下,C市镇街基层政府表现出了强烈的务实性的地方经济发展行为模式,基层政府积极招商引资、优化投资环境、提升办事效能、改善政府服务,基本不实际干预地方市场,在发展地方经济所采取的诸种行为方式中,几乎没有激进和机会主义的行为表现。C市的案例说明,以增长为导向的放权型府际权力和政府资源配置方式对地方基层政府发展地方经济产生了相当积极的刺激效果,强化了地方基层政府务实性的地方经济发展行为方式,但同时也因为权力过于下放且下放范围过于宽泛,在很大程度上弱化了土地资源使用的硬性约束,在地方基层政府的经济发展实践过程中产生了普遍性的粗放性的资源利用方式,最终导致了C市"星星点火式"的地方经济发展空间格局。

比较以上三个案例,对于府际权力配置结构与地方政府地方经济发展行为模式之间所可能存在的关系,本书提出如下研究命题,以便在后续的定量分析实证中加以进一步的检验。

研究命题二:府际权力配置结构会强化或者弱化地方政府地方经济发展行为选择。

三、地方政府经济发展行为对地方经济发展绩效生成的影响

通过对三个案例中的地方政府所采取的地方经济发展行为模式和地方经济发展绩效进行比较,可以发现地方政府所采取的地方经济发展行为模式的不同,其所表现出的地方经济发展绩效也存在明显的不同(曾纪茂,

2011)。

在A县的案例中,A县县乡两级政府分别表现出了务实主义、激进主义和消极主义三种地方经济发展行为模式,其中,务实主义和激进主义行为模式为A县县政府所采取,消极主义行为模式为A县乡镇基层政府所采取。在地方经济发展绩效方面,A县年均经济发展速度相对缓慢,地方经济发展力量长期依靠地方国有经济,民营和外资经济对税收贡献小,地区财政收入主要依赖地方国有企业经营收入,市场税源不能支撑县实际财政支出,乡镇经济很弱,县城经济虽有一定程度发展但不甚理想,园区经济发展缓慢,地区总体经济发展绩效并不十分理想。

在B县的案例中,B县县乡两级政府分别表现出了务实主义、激进主义和机会主义三种地方经济发展行为模式,其中,务实主义和激进主义行为模式只为A县县级政府所采取,机会主义行为模式同时为B县县乡两级政府所采取。在地方经济发展绩效方面,B县年均经济发展速度相对较快,地方经济发展力量主要依靠民营和外资经济,民营经济对地区税收贡献较大,地区财政收入存在一些水分,地方市场税源尚不足以支撑地区实际财政支出,乡镇经济和园区经济相互融合发展,县城经济有一定程度发展,政府性经济形态比较突出。地区总体经济发展绩效可圈可点、好坏相合,有待继续提高改善。

在C市的案例中,C市市镇两级政府分别都表现出了相当强烈的务实主义发展行为模式。在实际的地方经济发展绩效方面,C市自改革开放以来年均经济发展速度相当快,镇街经济持续不断地增长,乡镇经济相当发达,市区经济也迅速发展,园区经济虽发展比较滞后但后发优势明显,全市31个镇街经济全部进入全国"千强镇"行列,全市整体经济实力在全国地市级以上城市排名名列前茅,超过了许多省会城市,地方经济密度进入全国前三名。地方经济发展力量主要依靠外资和民营经济,外资经济对地区税收贡献大,地区财政收入成分真实,市场税源足以支撑地区实际财政支出,地区总体经济发展绩效比较理想,经济总量较大但增长方式还比较粗放,产业转型升级压力较大。

比较以上三个案例,对于地方政府所采取的地方经济发展行为模式与地方经济发展绩效之间可能存在的关系,本书提出如下研究命题,以便在后续的定量分析实证中进一步加以检验。

研究命题三:地方政府的经济发展行为模式直接决定地方经济发展绩效。

四、府际关系与地方经济发展绩效之间的变量关系模型

通过比较上述三个典型案例,发现地方政府在不同的府际权力配置结构安排中,如果实行不同的府际目标治理形式,地方政府推动地方经济发展的行为偏向表现会不尽相同,分别可能采取务实主义、激进主义、机会主义和消极主义的地方经济发展行为模式。而地方政府在推动地方经济发展的过程中,其所采取的地方经济发展行为模式的不同,可能会给地方经济的增长带来不同的增长绩效。以上案例分析表明,在地方经济发展绩效生成的联系机制中,府际目标治理形式可能直接影响决定地方政府所采取的地方经济发展行为模式选择,府际权力配置结构则可能强化或者弱化地方政府具体的地方经济发展行为模式选择,而地方政府具体所采取的地方经济发展行为模式会对地区的经济发展绩效生成产生相当大的影响。基于案例分析初步得出的结论和所提出的基本研究命题,本节在此提出以下研究的理论变量之间可能存在的关系模型:

第一种情形:

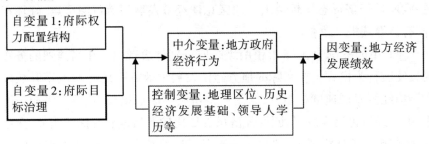

第二种情形:

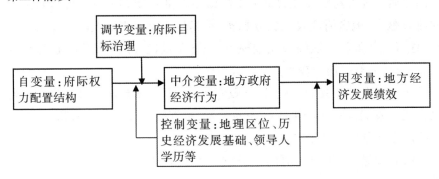

第三种情形:

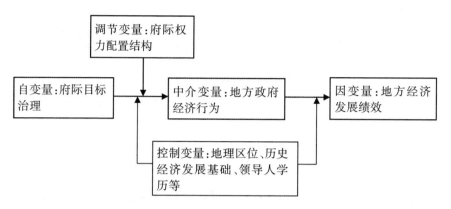

　　为进一步确定本研究各变量到底属于上述三种情形中的哪一种,本研究需要先对各研究变量按照上述对变量的测量方法设置利克特(Likert)量表调查问卷,通过对地方基层政府官员大样本的调查获得一手数据的基础上,再运用主成分因子分析方法提取出各研究变量的公因子,建立控制变量与因变量的基础性多元线性回归方程,然后将有可能作为自变量、调节变量和中介变量的各个研究变量逐个添加在多元线性回归方程中,反复考察方程中经添加各个变量的过程中系数变化情况,来确定各研究变量之间的关系性质。在探寻出各研究变量之间的关系性质后,最后运用多元线性回归分析方法分析确定各研究变量之间的关系程度。

第九章 府际关系影响地方经济发展绩效的
定量实证分析

第一节 研究假设

前一章基于前期研究和多案例深度访谈获得的数据和信息,就府际目标治理与府际权力配置结构、地方政府行为与地方经济发展绩效之间的关系提出了相应的研究命题。本章的任务是通过定量研究和分析进一步验证这些研究命题及其衍生假设,进一步确认更一般意义上的研究变量之间的关系,以进一步确认本书开头提出的问题:府际目标治理和府际权力分配结构如何影响地方政府的地方经济发展行为,以及地方政府的经济发展行为如何影响区域经济发展绩效。

在本章中,鉴于本书前面提出的理论关系模型所指示的变量之间的关系,首先,样本调查中包括的县和乡镇地方政府领导人的工作年限、教育背景、行政级别,以及样本调查对象的地理位置,以历史经济发展水平和经济发展水平的横向比较作为控制变量。在控制这六个变量的基础上,以府际目标治理为解释变量,以政府权力配置结构为调节变量,以地方政府经济发展行为模型为中介变量,以当地经济发展绩效为解释变量。通过对这些变量的相关假设检验,验证了这些变量之间的关系类型。其次,在实地调研的基础上,我们发现当前地方政府在基层的常见行为,如购买税收和引入税收,以优惠政策吸引投资的地方竞争行为,以及从地方政府购买税收和引进税收的行为中获得的部分财政收入,在对府际目标治理和府际权力配置结构与地方政府的税收购买和税收引入行为及地方竞争行为进行相关假设检验后,对地方政府税收购买和税务引入行为与地方竞争行为及地方经济发展进行了假设检验。验证府际治理目标和权力配置结构与地方竞争行为和地方政府税收购买行为之间的关系。

基于本书前面案例分析中提出的基本研究命题和上述每个变量相关假设的步骤,本书提出了以下四组假设,并进行了相应的测试,以进一步细化和验证基本命题,并对研究变量之间的关系质量和关系类型进行更一般的推断和概括:第一组假设:关于府际目标治理、府际权力配置结构与地方经济发展行为模式的关系假设。

H1 府际目标激励与地方政府务实主义经济发展行为模式正相关;

H2 府际目标激励与地方政府激进主义经济发展行为模式正相关;

H3 府际目标任务责任与地方政府机会主义经济发展行为模式负相关;

H4 府际权力配置结构与地方政府务实主义经济发展行为模式正相关;

H5 府际目标任务责任与地方政府竞争行为正相关;

H6 府际目标任务责任与地方政府买税引税行为正相关。

第二组假设:关于地方政府经济发展行为模式与地方经济发展之间的关系假设。

H7 地方政府务实主义经济发展行为模式与地方经济发展正相关;

H8 地方政府激进主义经济发展行为模式与地方经济发展正相关;

H9 地方政府机会主义经济发展行为模式与地方经济发展负相关。

第三组假设:关于地方政府经济发展行为模式在府际目标治理与地方经济发展之间起中介作用的关系假设。

H10 地方政府务实主义经济发展行为模式在府际目标激励影响地方经济发展的关系中起完全中介作用;

H11 地方政府激进主义经济发展行为模式在府际目标激励影响地方经济发展关系中起部分中介作用;

H12 地方政府机会主义经济发展行为模式在府际任务责任影响地方经济发展的关系中起完全中介作用;

H13 地方竞争行为在府际任务责任影响地方经济发展的关系中起完全中介作用;

H14 地方政府务实主义经济发展行为模式在府际权力配置结构和地方经济发展的关系中起完全中介作用。

第四组假设:关于府际目标治理、地方政府经济发展行为模式与地方政府买税引税行为、地方竞争行为、地方政府财政收入统计中买税引税收入之间的关系假设。

H15 府际权力配置结构在府际目标任务责任与地方政府机会主义经济行为模式之间起调节作用;

H16 府际权力配置结构在府际目标任务责任与地方政府务实主义经济行为模式之间起调节作用;

H17 府际权力配置结构在府际目标任务责任与地方政府激进主义经

济行为模式之间起调节作用；

　　H18 府际权力配置结构在府际目标任务责任与地方政府买税引税行为之间起调节作用；

　　H19 府际权力配置结构在府际目标激励与地方政府务实主义经济行为模式之间起调节作用；

　　H20 府际权力配置结构在府际目标激励与地方政府激进主义经济行为模式之间起调节作用。

第二节　研究变量的测量

　　鉴于上述假设，本书的以下部分通过设计利克特量表来获得研究变量的数据信息，该量表基于对四个省的208名现任县委书记、县长、乡镇党委书记和乡长的有效抽样问卷调查，并为研究变量设置相应的变量测量项目，然后根据因子得分，通过主成分因子分析和各变量的多元线性回归，对研究假设进行验证，并结合实地调查的情况对验证的假设进行进一步分析和讨论，最后得出了定量实证分析的结论。

一、问卷设计

　　为了从问卷中获得尽可能真实、准确和充分的研究信息，笔者在设计问卷时尽可能遵循以下问卷设计原则：有必要确保问卷中设置的问题与本研究所涉及的变量高度相关，为每个研究变量的测量设置三个或更多的测量项目，以确保变量测量的基本可靠性和有效性。其次，在设置问卷中的每个变量测量项目时，尽量使用易于理解的词汇和语言，以避免受访者不理解所问的测量项目的含义。同时，在就一些敏感问题提问时，可以改变表达方式或使用更委婉的词语，并采用当地政府圈内人们容易接受的词语。例如，像在地方基层政府中盛行的"买税"行为一样，地方政府圈中的一些人通常称其为"总部经济"，而在一些地方，称其为"税收引进"更为委婉。再次，问卷初步设计后，通过征求相关专家和学术同行的意见，并在小范围内进行试填反馈，能够在正式向公众发放问卷之前发现一些问题，并进行进一步修改和改进。同时，通过删除一些测量项目，将问卷调查时间控制在合理的时间范围内，从而避免受访者对问卷调查的抵触情绪。经过对问卷测量项目的反复修改、调整和删减，形成了本书用于实证研究的问卷。参见本书附录B。

二、问卷发放、回收与筛选

本书使用的问卷最终设计完成后,恰逢党的十八届三中全会成功召开。为深入学习领会党的十八届三中全会的内容和精神,有关省份召集主要党政领导,集中学习贯彻党的十八届三中全会精神。这是一个很好的机会,可以对地方政府领导进行问卷调查。笔者前往相关省份的省委党校,在相关人员的热情帮助下,向正在相关省份省委党校参加学习的现任县委书记、县长发放了180份问卷。此外,借助相关渠道,分别向两个中部省份和一个东部省份的现任乡镇党委书记和乡长发放了180份问卷。通过上述两种调查方法发放了360份问卷,最终收回234份问卷。在收回234份问卷后,对每份问卷的完成情况进行了仔细审查。其中,剔除了15份答案不完整的问卷和11份答案辨别度低的问卷,其余208份问卷为有效问卷。本研究问卷的分发、回收和筛选如下:

表9.1 问卷发放、回收及有效问卷情况

省份	发放问卷	回收问卷	回收率	有效问卷	有效率
中部A省	90	73	81.11%	62	68.89%
中部B省	90	71	78.89%	66	73.33%
中部C省	90	49	54.44%	37	41.11%
东部D省	90	51	56.66%	43	47.78%
合 计	360	234	65%	208	57.78%

从208份有效问卷中的调查样本身份分布情况来看,调查样本中县乡两级基层政府在任县委书记、县长和乡镇长、乡镇党委书记所占的分布比例如下:

表9.2 调查样本身份分布情况

在任县乡政府党政领导人	有效样本数	有效样本数比例
县委书记	62	29.81%
县 长	35	16.83%
乡镇党委书记和乡镇长	111	53.37%

三、研究变量的测量

为了准确有效地验证研究变量之间的关系,有必要有效地测量问卷中每个研究变量的相应测量项目(陈小平等,2008)。表9.3侧重于调查问卷中每个研究变量的相应情况和相应的测量项目。同时,应逐一描述自变量、调节变量、控制变量和因变量的测量。

根据本书此前的理论研究和案例研究,虽然府际目标治理包括四种治理机制,但这四种治理机构只需要发挥两个功能,一个是自上而下完成目标责任的传递和落实;另一个是实现自上而下的目标激励,以确保目标责任的有效实施。因此,府际目标治理的具体衡量应在两个方面独立进行。衡量的一个方面是衡量府际目标责任,并形成一个独立的衡量变量因子,称为"府际目标任务责任因子";另一方面,需要衡量府际目标激励,形成一个独立的衡量变量因子,称为"府际目标刺激因子"。这两个变量因素是后续多元线性回归方程分析的独立变量因素,以共同描绘整个府际治理对地方政府经济发展行为模式的可能影响。

(一)府际目标任务责任

府际目标任务责任是具体反映府际目标治理对地方政府经济行为和地方经济发展影响的重要目标治理维度之一,是本书的重要解释变量。本书从四个维度衡量府际目标任务责任对地方政府经济行为和地方经济发展的影响,即地方政府承担的行政责任大小、实现经济发展的难度程度和税收任务的难度程度,以及指标任务的范围。因此,设置了四个项目,并使用主成分因素分析方法提取一个共同因素来衡量这一解释变量。四个测量项目分别作为项目11—14反映在问卷中。其中,第11项衡量县级以下政府承担的行政责任和政策执行任务,第12项衡量县级以上政府承担的管理责任,第13项衡量了垂直府际关系中上级政府向下级地方政府承担的经济发展和税收任务,第14项衡量了纵向府际关系上上级地方政府向下级政府分配的指标任务范围。以上四项的测量方法是使用7级单向渐进式李克特量表进行测量。每个测量项目的答案设置为1—7级,其中"1"表示与事实完全不符,"7"表示与事实完全一致。

(二)府际目标激励

府际目标激励是另一个重要的目标治理维度,具体反映了府际目标治理对地方政府经济行为和地方经济发展的影响,是本书的另一个主要解释变量。本书从四个维度衡量府际目标激励对地方政府经济行为和地方经济发展的影响,即目标面激励、目标执行监督激励、政治激励和上级政府对下级政府主要政治领导人的经济激励。因此,设置了四个项目,并采用主成分因素分析法提取共同因素来衡量这一解释变量。四个测量项目在问卷中反映为项目15—18。其中,第15项衡量上级政府对下级政府主要政治领导人的"面子"激励(如领导人的训诫谈话或工作审查),第16项衡量上级对下级政府目标的监督和监管,第17项衡量上级政府对下级政府主要政治领导人的政治激励(如晋升或撤职),问题14:衡量上级政府向下级政府的主要政治领导人提供的经济激励(如奖金和薪金扣除)。以上四项的测量方法是使用7级单向渐进式李克特量表进行测量。每个测量项目的答案设置为1—7级,其中"1"表示与事实完全不符,"7"表示与事实完全一致。

表9.3　变量测量及对应的问卷测量项

研究变量说明		问卷中所设置的对应测量题项	测量说明
自变量:府际目标治理	府际目标任务责任	11、12、13、14	提取公因子测量
	府际目标激励	15、16、17、18	提取公因子测量
调节变量:府际权力配置结构		8、9、10	提取公因子测量
中介变量:地方政府经济发展行为模式	务实主义行为模式	19、20、21、22、23	提取公因子测量
	激进主义行为模式	24、25、26、27	提取公因子测量
	机会主义行为模式	28、31、32、33	提取公因子测量
	地方增长竞争行为	29	单独题项测量
	地方买税引税行为	30	单独题项测量
因变量:地方经济增长绩效	地方经济发展水平	36、37、38	提取公因子测量
	地方财政税收能力	39、40、41、42、43	分别题项测量
	地方经济发展力量	44、45、46、47、48	分别题项测量
控制变量	地方领导人工作年限	1	单独题项测量
	地方领导人学历	2	单独题项测量
	地方领导人行政级别	3	单独题项测量
	地区所在的地理区位	4	单独题项测量
	地区历史经济发展水平	5	单独题项测量
	相邻地方经济发展差距	6	单独题项测量

(三)府际权力配置结构

根据理论和案例研究的结论,府际权力分配结构也会影响地方政府的经济行为,这可能会进一步影响地方经济发展的绩效,因此,本书暂拟将府际权力分配制度作为研究的调节变量。对于这个变量的衡量,是通过三个维度来衡量的:在垂直府际关系中,上级政府授予下级政府的行政权力的大小,财政和政策资源支持的程度,以及下级政府的决策自主权程度。因此,设置了三个项目,并使用主成分因子分析方法提取一个公共因子来测量该调节变量。这三个测量项目作为项目8—10反映在问卷中。其中,第8项衡量上级政府授予下级政府的行政权力,第9项衡量县级以下政府持有的财政和政策资源,第10项衡量县级以上政府享有的决策自主权。以上三项的测量方法均采用7级单向渐进式李克特量表进行测量。每个测量项目的答案设置为1—7级,其中"1"表示与事实完全不符,"7"表示与实际完全一致。

(四)地方政府务实主义经济发展行为模式

地方政府务实主义经济发展行为模式是本书的中介变量之一,由地方政府通过积极招商引资吸引生产要素聚集、维护地方市场秩序、为企业客户提供优质政府服务、帮助企业提升市场竞争力、提升区域科技创新水平5个方面的维度来进行测度,因此相应设置了5个题项并采取主成分因子分析方法提取出公因子来度量这个解释变量,5个测量题项在问卷中相应地体现为第19—23题。其中第19题测量地方政府通过招商引资吸引生产要素在区域聚集的问题、第20题测量地方政府维护地方市场秩序并促进公平竞争的问题、第21题测量地方政府提升政府效能向市场提供优质政府服务的问题、第22题测量地方政府采取相关措施提升本地区企业市场竞争力的问题、第23题测量地方政府提升区域科技竞争力的问题。上述5个题项的测量方法均采用7级单向递进的利克特式量表进行测量,对各测量题项的答项分1—7级进行设置,其中"1"表示与事实完全不符合,"7"表示与事实完全符合。

(五)地方政府激进主义经济发展行为模式

地方政府激进主义经济发展行为模式是本书的中介变量之一,由地方政府通过直接控制发展园区经济、直接介入企业经营、直接介入市场行业和直接进行项目投融资4个方面的维度来进行测度。相应设置了4个题项并采取主成分因子分析方法提取出公因子来度量这个解释变量,4个测量题项在问卷中相应地体现为第24—27题。其中第24题测量地方政府建立并推进园区经济发展的问题、第25题测量地方政府介入企业经营并进行倾斜性配置资源的问题、第26题测量地方政府利用政府财政资金直接介入市场和行业发展的问题、第27题测量地方政府利用投融资平台直接介入项目投资推进本地经济发展的问题。上述4个题项的测量方法均采用7级单向递进的利克特式量表进行测量,对各测量题项的答项分1—7级进行设置,其中"1"表示与事实完全不符合,"7"表示与事实完全符合。

(六)地方政府机会主义经济发展行为模式

地方政府机会主义经济发展行为模式是本研究的中介变量之一,由地方政府为获取短期利益所可能表现出以政府力量进行行业垄断性经营、对地方市场进行分割保护、在正式制度外对市场或企业进行掠夺以及因地区资源或政府权限条件限制主动对地方市场不作为等具有利益机会特征的4个方面的行为来进行测度。因此相应设置了4个题项并采取主成分因子分析方法提取出公因子来度量这个解释变量,4个测量题项在问卷中相应地体现为第28、31、32、33题。其中第28题测量地方政府为获取机会利益进行行业垄断性经营的问题、第31题测量地方政府为获取机会利益进行地方市场保护的问题、第32题测量地方政府为获取机会利益才正式制度外搞创收的问题、第33题测量地方政府在无利可图时主动故意对市场发展不作为的问题。上述4个题项的测量方法均采用7级单向递进的利克特式量表进行测量,对各测量题项的答项分1—7级进行设置,其中"1"表示与事实完全不符合,"7"表示与事实完全符合。

(七)地方经济发展绩效

地方经济发展是本研究的被解释变量,由地区人均GDP和人均财政收入增长情况、地方市场规模大小和地方市场主体多寡三个方面的维度来进行测量。因此相应设置了3个题项并采取主成分因子分析方法提取出公因子来度量这个解释变量,3个测量题项在问卷中相应地体现为第36—38题。其中第36题测量地区人均GDP和人均财政收入的增长情况、第37题测量地方市场规模发育情况、第38题测量地方市场主体数量成长情况。上述3个题项的测量方法均采用7级单向递进的利克特式量表进行测量,对各测量题项的答项分1—7级进行设置,其中"1"表示与事实完全不符合,"7"表示与事实完全符合。

(八)控制变量

为更准确地探寻出各研究变量之间的关系,根据实地调研所掌握的情况,本研究设置了地方政府领导工作年限、学历、行政级别、地理区位、历史经济发展水平,以及相邻地区的经济发展差距6个变量作为控制变量,其中地方政府领导人行政级别同时也意味着度量政府的层级,领导人行政级别越高,政府层级也就越高,这有利于测量府际目标治理对不同层级水平的地方政府经济行为的影响,而特定地区所处的地理区位、历史经济发展水平对地方政府的经济行为以及地方经济的发展也可能存在一定程度的影响,同时,地方政府领导人担任从事领导工作的年限意味着领导工作经验的丰富程度,而领导人的学历水平也在一定程度上可以刻画出领导人的学术程度,这些因素都有可能影响地方政府的经济行为,进而影响地区的经济发展绩效。对于上述6个方面的控制变量,其描述性统计分析如表9.4。

表9.4　控制变量的描述性统计分析

变量测量题项	观察数	均值	标准差	最小值	最大值
领导人工作年限	208	19.38462	6.962019	4	28
领导人学历	208	2.173077	0.7011696	1	4
领导人行政级别	208	1.538462	0.6582524	1	3
地理区位	208	4.091346	0.7331503	2	5
历史经济发展水平	208	2.783654	0.7198511	0	3
相邻地方经济发展差距	208	3.461538	0.8214877	1	5

第三节　定量实证研究方法与过程

通过对所回收的问卷进行审查整理后所形成的有效问卷,本书下面通过使用有关问卷研究分析方法对问卷中含有的信息进行研究分析,以验证本书所提出的命题与假设。在此需要特别说明的是,本书使用SPSS软件对变量因子做Bartlett球形检验,使用Stata11.0版本统计分析软件完成定量实证分析过程。具体的研究分析方法和步骤如下:

一、定量实证研究方法

鉴于利用主观性调查问卷可能出现的信度和效度问题,本书首先必须对调查问卷进行信度和效度检验。信度主要是指测量结果的可靠性、一致性和稳定性,即测验结果是否反映了被测者的稳定的、一贯性的真实特征。信度越高,表面测量结果就越具有研究的价值,依赖于测量结果所得到的研究结果也就越具有可信性,信度只受随机误差的影响,随机误差越大,信度越低(陈晓萍、徐淑英、樊景立,2008)。通常,对于利克特式的主观性测量量表性问卷,评价其测量信度最常用的指标是 Cronbach's alpha 系数。对于某个研究变量,通过计算该变量在问卷中所对应的测量题项的 Cronbach's alpha 系数,可以得出对该变量测量信度的高低,系数越大,表明问卷测量题项的内部一致性程度越高,其信度也就越高。一般统计经验认为,Cronbach's alpha 系数大于 0.9 代表信度非常好,介于 0.7~0.9 之间代表高信度,介于 0.35~0.7 为中等信度,小于 0.35 为低信度(马庆国,2002)。在学术研究的实践中,通常以 Cronbach's alpha 系数达到 0.7 作为变量问卷测量题项通过信度检验的经验值。因此,本书对各变量的测量的信度检验以其 Cronbach's alpha 系数能达到 0.7 及其以上,则视为通过信度检验。

问卷测量题项的效度检验是指问卷中的各测量题项是否真正反映了实证研究所想要考察的内容。所谓效度,是指测量工具和手段能够准确测出所需测量的事物的程度。对于一份主观性测量问卷,是指其所测量到的结果反映研究人员所想要研究考察内容的程度,问卷中的题项测量结果与研究人员所想要研究考察的内容和问题越吻合,则其测量效度越高,反之,则其测量效度越低。一般而言,效度可以细分成内容效度、准则效度和结构效度三种效度,分别反映测量有效性的三个不同方面(艾尔·巴比,2009)。本书对于研究变量的效度测量,大多通过因子分析来测量其结构效度,对于极个别具有确定含义的某种地方政府行为并将该行为用来作为中介变量的测量,则直接将该地方政府行为作为问卷中的测量题项来测量。

二、描述性统计分析方法

在对问卷相关测量题项进行信度和效度检验后,需要利用描述性统计分析方法来描述调查样本的情况,包括各研究变量的均值、最小最大值、标准差、标准因子负载值,以及变量之间的相关系数等方面的描述。

三、主成分因子分析方法

本书通过对府际目标治理、府际权力配置结构、地方政府务实主义经济发展行为模式、地方政府激进主义经济发展行为模式、地方政府机会主义经济发展行为模式、地方经济发展等研究变量设置相应的测量题项并采取主成分因子分析方法来评价这些变量测量的结构效度,并进一步验证调查问卷的合理性和科学性。根据公认的统计经验,本书利用 Bartlett 球形检验统计值显著异于 0 且 KMO 样本测度值大于 0.7 为测量检验的标准(马庆国,2002),来判断问卷中对研究变量所设置的同一组测量题项数据是否测量了同一因子。在变量测量的结构效度通过检验以后,再运用主成分因子分析方法,按照特征根大于 1 且标准化因子负载值不小于 0.5 的原则,利用最大方差法进行正交旋转提取共同公因子,并将该公因子得分作为对其所对应的测量变量的值用作下一步的线性回归分析。

四、多元线性回归方法

通过对相关研究变量利用主成分因子分析方法提取公因子取得因子得分之后,通过建立相应的线性回归模型,将本书所涉及的所有变量,包括自变量、因变量、调节变量、控制变量和中介变量,先进行相关性分析,以验证各研究变量之间的相关关系,作为后续回归分析的基础,在对各研究变量进行相关性分析之后,利用多元线性回归分析的方法来各自分别验证前面所提出的命题和假设,并将之作为后续研究讨论的内容焦点,以最终取得结论性意见。

五、定量实证研究分析过程

本书以下部分分两个过程展开,第一个过程是对各研究变量的问卷测量项进行信度检验,接着对各变量在问卷中的测量项通过因子分析方法进行效度检验并提取各研究变量的公因子;第二个过程是在各研究变量的问卷测量项提取公因子之后所获取的因子得分展开回归分析取得回归结论,以完成实证研究过程。

（一）研究变量测量的信度检验

本节对各研究变量的问卷测量项的信度检验的方法,通过检验各变量的问卷测量项的Cronbach's alpha系数和题项相关系数（Item-Test Correlation）来进行评价。按照统计的拇指法则经验,题项相关系数应大于0.35,Cronbach's alpha系数应大于0.7（马庆国,2008）。表9.5列举了本书各变量的Cronbach's alpha系数和题项相关系数值。

表9.5　研究变量测量的信度检验结果

研究变量	测量题项数	Cronbach's alpha	Item-Test Correlation	
			最小值	最大值
府际目标任务责任	4	0.8289	0.7798	0.8532
府际目标激励	4	0.7330	0.6283	0.8141
府际权力配置结构	3	0.8621	0.8630	0.9013
务实主义行为模式	5	0.8540	0.6839	0.8612
激进主义行为模式	4	0.7303	0.7283	0.7613
机会主义行为模式	4	0.7793	0.7400	0.8379
地方经济发展绩效	3	0.9434	0.9347	0.9592

上表显示,本书所涉及的各研究变量的Cronbach's alpha值均大于0.7,同时各变量测量的题项相关系数(Item-Test Correlation)都大于0.6,均在0.35以上。以上两种系数值均能满足信度检验要求,这表明本书所涉及的各研究变量的测量题项均具有较好的信度。

(二)效度检验和因子分析

对于以量表问卷形式所获取的主观性数据,除需要满足信度要求外,效度也是要必须予以考虑的问题,因此问卷题项的设计不仅需要具有较高的内容效度,也必须具有很好的标准-关联效度。内容效度也指建构效度,主要是指所要研究的概念需要具有可靠的、准确的测量,对它的检验强调要具有一套严谨的检验方法,通常可以采用因子分析来检验建构效度(艾尔·巴比,2009)。

本节拟采用主成分因子分析方法,对理论模型中所涉及的相关理论概念进行建构效度检验,通过因子分析,并根据相关统计经验判断方法,当KMO(Kaiser-Meyer-Olkin)值大于0.7,Bartlett球形检验统计值显著异于0,测量各题项的主成分因子负载系数大于0.5时,可以将同一概念变量的各测量题项合并为一个因子(金在温、查尔斯·W.米勒,2012),在此基础上提取出共同因子,并根据对每个理论概念测量题项所获得的因子得分,作为后续多元线性回归方程的变量数据来源。下面将逐一介绍因子分析的结果:

1.府际目标任务责任因子

在问卷测量题项中,府际目标任务责任由在纵向府际关系中的下级地方政府所承担的行政职责大小、行政责任大小、经济发展和税收任务程度,以及指标任务范围广度四个维度来测度。

从表9.6中4个测量题项的描述性统计来看,对府际目标任务责任进行测量的4个题项测量的均值都呈现右偏,右偏的出现是因为这些题项所测量的问题都采用了正向评价测量,也就是说得分越高表明在目前纵向府际关系中,下级政府所承受的目标任务责任越重,这种测量结果与实地调研所获得的事实相符。通过对4个测量题项进行主成分因子分析,结果显示,4个题项共有一个因子被识别出来,该公因子的累积解释率为66.63%,具有可接受的代表性,用于效度检验的KMO值为0.7284,大于0.7,且Bartlett球形度检验结果显著异于0(P<0.001),检验结果表明对"府际目标任务责任"这个概念进行4个题项测量所提取的公因子可以通过因子分析的效度检验,因此可以对之进行测量所涉及的4个测量题项进行因子分析,并根据特征值大于1、标准化因子负载值大于0.5的经验判断,通过最

大方差正交旋转提取了府际目标任务责任因子用于进行后续的多元线性回归模型分析。

表9.6　府际目标任务责任因子的描述性统计和主成分因子分析的因子负载值

测量维度	测量题项	测量题项的描述性统计				标准化因子负载值
		均值	标准差	最小值	最大值	
行政职责承担	第11题	6.091	1.157	1	7	0.8524
行政责任承受	第12题	6.087	1.087	1	7	0.8637
任务实现难度	第13题	5.582	1.225	1	7	0.7579
任务范围广度	第14题	5.899	0.999	3	7	0.7861

注：样本数为208，KMO值为0.7284，Bartlett's Test of Sphericity 显著（P<0.001），因子累积解释率为66.63%。

2.府际目标激励因子

府际目标激励由上级政府对下级政府主政领导进行目标面子激励、目标实施督导激励、政治激励和经济激励四个维度来进行测量。

表9.7　府际目标激励因子的描述性统计和主成分因子分析的因子负载值

测量维度	测量题项	测量题项的描述性统计				标准化因子负载值
		均值	标准差	最小值	最大值	
目标面子激励	第15题	6.073	1.117	3	7	0.7812
目标督导激励	第16题	5.115	1.186	1	7	0.5780
目标政治激励	第17题	4.918	1.318	1	7	0.8438
目标经济激励	第18题	4.308	1.348	1	7	0.7713

注：样本数为208，KMO值为0.7530，Bartlett's Test of Sphericity 显著（P<0.001），因子累积解释率为78.52%。

如表9.7中所示，通过对之4个测量题项进行主成分因子分析，结果显示，4个题项共有一个因子被识别出来，该公因子的累积解释率为78.52%，具有可接受的代表性，用于效度检验的 KMO 值为 0.7530，大于 0.7，且 Bartlett 球形度检验结果显著异于0（P<0.001），检验结果表明对"府际目标激励"这个概念进行4个题项测量所提取的公因子可以通过因子分析的效度检验，因此可以对之进行测量所涉及的4个测量题项进行因子分析，并根据特征值大于1、标准化因子负载值大于0.5的经验判断，通过最大方差

正交旋转提取了府际目标任务责任因子用于进行后续的多元线性回归模型分析。

3.府际权力配置结构

府际权力配置结构由在纵向府际关系中上级政府对下级政府所授予的行政权限大小、财政和政策资源支持程度及下级政府的决策自主性程度三个方面的维度来进行测量。如表9.8所示,通过对3个测量题项进行主成分因子分析,结果显示,3个题项共有一个因子被识别出来,该公因子的累积解释率为78.49%,具有可接受的代表性,用于效度检验的KMO值为0.7281,大于0.7,且Bartlett球形度检验结果显著异于0(P<0.001),检验结果表明对"府际权力配置结构"这个概念进行3个题项测量所提取的公因子可以通过因子分析的效度检验,因此可以对之进行测量所涉及的3个测量题项进行因子分析,并根据特征值大于1、标准化因子负载值大于0.5的经验判断,通过最大方差正交旋转提取了府际目标任务责任因子用于进行后续的多元线性回归模型分析。

表9.8　府际权力配置结构因子的描述性统计和主成分因子分析的因子负载值

测量维度	测量题项	测量题项的描述性统计				标准化因子负载值
		均值	标准差	最小值	最大值	
行政权限授予	第8题	5.476	1.461	1	7	0.8868
财政资源支持	第9题	5.755	1.359	1	7	0.9053
决策自主程度	第10题	5.433	1.335	1	7	0.8654

注:样本数为208,KMO值为0.7281,Bartlett's Test of Sphericity 显著(P<0.001),因子累积解释率为78.49%。

4.地方政府务实主义经济发展行为模式因子

地方政府务实主义经济发展行为模式由地方政府通过积极招商引资吸引生成要素聚集、维护地方市场秩序、为企业客户提供优质政府服务、帮助企业提升市场竞争力、提升区域科技创新水平5个方面的维度来进行测度。

表9.9　地方政府务实主义经济发展行为模式因子的描述性统计
和主成分因子分析的因子负载值

测量维度	测量题项	测量题项的描述性统计				标准化因子负载值
		均值	标准差	最小值	最大值	
聚集生产要素	第19题	6.120	1.054	3	7	0.6937
市场秩序维护	第20题	5.418	1.193	1	7	0.7990
优质政府服务	第21题	5.625	1.130	2	7	0.8777
区域竞争能力	第22题	5.365	1.348	3	7	0.8665
区域科技提升	第23题	4.764	1.470	1	7	0.7665

注:样本数为208,KMO值为0.8190,Bartlett's Test of Sphericity 显著(P<0.001),因子累积解释率为64.59%。

如表9.9所示,通过对5个测量题项进行主成分因子分析,结果显示,5个题项共有一个因子被识别出来,该公因子的累积解释率为64.59%,具有可接受的代表性,用于效度检验的KMO值为0.8190,大于0.7,且Bartlett球形度检验结果显著异于0(P<0.001),检验结果表明对"地方政府务实主义经济发展行为模式"这个概念进行5个题项测量所提取的公因子可以通过因子分析的效度检验,因此可以对之进行测量所涉及的5个测量题项进行因子分析,并根据特征值大于1、标准化因子负载值大于0.5的经验判断,通过最大方差正交旋转提取了府际目标任务责任因子用于进行后续的多元线性回归模型分析。

5.地方政府激进主义经济发展行为模式因子

地方政府激进主义经济发展行为模式由地方政府通过直接控制发展园区经济、直接介入企业经营、直接介入市场行业和直接进行项目投融资等4个方面的维度来进行测度。如表9.10所示,通过对4个测量题项进行主成分因子分析,结果显示,4个题项共有一个因子被识别出来,该公因子的累积解释率为56%,勉强具有可接受的代表性,用于效度检验的KMO值为0.7041,刚好大于0.7,且Bartlett球形度检验结果显著异于0(P<0.001),检验结果表明对"地方政府激进主义经济发展行为模式"这个概念进行4个题项测量所提取的公因子可以通过因子分析的效度检验,因此可以对之进行测量所涉及的4个测量题项进行因子分析,并根据特征值大于1、标准化因子负载值大于0.5的经验判断,通过最大方差正交旋转提取了府际目标任务责任因子用于进行后续的多元线性回归模型分析。

表9.10　　　地方政府激进主义经济发展行为模式因子的描述性统计和
主成分因子分析的因子负载值

测量维度	测量题项	测量题项的描述性统计				标准化因子负载值
		均值	标准差	最小值	最大值	
推进园区经济	第24题	5.663	1.109	1	7	0.8019
企业经营介入	第25题	5.163	1.122	1	7	0.7850
市场行业介入	第26题	4.740	1.369	1	7	0.6798
项目直接投资	第27题	5.168	1.269	1	7	0.7202

注：样本数为208，KMO值为0.7041，Bartlett's Test of Sphericity 显著（P<0.001），因子累积解释率为56%。

6.地方政府机会主义经济发展行为模式因子

地方政府机会主义经济发展行为模式由地方政府为获取短期利益所可能表现出以政府力量进行行业垄断性经营、对地方市场进行分割保护、在正式制度外对市场或企业进行掠夺及因地区资源或政府权限条件限制主动对地方市场不作为等具有利益机会特征4个方面的行为来进行测度。从表8.11中4个测量题项的描述性统计来看，对"地方政府机会主义经济发展行为模式"这个概念进行测量的4个题项测量的均值都呈现左偏，左偏的出现是因为这些题项所测量的问题都采用了正向评价测量，也就是说得分越高表明地方政府的机会主义行为现象越严重，左偏的测量结果与实地调研所获得的事实相符，因为在地区之间的激励竞争情况下，对于某个地方政府而言一般不会轻易采取机会主义的行为方式来伤害或掠夺市场。通过对4个测量题项进行主成分因子分析，结果显示，4个题项共有一个因子被识别出来，该公因子的累积解释率为60.49%，具有可接受的代表性，用于效度检验的KMO值为0.7334，大于0.7，且Bartlett球形度检验结果显著异于0（P<0.001），检验结果表明对"地方政府机会主义经济发展行为模式"这个概念进行4个题项测量所提取的公因子可以通过因子分析的效度检验，因此可以对之进行测量所涉及的4个测量题项进行因子分析，并根据特征值大于1、标准化因子负载值大于0.5的经验判断，通过最大方差正交旋转提取了府际目标任务责任因子用于进行后续的多元线性回归模型分析。

表9.11　　地方政府机会主义经济发展行为模式因子的描述性统计和
主成分因子分析的因子负载值

测量维度	测量题项	测量题项的描述性统计				标准化因子负载值
		均值	标准差	最小值	最大值	
行业垄断经营	第28题	2.683	1.559	1	7	0.7634
地方市场分割	第31题	3.399	1.576	1	7	0.7150
制度外创收	第32题	2.784	1.506	1	7	0.8556
主动不作为	第33题	2.269	1.438	1	7	0.7705

注:样本数为208,KMO值为0.7334,Bartlett's Test of Sphericity 显著(P<0.001),因子累积解释率为60.49%。

7.地方经济发展绩效因子

地方经济发展绩效由地区人均GDP和人均财政收入大小、地方市场规模大小和地方市场主体多寡三个方面的维度来进行测量。从表8.12中3个测量题项的描述性统计来看,对"地方经济发展"这个概念进行测量的3个题项测量的均值都略呈现右偏,右偏的出现是因为这些题项所测量的问题都采用了正向评价测量,也就是说得分越高表明地方经济发展表现越好,右偏的测量结果与实地调研所获得的事实相符,因为改革开放以来我国各地的区域经济发展总体上一直处于增长状态。通过对3个测量题项进行主成分因子分析,结果显示,3个题项共有一个因子被识别出来,该公因子的累积解释率为89.87%,具有很好的代表性,用于效度检验的KMO值为0.7578,大于0.7,且Bartlett球形度检验结果显著异于0(P<0.001),检验结果表明对"地方经济发展"这个概念进行3个题项测量所提取的公因子可以通过因子分析的效度检验,因此可以对之进行测量所涉及的3个测量题项进行因子分析,并根据特征值大于1、标准化因子负载值大于0.5的经验判断,通过最大方差正交旋转提取了府际目标任务责任因子用于进行后续的多元线性回归模型分析。

表9.12　地方经济发展因子的描述性统计和主成分因子分析的因子负载值

测量维度	测量题项	测量题项的描述性统计				标准化因子负载值
		均值	标准差	最小值	最大值	
地区人均GDP	第36题	6.100	1.225	1	7	0.9332
地方市场规模	第37题	5.971	1.179	1	7	0.9609
地方市场主体	第38题	5.874	1.244	1	7	0.9496

注:样本数为208,KMO值为0.7578,Bartlett's Test of Sphericity 显著(P<0.001),因子累积解释率为89.87%。

8.地方政府两种典型经济行为的描述性统计

在实地调研中,发现有两种地方政府经济行为值得研究关注,这两种行为都与府际目标治理和地方经济发展有相当紧密的联系,一种行为是地方竞争行为。根据对众多对象的深度访谈,初步发现不仅地方竞争发生的原因与府际目标治理之间存在相当紧密的联系,并且地方竞争的结果也与地方经济发展之间有一定的关联性。另一种行为是在地方基层政府中间普遍存在买税引税行为,经过深度访谈发现,这种行为的产生不仅与府际目标治理之间存在紧密的联系,同时在相当程度上掩盖了地方经济的真实增长情况。

鉴于这两种行为与本研究的主旨存在直接相关性,所以在此有必要单独对这两种行为进行研究关注,并以单独题项的形式进行直接测量,所获取的量表测量分值直接作为后续多元回归方程的变量数量来源。表9.13对这两种典型的地方政府行为进行了描述性统计分析。

表9.13　地方政府两种典型行为的描述性统计

测量维度	测量题项	测量题项的描述性统计			
		均值	标准差	最小值	最大值
地方竞争行为	第29题	5.394	1.300	1	7
地方政府买税引税行为	第30题	4.481	1.705	1	7

注:样本数为208。

9.地方经济发展的一些"典型绩效"表现

在府际目标治理方式压力下,一些地方政府为实现所谓本地的经济发展,采取买税引税方式获取地方财政收入,或通过卖地获取财政收入以维持本辖区各种财政支出,并采取编造本地区GDP营造虚假的经济发展绩效,这种"典型的地方发展绩效"由表9.14来进行描述性统计。

表9.14　地方经济发展的一些"典型绩效表现"的描述性统计

测量维度	测量题项	测量题项的描述性统计			
		均值	标准差	最小值	最大值
地方财政收入统计中的买税引税收入	第41题	4.029	1.752	1	7
地方财政中房地产行业税费收入	第43题	4.500	1.243	1	7
地方经济发展中的政府力量	第44题	4.096	1.255	1	7

注:样本数为208。

第四节　研究命题与假设的实证检验

一、相关性分析检验

从拟作为解释变量和中介变量的相关关系来看,府际目标任务责任因子变量、府际目标激励因子变量两个自变量与地方政府务实主义、激进主义及机会主义经济发展行为模式具有一定的相关性,与地方政府竞争行为和买税引税行为也具有一定的相关性。而府际权力配置结构与上述拟作为中介变量的相关性甚少,表明这个研究变量不宜作为理论模型的解释变量,但是又因为在实地调研中许多被访谈对象又反映府际之间的权力配置确实会影响下级地方政府的行动积极性,因此可以考虑把府际权力配置结构这个变量,由当初拟作为解释变量改作为可能影响解释变量与中介变量之间相关关系的调节变量来在后续的回归模型中进行调节作用检验。另外从自变量之间的关系方面看,府际目标任务责任因子变量和府际目标激励因子变量之间存在显著性的相关关系,表明这两者之间互相影响:目标任务责任的完成离不开目标激励的实施,而目标激励的实施又必须以目标任务责任为依托,两者互为作用共同发挥府际目标治理的作用。而府际权力配置结构与府际目标激励之间存在显著性,说明府际目标激励作用的效果会受到府际的权力制度安排影响,这与理论相符。从中介变量和被解释变量之间的相关关系来看,地方政府务实主义经济发展行为模式、激进主义经济发展行为模式与地方经济发展之间存在正相关关系,而机会主义经济发展行为模式与地方经济发展之间存在负相关关系,这与日常经验相符。从控制变量来看,地方政府领导人的行政级别和地区的历史经济发展水平与地方经济发展之间有较强的相关关系,因而分别将之作为控制变量引入回归方程模型是正确的。相关性分析的结果让本书调整了对府际权力配置结构的变量性质认识,在后续的回归分析中不仅需要将府际权力配置结构作为解释变量来验证其与各中介变量之间的关系,更需要将之作为影响调节府际目标任务责任变量因子和府际目标激励变量因子两个解释变量与中介变量之间关系的调节变量来进行分析,从而探寻出府际目标治理与府际权力配置结构对地方政府经济发展行为模式的影响机理。

表9.15　模型中各变量的相关系数矩阵

变量	工作年限 1	学历 2	行政级别 3	地理区位 4	历史经济 5	相邻经济 6	地方竞争 7	买税引税 8	目标任务 9	目标激励 10	权力配置 11	务实主义 12	激进主义 13	机会主义 14	地方经济发展 15	买税引税 16
1	1.000															
2	-0.073	1.000														
3	0.207*	0.310*	1.000													
4	0.071	0.081	0.137*	1.000												
5	0.004	0.036	0.124	-0.091	1.000											
6	0.043	0.154*	0.083	0.235*	0.104	1.000										
7	-0.046	-0.038	-0.029	0.018	0.019	-0.085	1.000									
8	-0.021	-0.001	-0.331*	-0.147*	-0.099	-0.042	0.409*	1.000								
9	0.103	-0.059	0.076	-0.080	-0.119	-0.100	0.182*	0.159*	1.000							
10	-0.177*	-0.161*	-0.234*	0.019	-0.038	0.077	0.093	0.029	0.171*	1.000						
11	0.014	-0.200*	-0.125	-0.089	-0.112	-0.098	0.106	0.136*	0.692	0.266*	1.000					
12	-0.184*	0.137*	0.051	0.153*	0.154*	0.153*	0.101	-0.064	-0.002	0.299*	0.089	1.000				
13	-0.185*	0.092	0.012	0.059	0.089	0.019	0.271*	0.069	-0.043	0.193*	-0.023	0.609*	1.000			
14	-0.146*	0.026	-0.121	0.038	-0.081	-0.006	0.073	0.300*	-0.161*	0.012	-0.078	-0.269*	-0.088	1.000		
15	-0.068	0.017	0.274*	0.117	0.190*	0.043	0.196*	-0.225*	0.073	0.220*	0.085	0.564*	0.483*	-0.251*	1.000	
16	0.001	-0.102	-0.348*	-0.084	-0.083	0.118	0.245*	0.515*	0.144*	0.255*	0.071	-0.199*	-0.075	0.329*	-0.204*	1.000

注：*P<0.05；为双尾检验。

二、线性回归方程检验

影响线性回归方程稳定性和可靠性的主要影响因素是序列相关性、多重共线性及异方差性三类问题,为保证线性回归方程的可靠性和稳定性,并在此基础上得出线性回归方程的无偏性和有效性的参数估计结果,以及变量间关系的检验具有足够的显著性,本书针对这三类问卷分别进行了检验。

(一)序列相关性问题的检验

序列相关性是指对于不同的样本值,随机干扰之间不再是完全相互独立的,而是存在某种相关性。而这种相关性一般都存在于具有时间序列性质的数据之中。对于用于回归方程的样本数据可能会出现的序列相关性问题,通常用Durbin-Watson(D-W)值来判断。按照惯常统计经验,在DW值介于1.5~2.5之间时,就可以认为用于线性回归方程进行回归的样本数据不存在序列相关性问题(李子奈、潘文卿,2010)。由于本书所获取的样本数据不属于时间序列数据,而是截面数据,在用Stata统计分析软件对各回归方程进行序列相关性检验时,通过将样本观察值序数转换成时间序列格式数据的方法,所得出的研究样本的DW值全都介于1.5~2.5之间,因此在本书中,用于各回归模型的样本数据并不存在序列相关问题。

(二)多重共线性问题的检验

多重共线性是指线性回归模型中的解释变量之间由于存在精确相关关系或高度相关关系而使模型估计失真或难以估计准确。对于这类问题,一般可以用方程膨胀因子(Variance Inflation Factor,VIF)来进行分析判断。按惯常统计经验,当VIF不大于5时就可以判断线性回归方程的解释变量不存在多重共线性问题(卢纹岱,2010)。对于本书后面所出现的各种线性回归模型和回归方程,经检验各线性回归方程的VIF值无一超过3,大多是在1~2之间,因此可以判断,本书中的各回归模型中的解释变量不存在多重共线性的问题。

(三)异方差性问题的检验

异方差性显然是相对于同方差而言的。经典线性回归模型有一个重要假定,即总体回归函数中的随机误差项满足同方差性,如果这一假定不满足,即随机误差项具有不同的方差,则用于变量回归的线性回归模型就必然存在异方差性。当线性回归模型存在异方差性时,则用传统的最小二乘法估计模型所得到的参数估计量就不是有效的估计量,与此同时也就无法对模型的参数进行显著性检验,这时候t检验将失去作用(威廉·D.贝里,

2012)。

　　为验证各变量之间的关系,通过对本书中的各线性回归方程的异方差性检验,发现有个别变量之间的线性回归方程存在异方差性。为了对相关变量之间的所存在的异方差性进行纠正,实现有效无偏的参数估计,并使t检验对研究变量之间关系进行显著性检验重新有效发挥作用,本书对出现异方差性的线性回归模型采用以下两种方法进行处理和修正。第一种方法是,如果能找出某个解释变量或控制变量的样本观察值具有异常值从而使样本随机误差项具有不同的方差,则采取对该研究变量进行加权处理并采用加权最小二乘法重新对各变量进行线性回归方程估计,这样得出的参数估计量不仅是有效的,而且也是无偏的,同时t检验也能重新发挥参数的显著性检验作用。第二种方法是,如果不能通过第一种方法排除线性回归方程中的异方差问题的话,则通过运用稳健回归的方法重新对各变量进行回归估计,利用稳健回归的t检验来验证各研究变量之间是否存在显著性关系(罗伯特·安德森,2012)。

三、研究变量的多元线性回归分析

　　(一)第一组假设检验:府际目标治理、权力配置结构——地方政府经济发展行为的检验解释模型

　　上一章通过对三个具体案例的剖析研究已表明,府际目标治理和府际权力配置结构都可能对地方政府的相关经济发展行为产生重要影响,而府际目标治理的这个解释变量中,其对地方政府的经济发展行为的直接影响可通过两个方面的治理途径展开,一种途径是通过府际目标任务责任的传导机制展开;另一种途径是通过府际目标激励机制展开。因此,本节对第一组的假设检验就是具体验证包括府际目标任务责任因子、府际目标激励因子及府际权力配置结构因子三个解释变量因子与地方政府经济发展行为模式这个被解释变量因子之间,以及地方政府竞争行为和买税引税行为之间的关系,具体包括如下假设:

　　H1 府际目标激励与地方政府务实主义经济发展行为模式正相关;

　　H2 府际目标激励与地方政府激进主义经济发展行为模式正相关;

　　H3 府际目标任务责任与地方政府机会主义经济发展行为模式负相关;

　　H4 府际权力配置结构与地方政府务实主义经济发展行为模式正相关;

　　H5 府际目标任务责任与地方政府竞争行为正相关;

H6 府际目标任务责任与地方政府买税引税行为正相关。

针对以上假设,在下述表 9.16、表 9.17、表 9.18 和表 9.19 中,给出了对以上第一组假设所涉及的各变量之间的多元线性回归的分析结果。表 9.16、表 9.17 和表 9.18 各自共估计了 8 个检验解释模型,其中,表 9.16 中的 8 个模型的被解释变量均为地方政府务实主义经济发展行为模式,表 9.17 中的 8 个模型的被解释变量均为地方激进主义经济发展行为模式,表 9.18 中的 8 个模型的被解释变量均为地方机会主义经济发展行为模式,表 9.19 中的参考模型(1)和模型 1、2、3 中的被解释变量为地方政府竞争行为,参考模型(2)和模型 4、5、6 中的被解释变量为地方政府买税引税行为。

在表 9.16 中,模型 1 是个仅含有 6 个控制变量的参考模型,模型 2、模型 3 和模型 4 是分别在模型 1 的基础上各自加入府际目标任务责任因子、府际目标激励因子和府际权力结构因子三个自变量后所形成的模型,模型 5、模型 6 和模型 7 则是在模型 1 的基础上各自加入上述三个变量中的两个变量后所形成的交叉检验模型,模型 8 是在模型 1 的基础上同时加入上述三个变量后所形成的综合检验模型。通过对以府际目标任务责任因子、府际目标激励因子和府际权力结构等三个变量作为自变量,以地方政府务实主义经济发展行为模式作为因变量的 8 个模型,对比这些模型之间的回归系数及其他相关参数,从表 9.16 中可以得出以下结论:

结论 1:下级地方政府是否采取务实性的经济发展行为模式来发展地方经济,既与府际目标激励状况有关,也与府际权力配置结构情况有关,但府际目标激励状况对地方政府是否会采取务实主义经济发展行为模式的影响更大。

通过将表 9.16 中的模型 1 分别与模型 2、模型 3 和模型 4 进行对比,可以发现 H1 和 H4 两个假设可以得到验证。当把府际目标任务因子单独带入回归方程后,方程的 R^2 并没有显著提高,且其回归系数也相当小,自变量 t 值并没有达到显著性水平,这一回归结论说明,在纵向府际关系中,上级政府对下级政府在下达目标任务责任的同时,如果对下级政府不采取合适的目标激励措施,下级政府并不必然采取比较务实的经济发展行为来完成上级政府所下达的目标任务,上级政府并不能单独通过任务责任驱动的形式驱使下级政府以务实的经济发展行为模式来发展地方经济;当上级府际目标激励因子单独代入回归方程后,方程的 R^2 值显著提高,且其回归系数也比较大,同时自变量 t 值也达到了显著性水平,这一回归结论说明,在纵向府际关系中,上级政府对下级政府在下达目标任务责任的同时,如果对下级政府采取了合适的目标激励措施,下级政府会必然采取比较务实的经济发展行为来完成上级政府所下达的目标任务。因此,在府际目标治理关系中,上级政府对下级政府所采取的目标激励措施对下级政府采取务实主义经济发展行为模式来发展地方经济存在相当大的影响;当把府际权力配置结构单独代入回归方程后,方程的 R^2 值稍有提高,且其回归系数也显著异于0,自变量t值也达到了显著性水平,这一回归结论说明,在纵向府际关系中,上下级政府之间的府际权力配置结构状况对下级政府是否会采取比较务实的经济发展行为来发展地方经济存在相关性实质影响。

结论2:当府际目标治理关系中上级地方政府对下级地方政府在下达目标任务责任的同时,采取了府际目标激励措施,如果上级政府所下达的目标任务难度越大,则下级地方政府逐渐会偏离务实性的经济发展行为模式来发展地方经济。如果上级地方政府对下级地方政府实行的府际目标激励刺激越强,则无论实行何种形式的府际权力配置结构,下级地方政府就越有可能采取偏离务实性的经济发展行为模式来发展地方经济。上述两种表达可以更简单地总结为:府际目标激励的强度最直接决定了地方政府是否会采取务实性的经济发展行为模式来发展地方经济。

进一步对比表9.16中的模型5、模型6、模型7和模型8,可以发现,当把府际目标任务责任因子、府际目标激励因子和府际权力配置结构因子在参考模型1的基础上先分别两两带入回归方程、而后把三个变量因子全部带入回归方程后发现,府际目标激励因子会对其他两个变量因子产生逆向性的交互作用。模型5显示,当将府际目标任务责任因子、府际目标激励因子在参考模型1的基础上同时带入回归方程时,府际目标任务责任因子变量与被解释变量地方政府务实主义经济发展行为模式之间存在负相关关系,且回归系数显著得到提高,这一回归结论表明,在府际目标治理关系中,如果上级地方政府对下级地方政府在下达目标任务责任的同时实行了强目标激励刺激,则任务实现难度越大,下级地方政府就越有可能采取偏离务实主义的经济发展行为模式来发展地方经济。模型7显示,当将府际权力配置因子和府际目标激励因子在参考模型1的基础上同时带入回归方程时,模型4中所显示的府际权力配置因子变量与被解释变量地方政府务实主义经济发展行为模式之间原先所存在的存在正相关关系消失了,且回归系数显著性降低了。这一回归结论表明,当府际目标激励强度超过一定程度时,无论采取何种府际权力配置结构,地方政府都会采取偏离务实性的地方经济发展行为模式去发展地方经济,综合模型8中所显示的回归信息同样也支持了上述分析结论。

在表9.17中,除该表中的被解释变量为地方政府激进主义行为模式与

表9.16不一样外,控制变量、自变量及8个模型的回归方式都与表9.16中一样。在该表中,通过对以府际目标任务责任因子、府际目标激励因子和府际权力结构三个变量作为自变量,以地方政府激进主义经济发展行为模式作为因变量的8个模型对比分析,可以得出以下结论:

结论3:下级地方政府是否会采取激进主义的经济发展行为模式来发展地方经济,仅与府际目标激励状况有关,与府际目标任务责任和府际权力配置结构情况不相关。

在表9.17中,将模型1分别与模型2、模型3和模型4进行对比,发现H2这个假设可以成立。通过将府际目标任务责任因子、府际目标激励因子和府际权力配置结构因子在参考模型1的基础上分别带入回归方程,发现只有在模型3中,在将府际目标激励因子带入回归方程后,其回归系数显著地异于0,R^2也有一定程度提高,同时该变量的t值达到显著性水平值,这个回归结论表明,在府际目标治理关系中,府际目标激励这个变量因子与地方政府激进性的经济发展行为模式存在正相关性,换句话说,地方政府是否会采取激进主义的经济发展行为模式来发展地方经济,直接与府际的目标激励强度有关,目标激励强度越大,地方政府就越可能采取激进性的地方经济发展行为模式。相比较于模型3,模型2和模型4均显示,府际目标任务责任因子和府际权力配置因子与被解释变量地方政府激进主义经济发展行为模式都不存在相关性。继续对比表9.17中的模型5、模型6、模型7和模型8,同样也支持验证了上述这一结论。

表9.16　府际目标治理、权力配置结构——地方政府务实主义经济发展行为模式检验解释模型

变量	模型1 参考模型	模型2 目标任务模型	模型3 目标激励模型	模型4 权力配置模型	模型5	模型6	模型7	模型8 综合模型
控制变量								
领导人工作年限 (标准化系数)	-0.028** -0.198	-0.029** -0.203	-0.034* -0.239	-0.029** -0.200	-0.026* -0.187	-0.028** -0.194	-0.022* -0.154	-0.028* -0.196
领导人学历 (标准化系数)	0.122 0.085	0.128 0.089	0.009 0.006	0.159 0.112	-0.042 -0.028	0.167 0.117	0.200* 0.140	-0.049 -0.033
领导人行政级别 (标准化系数)	0.027 0.018	0.016 0.010	-0.267 -0.170	0.039 0.026	-0.190 -0.122	0.061 0.039	0.107 0.070	-0.201 -0.128
地理区位 (标准化系数)	0.203* 0.149	0.212* 0.156	-0.069 -0.052	0.219* 0.160	-0.123 -0.094	0.213* 0.156	0.198* 0.145	-0.113 -0.086
历史经济发展水平 (标准化系数)	0.213* 0.153	0.225* 0.162	0.171 0.176	0.235* 0.169	0.079 0.081	0.228* 0.164	0.233* 0.168	0.062 0.064
相邻地区发展差距 (标准化系数)	0.117 0.0961	0.122 0.101	0.038 0.028	0.125 0.103	0.026 0.019	0.121 0.099	0.082 0.068	0.059 0.044

续表

变量	模型 1 参考模型	模型 2 目标任务模型	模型 3 目标激励模型	模型 4 权力配置模型	模型 5	模型 6	模型 7	模型 8 综合模型
自变量								
府际目标任务因子（标准化系数）		0.065 0.065			-0.377*** -0.336	-0.093 -0.093		-0.424*** -0.377
府际目标激励因子（标准化系数）			0.694** 0.276		0.626** 0.249		0.286*** 0.286	0.615** 0.244
府际权力配置因子（标准化系数）				0.160* 0.160		0.226* 0.226	0.089 0.089	0.133 0.102
参数与常数项								
R²	0.1105	0.1145	0.243	0.1347	0.3394	0.1388	0.2035	0.3469
调整后的 R²	0.0840	0.0835	0.184	0.1044	0.2800	0.1042	0.1715	0.2802
F 值检验	4.16	3.70	4.13	4.45	5.72	4.01	6.36	5.19
常数项	-1.587**	-1.652**	0.331	-1.834***	0.830	-1.840***	-1.916***	0.754

注：被解释变量为地方政府务实主义经济发展行为，表中括号内数字为标准化系数，N=208，⁺P<0.10；*P<0.05；**P<0.01；***P<0.001。

表9.17　府际目标治理、权力配置结构——地方政府激进主义经济发展行为模式检验解释模型

变量	模型1 参考模型	模型2 目标任务模型	模型3 目标激励模型	模型4 权力配置模型	模型5	模型6	模型7	模型8 综合模型
控制变量								
领导人工作年限（标准化系数）	-0.027** -0.187	-0.027* -0.187	-0.022* -0.156	-0.027** -0.188	-0.021* -0.150	-0.027* -0.186	-0.022* -0.154	-0.021* -0.151
领导人学历（标准化系数）	0.096 0.068	0.096 0.067	0.136 0.095	0.099 0.069	0.133 0.093	0.101 0.071	0.128 0.089	0.132 0.092
领导人行政级别（标准化系数）	0.013 0.008	0.014 0.009	0.063 0.041	0.014 0.009	0.074 0.049	0.019 0.013	0.063 0.041	0.072 0.048
地理区位（标准化系数）	0.106 0.078	0.105 0.077	0.096 0.070	0.107 0.078	0.089 0.066	0.106 0.077	0.092 0.067	0.089 0.065
历史经济发展水平（标准化系数）	0.132 0.095	0.131 0.094	0.137 0.099	0.133 0.096	0.129 0.093	0.131 0.095	0.132 0.095	0.128 0.092
相邻地区发展差距（标准化系数）	-0.015 -0.013	-0.016 -0.013	-0.04 -0.035	-0.015 -0.012	-0.048 -0.039	-0.016 -0.013	-0.046 -0.038	-0.048 -0.039

续表

变量	模型 1 参考模型	模型 2 目标任务模型	模型 3 目标激励模型	模型 4 权力配置模型	模型 5	模型 6	模型 7	模型 8 综合模型
自变量								
府际目标任务因子（标准化系数）		-0.004 -0.004			-0.049 -0.049	-0.024 -0.024		-0.041 -0.041
府际目标激励因子（标准化系数）			0.195** 0.195		0.206** 0.206		0.205** 0.206	0.208** 0.208
府际权力配置因子（标准化系数）				0.011 0.011		0.0282 0.028	-0.039 -0.039	-0.011 -0.011
参数与常数项								
R^2	0.0538	0.0539	0.0882	0.0540	0.0903	0.0542	0.0896	0.0904
调整后的 R^2	0.0256	0.0207	0.0563	0.0209	0.0538	0.0162	0.053	0.0490
F 值检验	1.91	1.63	2.76	1.63	2.47	1.43	2.45	2.19
常数项	-0.455	-0.451	-0.585	-0.472	-0.543	-0.474	-0.531	-0.535

注：被解释变量为地方政府激进主义经济发展行为，表中括号内数字为标准化系数，N=208，$^+P<0.10$；$^*P<0.05$；$^{**}P<0.01$；$^{***}P<0.001$。

在表9.18中,除被解释变量为地方政府机会主义行为模式与表9.16和表9.17不一样外,控制变量、自变量及8个模型的回归方式都与表9.16和表9.17中一样。在该表中,通过对以府际目标任务责任因子、府际目标激励因子和府际权力结构三个变量作为自变量,以地方政府机会主义经济发展行为模式作为因变量的8个模型对比分析,可以得出以下结论:

结论4:一般情况下,府际目标激励状况并不必然会驱使地方政府采取机会主义的地方经济发展行为模式,而府际权力配置结构情况有可能驱使地方政府采取机会主义的地方经济发展行为模式。但是,在府际目标任务责任方面,即使在上级地方政府对下级地方政府进行府际任务责任驱动,下级地方政府也不会采取机会主义的地方经济发展行为模式,并且,上级政府对下级政府所下达的目标任务责任越大,下级地方政府越是排斥机会主义的地方经济发展行为。

通过对比表9.18中的模型1、模型2、模型3和模型4,发现H3这个假设也成立。在模型2中,当把府际目标任务责任因子代入回归方程后,其回归系数显著地异于0,R^2也有一定程度提高,同时该变量的t值也达到了显著性水平值,这一回归结论表明,府际目标任务责任因子与地方政府机会主义经济发展行为模式存在负相关关系。

结论4为什么与我们通常的感觉不一样呢?上级地方政府对下级地方政府所下达的府际目标任务责任越大,下级地方政府不是越有可能采取机会主义的地方经济发展行为模式吗?特别是在府际目标激励强度很大,同时府际目标任务实现难度很高的情况下,地方政府怎么可能越是疏离机会主义的经济发展行为模式呢?这是因为本书中将地方政府的机会主义经济发展行为模式定义为地方政府完全按照唯利是图、见利取利、见难则避的极端利益规则行事的行为模式,在这种行为模式下,地方政府为达成上级政府下达的任务目标,可能对市场采取掠夺、分割、地区保护或者行业垄断的行为方式来获取利益,显然,这些行为方式对地方市场的健康发展及地方经济的长期发展是极其有害的。一般而言,某个地方政府即使承受着相当大的上级政府所下达的目标任务压力以及目标激励,其在一般情况下并不会采取那些相当极端的行为方式来侵害地方市场,因为这样做虽然可能会获取短期的一点利益好处,但必然会恶化本地方经济的发展,最终的结果是得不偿失,正是出于这样的考虑,地方政府宁愿采取务实性或者激进性的地方经济发展行为模式促进或者刺激本地方经济的发展,而不是采取侵害性的手段来破坏或者阻碍本地方经济的发展。

表9.18 府际目标治理、权力配置结构——地方政府机会主义经济发展行为模式检验解释模型

变量	模型1 参考模型	模型2 目标任务模型	模型3 目标激励模型	模型4 权力配置模型	模型5	模型6	模型7	模型8 综合模型
控制变量								
领导人工作年限（标准化系数）	-0.005 -0.043	-0.003 -0.027	-0.006 -0.047	-0.006 -0.046	-0.002 -0.014	-0.003 -0.024	-0.005 -0.041	-0.002 -0.013
领导人学历（标准化系数）	0.0002 0.0001	0.010 0.007	-0.001 -0.001	-0.019 -0.013	0.015 0.011	0.015 0.011	-0.018 -0.012	0.019 0.013
领导人行政级别（标准化系数）	-0.212 -0.126	-0.179 -0.107	-0.218 -0.129	-0.199 -0.119	-0.161 -0.096	-0.179 -0.107	-0.192 -0.114	-0.162 -0.097
地理区位（标准化系数）	0.172 0.111	0.118 0.076	0.171 0.109	0.143 0.092	0.119 0.077	0.120 0.077	0.144 0.092	0.121 0.078
历史经济发展水平（标准化系数）	-0.097 -0.067	-0.114 -0.078	-0.098 -0.067	-0.109 -0.075	-0.114 -0.079	-0.112 -0.077	-0.109 -0.075	-0.113 -0.078
相邻地区发展差距（标准化系数）	0.017 0.013	-0.014 -0.011	0.021 0.017	0.001 0.000	-0.027 -0.022	-0.014 -0.011	-0.004 -0.003	-0.026 -0.021

续表

变量	模型1 参考模型	模型2 目标任务模型	模型3 目标激励模型	模型4 权力配置模型	模型5	模型6	模型7	模型8 综合模型
自变量								
府际目标任务因子 （标准化系数）		-0.225** -0.220			-0.237** -0.232	-0.245* -0.239		-0.252* -0.247
府际目标激励因子 （标准化系数）			-0.018 -0.018		0.049 0.047		0.021 0.019	0.047 0.045
府际权力配置因子 （标准化系数）				-0.134+ -0.129		0.030 0.029	-0.139 -0.135	0.023 0.023
参数与常数项								
R^2	0.0371	0.0828	0.0374	0.0531	0.0845	0.0833	0.0534	0.0848
调整后的 R^2	0.0084	0.0507	0.0037	0.0199	0.0477	0.0464	0.0153	0.0432
F值检验	1.29	2.58	1.11	1.60	2.30	2.26	1.40	2.04
常数项	-0.064	0.198	-0.048	0.172	0.172	0.168	0.164	0.149

注：被解释变量为地方政府机会主义经济发展行为，表中括号内数字为标准化系数，N=208，+P<0.10；*P<0.05；**P<0.01；***P<0.001。

在表9.19中,参考模型(1)和模型1、2、3中的被解释变量为地方政府竞争行为,参考模型(2)和模型4、5、6中的被解释变量为地方政府买税引税行为。控制变量、自变量、参数和常数项估计项目及各自4个模型的回归方式都一样。在该表中,通过对以府际目标任务责任因子、府际目标激励因子和府际权力结构等三个变量作为自变量,分别以地方政府竞争行为和地方政府买税引税行为作为因变量进行回归分析对比,可以得出以下结论:

结论5:在纵向府际目标治理关系中,对下级地方政府而言,如果上级地方政府对下级地方政府所下达目标任务实现难度过大或任务责任过重,会产生两方面的效果,一方面的效果是会驱使下级地方政府之间互相进行以招商引资为主要竞争形式的招商竞争;另一方面的效果是会诱发下级地方政府产生买税引税行为,但买税引税行为主要产生在乡镇基层地方政府中。

通过对比表9.19中的参考模型(1)、模型1、模型2和模型3,H5这个假设得到验证成立。在该表模型1中,当把府际目标任务责任因子带入回归方程后,其回归系数显著地异于0,R^2也有一些提高,同时该变量的t值也达到了显著性水平值,这一回归结论表明,府际目标任务责任因子与地方政府招商竞争行为存在正相关关系。继续对比表9.19中的参考模型(2)、模型4、模型5和模型6,H6这个假设也可以得到验证。在该表模型4中,当把府际目标任务责任因子带入回归方程后,其回归系数显著地异于0,R^2也有相当程度的提高,同时该变量的t值也达到了显著性水平值,这一回归结论表明,府际目标任务责任因子与地方政府的买税引税行为存在正相关关系。另外,通过分析表9.19中作为控制变量与地方政府买税引税行为之间的关系,发现"领导人行政级别"这个控制变量与地方政府买税引税行为存在相当强的负相关关系,而"领导人行政级别"在回归模型中实质上是用来控制地方政府层级因素影响地方政府行为的变量,因此既然领导人行政级别与地方政府买税引税行为存在负相关关系,那就说明地方政府的层级与地方政府买税引税行为存在负相关关系,政府层级越高,买税引税行为就越不可能发生,结合笔者多地的实地调研,买税引税行为主要产生在最基层的乡镇地方政府中,政府的层级越高,就越无买税引税行为现象发生。

表 9.19　府际目标治理、权力配置结构——地方政府竞争行为和地方政府买税引税行为检验解释模型

变量	参考模型(1)	模型1 目标任务模型	模型2 目标激励模型	模型3 权力配置模型	参考模型(2)	模型4 目标任务模型	模型5 目标激励模型	模型6 权力配置模型
控制变量								
领导人工作年限 (标准化系数)	-0.008 -0.044	-0.011 -0.061	-0.005 -0.029	-0.009 -0.046	0.018 0.072	0.014 0.057	0.017 0.068	0.017 0.070
领导人学历 (标准化系数)	-0.051 -0.028	-0.028 -0.015	-0.027 -0.015	-0.019 -0.010	0.311+ 0.128	0.339* 0.139	0.303+ 0.124	0.354* 0.145
领导人行政级别 (标准化系数)	-0.029 -0.015	-0.073 -0.037	0.002 0.001	-0.019 -0.009	-0.933*** -0.360	-0.985*** -0.380	-0.944*** -0.364	-0.919*** -0.355
地理区位 (标准化系数)	0.089 0.051	0.122 0.069	0.083 0.047	0.102 0.058	-0.279+ -0.119	-0.241 -0.104	-0.277+ -0.119	-0.262+ -0.113
历史经济发展水平 (标准化系数)	0.066 0.037	0.113 0.062	0.069 0.039	0.086 0.047	-0.168 -0.071	-0.112 -0.047	-0.169 -0.071	-0.143 -0.060
相邻地区发展差距 (标准化系数)	-0.148 -0.094	-0.127 -0.080	-0.165 -0.104	-0.141 -0.089	0.001 0.001	0.026 0.013	0.007 0.003	0.011 0.005

变量	参考模型(1)	模型1目标任务模型	模型2目标激励模型	模型3权力配置模型	参考模型(2)	模型4目标任务模型	模型5目标激励模型	模型6权力配置模型
自变量								
府际目标任务因子（标准化系数）		0.254** 0.195				0.303** 0.177		
府际目标激励因子（标准化系数）			0.122 0.094				-0.042 -0.025	
府际权力配置因子（标准化系数）				0.137 0.106				0.178 0.104
参数与常数项								
R^2	0.0131	0.0493	0.0211	0.0236	0.1422	0.1721	0.1427	0.1524
调整后的 R^2	-0.0164	0.0160	-0.0132	-0.0106	0.1166	0.1431	0.1127	0.1227
F值检验	0.44	1.48	0.61	0.69	5.55	5.94	4.76	5.14
常数项	5.673***	5.416***	5.592***	5.461***	6.499***	6.192***	6.527***	6.225***

注：本表中参考模型（1）和模型1、2、3中的被解释变量为地方政府竞争行为；参考模型（2）和模型4、5、6中的被解释变量为地方政府买税引税行为。表中括号内数字为标准化系数，N=208，$^+P<0.10$；$^*P<0.05$；$^{**}P<0.01$；$^{***}P<0.001$。

(二)第二组假设检验:地方政府经济发展行为模式与地方经济发展绩效模型

本节对第二组的假设检验就是具体验证地方政府具体所可能表现出的各种经济发展行为模式对地方经济发展的影响,鉴于本书之前的研究,对于地方政府经济发展行为模式与地方经济发展之间的关系,提出如下假设:

H7 地方政府务实主义经济发展行为模式与地方经济发展正相关;

H8 地方政府激进主义经济发展行为模式与地方经济发展正相关;

H9 地方政府机会主义经济发展行为模式与地方经济发展负相关。

为检验解释地方政府经济发展行为模式与地方经济发展之间的关系,表9.20以地方经济发展作为被解释变量,以地方政府务实主义经济发展行为模式因子、激进主义经济发展行为模式因子和机会主义经济发展行为模式因子三个变量作为解释变量,列举了8个回归模型进行分析对比,其中模型1是仅含有6个控制变量的参考模型,模型2、模型3和模型4是在模型1的基础上分别各自加入地方政府务实主义经济发展行为模式因子、激进主义经济发展行为模式因子和机会主义经济发展行为模式因子三个自变量后所形成的模型,模型5、模型6和模型7则是在模型1的基础上同时各自加入上述三个变量中的两个变量后所形成的交叉检验模型,模型8是在模型1的基础上同时加入上述三个变量后所形成的综合检验模型。通过对比分析这些模型之间的回归系数及相关参数,可以得出以下结论:

结论5:地方政府务实主义经济发展行为模式与激进主义经济发展行为模式都对地方经济的数量增长绩效产生正相关性影响,而地方政府机会主义经济发展行为模式与地方经济发展绩效之间存在负相关性。

进一步对比表9.20中的参考模型1和模型2,当把地方政府务实主义经济发展行为模式作为自变量带入回归方程后,其回归系数不仅显著地异于0,且为正数,而R^2值较原来很大程度提高(p值<0.001),同时该变量的t值也达到了显著性水平值。这一回归结论表明,假设H7得到验证,即地方政府务实主义经济发展行为模式与地方经济发展存在正相关关系。同样,将模型1与模型3进行比较,当把地方政府激进主义经济发展行为模式作为自变量带入回归方程后,其回归系数也显著地异于0,且为正数,而R^2值较原来很大程度提高(p值<0.001),同时该变量的t值也达到了显著性水平值。这一回归结论表明,假设H8得到验证,即地方政府激进主义经济发展行为模式与地方经济发展存在正相关关系。继续比较模型1与模型4,发现当把地方政府机会主义经济发展行为模式作为自变量带入回归方程后,

其回归系数同样显著地异于0,但为负数,而R^2值较原来也有一些提高(p值<0.001),同时该变量的t值也达到了显著性水平值。这一回归结论表明,假设H9得到验证,即地方政府机会主义经济发展行为模式与地方经济发展存在负相关关系。综上,第二组假设不仅全部得到验证,并且可以得出以下结论:

结论6:地方政府务实主义经济发展行为模式对地方经济发展的所起的作用最大,激进主义的经济发展行为模式也能对地方经济发展起独立的实际性作用影响,但机会主义的经济发展行为模式对地方经济的发展却是弊大于利。

进一步对比表9.20中的模型5、模型6和模型7,通过考察模型自变量标准化回归系数的绝对值,并对作为模型自变量的地方政府三种经济发展行为模式进行两两比较后发现,在仅考虑两个自变量时,三个变量对地方经济发展的影响力为:务实主义经济发展行为模式>激进主义经济发展行为模式>机会主义经济发展行为模式,这样的回归结论表明:地方政府务实主义经济发展行为模式对促进地方经济的发展相对起最主要的作用,一个地区的经济要获得发展,其所在的地方政府必须重视务实性的经济发展行为方式。特别是当其与机会主义经济行为模式发生相交时,机会主义经济行为方式对地方经济发展所起的负相关性作用影响消失了,这进一步说明地方政府务实主义经济发展行为模式对地方经济的发展作用的影响力,并能在一定程度上中和机会主义行为模式对地方经济发展所可能带来的不利影响。另外,对比表9.20中的模型3、模型5、模型7和模型8可发现,激进主义的经济发展行为模式作为一个独立的自变量,始终都对地方经济发展存在独立的实际性影响,并不因为随着其他变量的加入其对地方经济发展的影响作用就消失了。最后,对比模型4、模型6、模型7和模型8,可以发现机会主义的经济行为方式对地方经济发展始终起负相关性作用,这说明机会主义的经济行为方式对地方经济发展所产生的效果是弊大于利。

表 9.20　地方政府经济发展行为模式——地方经济发展检验解释模型

变量	模型 1 参考模型	模型 2 务实主义行为模型	模型 3 激进主义行为模型	模型 4 机会主义行为模型	模型 5 务实激进行为模型	模型 6 务实机会行为模型	模型 7 激进机会行为模型	模型 8 综合模型
控制变量								
领导人工作年限（标准化系数）	-0.023* / -0.162	-0.007 / -0.049	-0.011 / -0.075	-0.027** / -0.186	-0.005 / -0.036	-0.009 / -0.062	-0.012 / -0.082	-0.007 / -0.051
领导人学历（标准化系数）	-0.127 / -0.089	-0.205* / -0.145	-0.173* / -0.122	-0.114 / -0.081	-0.207* / -0.146	-0.198* / -0.139	-0.171+ / -0.119	-0.198* / -0.139
领导人行政级别（标准化系数）	0.419*** / 0.278	0.426*** / 0.283	0.426*** / 0.283	0.383*** / 0.255	0.428*** / 0.284	0.414*** / 0.275	0.418*** / 0.276	0.414*** / 0.275
地理区位（标准化系数）	0.131 / 0.099	0.034 / 0.026	0.097 / 0.074	0.139 / 0.106	0.044 / 0.033	0.041 / 0.031	0.115 / 0.084	0.053 / 0.039
历史经济发展水平（标准化系数）	0.568*** / 0.260	0.211 / 0.097	0.480*** / 0.220	0.523*** / 0.239	0.267* / 0.122	0.212 / 0.097	0.158 / 0.114	0.269* / 0.124
相邻地区发展差距（标准化系数）	0.028 / 0.023	-0.036 / -0.030	0.015 / 0.012	0.030 / 0.025	-0.025 / -0.020	-0.033 / -0.027	0.004 / 0.003	-0.020 / -0.017

续表

变量	模型 1 参考模型	模型 2 务实主义行为模型	模型 3 激进主义行为模型	模型 4 机会主义行为模型	模型 5 务实激进行为模型	模型 6 务实机会行为模型	模型 7 激进机会行为模型	模型 8 综合模型
自变量								
务实主义行为因子（标准化系数）		0.517*** 0.533			0.370*** 0.381	0.495*** 0.510		0.339*** 0.349
激进主义行为因子（标准化系数）			0.455*** 0.445		0.237*** 0.232		0.445*** 0.445	0.244*** 0.239
机会主义行为因子（标准化系数）				-0.208*** -0.214		-0.065 -0.067	-0.182** -0.182	-0.079 -0.082
参数与常数项								
R^2	0.1942	0.4233	0.3810	0.2378	0.4553	0.4272	0.3716	0.4610
调整后的 R^2	0.1686	0.4018	0.3580	0.2094	0.4320	0.4027	0.3462	0.4349
F 值检验	7.59	19.71	16.53	8.38	19.54	17.43	11.98	17.68
常数项	-2.199***	-0.692	-1.914***	-2.019***	-0.972+	-0.699	-0.966+	-0.990+

注：被解释变量为地方经济发展，表中括号内数字为标准化系数，$N=208$，+$P<0.10$；*$P<0.05$；**$P<0.01$；***$P<0.001$。控制变量历史经济发展水平作为加权变量进行 WLS 回归。

(三)第三组假设检验:地方政府经济发展行为模式的中介作用模型

本节对第三组的假设检验就是验证地方政府具体所可能表现出的各种经济发展行为模式在府际目标治理与地方经济发展之间是否存在中介作用。鉴于检验某个中介变量是否能真正发挥中介作用的条件和步骤,对于地方政府经济发展行为模式在府际目标治理与地方经济发展之间所可能起的中介作用,提出如下假设:

H10 地方政府务实主义经济发展行为模式在府际目标激励影响地方经济发展的关系中起完全中介作用;

H11 地方政府激进主义经济发展行为模式在府际目标激励影响地方经济发展的关系中起部分中介作用;

H12 地方政府机会主义经济发展行为模式在府际任务责任影响地方经济发展的关系中起完全中介作用;

H13 地方竞争行为在府际任务责任影响地方经济发展的关系中起完全中介作用;

H14 地方政府务实主义经济发展行为模式在府际权力配置结构和地方经济发展的关系中起完全中介作用。

对第三组假设检验,共需要估计9个多元回归模型,表9.21中共列举了8个回归模型的多元回归情况,在这8个回归模型中均含有6个控制变量,被解释变量均为地方经济发展,自变量分别为府际目标任务责任因子变量、府际目标激励因子变量和府际权力配置结构因子变量,中介变量分别为以地方政府务实主义经济发展行为模式因子变量、激进主义经济发展行为模式因子变量、机会主义经济发展行为模式因子变量和地方竞争行为四个变量。在8个回归模型中,模型1是仅含有6个控制变量的参考模型,模型2、模型3和模型4是分别在模型1的基础上分别加入府际目标任务责任因子变量、府际目标激励因子变量和府际权力配置结构因子变量后形成的模型,模型5、模型6是在模型3的基础上分别加入地方政府务实主义经济发展行为模式因子变量和激进主义经济发展行为模式因子变量后所形成的模型,模型7和模型8是在模型2的基础上加入地方政府机会主义行为模式因子变量和地方竞争行为变量后所形成的模型。模型9是估计检验地方政府务实主义经济发展行为模式在府际权力配置结构因子变量与地方经济发展之间关系中起中介作用的多元回归模型,表9.21中并未将之列举出来,是因为府际权力配置结构与地方经济发展之间的关系并不显著,又由于在前面的多元回归分析中已经发现府际权力配置结构仅与地方政府务实主义经济发展行为模式之间存在正相关关系,与地方政府其他经济发展行为模式不存在相关关系,故可判断府际权力配置结构变量全部通过地方政府务实主义经济发展行为模式作为中介变量影响地方经济发展,因此就没有必要进行模型9,即权力配置结构——务实主义行为中介模型进行列表式检验。

对于表9.21中的8个模型,通过将每个自变量所对应的模型和添加相应中介变量后对应的模型进行对比(道恩·亚科布齐,2012),就可以对各种地方政府经济发展行为模式在府际目标治理和府际权力配置结构与地方经济发展之间所可能起的中介作用效应作出判断,并在此基础上可以得出以下结论:

结论7:在纵向府际目标治理关系中,府际目标激励分别通过地方政府务实主义和激进主义经济发展行为模式对地方经济发展产生实质性作用影响。其中,地方务实主义经济发展行为模式在府际目标激励与地方经济发展关系中起完全中介作用影响,地方激进主义经济发展行为模式在府际目标激励与地方经济发展关系中起部分中介作用影响。

以上结论可以从表9.21中模型3和模型5、模型6的对比分析中得出。将模型5与模型3进行对比后发现,在模型3的基础上添加地方政府务实主义经济发展行为模式因子变量后,自变量府际目标激励因子变量的回归系数从0.253降到0.117,相应地,其对被解释变量地方经济发展的影响从显著变为不显著,这样的回归结论说明府际目标激励因子变量完全通过地方政府务实主义经济发展行为模式因子变量对被解释变量地方经济发展发挥作用影响,显然,假设H10得到验证。同样,将模型6与模型3进行对比后发现,在模型3的基础上添加地方政府激进主义经济发展行为模式因子变量后,自变量府际目标激励因子变量的回归系数从0.253降到0.166,同时对被解释变量地方经济发展的影响虽有显著性,但显著性已出现明显性的降低,这种回归结论表明府际目标激励因子变量部分通过地方政府务实主义经济发展行为模式因子变量对被解释变量地方经济发展发挥作用影响,显然,假设11也得到了验证。

结论8:在纵向府际目标治理关系中,府际目标任务责任分别通过地方政府机会主义经济行为模式和地方竞争行为模式对地方经济发展产生实质性作用影响。并且,地方机会主义经济行为模式和地方竞争行为模式各自都在府际目标任务责任因子与地方经济发展关系中起完全中介作用影响。

假设可以从表9.21中模型2和模型7、模型8的对比分析中得出。将模型2与模型7进行对比后发现,在模型2的基础上添加地方政府机会主义经济行为模式因子变量后,自变量府际目标任务责任因子变量的回归系数从0.136降到0.107,相应地,其对被解释变量地方经济发展的影响从显著变为不显著,这样的回归结论说明府际目标任务责任因子变量完全通过地方政府机会主义经济行为模式因子变量对被解释变量地方经济发展发挥作用影响,并且从模型7中可以发现,地方政府机会主义经济行为模式因子变量对被解释变量地方经济发展发挥的是负相关性作用。这说明在府际目标治理关系中,上级政府如果对下级政府下达超过下级政府能力所能完成的目标任务责任时,下级地方政府被迫采取机会主义的行为方式,那就会对地方经济的发展产生负面作用影响。因而,上述回归结论显然支持假设H11的判断。同样,将模型8与模型2进行对比后发现,在模型2的基础上添加地方政府竞争行为变量后,自变量府际目标任务责任因子变量的回归系数从0.136降到0.095,相应地,其对被解释变量地方经济发展的影响从显著变为不显著,这种回归结论表明府际目标任务责任因子变量完全通过地方政府竞争行为对被解释变量地方经济发展发挥作用影响,假设H12也得到了验证。

结论9:府际权力配置结构完全通过地方政府务实主义经济发展行为模式对地方经济发展产生影响作用。

经回归检验发现,府际权力配置结构与地方经济发展之间的关系并不显著,但因为在假设H4中已经证实了府际权力配置结构仅与地方政府务实主义经济发展行为模式之间存在正相关关系,与地方政府其他经济发展行为模式不存在相关关系。同时,假设H7中进一步证实了地方政府务实主义经济发展行为模式与地方经济发展之间存在正相关关系,故可通过经过证实的假设H4和H7,判断出府际权力配置结构与地方经济发展之间的关系只能通过地方政府务实主义经济发展行为模式发生中介作用影响。这个结论说明府际放权并不一定能促使地方经济发展,这打破了过去长期存在的这样一种简单性认识,即通常人们都认为只要中央对地方放权、上级政府给予下级政府放权,以调动地方政府或下级政府的积极性,那么地方的经济就能发展起来,事实上没有这么简单,事实上我国自改革开放以来对许多地方区域进行放权,包括对汕头、珠海等区域设定特殊经济区,但大都没有取得预期的区域经济发展绩效。

表 9.21　地方政府经济发展行为模式的中介作用检验解释模型

变量	模型 1 参考模型	模型 2 目标任务模型	模型 3 目标激励模型	模型 4 权力配置模型	模型 5 目标激励-务实行为中介	模型 6 目标激励-激进行为中介	模型 7 目标任务-机会行为中介	模型 8 目标任务-竞争行为中介
控制变量								
领导人工作年限（标准化系数）	-0.023* -0.162	-0.025* -0.173	-0.017+ -0.118	-0.023* -0.163	-0.005 -0.036	-0.008 -0.053	-0.0283** -0.193	-0.023* -0.164
领导人学历（标准化系数）	-0.127 -0.089	-0.115 -0.081	-0.076 -0.054	-0.101 -0.071	-0.176* -0.124	-0.137 -0.097	-0.106 -0.075	-0.115 -0.081
领导人行政级别（标准化系数）	0.419*** 0.278	0.397*** 0.264	0.483*** 0.321	0.432*** 0.287	0.455*** 0.302	0.467*** 0.311	0.3693*** 0.245	0.408*** 0.271
地理区位（标准化系数）	0.131 0.099	0.154+ 0.117	0.125 0.095	0.146 0.111	0.038 0.029	0.096 0.073	0.157 0.119	0.139 0.106
历史经济发展水平（标准化系数）	0.568*** 0.260	0.574*** 0.263	0.492*** 0.226	0.541*** 0.248	0.200 0.092	0.437*** 0.200	0.5313*** 0.243	0.613*** 0.281
相邻地区发展差距（标准化系数）	0.028 0.023	0.038 0.032	-0.009 -0.008	0.033 0.028	-0.049 -0.041	-0.008 -0.007	0.038 0.032	0.047 0.039
自变量								
府际目标任务因子（标准化系数）		0.136* 0.137					0.107 0.108	0.095 0.096
府际目标激励因子（标准化系数）			0.253*** 0.256		0.117 0.119	0.166** 0.168		
府际权力配置因子（标准化系数）				0.109 0.110				

续表

变量	模型1 参考模型	模型2 目标任务模型	模型3 目标激励模型	模型4 权力配置模型	模型5 目标激励-务实行为中介	模型6 目标激励-激进行为中介	模型7 目标任务-机会行为中介	模型8 目标任务-竞争行为中介
中介变量								
务实主义行为因子（标准化系数）					0.482*** 0.497			
激进主义行为因子（标准化系数）						0.421*** 0.411		
机会主义行为因子（标准化系数）							−0.192** −0.198	
地方竞争行为（标准化系数）								0.146** 0.192
参数与常数项								
R^2	0.1942	0.2122	0.2527	0.2055	0.4348	0.4051	0.2486	0.2470
调整后的R^2	0.1686	0.1829	0.2249	0.1759	0.4106	0.3797	0.2165	0.2148
F值检验	7.59	7.24	9.08	6.95	17.98	15.92	7.73	7.67
常数与常数项	−2.199***	−2.303***	−2.151***	−2.269***	−0.772	−1.904***	−2.1143***	−3.221***

注：被解释变量为地方经济发展，表中括号内数字为标准化系数，N=208，*P<0.10；**P<0.01；***P<0.001。控制变量历史经济发展水平作为加权变量进行WLS回归。

（四）第四组假设检验：府际权力配置结构调节作用的检验解释模型

本节对第四组的假设检验就是验证府际权力配置结构在府际目标治理与地方政府经济发展行为模式之间是否存在调节作用。鉴于检验某个调节变量是否能真正发挥调节作用的条件和步骤，对于府际权力配置结构在府际目标治理与地方政府经济发展行为模式之间所可能起的调节作用，提出如下假设：

H15 府际权力配置结构在府际目标任务责任与地方政府机会主义经济行为模式之间起调节作用；

H16 府际权力配置结构在府际目标任务责任与地方政府务实主义经济行为模式之间起调节作用；

H17 府际权力配置结构在府际目标任务责任与地方政府激进主义经济行为模式之间起调节作用；

H18 府际权力配置结构在府际目标任务责任与地方政府买税引税行为之间起调节作用；

H19 府际权力配置结构在府际目标激励与地方政府务实主义经济行为模式之间起调节作用；

H20 府际权力配置结构在府际目标激励与地方政府激进主义经济行为模式之间起调节作用。

对于本组的6个假设，相应地需要估计检验6个多元线性回归模型，表9.22中列举了这6个多元回归模型的检验结果。需要特别作出说明的是，为准确在上述6个模型中检验出府际权力配置结构的调节作用，排除变量之间可能存在的多重共线性干扰，在具体对用来检验调节作用的相关变量的乘积项添加进回归方程时，预先需要对变量进行中心化处理，并以经中心化处理后的相关变量乘积项作为检验调节作用的检验变量（罗胜强、姜嬿，2008）。因此，本研究对府际权力配置结构因子变量、府际目标任务责任因子变量及府际目标激励因子变量做了中心化处理，并以经济中心化之后的府际权力配置结构因子变量分别与府际目标任务责任因子变量和府际目标激励因子变量相乘后形成了两个乘积项变量，即表9.22中列举出的"经中心化处理后的府际目标激励因子和府际权力配置因子的乘积项"，及"经中心化处理后的府际目标任务因子和府际权力配置因子的乘积项"两个新变量，这两个新变量就是用来检验府际权力配置结构是否在府际目标治理与地方政府经济发展行为模式之间产生调节作用的鉴定变量。

表9.22中的6个回归模型中，模型1、模型2、模型3和模型4的解释变量均为府际目标任务责任因子变量，调节变量均为府际权力配置结构，其

中模型 1 的被解释变量为地方政府机会主义经济行为模式、模型 2 的被解释变量为地方政府务实主义经济发展行为模式、模型 3 的被解释变量为地方政府激进主义经济发展行为模式、模型 4 的被解释变量为地方政府买税引税行为,这 4 个模型分别检验府际权力配置结构在府际目标任务责任与地方政府务实主义、激进主义、机会主义及买税引税等行为类型之间是否真正发挥了调节作用。模型 5 和模型 6 的解释变量均为府际目标激励因子变量,调节变量均为府际权力配置结构,其中模型 5 的被解释变量为地方政府务实主义经济发展行为模式,模型 6 的被解释变量为地方政府激进主义经济发展行为模式,这 2 个模型分别检验府际权力配置结构在府际目标激励与地方政府务实主义行为和激进主义行为之间是否真正地发挥了调节作用。通过对比分析表 9.22 中的 6 个模型,可以得出以下结论:

结论 10:府际权力配置结构确实在府际目标治理与地方政府经济发展行为模式之间产生了调节作用,这种调节作用通过两种途径产生,一种途径是通过影响府际目标责任与地方政府经济发展行为模式之间的关系产生调节作用;另一种途径是通过影响府际目标激励与地方政府经济发展行为模式之间的关系产生调节作用,这两种途径所产生的调节作用共同影响着地方政府在府际目标治理关系中如何选择推动本地方经济发展的行为模式。

表 9.22 中,模型 1、模型 2、模型 3 和模型 4 检验府际权力配置结构对府际目标任务责任因子变量对地方政府经济行为模式选择的调节作用,"经中心化处理后的府际目标任务因子和府际权力配置因子的乘积项"在与模型 1、模型 2、模型 3 和模型 4 所各自对应的检验项中,检验结果都显示出通过了调节作用检验,其在 4 个模型中的调节作用检验回归系数分别为"0.132、−0.118、−0.119、0.213"。另外,"经中心化处理后的府际目标激励因子和府际权力配置因子的乘积项"在与模型 5 和模型 6 所对应的检验项中,检验结果同样都显示出通过了调节作用检验,其在 2 个模型中的调节作用检验回归系数分别为"−0.905 和 −0.161"。因此,表 9.22 中的 6 个模型的回归结果显然支持了 H15—H20 这 6 个假设。并且,从回归方程的变量和回归结果上看,府际权力配置结构既在府际目标任务责任与地方政府相关经济行为方式之间产生了调节作用,也在府际目标激励与地方政府务实主义和激进主义经济行为模式之间产生了调节作用,这说明府际权力配置结构在府际目标治理与地方政府经济发展行为模式之间所产生的调节作用不仅很全面,也很深入,这两种途径所产生的调节作用共同影响着地方政府在府际目标治理关系中如何选择推动本地方经济发展的行为模式。

结论 11：在所有的府际权力配置结构对府际目标治理与地方政府经济发展行为模式之间所产生的调节作用中，府际权力配置结构对府际目标激励与地方政府务实主义经济发展行为模式之间所产生的调节作用最大。

对比表 9.22 中的 6 个回归模型，发现在"经中心化处理后的府际目标激励因子和府际权力配置因子的乘积项"一栏中，模型 5 的回归系数绝对值达到了 0.905，其他调节作用检验项的绝对值均远远小于该值。这个回归结果表明，在所有的府际权力配置结构对府际目标治理与地方政府经济发展行为模式之间所产生的调节效应中，只有府际权力配置结构对府际目标激励与地方政府务实主义经济发展行为模式之间所产生的调节作用最大。这说明适度的府际目标激励与合理的府际权力配置结构组合能将地方政府引向务实性的经济发展行为模式，对地方有效市场的培育、市场机能增进都是很有利的。

结论 12：过于集权的府际权力配置结构会对府际目标治理与地方政府经济发展行为模式之间产生有害性的调节结果，府际权力配置结构越集权，则地方政府经济发展行为模式的选择在府际目标治理的激励和任务责任压力下会更趋于非务实性的行为方向进行选择，更趋向于选择买税引税行为或机会主义行为。

表 9.22 中"经中心化处理后的府际目标任务因子和府际权力配置因子的乘积项"和"经中心化处理后的府际目标激励因子和府际权力配置因子的乘积项"两栏中，显示出两个调节变量检验项在各自与 6 个模型的对应项中的回归系数值有的为正数，而有的又为负数，调节变量检验项的回归系数为正值表明此种调节作用为正向调节作用，调节变量检验项的回归系数为负值表明此种调节作用为负向调节作用。考虑到在设计调查问卷时，对"府际权力配置结构"测量项采用了单向测量方法，即测量答案选项从"1—7"的 7 级量表中，得分越高表示府际权力配置结构为集权型结构，得分越低表示府际权力配置结构为放权型结构，得分适中的为治理型结构。因此，表 9.22 中调节变量检验项的回归系数为负值表明府际权力结构在集权型结构的情况下，其对府际目标治理与地方政府经济发展行为模式所产生负向调节作用，相应地，调节变量检验项的回归系数为正值表明府际权力结构在集权型结构的情况下，其对府际目标治理与地方政府经济发展行为模式所产生正向调节作用，据这样的判断，表 9.22 中模型 2、模型 3、模型 5 和模型 6 四个模型中的调节变量检验项的回归系数均为负值，其所蕴含的意义就是府际权力配置结构越集权，则地方政府经济发展行为模式的选择在府际目标治理的激励和任务责任压力下会更趋于背离务实性的行为

表 9.22 府际权力配置结构的调节作用检验解释模型

变量	模型 1 目标任务-机会主义行为调节	模型 2 目标任务-务实主义行为调节	模型 3 目标任务-激进主义行为调节	模型 4 目标任务-买税引税行为调节	模型 5 目标激励-务实主义行为调节	模型 6 目标激励-激进主义行为调节
控制变量						
领导人工作年限（标准化系数）	-0.005 -0.044	-0.027** -0.189	-0.026* -0.179	0.012 0.049	-0.024+ -0.166	-0.020* -0.139
领导人学历（标准化系数）	-0.017 -0.012	0.188+ 0.132	0.122 0.086	0.289+ 0.119	0.038 0.0244	0.154 0.108
领导人行政级别（标准化系数）	-0.125 -0.075	0.024 0.016	-0.018 -0.012	-0.932*** -0.359	-0.293+ -0.181	0.089 0.059
地理区位（标准化系数）	0.095 0.061	0.238 0.175	0.131 0.096	-0.286+ -0.123	-0.059 -0.044	0.062 0.046
历史经济发展水平（标准化系数）	-0.129 -0.088	0.229* 0.165	0.133 0.096	-0.116 -0.049	0.291** 0.289	0.125 0.089
相邻地区发展差距（标准化系数）	-0.024 -0.019	0.112* 0.092	-0.025 0-.021	0.044 0.021	-0.272* -0.192	-0.066 -0.055
自变量						
府际目标任务因子（标准化系数）	-0.132 -0.129	-0.196+ -0.196	-0.128 -0.128	0.538** 0.315		
府际目标激励因子（标准化系数）					0.628* 0.242	0.203** 0.203

续表

变量	模型1 目标任务-机会主义行为调节	模型2 目标任务-务实主义行为调节	模型3 目标任务-激进主义行为调节	模型4 目标任务-买税引税行为调节	模型5 目标激励-务实主义行为调节	模型6 目标激励-激进主义行为调节
调节变量（府际权力配置结构）	0.072 0.070	0.192* 0.192	−0.006 −0.006	−0.009 −0.006	0.450* 0.334	−0.120 −0.120
经中心化处理后的府际目标激励因子和府际权力配置因子的乘积项（标准化系数）					−0.905** −0.389	−0.161** −0.209
经中心化处理后的府际目标任务因子和府际权力配置因子的乘积项（标准化系数）	0.132** 0.237	−0.118** −0.216	−0.119* −0.217	0.213** 0.228		
参数与常数项						
R²	0.1162	0.1674	0.0832	0.2049	0.3180	0.1248
调整后的R²	0.0760	0.1296	0.0415	0.1687	0.2482	0.0850
F值检验	2.89	4.42	2.00	5.67	4.56	3.14
常数与常数项	0.296	−1.839**	−0.473	6.249***	0.951	−0.413

注：表中括号内数字为标准化系数，N=208，+P<0.10；*P<0.05；**P<0.01；***P<0.001。模型1中被解释变量为地方政府机会主义行为模式；模型2和5中被解释变量为地方政府务实主义行为模式；模型3和6中被解释变量为地方政府激进主义行为模式；模型4中的被解释变量为地方政府买税引税行为。

方向来发展地方经济；相应地，模型1和模型4两个模型中的调节变量检验项的回归系数均为正值，其所蕴含的意义就是府际权力配置结构越集权，则地方政府经济发展行为模式的选择在府际目标治理的激励和任务责任压力下会更趋于机会主义或买税引税的行为方向来"发展地方经济"。正是结合以上两方面，就形成了结论12的判断结论。

第十章　府际关系治理影响地方 经济发展绩效的机理

　　现行政治学界对府际关系的研究大都还是停留在府际之间的收放权循环的描述性,且把重心都集中在中央与地方关系层面立足规范性的研究目的的探寻政治与行政体制改革方向与路径。也有钱颖一、周黎安等少数学者使用"财政分权""行政承包制"一些仅能描述概括我国纵向府际关系的某些侧面性体制特征作为解释变量,并使用一些阶段性的经济数据通过建立回归方程模型进行验证来揭示推动中国地方经济发展的制度原因。还有一些学者从横向府际关系存在的区域竞争和协调关系来探寻中国地方区域的发展与治理问题。

　　本书对府际关系的研究不是简单考察政府组织体之间的关系,而是通过先深入考察府际之间的权责与资源分配、权力运行、资源竞争等因素如何影响政府组织的行为,在此基础上探索府际关系治理制度体系中影响地方政府相关行为生成的制度因素,由此进一步分析地方政府行为是如何影响地方经济发展的,从而在比较深的层次上揭示探究政府与市场关系。为此,本书通过深入考察新中国成立以来特别是1978年改革开放以来我国府际关系的权力配置与运行状况,将府际关系具体概括提炼出府际目标治理与权力配置结构关键性变量,这两个变量在概念内涵上能揭示并表征出我国府际关系权力配置与运行实际状况及其特征,从而在这两个变量、地方政府的经济行为模式与地方经济发展绩效四类变量之间建立起变量关系模型,由此构建出府际关系治理与地方经济发展绩效之间的理论分析联系。

　　当然,从严谨的研究设计考虑,要能实际探寻出上述四类变量之间的关系与相互作用,作为研究变量必须能获取相应的变量值,并通过深入分析这些变量值的相互对应性变化,才有可能获取相关的变量关系结论。根据本书前面对我国府际关系与地方经济发展之间所构建的理论分析框架以及相关实证研究所展现出的制度与行动逻辑,府际政治权与发展权的配置与运行情况会形成不同的府际目标治理形式,而府际行政权与财政权的配置与运行情况会形成不同类型的府际权力配置结构。同时,根据笔者大量实际调研,概括总结了在我国不同区域的地方政府存在四类经济行为模式,本书在第七章之前的部分正是为了完成这一基础性工作而努力。

　　根据本书第八章的案例分析和第九章对以上各类变量关系的定量实证分析所得到的结论,本章通过进一步分析这些结论基础,深入揭示府际关系治理制度体系影响地方经济发展绩效生成的机理,以为我国在推进实现政府治理体系和治理能力现代化改革过程中提供可行的改革路径与建议。

第一节　府际目标治理影响地方经济发展绩效的机理

　　1949年新中国成立以来,府际关系经过七十多年的演化,在纵向府际目标治理关系中孕育出五大目标治理机制,并演化出三种具体的目标治理形式。总体上看,在纵向府际目标治理关系中,无论对何种形式的府际目标治理,都可以将之分为府际目标激励关系和目标任务责任关系两个关系因子。据本书前面的实证调查研究,府际目标激励实际体现的是府际权力运行工具,一般包括政治激励、行政激励、经济激励、社会激励四大激励手段,府际权力运行通过这些激励手段对地方政府及其主政官员形成一种做或不做某种行为的驱动力量,毫无疑问,这种力量会影响地方政府经济行为选择。府际目标任务责任实际体现的是府际权力运行所要催动做成的任务事项,一般包括地方政府在辖区内所要承担起的各种发展与治理职责事项,在府际关系中这些职责事项一旦被纳入上级政府所要追求实现的目标任务,就是府际关系意义上目标任务责任。综合前面的研究,本节对府际目标治理影响地方经济发展绩效的一般性机理、正面绩效影响机理和负面绩效影响机理分别归纳分析如下:

一、府际目标治理对地方经济发展绩效生成的一般性机理

　　府际目标治理通过直接影响地方政府的地方经济发展行为模式选择来影响地方经济发展绩效,地方政府的地方经济发展行为模式在府际目标治理影响地方经济发展绩效中直接起完全中介作用。更为深入考察,府际目标治理具体通过府际目标激励和目标任务责任两个变量因子对地方政府的经济发展行为产生影响,但两者相比对地方政府经济发展行为的影响程度并不对等,府际目标激励在更大程度上决定了地方政府的经济发展模式。由于不同的府际目标治理形式所蕴含的府际目标激励机制、激励手段和激励强度不同,对地方政府及其主政官员会产生不同的激励效果,因此府际目标激励形式会影响地方政府在务实主义的经济发展行为模式与激

进主义的经济发展行为模式中做出选择。同时,由于不同的府际目标治理形式在府际目标任务责任方面会以不同的责任形式和不同的责任强度体现,因此也会对地方政府及其主政官员对地方政府经济发展行为模式的选择产生一定的重大影响。

在府际目标治理影响地方政府的经济发展行为模式选择方面,根据上一章定量研究分析所给出的结果,首先,决定地方政府是否会采取务实性的地方经济发展行为模式来发展地方经济,最主要的决定性因素是该地方政府在纵向府际关系中所受的府际目标激励程度。同样,地方政府是否会采取激进主义的地方经济发展行为模式来发展地方经济,也仅与府际目标激励状况有关。还有,府际目标治理关系中的目标任务责任的传导与实施,不仅会对地方政府是否采取机会主义的地方经济发展行为模式产生实质性影响,同时也会对地方政府之间的竞争状况产生实质性影响。其次,根据在案例分析中所得出的结论,身处不同目标治理形式压力下的地方政府会表现出不同的地方经济发展行为模式。动员式目标治理形式比科层式和契约式两种目标治理形式对地方政府所产生的压力和激励要大得多,因而身处动员式目标治理形式中的地方政府除会采取务实主义的地方经济发展行为模式外,还可能会采取激进主义和机会主义的地方经济发展行为模式。最后,府际目标激励的强度直接决定了地方政府是否会采取务实性的经济发展行为模式来发展地方经济。当府际目标治理关系中上级地方政府对下级地方政府在下达目标任务责任的同时,采取了府际目标激励措施,如果上级政府所下达的目标任务难度越大,则下级地方政府会逐渐偏离务实性的经济发展行为模式来发展地方经济。如果上级地方政府对下级地方政府实行的府际目标激励越强,则无论实行何种形式的府际权力配置结构,下级地方政府都有可能采取偏离务实性的经济发展行为模式来发展地方经济。

在府际目标治理对地方经济发展绩效的作用影响方面,地方政府所选择的地方经济发展行为模式发挥着中介作用的角色。其中,在府际目标激励与对地方经济发展绩效的影响作用方面,地方政府务实主义的地方经济发展行为模式在府际目标激励与地方经济发展关系中起完全中介作用影响,而地方政府激进主义的地方经济发展行为模式在府际目标激励与地方经济发展关系中起部分中介作用影响。这就决定了府际目标激励只能分别通过地方政府务实主义和激进主义地方经济发展行为模式对地方经济发展产生实质性作用影响。另外,在府际目标任务责任对地方经济的增长绩效所产生的影响作用方面,地方政府机会主义的地方经济行为模式和地方政府之间竞争行为模式各自都在府际目标任务责任因子与地方经济发展关系中起完全性的中介作用。

二、府际目标治理对地方经济发展绩效产生正面影响的机理

如本书前面部分所述,地方政府影响地方经济发展绩效有四种经济发展行为模式,分别是务实主义经济发展行为模式、激进主义经济发展行为模式、机会主义经济发展行为模式和消极主义经济发展行为模式。其中,消极主义经济发展行为模式实际上是"无为"政府的经济行为表现,在消极主义经济发展行为模式中,由于地方政府完全"无为",地方经济发展绩效完全依靠地方市场自身的发展情况。但在现实中,地方政府都是处于府际关系网络中,对某层级地方政府而言,其一旦存在某种程度的府际目标治理下,其地方经济发展绩效就会必然受该地方政府所采取的经济发展行为模式影响,因而地方经济要能获得较高质量的增长绩效,就必须让地方政府采取恰当的经济发展行为模式。

从第九章定量分析得出的结论中发现,地方经济发展绩效与地方政府的经济发展行为模式直接相关,而府际目标治理又能影响决定地方政府所具体所采取的经济发展行为模式。目前务实主义经济发展行为模式和激进主义经济发展行为模式是地方政府推动地方经济发展的两种常态化行为模式,地方政府所采取的这两种行为模式对地方经济发展绩效都有显著性影响。但相比较而言,在地方政府所有可以采取的地方经济发展行为模式中,务实主义的地方经济发展行为模式对地方经济发展的所起的作用最大,激进主义的地方经济发展行为模式同样也能对地方经济发展起独立的实际性作用影响。根据以上研究结论,府际目标治理要对地方经济发展绩效产生正面的影响,首先必须形成恰当的府际目标治理形式以让地方政府尽可能采取务实性的经济发展行为模式,因此针对地方实际情况科学设计恰当的府际目标治理形式与目标治理机制,引导地方政府采取务实性的经济发展行为模式发展地方经济,对形成良好的地方经济发展绩效至关重要。

三、府际目标治理对地方经济发展绩效产生负面影响的机理

在府际目标治理关系中,目标激励方式与激励手段一旦超过一定的限度且在目标任务责任比较重的情况下,府际目标治理就有可能脱离政府组织正式科层制的规范框架而蜕变成动员式的目标治理形式。相比较于其他类型的目标治理形式,动员式的目标治理虽然能够驱使地方政府积极去

推进实现府际目标,但无法保证地方政府真正能实现目标或能实现有质量的目标。本书第九章定量分析结论表明,在府际目标激励强、任务实现难度大的情况下,地方政府为目标实现而不得不互相进行招商竞争,这种竞争在动员式府际目标治理的多重压力下愈趋向激烈。并且,在目标任务难以实现而负向性的目标激励极具刚性的情况下,在府际目标治理机制所具有的自上而下的压力作用下不仅会迫使地方乡镇基层政府产生买税引税行为,同时也会驱使地方政府采取激进主义的地方经济行为模式直接干预地方市场或使用行政权力垄断替代市场机制获取利益,本书第七章案例研究中的B县的案例所反映的情况和事实就正好印证了这一结论。因此,在府际政治激励过强而目标任务责任较大使得府际目标治理一旦跨越动员式目标治理的门槛,则不仅会造成地方政府互相拆台的恶性招商竞争行为,同时也会强化地方基层政府互为挖墙脚的买税引税行为等虚假性的经济发展行为。毫无疑问,地方政府一旦出现这些为自保而不择手段去实现所谓的数量型经济发展目标的互害行为,不仅会对地方市场机制造成效率性损害,也不可避免地对地方经济发展质量产生较大的负面性影响。因此,为避免出现府际动员式目标治理的负面效果,就必须根据府际动员式目标治理形式的生成情况,对府际政治权和发展权两种权力运行进行合理的规制,特别是要把府际政治权力运行纳入法治化的规制轨道,防止府际政治权力被滥用,避免府际政治权力被不当使用而产生恶性的府际目标治理形式。

第二节　府际权力配置关系影响地方经济发展绩效的机理

很长一段时间来,很多人都习惯性地认为,集权性的府际权力配置结构会对地方经济产生遏制性的效果,而放权性的府际权力配置结构更有利于促进地方经济发展,因而就有人认为,府际越放权就会越能驱动地方经济发展。这种观点背后的逻辑是府际由上对下放权特别是进行财政分权,就能调动下级政府乃至基层政府的积极性,而基层政府的积极性一旦调动起来,就能促进地方经济的增长。显然,这种逻辑看起来是有一定道理的。

但是,如果我们讲的是经济发展绩效,而不是经济发展本身的话,那么这种逻辑就不一定成立,因为经济发展绩效是一个综合性测量指标,不仅包括经济发展的数量,也包括了经济发展的效能和质量。然而,对经济发展绩效这样一个具有多方面综合性内涵要求的经济发展指标,仅靠府际放权对地方政府释放出的比较有限的地方利益所形成的经济激励强度是不可能达成的。这可能在一定程度上驱动有较好经济发展基础条件的任期制地方政府在付出一般性努力去发展地方经济并获得相应的地方财政分成利益,但很难驱动任期制地方政府为地方长远发展利益追求高质量发展而舍弃当下可以获取的短期利益,不然,我们就无法解释为什么那么多地方享有很好的府际放权政策但都没有把地方经济发展起来,更无法解释绝大多数地方在很长时间都很难推进地方经济转型发展的现象。因此,我们要更深入探索研究府际放权到底对地方政府的经济发展行为会产生什么样的影响,这也是本书要努力揭示的府际权力配置结构影响地方经济发展绩效的机理性关系。

本书第八章案例研究和第九章的定量研究分析结论表明,除府际目标激励对地方政府务实主义的地方经济发展行为模式存在显著性影响外,府际权力配置结构同样也对地方政府务实主义的地方经济发展行为模式存在显著性影响。这意味着在纵向府际之间,不管如何调整府际权力配置结构,地方政府始终都会采取务实性的地方经济发展行为方式来发展地方经济。并且,因为地方政府务实性的经济发展行为方式对地方经济发展绩效存在显著性的影响,因而调整府际权力配置结构也就可以通过影响地方政府务实主义的经济发展行为方式来影响地方经济的增长绩效。对这一结论,本书前面的案例研究也予以了有力支持,在几个实行了不同的府际权力配置结构的案例中,务实性的地方经济发展行为方式都是被列入研究样本对象的县级政府所采取的主要经济发展行为方式,这说明府际权力配置结构与地方政府务实主义的地方经济发展行为模式之间存在内在的影响机制。然而,虽然府际权力配置结构通过地方政府务实性的经济发展行为模式对地方经济发展绩效产生了一定程度的影响,但其远不如府际目标治理对地方经济发展的影响作用大。

本书第九章定量实证分析表明,府际权力配置结构对地方经济发展的影响作用更多地是通过其在府际目标治理与地方政府经济发展行为模式之间发挥调节作用影响实现的。通过将府际目标治理进一步分解为府际目标任务责任和府际目标激励两方面的因子变量后发现,府际权力配置结构在府际目标治理与地方政府经济发展行为模式之间通过两种途径发挥调节作用:一种途径是通过影响府际目标任务责任与地方政府经济发展行为模式之间的关系产生调节作用;另一种途径是通过影响府际目标激励与地方政府经济发展行为模式之间的关系产生调节作用。这两种途径所产生的调节作用共同影响着地方政府在府际目标治理关系中如何选择推动本地方经济发展的行为模式,并且对比这两种影响途径进一步发现,府际权力配置结构对府际目标激励与地方政府务实主义经济发展行为模式之间所产生的调节作用更大。因此,根据以上分析,我们对府际权力配置结构与影响地方经济发展绩效的机理归纳总结如下:府际权力配置结构对地方经济发展绩效不会直接产生决定性影响作用,府际权力配置结构只在府际目标治理与地方政府经济发展行为模式之间存在调节作用。府际权力配置结构除与地方政府采取务实主义经济发展行为模式之间存在相关性影响外,与地方政府采取其他经济发展行为模式没有相关性,并且府际权力配置结构完全通过地方政府务实主义经济发展行为模式对地方经济发展绩效产生影响作用。在所有的府际权力配置结构对府际目标治理与地方政府经济发展行为模式之间所产生的调节作用中,府际权力配置结构对府际目标激励与地方政府务实主义经济发展行为模式之间所产生的调节作用最大。

以上府际权力配置结构与地方政府经济发展行为及地方经济发展绩效的关系影响表明,仅通过府际放权难以驱动地方经济发展,更无法获得高质量的经济发展绩效。府际放权仅是一种手段,要驱动任期制中的地方政府积极努力采取务实有为的行动推动地方经济发展,必须先对之科学设定府际目标治理方式和治理机制,形成正确的府际目标激励导向和有度的府际目标激励强度,以引导形塑好地方政府的行为,在此基础上,再根据地方区域具体情况设定合适的府际权力配置结构,以最大化发挥出府际目标治理对地方经济发展的推动作用。如果府际目标治理方式和治理机制设定过于追求一些不切实际的目标,或者过于追求经济利益,那么在放权性的府际权力配置结构的调节作用下,会驱使地方政府为追求短期利益和所谓的一些考核指标而采取机会主义或者激进主义的有害性市场行为。

第三节　府际目标治理与权力配置共同影响地方经济发展绩效的机理

通过上述对府际目标治理和权力配置两个变量各自对地方政府经济行为和地方经济中增长绩效如何产生影响的机理分析,使我们对府际关系通过何种途径影响地方政府经济行为和地方经济发展绩效有了初步的认识。但在现实的府际关系运行网络中,地方政府都是在特定的府际权力配置结构中承受特定的府际目标治理作用,因此要更深入分析府际关系对地方政府经济行为和地方经济发展绩效的影响,还应当要把府际目标治理与府际权力配置结构两者组合起来分析它们共同影响地方经济发展绩效的机理。

如前面研究所得到的结论:府际目标治理直接决定影响地方政府的经济发展行为模式进而决定影响地方经济发展绩效,府际权力配置结构在府际目标治理影响地方政府经济发展行为模式之间发挥调节性作用,这是府际目标治理与府际权力配置结构两者组合起来对地方经济发展绩效产生影响的一般性机理。为更深入了解它们之间的影响关系,我们还需要知道,不同类型的府际权力配置结构与不同形式的府际目标治理的不同组合,会对地方政府经济行为选择和地方经济发展绩效具体产生什么样的影响?

在府际整体向上集权的府际权力配置结构与府际目标治理形式的组合作用中,地方政府的行为选择直接受府际集权的程度、府际目标激励的方向与强度、府际目标任务责任大小程度等方面约束,地方经济发展绩效也深受其影响,这种影响主要体现在地方经济发展的数量绩效指标方面存在真假与虚实等方面的问题。本书案例分析和定量实证分析研究发现,在纵向府际关系中,若府际权力配置结构整体趋于向上集权,在府际目标激励和任务责任的双重压力刺激下,地方基层政府在考虑采取选择何种地方经济发展行为模式来推动地方经济发展时会随着府际目标激励强度的递增和目标任务责任的加重程度逐渐偏离务实性的地方经济发展行为方式,形成消极主义、务实主义、激进主义、机会主义的经济行为谱系,甚至趋向于选择买税引税行为、增长绩效造假等极端的行为方式,从而使地方经济发展绩效存在一定的"水分"。

在府际整体向下放权的府际权力配置结构与不同府际目标治理形式的组合作用中,地方政府的行为选择也受府际放权的程度、府际目标激励的方向与强度、府际目标任务责任大小程度等方面的影响与约束,地方经济发展绩效随之也会受一定的影响,并且这种影响主要是在体现在经济发展的内在质量方面。本书案例分析和定量实证分析发现,在纵向府际关系中,若府际权力配置结构整体趋向对下放权,地方政府虽承受府际目标激励和任务责任的双重压力刺激,同样不会趋向于选择务实性的地方经济发展行为方式,也会形成从务实主义、激进主义到机会主义的经济行为谱系,甚至趋向于为追求短期利益而选择牺牲生态环境、与市场争利等短视性的自利性行为方式,从而使地方经济发展绩效的表现局限在比较低的质量水平层次。

鉴于以上府际集权和放权性的权力配置结构在府际目标治理与地方经济发展行为模式选择方面所存在的正向性与负向性调节作用,进一步结合本书案例与定量分析研究可以得出以下结论:在纵向府际关系中,整体向下分权和整体向上集权的府际权力配置结构都不能保证府际目标治理与地方政府经济发展行为模式之间产生良好的调节作用。为使府际权力配置结构能在府际目标治理与地方政府经济发展行为模式之间产生良好的调节作用,应当根据地方发展资源禀赋和政府所应承担的权责事项本身性质,将府际权力配置结构调整成"治理导向型的权力配置结构"。因为在纵向府际关系中,整体向下分权和整体向上集权的府际权力配置结构会在不同的府际目标治理形式与地方政府经济发展行为模式之间产生不同的调节作用。当纵向府际目标治理关系中的目标激励与目标任务相融洽时,实施以治理导向的府际权力配置结构最能促使地方政府选择务实主义的经济发展行为模式,并能产生最好的地方经济发展绩效。表10.1归纳总结的不同类型府际目标治理形式和不同府际权力配置结构组合可能会形塑出的地方政府经济发展模式和经济发展绩效情况。

表10.1 不同府际目标治理形式与权力配置结构组合可能出现的地方政府经济发展行为模式和地方经济发展绩效

权力配置结构	契约式目标治理形式		科层式目标治理形式		动员式目标治理形式	
	地方政府经济发展行为模式	地方经济发展绩效	地方政府经济发展行为模式	地方经济发展绩效	地方政府经济发展行为模式	地方经济发展绩效
增长导向型权力配置结构	激进主义务实主义	以追求地方财力为主的经营性增长	激进主义	以追求GDP为主的数量型增长	激进主义务实主义机会主义	以追求GDP和地方财力为主的数量型增长
秩序导向型权力配置结构	务实主义机会主义	以追逐地方财力为主的投机性增长	消极主义	市场原发型增长	激进主义机会主义	以满足发展指标为主的数字型增长
治理导向型权力配置结构	务实主义	以追逐地方财力为主的选择性增长	务实主义	以追求质量型为主的混合性增长	激进主义务实主义机会主义	以满足发展指标为主的混合性增长

本章上述对府际目标治理、权力配置结构与地方经济发展绩效的机理性分析研究表明:府际目标治理应当首先要科学设计府际目标任务,这涉及府际发展权的设定与运行问题,其次要科学设计府际目标治理机制,在

目标激励方式、内容、手段等方面要进行合理性的设定,防止受地方主政官员个性的影响,而这涉及府际政治权的设定与运行问题。正如有学者所指出的,以财政激励、政治激励和竞争激励为主导的地方政府行为虽然促进了经济的快速增长,但也造成了经济发展的不持续、不平等和不均衡问题,提出应从转变经济发展方式战略目标、进一步完善地方政府的激励考核及促进新时期政府的职能转型三个方面来构建有效的地方政府激励机制(申田,2018)。因此,要改进优化地方经济发展绩效,必须立足推进府际关系治理改革来推动政府治理转型,通过全面规范府际政治权和发展权的设定与运行,科学进行府际权责配置,改变长期以来仅围绕府际集权和放权的改革循环进行政府治理改革的做法,要根据区域实际情况划定区域功能,在此基础上形成以治理为导向的府际权力配置结构,从府际关系治理的根本层面形塑好地方政府的经济行为方式,促使地方政府以务实性的"有为"表现来推动形成地方高质量的经济发展绩效。

第十一章　府际关系治理改革

通过本书前面章节对府际权力运行配置对地方经济发展绩效所产生的机理性影响分析,我们发现无论是地方经济发展的正面绩效还是负面绩效的生成,与地方政府经济行为模式均存在直接的相关关系,而地方政府经济行为模式又与地方府际权力运行与配置的情况紧密联系,而府际权力运行与配置是府际关系中最本质最核心的关系机制,所以在总体上地方经济发展的绩效状态与府际关系存在实质上的关联影响。因此要优化地方经济发展绩效,必须在厘清府际关系影响地方经济发展绩效的机理的工作基础上,对府际关系进行治理改革,而府际关系治理改革不仅涉及政府和国家治理现代化这个既宏大又极其重要的问题,同时最终也涉及政府治理现代化如何契合于国家发展与治理需要的重大问题。

第一节　府际关系治理改革与政府治理现代化

一、政府治理现代化中的府际关系治理

立足我国国情,从国家治理的经纬度出发来考虑国家治理的具体领域,国家治理现代化可分为政府治理、市场治理、社会治理和政党治理四个方面的现代化问题。在国家治理体系中,政府治理占据重要位置,国家治理依靠一套制度体系来实施,其中以政府组织体系为骨干结构,由政府体制和机制构成的府际关系是国家治理的制度载体(杨龙,2015)。政府不仅连结市场也连结社会,若没有处理好政府与市场、政府与社会的关系,国家的发展与治理就可能出现大问题。因此,政府治理现代化是国家治理现代化的核心组成部分,而府际关系治理是政府治理的核心领域,实现政府治理现代化首先必须要正视府际关系治理的研究。

根据我国《宪法》和《地方各级人民代表大会和地方各级人民政府组织法》的规定,府际的职权可分为特有职权、所有层级政府都享有的共有职权和仅县级以上相邻两级政府的共有职权,其中特有职权仅只能由中央政府享有(张志红,2005)。这种府际权力划分虽然以法律形式规定了府际之间的职权分配,但由于相关法律对不同层级政府所享有的职权规定非常笼

统,且并没有规定上级政府对下级政府所享有职权不得干预的除斥性规定,使得在现实的府际权力运行过程中上下级政府之间的权责配置是一种"职责同构"的权力配置(朱光磊、张志红,2005),下级政府在上级政府面前并没有保留性权力和剩余性权力,"剩余权力"和"列举权力"都归上级政府,上级政府通过授权方式将某些权力授予下级政府(暴景升,2007)。所以,在我国每一层级的地方政府在上级政府面前其所享有职权并没有切实的法律保障以维护其独立性,府际之间的权力划分及其运行法治化程度相当不足,造成地方府际关系不仅受央地收放权影响,也受不同时期中央和地方自身所推行的特定政策影响,甚至还可能受地方主政官员个人执政意志影响,这使得我国府际关系总体上呈现出政治化和政策化的特点。我国府际关系这种状态不仅难以规范约束地方政府的行为,同时也无法为地方基层政府施政提供可预期的资源支持,不利于构建一个和谐协调、积极健康的府际关系,对地方市场培育、地方经济和社会发展、公民合法权益保护及地方福利改善可能产生诸多的负面影响。

针对我国府际关系的现实状况,有学者结合二战以来西方府际管理理论提出我国应推动府际管理(汪伟全,2005)。所谓府际管理就是要找出各种有用的府际互动途径,运用立法规范、政策方案管理、网络设计、协商合作、冲突管理等策略对府际关系进行管理。通过府际管理推动政府主体间的合作,连接起不同地方政府就共同问题进行沟通,并且找出解决共同问题的方法,以使府际产生协同性行政效能(江大树,2006)。

20世纪90年代以来,西方发达国家府际关系理论最大的拓展是出现了相对于传统的层级制府际关系与竞争式府际关系的府际治理理论。作为当代府际关系研究的最新趋向,府际治理是指一种府际、公私部门与公民共同构建的政策网络,强调通过多元行为主体间的互动与合作来实现和增进公共利益,包括府际协作、跨部门伙伴关系及公民参与(李长宴,2009)。21世纪以来,随着多元主体协作治理理论的勃兴,府际治理的理念开始进入汉语学界(张紧跟,2013)。刘祖云认为中国府际关系的变迁轨迹、体制性困境和国外的经验表明,优化省市县府际关系必须改变单纯的行政层级增减和权力收放的传统"统治"模式,而要以实现地方治理为导向,在传统的府际以命令-服从为主导的关系模式中嵌入协商-合作的关系模式,构建府际治理模式(刘祖云,2007)。张明军等认为市场机制和科层制在协调府际关系时都存在着失灵困境,不同层级的政府必须突出目标管理、价值愿景、多方参与、对话协商、利益共享的府际治理模式来构建和谐的府际关系(张明军、汪伟全,2007)。蔡英辉等认为我国府际关系中因行政主体的独立性不够明确、权责划分不明晰、府际权益不清等原因导致府际关系纠缠不清,府际治理的路径是在强化行政主体独立性的基础上分清行政主体权益,打破行政层级局限,营造行政主体间的自生自发秩序来实现府际的关系治理(蔡英辉、刘晶,2009)。而张成福等认为当前应当超越集权分权的权力视角,摒弃传统的以自上而下的指挥命令和层级控制为特征的府际管理方式,转而关注府际之间的互动过程、政策发展与治理绩效,构建基于资源互赖、权力共享、双向互动的协作关系应成为我国优化府际关系的新思路。这种府际协作关系的建立,意味着一套新的府际治理方式的构建,即从传统的以层级控制为特征的治理模式向府际协作治理模式的转型(张成福、边晓慧,2013)。循此思路,他们参考西方府际关系相关研究,构建和区分了控制、互动、合作和网络四种府际关系模式(边晓慧、张成福,2016)。但这种对府际关系类型的区分也只停留在理论想象的层面,并没有相应的实证支持。

上述关于府际治理的文献大多直接借鉴现代治理理论的要义以规范性研究的方式来调整府际关系,缺乏对实际府际关系过程的深入调查与实证总结,并在此基础上提炼出符合中国国家与政府治理实际情况的府际关系治理模式。本书认为,府际治理这一概念源自西方国家府际关系理论文献,但这一概念中的"治理"一词缺乏具体作用对象,并不符合中文的逻辑语境,应当使用"府际关系治理"概念更为恰当,治理的对象应当是府际之间的关系,而不是府际本身。事实上正是因为府际关系的复杂性、利益性、涉及面的广泛性,以及其对国家、市场、社会和政府本身具有至关重要的影响,传统基于政治权力为后盾的政府管理方式不仅难以平衡不同层级不同区域政府的地方发展利益,也难以协调不同层级不同区域政府的行为,所以才需要引入治理的手段与方式,通过利益的连接分享与权责的协作支持性配置,促使府际关系和谐协调,从而使之对政府治理和国家治理产生积极的影响。

二、央地关系治理改革与政府治理现代化

央地关系不仅在纵向府际关系中居于体系中的顶部,决定纵向府际关系的基本样态,同时也是横向府际关系的纲目,决定横向府际关系的基本面态。中国国家制度形式虽然是单一制形式,但大国所具有的地方自然地理、人文、人口构成情况差异甚大,地方区域发展也极不均衡,中央与地方关系难以以整齐划一的方式进行处理。因此,央地关系如何塑造以形成一种既保证国家安全、又能够促进国家与地方发展的治理模式,是推进实现

央地治理关系改革过程中一件极具挑战的事情。政府治理现代化是国家实现发展与治理现代化的重要组成部分,要实现政府治理现代化,首先要进行央地关系治理的现代化,因此央地关系治理改革不仅是推进实现政府治理现代化必须推进实现的伟大工程,而且也是涉及推进国家发展与治理的根本方面的工作之一。我们必须立足实现党的二十大提出的中国式现代化高度来考虑央地关系治理改革,以从政治、经济与行政的层面实现中国式央地治理关系现代化,让央地关系高度契合于国家的发展与治理需求。

在1911年以前的古代中国,央地关系一直国家治理的核心问题,是关乎历代王朝稳定安危与长治久安的最重要因素。在中央集权制国家建构与国家治理实践的漫长历史过程中,中央王朝统治者不仅要考虑如何制衡地方,也要考虑以地方制衡地方,防止地方造反独立、维持王朝的稳定等问题都是历代王朝统治者需要考虑的头等问题。央地关系若出现"强干弱枝"的局面,地方的发展可能一时会趋于萎靡,由于中央王朝力量过于强大,端系于皇帝一人的强权和精明强干难以代代维持,一旦皇帝能力不济,地方力量马上反弹,地方力量与中央王朝中反对力量的上下结合可能危及王朝中央统治的稳定性。央地关系若出现"弱干强枝"的问题,就会导致地方诸侯林立纷争,中央王朝权威荡然无存,国家就极有可能出现四分五裂的局面。因此,追求与维持一种平衡和谐协调稳定的央地关系不仅一直是古代中国建构中央集权制王朝国家的核心问题,也是古代中国国家治理历史实践过程中难以解决的一个大问题。

在1911年至1949年期间的近代中国,由于外敌入侵,国家战乱不断,传统国家治理体系一度趋于崩塌,央地关系大多时间处于风雨飘摇的变化之中,传统中央集权王朝权威逐渐瓦解。辛亥革命后,以孙中山先生为首的革命党人想重构中国的国家治理形态,推动从专制政体向共和政体转变。为此,孙中山先生深入思考革命后的中国国家央地关系治理模式,提出既不搞中国传统的中央集权制,也不搞西方国家的地方分权制,而是根据国家与地方治理实践中需要处理的事情,出于有利于国家长治久安、社会稳定与发展、发挥地方积极性推进地方自治与经济发展、做好民生事务等多方面考虑,对各级政府的具体职责进行细分定责,在此基础上提出央地关系的"均权制"和"分责制"治理模式。为此,孙中山先生在中国历史上首次系统全面地将绵延了几千年的传统观念进行彻底改造,将过去政府对人民的统治权力转变成是为人民服务的职责,提出纵向府际之间不仅要进行"均权",也要进行政府责任划分,进而提出各级政府的收入应根据其对人民承担的治理职责情况来进行分配,由此形成府际之间收入支出与职责划分规则,这种同时打破中西方国家的央地关系治理模式无疑是极具进步意义的。但在当时国家极度缺乏中央权威并且还处于四分五裂的情况下,国家急需实现再度确立中央权威,急需再度实现统一,因此当时的国家现实情况尚不具备实行"分责制"央地关系治理模式的条件。

在1949年新中国成立以来的当代中国,不同时期都在积极探索一种有效的适应当代中国国家治理的央地关系治理模式。人民共和国在人类历史上是一种崭新的国家治理形态,是一种确立以人民为中心的、同时融合了古代中国几千年国家治理积极经验和近现代西方国家建构积极经验的国家治理形态。其中,央地关系治理一直是人民共和国国家治理的核心组成部分,央地关系治理模式最能集中反映人民共和国的国家治理形态特征、风貌及其实际能够发挥出的国家和政府治理功能。1978年改革开放以来,为激活地方的积极性,促进区域发展,中央对地方进行过多次收放权探索,并在不同地方通过设立不同类型的政策功能区域进行权力下放以进行改革试验,驱使不同地方的府际关系因区域而异,这种央地关系在不同时期对不同区域的调整,使得府际关系中的府际权力在不同层级政府和不同区域政府之间出现配置差异性,驱使不同区域不同层级政府所拥有的权力与资源并不等同,导致整体府际关系在空间上呈现"鱼鳞"式割裂性。因中央放权以及各地方为获取更大权限、自主性以及更多的政策租金,进行激烈的区域政策寻租竞争(汤志林、殷存毅,2012)。由于在纵向府际关系维度往往以上对下的政治权力为后盾来调配府际之间的关键性资源和地方官员晋升,驱使横向府际关系中的不同地方政府为推动地方经济发展而进行竞争(唐志军,2011),形成了"市场+官场"的双层竞争机制的地方竞争发展模式,并认为这种竞争是推动中国经济发展的动力(周黎安,2018),但又有人认为这是一种"扑到底"竞次式劣质竞争(陶然等,2009)。事实上,这种来自央地关系源头性的空间治理差异使府际关系在空间上的"鱼鳞"式权力配置状态,在客观上确实是强化了地方之间以经济为中心的各种竞争,而地方之间的各种竞争对地方的发展固然有积极意义,但也是造成各种地方和国家发展与治理问题的重要推手,国家可能因适度的地方竞争而兴盛繁荣,但国家也可能因过度的地方竞争而走向虚弱乃至困顿。党的十八大提出将实现国家治理体系和治理能力的现代化作为当代中国更好地实现国家发展与治理的追求目标,党的二十大提出要实现中国式现代化,这当然包括了要实现中国式治理现代化,因此必须更加积极努力探索央地关系治理现代化应该如何实现,以使央地关系治理更加契合于实现中国式治理能力与治理体系现代化的需要。

三、地方府际关系治理改革与政府治理现代化

中央地方关系决定了整个府际关系的基本样态,形塑了中央和地方之间政治资源和职责分配以及权力运行的基础框架,省以下地方府际关系在根本上要受央地关系治理模式的约束和影响。可以说,地方府际关系治理改革首先必须在特定的央地关系治理模式下进行,只有在央地关系治理框架之下,通过对地方府际关系治理的调适性改革,使地方府际关系尽可能契合于地方的发展与治理需要,让地方政府有能施政,有效行政。

绵长的中央集权制国家治理历史,让我国在中央对地方的控制与治理方面已积累了不少行之有效的治理经验。1978年改革开放以来,通过进行八次国家行政体制改革,促使中央地方关系更加复杂性多样化,这就使得地方府际关系无法以"一刀切"的方式进行规整,地方府际关系治理在全国难以用统一的模式来进行治理。并且,在地方层面,长期以来由于府际关系缺乏制度刚性,以及在政府与社会关系方面缺乏公私制衡互动,地方政府行为容易受地方主政官员个人意志影响,地方主政官员个人意志可以通过调整地方府际之间的政治权、发展权、财政权和行政权及相应资源的分配塑造来形成对本级政府施政的府际关系模式。虽然地方府际之间的政治权高度向上集权并最终集权于中央,但地方主政官员通过运用政治集权权威可以使国家权力、政策与行政资源在不同区域不同层级政府之间进行调整与分配,地方府际之间的收放权调整分配形成的差异化的府际权力配置与运行模式,使得地方府际关系呈现出多种治理类型,在总体上呈现碎片化治理的图景,这种因地方主政官员个人意志及认知因素对地方府际关系所产生的影响,会让地方府际关系处于比较不确定的状态,以至于有学者认为中国实际上是个"行为联邦制"国家(郑永年,2013)。同时,地方纵向府际关系的这种状态,使得下级政府特别是基层政府的治理权威和能力过于依赖上级政府的权力下放及资源支持,因而有学者认为,基层政权是一种"悬浮"状态的政权(周飞舟,2012)。

因此,地方府际关系治理也必须进行改革,才能全面推进政府治理现代化。然而,政府治理现代化绝不只是政府内部的行政组织及其功能进行撤并关停改革。由于我国幅员辽阔,各地方具有不同的治理差异特质,应当根据各区域在国家整体中所具有的特定发展功能来确定各地不同的发展角色,赋予各地以不同方向、不同内涵的发展权,在此基础上理顺各地政府之间的关系,确定好府际之间的权能、职责及施政资源的分配,让地方

形成适应各自区域功能的府际关系治理模式,以使地方政府的行为与地方区域市场机能和谐契合,实现地方政府有能有为施政,增进地方区域市场的机能,推动地方区域市场能有效运行,从而产生高质量的区域经济发展绩效,达成实现中国式地方现代化的发展与治理目标。

第二节　府际关系治理改革与优化地方经济发展绩效

《中共中央国务院关于加快建设全国统一大市场的意见》提出,要坚持有效市场、有为政府的工作原则,坚持市场化、法治化,充分发挥市场在资源配置中的决定性作用,更好发挥政府作用,强化竞争政策基础地位,加快转变政府职能,用足用好超大规模市场优势,让需求更好地引领优化供给,让供给更好地服务扩大需求,以统一大市场集聚资源、推动增长、激励创新、优化分工、促进竞争。《意见》中首次以中央最高改革权威的姿态确立了建设全国统一大市场过程中必须把握处理好的政府与市场的关系,即将政府与市场的关系明确为"有为政府、有效市场"的关系,以同时发挥好有效市场和有为政府的作用,既要使市场在资源配置中起决定性作用,发挥市场机制、市场主体和资本的力量,又要更好发挥政府作用,使政府的作用和市场的机能相得益彰,互为补充,形成一种良好的国家发展驱动机制。

但在实践中,政府怎么做才能叫做"有为政府"?"有为政府"如何把握?如何真正让政府成为"有为政府"? 政府怎么样"有为"才能让市场更"有效"? 政府作为与市场机能如何"衔接"才能界定好政府与市场之间的边界? 这些问题都是要深入探讨的。

一、府际关系治理改革与有为政府

什么叫作"有为政府"? 从政治层面,有为政府是对政府能良善有效并推进国家治理的一种道德性期待;从经济层面,有为政府是对政府能有效克服市场失灵推动国家经济发展的一种能力性要求;从社会层面,有为政府是对政府能弥补社会缺陷的应然性期盼。总而言之,有为政府不仅是现代国家对现代政府的一种目标性要求,也是人民对政府行使国家治权的一种价值性追求。但是,政府不是天然就是一定"有为"的,并且不当的"有为"会给国家带来危害,因此,讲"有为政府"首先是怎么样才能让政府"有为"起来,并且,怎么样才能让政府能干一些"有为"的事情。

怎么样才能让政府"有为"起来涉及如何驱动政府干事创业的问题,怎么样才能让政府干出"有为"的事涉及如何对政府进行赋能以促使其干事创业的问题,可以说,这两大问题都直接与府际关系关联在一起,要解决好这两大问题,必须形成良好的府际关系治理格局。因为在一个多层级的政府权力运行自上而下的府际结构中,府际关系在空间维度呈现的是一张纵横交错的政府组织网络,在这张网络中,纵向府际关系与横向府际关系是相互影响的,纵向府际关系中的政府权力与资源分配影响决定横向府际关系的基本格局,而横向府际之间竞争性特别是对政策与财政资源竞争性也会影响纵向府际关系的平衡性与稳定性,府际关系网络在空间纵横维度上紧紧地裹缠着每一层级每一空间节点的地方政府,于无形之中引导驱动地方政府的内在行为和外在表现。同时,建构塑造一个在空间上立体性的府际关系格局只是在空间上实现国家发展与治理的必然需要,要真正将国家发展与治理转变为可落地的实践,还必须对府际关系网络中的层级政府实际赋予发展与治理权能、划定发展与治理责任及配给发展与治理资源。因而,探讨"有为政府"的问题就是要探讨如何对府际关系网络中的层级政府合理分配发展与治理的权能与资源,并保证她们正确高效行使发展与治理权能及履行发展与治理责任等方面的问题。因此,要使地方政府成为有为政府,必须注重府际关系治理改革。

新中国成立以来的府际关系不断调整优化,特别是1978年以来所推进的各种改革,实际上是在不断地修正政府与市场的关系定位,探索形成适宜于国家发展治理的政府与市场的关系模式。在这一过程中,伴随着改革的步伐,不同时期都对府际关系对应着当期的改革方向与重心都有相关应景性的改革,但是都围绕着央地关系的收放权和行政机构的撤关并两大方面进行调整。本书不仅将府际关系在空间维度方面分为纵横向府际关系,更是注重府际关系网络中不同层级政府的权能划分与资源分配情况,将府际关系网络中的纵向府际不同层级的政府之间的权力配置具体划分为政治权、发展权、行政权和财政权四大权力的配置组合,府际之间这四大权力的划分不仅直接关联层级政府的权能大小和资源分配,更是关联层级地方政府是否必须"有为"和能否"有为"的关键性权力配置。其中,府际之间的政治权和发展权划分关乎驱动层级地方政府是否必须要"有为"的问题,而府际之间的行政权和财政权划分关乎层级地方政府是否能"有为"的问题。根据本书前面章节研究所得出的相关结论,府际关系会影响地方政府的行为,其中是通过府际目标治理和权力配置结构两个变量因素来产生相关影响,府际政治集权和发展权集权配置组合构成不同的府际目标治理形式,驱动地方政府必须"有为"和怎样"有为",从而影响决定地方政府行为模式,特别是地方政府可能会采取的与市场发生关系的经济行为模式;

而府际行政权和财政权的配置组合形成不同的府际权力配置与结构,决定地方政府实际能在多大程度上"有为",并会对府际目标治理影响决定地方政府经济行为的过程产生调节作用,即会放大或缩小府际目标治理决定对地方政府经济行为的影响,府际权力配置实际上事关府际之间的权能与资源分配,而府际之间的权能与资源分配情况必然会对各层级地方政府的"有为"能力和意愿产生影响,但这种影响并不是决定性的。因此,政府是否能成为"有为政府"或成为一个怎样的"有为政府",直接受制于府际关系的治理模式与治理机制,也就是说,府际关系治理情况决定层级地方政府是否能"有为"以及"有为"的程度和效果。

二、府际关系治理改革与有效市场

什么叫作"有效市场"? 有效市场是指市场的机能有效伸展并能充分发挥出配置资源的作用,驱使经济体能在市场所具有的自我调节机制的作用下不断以立体螺旋式的方式自我强化发展(郝宪印,2021)。从资源配置方面考察,有效市场是要在资源配置方面起决定性作用,各类经济生产要素在市场机制的调节下能得到高效率的配置与使用;从对经济发展的推动作用方面看,有效市场具有自我强化发展的动力,能驱使经济体在一定可控的波动范围内自发地以波浪式的方式推动经济向前发展;从对经济发展的调节作用方面看,有效市场要求市场对经济的发展方向和速度具有灵敏强大的自我调节功能,能自动调节经济体的运行,如市场在不受外来力量干预的情况下能自我控制节奏,自我强化发展。

从经济效率方面考察,地方经济发展要能取得良好的绩效首先取决于地方市场是否能有效运行,若一个地方区域市场受政府权力不当干预使相关生产要素无法或不愿进入地方市场,无疑会破坏市场机制配置资源的作用,从而会导致市场机制失灵。而在市场失灵的情况下,经济要素无法进行合理配置,无法引导市场主体开展各类市场活动,从而就会使市场规模和市场活动趋于萎缩,在这种局面下,就不可能培育形成市场规模,也不可能聚集形成市场生态,更提升不了市场的运行质量与层次,地方区域经济也就不可能产生良好的增长绩效。因此,地方市场的运行情况直接决定了地方经济发展的绩效,而如果没有处理好政府与市场之间关系的话,政府过多或不当干预市场,破坏了市场自身的运行机制,使得地方市场不能有效运行,则可能会对地方经济的发展带来致命性甚至是毁灭性的影响。

如本书前面所述,地方政府的经济行为对地方市场的塑造存在极其密切的联系,地方政府可能采取不同的经济行为模式,而不同的经济行为模式都会相应地塑造出不同的地方市场形态。在地方政府所可能采取的务实主义、激进主义、机会主义和消极主义四类经济行为模式中，就可能分别对应有市场机能增进、市场优化、市场替代、市场分割、市场侵蚀、市场掠夺等八种类型的市场干预行为。在这八类市场干预行为中，有些是有利于市场机制发挥作用或者是促进市场发育的，如市场机能增进或者是市场优化等行为，这些行为属于政府"有为"的行为；而有些是破坏市场机制发挥作用或者是遏制市场发育的，如市场侵蚀、市场分割或者是市场掠夺等行为，这些行为属于"有害"的政府行为；还有一类是对市场完全听之任之完全放任不管的冷漠性行为，这类行为虽然没有公然侵害市场机制，但对于市场发育还是处于很原始的经济极不发达的地方区域，这种对市场的冷漠性行为仍是不值得肯定的行为。因为在这种情况下，市场极需要政府采取务实性经济行为来增进地方市场的机能，培育和发动市场，以让市场能在区域内有效运行起来，推动地方区域经济的增长。

因此，地方政府经济行为对地方市场塑造是相当重要的，"有效市场"需要"有为政府"来塑造，"有为政府"应着力于推动"有效市场"建设，而不是直接去干预市场、替代市场甚至是侵蚀、掠夺市场。但是，要保证地方政府在实际施政过程中采取务实性的经济行为模式开展相关"有为"的活动推进地方"有效"市场的建设活动，是一件不容易做到的事情。显而易见，由于每一层级的地方政府都裹缠于特定的府际关系网络之中，要规制地方政府的行为，必须为层级地方政府织造一张科学合理的府际关系网络，必须对府际关系进行适宜性治理，以引导、规制甚至形塑好地方政府的经济行为，让地方政府采取各种"有为"的行为去推进本地方"有效"性的市场建设，而各个地方都在"有效"推进各自地方市场建设的情况下，就能最终达成"有效"建设全国统一市场的目标，而这就是当下国家建设统一大市场的精神要义所在。

三、有为政府、有效市场与地方经济发展绩效优化

地方经济发展绩效在数量指标方面表现为地区生产总值的增长，由此带来人均生产总值和人均收入的增长；在质量指标方面表现为单位生产总值能耗、地耗和环境损耗等方面的益耗比大小。但这些指标都反映的是一个经济体经济发展绩效的结果呈现，只仅仅是在表面上测量经济体经济发展绩效的方法，因而只是对地方经济发展绩效的外在性测量，并没有真正反映出地方经济发展的内在性绩效。

如何测量地方经济发展的内在性绩效？借用物理学的概念，本书认为

所谓一个经济体经济发展的内在性绩效应是指该经济体在消耗一定的资源所形成具有的推动该经济体经济发展的"功率",如果把经济体比作一辆汽车,要使这辆汽车跑得快又要能耗比较低,就要让这辆汽车发动机具有较大的功率,同时尽可能把能耗和尾气排放控制在较低的水平并对环境尽可能不产生损害。由于地方经济发展的主要动力源于地方自身所形成的市场,毫无疑问,地方经济发展的内在性绩效主要取决于地方自身市场的规模与运行质量。在这里,市场规模相当于汽车发动机,其所蕴含产生的推动地方经济体经济发展的动力水平就相当于汽车发动机推动汽车奔跑的做功功率,产出的结果就是经济发展速度;而市场运行质量相当于控制汽车发动机做功耗费能源以及尾气排放的装置,其所蕴含具有控制推动地方经济体增长所必须耗费的能源和环境损耗水平就相当于控制汽车发动机做功耗费能源与尾气排放的装置的性能。

理解了上述观点,就理解了要优化地方经济发展绩效,必须从根本上改变驱动地方经济发展的动力装置,优化提升地方经济发展的动力装置性能。立足一个具体的地方区域,要提升该区域的地方经济发展绩效,就必须从根本上培育壮大该地方市场的规模及其运行质量,而不是在地区生产总值上做什么文章,玩数字游戏。更进一步考察,地方市场规模实际上是涉及地方产业生态的丰厚程度问题,一般可以从市场的深度和广度两方面进行延展,其中地方市场的深度取决于地方产业中整体产业链的伸展程度,而地方市场的广度取决于从地方产业门类的扩展程度,由于地方产业门类在空间的扩展及其相应产业链在价值链上的伸展,两者相互交织相互融合相互促进发展,构聚形成地方产业生态。地方市场的运行质量涉及地方市场的生态问题,可以从市场主体的数量与层次、市场活动的类型与活跃程度、市场交易活动情况等方面进行界定,一般来说,在一个地方区域中,市场主体数量多而层次高、市场活动类型丰富并且活跃、市场交易活动频繁且具有规模,那么无疑就会造就形成一个高质量的区域市场。因此,培育营造一个高质量的区域市场,对优化提升地方经济发展绩效至关重要。同时,市场规模与运行质量也是决定市场机制能否真正起到配置资源作用的主要因素,在一个特定的区域地方市场,若市场规模太小,市场运行质量也很差,那么这个区域的市场机制是难以起到配置资源作用的,因为在这种情况下,市场机制可以配置的资源实在太少甚至可能没有可以发挥作用的对象,因此就不可能存在"有效市场"。

高质量地方经济发展绩效的取得与培育形成较大的市场规模、高质量的市场运行及良好市场机制等方面息息相关,而可以自我强化发展的市场规模、优质高效的市场运行及灵敏良好的市场机制正是构成"有效市场"的内在要素。但是,无论是市场规模及其运行质量培育提升,还是市场机制作用发挥都与"有为政府"紧密联系。因此,提升地方经济发展绩效的关键点是要培育形成地方"有效市场",而"有效市场"的形成必须有效发挥"有为政府"的作用。一些学者所提出的转变地方经济发展方式首先必须进行政府转型观点,正是因为认识到地方经济发展绩效转变与"有效市场"与"有为政府"之间存在这样紧密的联系,但他们对如何驱使政府"有为",政府应如何"有为"来塑造出"有效"的市场的原因并没有找出相应的解释变量,也没有通过实证做出合理的解释。而本书的研究以府际关系治理为研究变量,将府际关系中的目标治理作为解释变量,府际权力配置结构作为调节变量,并以地方政府经济行为为中介变量,力图揭示和解释地方经济发展绩效生成的机制及其机理,最终将府际关系治理与地方经济发展绩效生成之间建立起机理性联系,构建起从府际关系角度研究分析中国地方经济发展的理论分析框架,为推动政府治理转型和优化地方经济发展绩效提供了积极的研究参考。

第三节　府际关系治理改革的一般思考

本书前面已论证,府际关系治理模式及其运作机制会直接形塑地方政府激进主义、务实主义、机会主义、消极主义等类型的经济行为,而地方政府这些经济行为都会以不同方式不同程度地介入地方市场,并且会产生不同的市场干预效果,从而生成了不同的地方经济发展绩效。可以说,什么样的府际关系治理模式就可以塑造出什么样的地方经济发展绩效。因此,要优化地方经济发展绩效,就必须对府际关系治理进行改革,通过府际关系治理改革,更好地引导和规制地方政府经济行为,促使地方政府成为"有为政府",以"有为政府"建设形成"有效市场",以期取得良好的地方经济发展绩效,最终形成中国式府际关系治理模式与治理机制。

一、府际关系治理改革的理念

要进行府际治理关系改革,首先必须确立府际治理关系改革的理念,其次必须确定好府际治理关系改革的取向,其中改革理念是改革方向的价值指引,而改革方向则是改革理念得以贯彻落实的具体指向。

国家发展与治理是国家建设的两个不同的维度,两者相辅相成,互为支持,发展能为治理提供坚实的基础,治理能为发展提供良好的支撑。发展的目的是为人民提供更优渥更有质量的生活,而治理的目的是为人民提供稳定和谐公义的社会环境。发展和治理都首先要服务于国家的稳定,发展是前进动态的,而治理是相对平衡稳态的。在新时代,国家发展的要求是要实现高质量发展,并追求在高质量的发展中同时又能实现良好的治理;而国家治理的要求是要实现现代化的治理,并追求在良好的治理中又能进一步实现更高质量发展。

党的十八大以来,习近平新时代中国特色社会主义思想,确立了建设中国特色社会主义事业必须统筹推进经济建设、政治建设、文化建设、社会建设、生态文明建设,即"五位一体"的总体布局,以及协调推进全面建设社会主义现代化国家、全面深化改革、全面依法治国、全面从严治党即"四个全面"的战略布局。提出要坚定不移贯彻创新、协调、绿色、开放、共享的新发展理念,必须坚持稳中求进工作总基调,以推动高质量发展为主题,以深化供给侧结构性改革为主线,以改革创新为根本动力,以满足人民日益增长的美好生活需要为根本目的,统筹发展和安全,加快建设现代化经济体系,加快构建以国内大循环为主体、国内国际双循环相互促进的新发展格局,推进国家治理体系和治理能力现代化。习近平新时代中国特色社会主义思想系统全面地提出了新时代中国要实现的国家发展与治理的目标与要求,其中"五位一体"总体布局构建了新时代建设中国特色社会主义国家整体发展的建设蓝图,明确了中国的发展是一个有机整体的全面发展。"四个全面"的战略布局系统地阐明了新时代建设中国特色社会主义国家的发展与治理总目标,其中建设社会主义现代化国家是发展总目标,全面依法治国和全面从严治党是国家治理目标,而全面深化改革是推进实现国家发展与治理目标的必由路径,这里充分体现了国家的良好发展要通过良好的治理来保障的深邃思想要义。新发展理念是新时代在推进国家发展过程中要坚持的发展价值观,满足人民日益增长的美好生活需要和实现国家治理体系和治理能力现代化是新时代国家发展与治理的价值追求。以深化供给侧结构性改革为主线,以推动高质量发展为主题,以改革创新为根本动力,统筹发展和安全、推进国家治理体系和治理能力现代化等实际上是新时代对政府提出的"有为"的努力方向。而建设现代化经济体系,构建以国内大循环为主体、国内国际双循环相互促进的新发展格局实际上是新时代对"有为政府"提出的塑造"有效市场"的工作要求。综上,结合本书前面对府际关系治理情况对地方经济发展绩效生成的实证分析,新时代府际关系治理改革应坚持以下改革理念:要将发展与治理平衡兼顾的系统思想贯彻于新时代府际关系治理改革全过程中,以新发展理念作为府际政治权和府际发展权改革的价值指向,立足新发展格局塑造地方政府的行为模式,着力构造形成契合于新时代国家发展与治理需要的府际关系治理模式与治理体制。

中国式现代化需要中国式政府治理来推动实现,而中国式政府治理必须要由中国式府际关系治理模式与治理体制来塑造。新时代进行的府际关系治理改革,在理念思想方面必须将以下三点作为改革的价值指引:首先要坚定不移地维护和坚持中国共产党享有统领一切国家发展事务的权力,这是构造形成中国式府际关系治理模式与治理体制的起点,也是中国式府际关系治理模式的本质所在。其次,新时代政府治理转型与府际关系治理改革必须将发展与治理平衡兼顾起来,以发展推进治理,以治理促发展,不能顾此失彼,更不能走过去为追求发展而牺牲治理的道路,在具体的府际关系治理改革过程中要贯彻新发展理念,要将"五位一体"的总体发展布局和"四个全面"的治理战略布局的思想要义蕴含于具体的府际关系治理改革实践中。最后,必须立足中国传统政治文化和现实国情,借鉴古今中外国家的府际关系治理经验,塑造出既能维护国家长治久安、又契合于未来国家发展与治理需要的府际关系治理模式与治理体制。

二、府际关系治理改革的取向

府际关系治理改革的取向是要确定好改革的方向,改革的方向厘清明确了,那么改革的路径自然就清晰明了了。在新时代中,府际关系治理改革就是要求政府治理必须契合党的十八大以来确立起来的国家发展与治理目标的要求,为达成这样的改革目标,必须在贯彻上述改革理念的前提下,坚持以下三大改革取向:

一是要将维护和坚持中国共产党行使统领国家一切发展与治理事务权力作为府际关系治理改革的前提与首要取向。府际关系治理改革不能以西方国家府际关系中的所谓"分权"为改革取向,因为这不仅涉及中国政治发展的走向问题,也涉及国家发展与治理事业的安定性问题。尽管国内外一些学者研究改革开放以来中国政治与政府治理体制问题时大量使用"分权"一词,但必须明确的是,如将这种"分权"概念作为改革的正式用词是不妥当的,府际之间在政府履行公共治理事务责任、提供公共服务方面必须进行分责,但不能出现地方自治意义上的"分权"。因此,在府际政治权和发展权方面,必须由中国共产党来集权统领,才能平衡好国家发展权和地方发展权的落地与实施;而在府际行政权和财政权配置方面,也必须以契合于国家的发展与治理需要,如果脱离了中国共产党在府际关系治理改革领域的领导,府际行政权和财政权重新配置优化改革亦在现实中无法推进,这不仅是重大的政治原则问题,也是必须面对的政治现实问题。

二是新时代府际关系治理改革在整体上应构造形成中国式府际关系治理模式与治理体制为改革取向。中国式治理现代化当然包括了中国式政府治理与府际关系治理现代化,中国的客观情况特征就在于历史文化传统相当深厚、演化形成出成熟国家形态的历史相当绵长、人口超大规模、国土开发资源相当紧张、民族宗教问题相当复杂,在此种客观条件约束下,要推动拥有14亿多人口的国家实现国家繁荣、民族振兴事业是相当艰难的,历史惯性、文化惯性、思维惯性、体制惯性和超大规模经济体的发展惯性等无不使改革面临重重的阻力,在这种情况下,改革不可能一蹴而就。因此,府际关系治理改革应当结合中国政治和政府体制的特点,立足国情现实情况,通过在央地府际关系方面进行科学的顶层设计,在地方府际关系应当根据地方区域地理资源、历史文化、人文宗教习俗等方面的实际情况及国土总体的经济支撑力分类进行系统全面的设计,而不能再是由个别部门个别地方主导的零敲碎打的改革,最终形成中国式府际关系的治理模式、治理体制与治理格局,推动中国国家治理体制运行能行稳致远。

三是府际关系治理改革要以推动地方经济高质量发展为改革取向。在改革刚启动的时候通过中央对地方的放权特别是发展权和财政权放权形成的经济激励大大调动了地方政府的积极性,驱使地方政府为经济增长而竞争,地方政府这种为经济增长而竞争的行为虽然在很大程度上推动了地方经济增长,但也造成了不少的地方经济发展绩效问题,如地区经济增长质量不高、增长动力薄弱、对生态环境的破坏、资源投入消耗过多等重大绩效问题,所有这些问题都在或多或少的程度上与地方政府过多介入市场有较大关联性。在经过改革开放四十多年的高速经济增长后,我国已进入到一个新的发展阶段,在新的发展阶段中,应当通过府际关系治理改革工程,上下同心同目标着力推动地方政府努力转变地方经济发展方式,提升地方经济发展绩效,促使地方经济逐渐获得高质量发展的效果。这里所指的高质量发展并不是要求地方经济整齐划一地在高水平状态的发展,而是要根据地方区域的实际情况形成各自产业经济发展形态,且这种产业经济发展形态是绿色的,同时地方产业生态系统具有持续性发展能力。因此,未来途径的府际关系治理改革在府际权责配置、权力运行及府际目标治理等方面都要以服务推动地方经济高质量发展为改革的取向。

三、府际关系治理改革的原则

府际关系治理改革的原则是指在推进府际关系治理体制机制改革的过程中要遵循的底线或准绳,是不能逾越的规矩,一旦突破这些底线、准绳或者规矩,就可能会使改革趋于失败或者会使改革偏离正确的方向。府际关系治理改革除要坚持上面所述的改革理念和改革取向外,在具体的改革过程中还要坚持以下三个改革原则:

一是要坚持在维护中央权威性和调动地方积极性之间进行合理平衡的原则。央地关系治理改革不能光为调动地方积极性而削弱甚至颠覆中央权威性,也不能光为维护中央权威性而抑制甚至毁灭地方积极性。1949年新中国成立以来多次出现的央地关系放权收权循环无不反映了在改革实践过程中坚持这一原则的困难性与复杂性,因此府际关系治理改革的首要基点是必须在维护中央权威性和调动地方积极性之间寻找府际的利益分配的平衡点和府际之间的权责配置平衡点,以促使央地之间互为补位支持,推动形成在中央集中统一领导下,让地方政府能"有为"地塑造出"有效"的地方市场。

二是要坚持地方政府组织资源配置应与其组织功能发挥相适应匹配原则。府际关系治理改革的目标就是要在维护中央权威的前提下尽可能充分调动地方的积极性,让每一层级的地方政府都能很好地实现对辖区的发展与治理效能。要做到这一点,必须对每一层级的地方政府合理划分组织权能,在此基础上给予相应的财政与资源支持。在这里,组织权能包括如何对每一层级的地方政府进行政治权能、财政权能、行政权能和发展权能进行科学合理的划分,以使其根据所在地方在国家整体中所担负的区域功能有能施政、有为执政和有力行政,使地政府符合新时代"有为政府"的要求。但这里的"有为",不是以一刀切的评价标准来衡量的"有为",而是应根据地方政府所处的区域功能来设定不同的"有为"评价标准。

三是要坚持地方政府组织单位设置应与其组织功能相适应匹配的原则,因地因事制宜设定不同区域中不同层级地方政府权能及其相应的组织单位。我国府际关系网络中不同层级地方政府之间因"职责同构"导致"组织同构"的现象非常突出,中间层级政府组织部门大都是发挥"政策传声筒"和政策执行督导的作用,组织运转负荷沉重,冗员多而效率低,政策执行工作力量没有下沉至基层。并且,在五级半层级的纵向府际组织关系中,各种推进国家发展与治理政策实施通过上下同粗的四层级政府传导于组织权能和资源严重不足的末端乡镇政府与村民自治组织来落地执行,使得推进国家发展与治理政策实施重任在纵向府际组织关系的末端系于"悬浮"状态的乡镇基层的旷野之上,这并不符合"组织力学"的基本规律。因此,府际关系治理改革应当针对"职责同构"导致的"上下同粗的组织同构"的问题,根据国家主体功能区规划因地制宜地设定不同层级政府的组织权能及相应的组织单位,并在此基础上对地方政府实施分责制,以使地方政府在各自所在区域来发挥出契合于所在区域功能的角色作用,促使地方府际关系适应于新时代地方区域发展与治理的现实需要。

四、府际关系治理改革的突破口

根据本书前面相关章节研究得出的结论,从府际关系治理的相关因素方面考察,府际目标治理和权力配置这两方面的府际关系治理因素实际上影响了地方政府经济行为进而影响地方经济发展绩效。因此,要实施府际关系治理改革工程,必须将以下两方面作为改革的突破口:

一是新时代的府际关系改革应将府际政治权和发展权运行改革作为府际关系治理改革的关键性领域,着力构建基于正式制度运行的科层式府际目标治理体制。如本书前面所述,府际目标治理是府际政治权和发展权两种权力绞合形成的一种府际关系治理方式。在所有的府际关系治理方式中,府际目标治理是影响决定层级地方政府行为的关键性手段和工具,不仅是最能体现中国政府治理特色的府际关系治理方式,也是最能彰显中国国家治理优势的政府治理方式。新时代推进的府际关系治理改革,应当贯彻好习近平新时代中国特色社会主义思想蕴含的新发展理念,着力构建以正式制度规范、因地制事、导向明确、推进有力、激励与责罚并重、干部考核科学而任免有度的科层式府际目标治理体系。因为在新发展阶段中,在府际目标治理导向方面,国家不需也不应该再以将追求GDP作为政府一切工作的出发点和中心目标,应当真正落实好以人民为中心的发展思想,贯彻好新发展理念,推动科学发展,追求并实现高质量发展,因此必须通过改革府际目标治理机制,摒弃动员式府际目标治理方式,淡化使用契约式府际目标治理方式,尽可能将地方政府的经济行为形塑成为务实主义的经济行为模式,避免地方政府出现机会主义和激进主义的经济行为模式,以将地方政府的经济行为引导到促进地方经济高质量的发展轨道上来。

二是在府际权力配置方面,新时代府际关系治理改革应以有利于促进区域良好治理为导向对府际权力配置进行相机性配置,立足区域功能设计府际权责配置结构来改进地方区域的治理绩效,以治理绩效改进促进地方获得理想的经济发展绩效。由于府际权力配置结构具有强化或者削弱府际目标治理影响地方政府经济行为的调节功能,不同的府际权力配置结构会对地方政府的经济行为产生正向或者负向的调节作用,特别是当府际目标治理关系中的目标激励与目标任务相融洽时,实施以治理导向的府际权力配置结构最能促使地方政府选择务实主义的经济发展行为模式,并能产生良好的地方经济发展绩效。因为以促进区域良好的治理为导向的相机性府际权力配置结构,要求根据区域功能特别是中央划定的区域经济功能来合理划分不同区域不同层级地方政府的权能,以让地方政府根据要实现的区域功能进行"相应作为",并通过府际目标治理机制促使地方政府因地制事进行"有为"来塑造具有辖区特质的"有效市场",从而使地方经济发展的绩效契合新时代国家发展与治理的目标及其价值追求。

五、府际关系治理改革的路径

1949年新中国成立以来,在探索寻找如何推动国家又好又快发展和治理的道路上,举国上下一直在积极努力,在不同时期通过推动国家行政管理体制改革、调整行政区划、实行选择性区域政策、调整央地财税分成和管理体制等措施,尽可能使国家在保持稳定的前提下快速发展。在这过程中,府际关系伴随着改革过程也一直在变化调整,但经过七十多年的演变,至今还没有演变成比较稳定的治理模式,特别是在地方府际关系层面,更是呈现出比较丰富多样的状态。鉴于政府组织在国家中的重要地位,新时代要更好地推进国家发展与治理,必须跳出府际长期在收放权之间进行循环的关系治理模式,应采取新的思路对府际关系进行治理改革,以使府际关系适应新时代国家发展与治理的需要。为此,本书在总结新中国成立七十多年的府际关系演变历史的基础上,结合通过实证研究发现的问题及所得出的结论,提出以下府际关系治理改革的路径。

(一)推动府际关系治理体制从"压力型"治理体制转变为科层型治理体制

目前压力化运行是我国政府治理的普遍形态,但是不同时期具有不同的特征。在1949—1978年间,府际权力运行以"命令—服从"为主的全能主义,并且这种压力扩展到了全社会的各个角落,极容易形成全民动员的运动治理模式,可以说这是高度集权的府际权力压力形态。改革开放后,随着市场经济体制的逐渐确立和完善,通过强制命令动员进行运动式治理越来越不具可行性,政府科层化运行应成为政府治理的组织基础。但是,科层化组成的科层作为理性的个人具有自利性和惰性,为了激发政府科层组织活力和动力以实现赶超型发展,必须通过层层分解和加码的量化管理降低科层的惰性,以物质化的奖励激发科层的积极性。在压力型体制下,府际目标治理的目标设定权集中于上级政府,上级政府只对下级政府进行目标管理,下级政府则具有达成目标的行动自主权,包括进行分解量化和物质激励,因而压力型体制是结合使用府际集权和放权的实现府际目标治理的一种组织动员体制。

　　长期以来,"压力型"府际关系治理体制和"行政承包制"的府际关系治理模式普遍被地方政府采用,这种府际关系治理体制和治理模式越来越呈现出各种弊端。如本书前面案例所揭示的,府际关系"压力型"的治理体制往往通过府际目标治理的形式和机制来具体推动展开,上级政府如果不采取有效的政治手段就不太可能有效驱动下级政府的科层队伍按照其意志开展活动,一般性的府际科层式目标治理就会失效,这也是地方府际关系催生出府际动员式目标治理的原因,因此,在府际"压力型"治理体制中,政治性治理手段发挥了关键性作用。另外,在府际"压力型"治理体制中,推动府际目标实现的具体方式往往是通过采取"行政承包制"的府际治理模式来实现目标。所谓"行政承包制"就是允许各层级地方政府为实现自上而下下达的府际目标责任和其本身所肩负的对辖区政治与行政管理责任,允许其自由运用各种政策工具来达成这些目标。因此,在"压力型"的府际关系治理体制和"行政承包制"的府际关系治理模式相互融合的驱动下,会导致府际关系网络中的层级地方政府不可避免地生成"对上负责、对下苛责"的行动逻辑,驱动这种行动逻辑生成的力量正是蕴含于府际关系中政治性治理性质。这种政治性治理性质表现为三个方面:一是府际目标的设定与政治相挂钩,二是府际目标的实现用政治手段来推行,三是对府际目标未达成的后果以政治问责来惩罚。正是在这种政治性治理的压力下,地方政府要对上负责,那就必须对下苛责,地方政府这种趋利避害行动逻辑会使府际关系染上投机性的色彩,而这种投机性程度又因地方主政官员和府际权力及资源配置情况而异,因此在实践中现行府际关系中的目标治理机制难以让地方政府杜绝那些激进性和投机性行为,无法保证地方政府都开展那些"有为"的行为来塑造"有效"的市场。

　　新时代府际关系治理改革必须正视"压力型"体制这种过于采用政治性治理手段带来的弊端,应当推动府际关系从"压力型"治理体制向科层型治理体制转变。所谓府际关系科层型治理,是指在维护中国共产党的全面执政权和中央权威的前提下,进一步通过法律和党内法规来相对细化府际之间的相关权力、职责与资源分配,进一步规范府际政治权和发展权的权力运行,驱使地方政府对推动辖区长远发展与实现地方良好治理负责,引导地方政府采取务实性的行为与政策来发展与治理辖区,控制和规范地方政府的激进性行为和投机性行为。党的十八大以来,党内法规体系建设开始全面推进,府际政治权力分配和运行逐渐纳入法治性治理轨道,未来应当进一步规范地方政府将府际政治权力运用到府际目标治理过程中,特别是要规范地方政府主政官员为实现其个人想要的政绩将政治权力不当运用于府际目标治理形式中,对下级政府制造难以承受的压力,从而驱使地方政府行为发生变异,采取激进性或机会性行为干预地方市场,从而使地方市场机制运行失效。另外,应当根据区域功能通过立法合理划分层级地方政府所承担的发展职责、公共服务职责和公共治理职责,并根据法律为层级地方政府划定承担的发展职责、公共服务职责和公共治理职责,来配置府际之间的财税及行政权能,改变"上下同粗"和"职责同构"的府际组织功能关系,打破府际层层下沉层层传压的"行政承包制"政策执行方式,让各层级地方政府在中央政府的统一领导下,真正对辖区的发展与治理事务各明其职、各负其责,而不是通过"上级层层抽鞭、一层抽一层"府际权力运行方式来推动辖区发展与治理。

(二)推动府际关系治理领域从局部碎片性治理转变为全面系统性治理

府际关系治理改革是一个系统改革工程。从纵向维度看,府际关系包含了各个层级政府之间的府际组织结构塑造、权力配置划分、权力运行模式等重大组织设计问题。由于政府是公共性组织,因此在府际关系中进行组织设计所关联和衍生出的问题是企业组织结构设计远远所不能比拟的,这不仅涉及如何实现政府治理效能最优化的问题,更是涉及国家权力和功能以何种府际组织关系进行运行以保证国家长治久安及实现国家的良好发展与治理的问题。因此,府际关系治理必须是一种系统性治理,这个系统性治理不仅包括中央与地方之间的组织结构塑造、权力配置划分、权力运行模式等关系治理问题,也包括省以下各级地方政府之间的组织结构塑造、权力配置划分、权力运行模式等关系治理问题。

新中国成立以来,府际关系伴随着国家发展方向与治理的要求变化在不同时期进行修正与改良,但这些修正与改良都是在不同时间围绕着府际关系的某一领域或者某些方面展开,改革往往是从局部性领域开始启动,如把这些在不同时期的改革拼在一起的话,那么改革的图景是呈碎片化改革状态的。具体而言,过去对府际关系治理改革主要围绕三方面展开:一是在府际组织结构塑造方面,主要是围绕优化行政效能对行政部门进行撤并和改良优化;二是在府际权力运行方面,主要是围绕府际的收放权主线进行改良优化试验;三是在府际权力配置方面,主要是对府际层级府际的财税及其各自所承担的公共服务职责进行改良优化。上述这些改革往往都是由不同部门主导推进的单兵单领域改良,没有统一在一种能指引国家发展与治理方向的改革思想下,确立起一种共识性的府际关系改革理念,采取先通过对府际关系进行全面顶层设计,然后再对府际关系进行系统性治理改革的改革路径进行改革。当然,在新中国成立以来至现在的七十多年中,由于中国共产党在如何更好地实现国家发展与治理的事业方面一直在积极探索,因而对府际关系一开始采取这种系统性改革方式也是不现实的,但不管怎样,过去七十多年在府际关系方面所存在的治理问题以及解决这些治理问题的探索实践,为现在和将来更好地推进府际关系治理改革指引了改革方向,也奠定了良好的改革基础。

党的十八大把推进实现国家治理体系和治理能力现代化目标正式作为改革进入新时期新阶段的重大改革目标,经过党的十八大期间的深化改革探索和准备,在继续实践科学发展观的基础上,党的十九大和二十大进一步擘画了国家发展与治理的蓝图与目标。在此期间,习近平新时代中国特色社会主义思想逐渐成熟丰富起来,不仅确立起新时代以人民为中心的发展思想和国家的新发展理念,也进一步提出新时代推进国家发展与治理的"五位一体"的国家发展总体布局和"四个全面"的战略布局。因而在新时代新发展阶段中,由于国家发展与治理方面有了以上具有前瞻性的理念与思想、系统全面的发展布局及务实有效的发展与治理战略,使得推进国家治理体系和治理能力现代化的改革工程有了明确的指向与依归。因此在新时代新发展阶段中,府际关系治理改革就可以改变过去的走"小碎步"的改革方式,而应针对如何推进实现政府治理体系和治理能力现代化问题转向全面系统性的改革,在有效维护中央权威的前提下,结合区域实际将府际组织结构、权力配置、权力运行等涉及府际的组织设计问题进行全面性和系统性的考虑,因地制事地设计出适合于国家未来发展与治理的府际关系治理体制、治理模式与治理机制,以让政府治理因时因域契合于国家发展与治理的需要。

(三)推动府际关系治理方式从承包式治理转变为统分式治理

有学者用"政治承包制""行政承包制"等词语来形容和描述我国府际关系呈现承包性的治理形态,府际关系呈现承包性治理形态的体制原因源自以下几方面:一是府际关系中的不同层级政府组织机构形成"上下同粗"府际组织结构模式而府际权责分配又是"上下同构"的,这种府际关系治理的组织体制在执行自上而下的政策任务时,只能采取府际目标治理机制进行推进,上级政府采用将目标任务对下级政府进行层层分解发包、层层督导一直到县乡最基层政府的政策任务执行方式,而中间层级政府机构实际上并不具体执行完成政策任务,政策任务执行在中级层级政府之间只是一种任务发包与再发包关系。二是府际权力运行往往采取"放权"或"集权"性的权力运行方式,并将府际"放权"或"集权"作为调控地方发展的行政管理手段。府际关系中的这种权力运行方式由于缺乏法治化的约束,使得上级政府对辖区下的下级政府享有对区域内所有发展与治理事务的调节控制权,上级政府作为辖区的"家长",对辖区发展强势的地方一般都会进行"财政攫取",再通过转移支付途径对发展弱势地方进行适当的财政援助。对一个特定的地方区域,其府际关系由此会造成这样一种局面,即对辖区某一发展强势的地方而言,上对下更注重"承"的关系,上级政府通过对其给予更大程度的放权,给予更大的自主性,以支持其获得更好的发展,获取更多的发展利益,同时也要其承担起辖区全部的公共治理责任及公共服务责任;而对辖区某一发展弱势的地方而言,上对下更注重"包"的关系,上级政府往往通过对其进行更大程度的集权,统筹其发展资源,并将发展资源与相应的发展利益集中于上级政府,然后由上级政府通过转移支付途径来包揽起全部或部分公共治理与公共服务责任,在这种情况下,下级政府的自主性与发展功能受到极大的限制,其对辖区治理责任在很大程度上甚至完全取决于上级政府的财政支持程度。因而无论是从府际权责配置还是从权力运行方面看,不管是表现出的"承"还是"包"的府际关系,府际关系都呈现出"承包"关系的性质。

更为深入地考察,府际关系承包式治理的承包性还同时具有"政治承包"和"行政承包"的特性,两者共同融合构建成为府际目标治理模式。其中,"政治承包"是一种府际目标治理工具,而"行政承包"是一种府际目标治理的方式。"政治承包"针对的是地方主政官员,以官员晋升、政治考核、政治问责等政治激励手段为力量驱动手段,目的是保障上级政府政策任务能得到快速有效执行,为府际目标实现服务。"行政承包"针对的是府际政策任务执行的方式,下级政府以承包的方式完成上级政府制定的职责任务目标,以地方资源分配、地方发展利益分享、官员个人金钱奖励等经济激励为驱动手段,目的是驱使上级政府政策任务能为下级政府所承接并继续向下执行落实。显而易见,在一个覆盖广大国土空间且是多层级立体性的府际关系网络中,承包性治理对推进府际政策任务目标实现具有巨大的执行力,集中体现了中国政府治理体制优势。

然而,承包式府际关系治理方式比较适用于从国家计划经济体制向市场经济体制转变的过渡阶段,因为在这个国家发展与治理还处于不同探索的过渡阶段,承包式府际关系治理形式不仅有利于层级较高的政府统筹资源掌控全局,也有利于调动层级较低的政府的发展积极性,这很适宜于摸着石头过河的国家发展与治理方式。进入新时代以来,我们可以发现,经过从1978年开始改革开放后四十多年的关系演化,这种府际关系治理方式出现以下这些弊端:一是承包性的府际关系在府际目标治理机制的自驱动之下,往往会演变成动员式的府际目标治理形式,如本书前面所实证分析结论,动员式的府际目标治理会驱动地方政府采取激进主义和机会主义的经济行为,会以政府直接干预市场、替代市场、攫取市场甚至掠夺市场等诸多伤害市场机制的手段来实现其地方政府自身目标,从而破坏了政府与市场的关系。二是承包性的府际关系会使地方政府产生人格化治理的现象。承包性的府际治理关系由于缺乏制度刚性,并且层级地方政府在执行府际政策任务目标过程中所可以使用的执行手段和工具太过于具有灵活性和自主性,毫无疑问这种灵活性和自主性极易受地方主政官员个人性格影响,因而又极容易将地方府际关系衍变成地方主政官员的人格化治理方式,而地方府际关系治理一旦出现地方主政官员的人格化治理情况,不仅会驱使区域发展与治理方向会因人而异失去连续性与稳定性而无所适从,也会造成很大的地方发展与治理资源浪费。三是承包性的府际关系会激化地方之间的不良竞争。因为承包性府际关系所蕴含的府际目标治理激励机制会驱使地方官员无论是为其自身获得晋升,还是为使地方获得最大的好处或尽可能争取到最大的利益,都会去进行竞争。在资源有限的总约束下,当这种竞争超过一定限度时必然会使竞争偏离良性的轨道而出现零和性、互为"挖墙脚"或互为"拆台"的恶性竞争。四是承包性的府际关系会助长地方政府的短期性、选择性或投机性的行为。由于府际关系进行"政治承包"产生政治激励,地方官员为追求政治晋升或害怕被政治问责,往往会倾向于注重那些在短期内能体现其政绩以及追求那些现阶段对其个人政治前途发展有利的事来施政,或为能实现从上级政府所下达的目标任务而采取机会主义的态度去施政,地方政府一旦出现这些短期性、选择性或投机性行为,那么无疑会对地方发展与治理事业造成较大的负面危害后果。

因而在新时代追求实现国家治理体系和治理能力现代化的新阶段,必须将1978年改革开放后逐渐形成的承包性府际关系治理形式转变为统分式的治理形式。所谓统分式的府际关系治理形式是指在总结承包式府际关系治理优缺点的基础上,将府际关系网络中的层级政府享有的职权及所承担的职责进行明细性的"权责统分"处理,全面系统规划构建"统分式"的府际关系治理模式,将国家发展与治理规划在地方落地。具体而言,就是要求在府际职权配置方面,确立"以统定秩"的原则,必须坚定维护中央权威,坚持在中央统一领导下,通过进一步完善党内法规和行政法治体系,确立并规范府际政治与行政权力运行规则,确立府际权力运行秩序。在府际职责配置方面,确立以"分"立"责"的原则,打破现行"职责同构"的府际职责关系模式,根据中央划定的区域功能,按照地方治理便利的原则,分级划分好各个层级政府的发展与治理职责,以清单的形式详细明确设定好各个层级地方政府职责条目,并根据府际职责条目清单作为划分府际财税分成的依据;在府际组织结构关系方面,同样应根据中央划定的区域功能,在保证府际政策传导功能畅通的前提下,按照有利于提升地方治理效率的原则,因地制宜地设置不同区域不同层级政府的机构,打破"上下同粗"的机构对应设置模式,将府际组织结构按照职能精简化、区域契合化、任务分层化及执事便利化等要求进行机构设置。

（四）推动府际关系治理形态从政策性治理转变为法治化治理

社会主义国家建设是人类社会过去从未实践过的伟大事业,1949年新中国成立后,在1954年制定颁布的《宪法》中国家在宪法层面确立了新中国的国体和政体,并以法律形式比较原则地确立了中央与地方之间的法律关系,自此之后,国家没有另行再专门制定颁布法律规范中央地方关系的法律。在国体和政体确定之后,经济体制和政府治理体制是直接关系国家发展与治理效能的大问题。经过新中国成立后近三十年的社会主义事业建设探索,1978年启动改革开放,1979年专门颁布《地方各级人民代表大会和地方各级人民政府组织法》,不仅标志着经济体制从计划经济体制开始逐渐转向市场经济体制,也标志着政府管理体制从向上高度集权的体制转向向下相对放权的体制。在此之后,府际关系治理体制也随着国家改革开放事业推进不断地进行探索。

1979年7月第五届全国人民代表大会第二次会议通过的《地方各级人民代表大会和地方各级人民政府组织法》是新中国成立以来第一部规范府际关系的法律,这部法律自第一次正式颁布以来至2022年3月经历过六次修改,以通过调整府际关系来应国家发展与治理的时代发展需要。立足国家法治的层面看,2022年3月最新修正的《地方各级人民代表大会和地方各级人民政府组织法》规范府际关系的条款仅是由其第四章中有限的数个条款组成,这些条款虽以法律形式确立了上级人民政府领导下级人民政府、国务院领导全国地方人民政府的关系,也明确了地方各级人民政府享有的职权。但遗憾的是,这部法律从第一次颁布实施至今都只是概括性地确定了地方人民政府的职权,且将政府组织的职权事项与职责事项进行混同,将本属于地方政府职责事项列入职权事项中。由于这部法律从一开始颁布实施仅对地方各级人民政府的职权和职责事项做了很笼统的概括性规定,这就为我国府际关系从1978年以来走向承包式的治理模式提供了法律依据。又由于这部法律从一开始颁布实施就对地方各级人民政府的职权和职责事项进行混同性的概括性列举规定,从没有对纵向府际关系中各层级的政府权责分别进行明细性界定,这就使得在上级政府领导下级政府的组织领导体制中,下级政府必须执行上级政府制定的政策或下达的任务,必然在客观上会造成各级政府将组织资源都投入在同样的一件事情身上,因此就从法律根源上造就了我国在纵向府际关系中出现"机构上下同粗、职责上下同构"的政府组织关系体制。

从总体看,我国府际关系治理的法治化程度并没有随着国家发展与治理事业发展同步推进,显得相对滞后。除《地方各级人民代表大会和地方各级人民政府组织法》这部法律外,迄今为止我国还没有制定其他更为具体的专门性法律来进一步规范府际关系。当然,由于国家发展与治理转型一直处于探索性的改革状态,府际关系的内容和所涉及的事项亦相当丰富复杂,在客观上一时难以采取法律的形式来全面固化府际关系的治理体制、治理模式与治理内容,在此情况下,依靠政治性治理手段和政策性的治理形式来规制形塑府际关系网络中政府行为的做法不仅是权宜的,也是应时需要的。但进入新时代以来,推进实现国家治理体系和治理能力现代化被确定为在21世纪中叶要实现的国家治理目标,党的二十大更是明确提出要以实现中国式现代化来引领中华民族的伟大复兴,因此在此时代背景下,政府治理作为国家治理重要组成部分,应当同样将实现府际关系治理现代化作为新时代追求的政府治理目标。同时,全面推进依法治国是新时代推进实现国家发展与治理的四个战略布局之一,无疑要求政府治理必须在依法治国的战略布局下推进。因此,新时代中府际关系治理也就必须将过去依赖政策的治理形态转向法治化的治理形态。

更为具体地考察分析,府际关系从政策性治理转向法治化治理具有以下必要性和紧迫性:一是从治理形态上看,府际关系的政策性治理体现的是政府主政官员个人的意志,甚至于政府主政官员个人性格影响,因此府际关系的政策性治理是一种人格化治理,其虽具有灵活性治理优点的同时,也意味着其具有一定程度的随意性。追溯过去四十多年我国地方经济发展过程中出现的一些负面后果及此起彼伏出现的诸多地方竞争乱象,都与府际关系这种人格化治理存在极大的相关性,本书前面所实证研究过的在许多地方存在的府际动员式目标治理形式即府际关系人格化治理的一种典型形式。而法治化治理本身就是通过法治来约束和制衡权位人格,以期能克服人格化治理的弊端。二是从治理对象的属性方面看,政府将政策性治理工具用于经济治理或社会治理是非常合适的,但长期将之用于作为治理府际关系的工具则是不合适的,而法治化治理形式则非常合适用来治理府际关系。由于府际关系是政府组织间的关系,而政府组织是公共组织,不仅行使国家赋予的权力,也掌握着公共资源,同时也要履行公共职责,对这种"利维坦"组织,如果没有刚性制度与法治机制的制衡,那么就很难约束其对市场、社会和公民个体所具有的控制性和侵害性。因此,对这样一种具有超强公共性的政治关系,极需要刚性制度来规范调整,必须将之纳入法治化治理的规定来进行规范,以对市场、社会和公民个体提供有效的保护。三是从治理目标看,政策性的府际治理形式由于政策的多变性、短期性和不稳定性,难以促使地方政府的行为达成国家的现代化发展与治理目标。而府际关系治理的目的就是要通过制度规范来调配好层级政府的资源,协调层级政府的行动并形塑好政府的行为,以让政府以"有为"的行动,维护优良的公共秩序,促进"有效"市场建设、提供高品质的公共服务,以推进实现国家高质量发展和良善治理的事业。显然,政策性治理形式难以具有这样的制度引导和规范功能,只有法治化的治理形式才能实现。四是从治理效果看,政策性治理可能驱动地方政府采取短期性、功利性甚至也有可能是对地方的发展与治理带来负面性后果的行为,正如本书前面部分对地方政府行为生成实证研究的情况一样,如果把以政治权力作为政策执行手段的政策性治理形式来规范府际关系,不仅难以驱动地方政府实现良善的治理目标,相反很有可能会使地方政府习惯性地对相关政策进行"政治性"识别,采取激进主义或机会主义的行为去为迎合或完成强政治激励环境下的府际目标治理政策要求,当地方政府都采取这样对自己有利的"理性"行动时,反而最终会使得整个府际关系治理效果陷入各个地方政府为自利而竞争的集体行动的困境中。而法治化治理则可以为地方政府构筑成稳定性、长期性且具有预期性的府际关系环境,有利于地方政府结合地方实践采取务实性行为来推动地方的发展与治理事业,在很大程度上可以避免地方政府陷入为自利而竞争的集体行动的困局中。

综上所述,府际关系经过改革开放后四十多年的实践演变后,在进入新时代时,应当在深入总结分析过去四十多年在府际关系治理方面存在的诸多优缺点基础上,着手推动府际关系从"压力型"治理体制向科层型治理体制转变、从局部碎片性的治理领域向全面系统的治理领域转变、从承包式的治理形式向统分式的治理形式转变、从政策性治理形态向法治化的治理形态转变,构造形成新时代中国式府际治理关系治理模式与治理体制,推动形成中国式府际关系治理现代化,以全面推进实现政府治理体系和治理能力现代化,推进政府治理转型,以使府际关系适应于地方经济发展的需要,并促使地方经济能取得更优良的发展绩效。

第四节　优化地方经济发展绩效的府际关系治理模式选择

我国改革开放前三十多年虽然经济发展实现了奇迹般的持续性增长,但也付出了巨大的生态环境和自然资源消耗代价,随着工业化城镇化快速推进和空间结构急剧变动,国土资源空间出现了资源开发强度大、耕地减少过多过快、生态损害严重、生态系统功能退化、自然资源问题凸显、经济空间结构不合理、国土空间利用效率低、地方市场发育程度低、经济发展动力弱、经济发展粗放等诸多严峻的地方经济发展绩效问题。地方经济发展绩效的这些问题固然与我国经济起步低历史短有较大的关系,但不可否认的是,大多数问题与地方政府行为是有直接关联的,甚至有些问题是地方政府干预市场直接造成的,而地方政府所造成的地方经济发展绩效问题背后的驱动力量就是与府际关系治理有关的因素,其中最主要的因素就是府际目标治理与府际权力配置结构这两种治理因素。因此,要优化提升地方经济发展绩效,必须重塑地方府际关系治理模式与治理体制。

一、府际关系治理模式与治理体制

府际关系治理模式是指以府际关系为治理对象,包含特定的治理价值取向、治理目标、治理机制、治理工具与治理手段的一套治理体系。府际关系治理体制就是指府际关系治理模式中纵向府际间的权力配置及运行的组织体制,显然,府际关系治理模式中实质组成部分就是府际目标治理方式和府际权力配置运行方式。由于府际目标治理是府际政治权和发展权配置运行的绞合形式,因此其府际目标治理体制是府际关系治理体制中的核心组成部分。又由于府际权力配置涉及不同层级政府的自主性与可获取的施政资源,府际权力的运行方式会直接影响不同层级政府的行为选择,而政府的行为选择又决定了政府与社会、政府与市场、政府与公民个体等重大方面的关系状态。不同于西方国家的府际关系,在我国以中央集权制为基本权力架构的中央地方关系中,纵向府际关系治理最核心最重要的问题就是如何处理好府际之间的权力配置及权力运行的方式(谢庆奎,2000),实质就是要处理好府际政治权与发展权的配置及其运行、府际行政权和财政权的配置及其运行两对府际权力配置及其运行关系。因此,新时代要构造适应于新发展理念的府际关系治理模式与治理体制,首先就必须着力研究处理好府际政治权与发展权的配置及其运行的问题,而这实际上就是处理好府际目标治理是否能够有效贯彻好新发展理念的问题,在这基础上,也要处理好府际行政权和财政权的配置及其运行即府际权力配置结构是否能有效保障并适应新时代府际目标治理实践的问题。

中国国家制度形式虽然是单一制形式,但大国所具有的地方自然地理、人口构成情况差异甚大,地方区域发展也极不均衡,不仅中央与地方关系难以整齐划一的方式进行处理,地方府际关系更是无法以“一刀切”的方式进行规整。由于我国幅员辽阔,受制于地方经济发展差异与自然生态地理条件,不同区域的地方政府在执政资源的支持程度、施政的价值取向、行政资源与利益分配等方面并不等同,就决定了在地方治理的实践中不同区域中不同层级的地方政府之间不可能形成同一类型的纵向府际关系治理模式,必须根据国家划定的区域功能并结合区域的资源环境特点来构造和实行不同的府际关系治理模式与治理体制。

地方府际关系治理模式必须与地方市场发育情况和地方经济发展形态相耦合,这样才能使地方政府处理好政府与市场的关系,让地方政府成为地方有效市场的培育者和建设者。但是,由于地方市场和地方经济发展是受地理资源空间条件约束的,这就决定了地方府际关系治理模式必然会受到地方地理空间条件约束,不能逆资源空间而自行其是。因此,地方府际关系治理体制也应当根据地方的地理资源空间来设定安排,其实,有关地方府际关系治理模式与治理体制的探索已在国家推动《全国主体功能区规划》在地方的落地实施过程中得到初步尝试性实践。

二、国家主体功能区规划在府际关系治理方面的探索实践

为有效解决国土空间开发中的突出问题,解决经济和社会发展对国土空间所带来的诸多挑战,转变地方经济发展方式,提升可持续发展支撑力,中央政府于2002年开始就研究决定树立新的国土空间开发理念,谋划对国土空间开发进行系统规划,调整开发内容,创新开发方式,规范开发秩序,提高开发效率,构建高效、协调、可持续的国土空间开发格局。2006年3月,十届全国人大四次会议审议通过的《国民经济和社会发展第十一个五年规划纲要》提出:“将国土空间划分为优化开发、重点开发、限制开发和

禁止开发四类主体功能区,按照主体功能定位调整完善区域政策和绩效评价,规范空间开发秩序,形成合理的空间开发结构";2007年党的十七大明确提出:"到2020年全国基本形成主体功能区布局";2010年12月国务院颁布《全国主体功能区规划》,并要求尽快组织完成省级主体功能区规划编制工作;2013年国家发展改革委环境保护部决定以国家重点生态功能区为主体,选择部分市县开展国家主体功能区建设试点示范工作。

　　中央政府制定推行实施《全国主体功能区规划》(以下简称《规划》),虽然直接目的是推行一个国土空间规划来优化国土空间开发,但在不知不觉中实践了通过调整地方的府际关系治理模式与治理体制来提升地方经济发展绩效的探索,这种探索实践具体表现在以下方面:一是在府际发展权集权方面,通过对全国国土空间划分为承担不同功能不同类型的区域,设定了各个区域的发展权,包括区域的发展方向、发展方式与发展要求。《规划》基于不同区域的资源环境承载能力、现有开发强度和未来发展潜力,以是否适宜或如何进行大规模高强度工业化城镇化开发为划分基准,在开发方式上将全国国土空间分为优化开发区域、重点开发区域、限制开发区域和禁止开发区域等四类区域,其中优化开发、重点开发和限制开发区域原则上以县级行政区为基本单元,禁止开发区域以自然或法定边界为基本单元,分布在其他类型主体功能区域之中。以提供主体产品的类型为划分基准,《规划》在开发内容上将全国国土空间分为城市化地区、农产品主产区和重点生态功能区等三类区域,城市化地区是以提供工业品和服务产品为主体功能的地区,也提供农产品和生态产品。农产品主产区是以提供农产品为主体功能的地区,也提供生态产品、服务产品和部分工业品;重点生态功能区是以提供生态产品为主体功能的地区,也提供一定的农产品、服务产品和工业品。以开发层级为划分基准,规划将全国国土空间分为国家和省级两个层面的功能区开发。《规划》明确指出"开发"特指大规模高强度的工业化城镇化开发,限制开发是指限制大规模高强度的工业化城镇化开发,并不是限制所有的开发活动。对农产品主产区,要限制大规模高强度的工业化城镇化开发,但仍要鼓励农业开发。对重点生态功能区,要限制大规模高强度的工业化城镇化开发,但仍允许一定程度的能源和矿产资源开发。将一些区域确定为限制开发区域,并不是限制发展,而是为了更好地保护这类区域的农业生产力和生态产品生产力,实现科学发展。

　　二是在府际政治集权方面,通过探索对不同功能区的地方政府实际不同的绩效评价考核来推动实现中央政府设定的规划目标。为保证规划能有效得到实施,推进主体功能区的主要目标实现,《规划》提出要建立健全科学开发、符合科学发展观并有利于推进形成主体功能区的绩效考核评价体系,对不同功能区的地方政府建立不同的绩效评价标准,并提出要强化绩效评价结果运用,把有利于推进形成主体功能区的绩效考核评价体系和中央组织部印发的《体现科学发展观要求的地方党政领导班子和领导干部综合考核评价试行办法》等考核办法有机结合起来,根据各地区不同的主体功能定位,把推进形成主体功能区主要目标的完成情况纳入对地方党政领导班子和领导干部的综合考核评价结果,作为地方党政领导班子调整和领导干部选拔任用、培训教育、奖励惩戒的重要依据,以进一步规制引导地方政府行为符合规划目标预期。

三是在府际权力配置方面,通过探索中央政府和省级政府对不同功能区的地方区域实施不同的区域政策形成不同的府际权力配置组合框架来引导规制地方政府的经济发展行为。这些区域政策包括了财政、投资、产业、土地、农业、人口、民族、环境、气候变化九个方面,从这些区域政策实施目的和内容方面看,中央和省级政府对不同功能区实施不同的区域政策实际上就是中央和省级政府对省以下地方政府在财政与相关行政权进行集权和放权,当然大多是以集权为主,以规制和引导地方政府的行为符合规划目标预期。

四是在府际权责设定方面,通过探索设定地方政府实施规划的权责来保证中央政府设定的规划目标在地方上有效落地实施。《规划》要求要处理好政府与市场的关系,并明确省级政府实施规划的职责来推动地方政府转变地方经济发展方式,并在此基础上配置地方府际权责。《规划》对省级政府通过实施规划来优化地方经济发展绩效提出了明确要求,如省级政府在确定优化开发和重点开发区域时应相对集中分布,避免遍地开花;对优化开发区域应强化转变经济发展方式方面的目标要求,对重点开发区域应强化工业化城镇化方面的目标要求,对农产品主产区应强化农业发展优先的目标要求,对重点生态功能区应强化生态环境保护优先的目标要求,并对各类主体功能区都要提出耕地保护和生态保护方面的目标要求;对经济比较发达、人口比较密集、开发强度较高、资源环境问题更加突出的地区,原则上应确定为优化开发区域;对位于国家重点开发区域范围内、开发强度已经较高、资源环境承载能力开始减弱的特大城市,应按照优化开发的原则,在产业准入、能源消耗、污染排放等方面提出更高的要求等(关于对《全国主体功能区规划》更为详细的府际关系治理元素总结归纳见本书附录C)。

由于所有的经济活动都是在一定的空间环境中进行,仔细分析中央政府实施国家主体功能区规划的目标、规划的内容以及规划实施的方式,我们可以这样认为:与其说国家主体功能区规划是一种对国土空间的开发规划,还不如说是一种中央推动地方转变经济发展方式的府际目标治理手段,是一种推动国家发展与治理目标战略,在某种程度上更是通过调整府际关系治理来推动实现中央政府设定的国家与发展治理目标以转变地方经济发展方式的一种尝试性探索,只不过这种探索是以国土开发规划的特殊形式体现,而不是直接通过立法设定府际关系治理规则来体现。综观1949年新中国成立以来国家实施的各种计划或规划,《规划》是第一次将优化国土资源利用、转变地方经济发展方式、提升地方经济发展绩效与府际关系治理等系列内在有关联的问题联系起来进行通盘考虑设计,虽然这只是以国家专项规划的形式来推动,但也确实开启了根据地方区域功能与地理区位资源情况来构建地方府际关系治理模式以优化地方经济发展绩效问题的做法。

　　地方经济发展在客观上必然受到地方所在的特定空间区域条件约束,国家主体功能区规划所提出来的根据区域进行分类管理分类实施九大类区域政策并对地方分类进行绩效评价考核的做法,不仅映射出了府际治理关系应考虑府际关系的空间效应性,也折射出了要优化提升国土开发效益进而提升地方经济发展绩效必须充分考虑府际关系治理的重要性,否则就可能使规划在地方上被"悬空"。规划所提出的这些有关于府际关系治理相关的做法并不是某一两个专家的突发奇想,而是一群有着丰富政府治理经验和知识的行政管理精英的普遍性共识,并且为国家最高执政组织权威所采纳并以中央政府公文的形式正式公开发布,可见通过调整府际关系治理模式与治理体制来优化提升地方经济发展绩效至少是为中央所认可和支持的做法。

　　然而,《规划》所提出的对不同功能区分类实施不同的区域政策并对地方政府实施不同的绩效考核评价标准的规划思路,目的是使规划更符合地方的实际情况,能在地方层面得到接受和有效贯彻实施,其本质上不是为对府际关系治理本身进行改革而进行规划,更没有着眼于通过全面地调整府际关系治理模式来优化地方经济发展绩效的系统性考虑。虽然《规划》由中央政府发布,但其毕竟是一种政策形式,而不是全国性法律,对不同层级的地方政府而言,其所提出的分功能区实施不同的区域政策和绩效考核评价做法是难以完全按规划的要求来实施落地的,因为其中不仅存在地方的发展权和国家发展权之间的发展利益冲突,也存在府际政治权和行政权的冲突与协调问题。因为地方党政领导班子和党政领导干部的任免考核有着其自身的政治运行逻辑和政治运行系统,如果政治系统的政治权没有接纳政府行政权的话,那么政府系统的施政目标就难以真正得到执行落地。因此,如果我们要将《规划》中所体现的通过调整府际关系治理来优化提升地方经济发展思想进一步进行升华和广泛性适用,就必须将《规划》的这种思想更进一步植入我国府际关系治理模式与治理体制改革工程,树立根据区域功能和地理资源情况来构建我国的地方府际关系治理模式与治理体制的指向,使地方府际关系治理模式形成因地制事、因地具能、因地出效的治理格局,促使产生优良的地方经济发展绩效。

三、优化地方经济发展绩效的地方府际关系治理模式探讨

根据本书前面调研案例情况,在地方上,我国地方府际关系治理在各地已经演化出了不同的府际权力配置与运行方式,以及不同的府际目标治理形式。定量实证分析也表明,不同形式的府际目标治理和权力配置对地方政府行为有着不同的影响,进而会生成不同的地方经济发展绩效。综合《全国主体功能区规划》所反映出的规划思想、思路和要求,为优化地方经济发展绩效,在地方府际关系治理层面,可以根据地方区域的功能和地理资源情况进行分类治理,采取不同的府际关系治理模式,分别实行不同的府际关系治理体制,以使地方府际关系治理模式与治理体制契合于地方经济发展的实际需要和实际情况。为此,本书建议可根据不同地方的区域功能和地方地理资源情况分别实行秩序强化型、发展强化型及相机抉择型三种地方府际关系治理模式(见表11.1)。

秩序强化型府际关系治理模式在府际关系的治理维度上具有以下五方面的特征:一是在府际关系治理的价值取向方面,上级政府通常视下级政府为其派出机构,以控制下级政府为取向,将下级政府作为其实现地区发展与治理的执行工具;二是在治理目标方面,以维护辖区行政与社会秩序为主要目标;三是在治理手段方面,通过上对下的整体性集权限制下级政府的自主性;四是在治理机制方面,采取命令服从的行政机制,以及府际利益先抽后补机制进行县财市收和乡财县管从下向上抽取财源,驱使下级政府特别是基层政府的治理能力仅限于维持行政和社会秩序、履行基本公共服务职责;五是在治理工具运用方面,上级政府通过集权性区域规划、行政决定或命令、土地资源的集中控制等刚性行政手段或政策工具把有实际利益的资源和权力进行上收以控制下级政府按照其意志进行施政。

发展强化型府际关系治理模式在府际关系的治理维度上具有以下五方面的特征:一是在府际关系治理的价值取向方面,上级政府把下级政府视为独立的一级机构,以支持下级政府自主施政为取向,注意维护下级政

府的独立性,以地方经济发展而不是经济增长为价值取向点,将下级政府作为其实现地区发展与治理的重要推动者和依靠着;二是在治理目标方面,以推动地方经济发展为主要目标;三是在治理手段方面,通过上对下的整体性放权让下级政府享有较大的自主性;四是在治理机制方面,采取支持的激励机制和府际利益包干机制给予下级政府一定的财税留成,以支持县乡基层政府形成自身财源让其有能力自主解决本辖区的发展与治理问题;五是在治理工具运用方面,上级政府通过规划指导、行政承包协议、给予下级政府高度的土地自主规划利用等软性行政手段或政策工具引导下级政府积极主动发挥推动发展地方经济的作用。

相机抉择型府际关系治理模式在府际关系的治理维度上具有以下五方面的特征:一是在府际关系治理的价值取向方面,上级政府通常视下级政府为其协同性伙伴机构,以帮助下级政府实现辖区的有效治理与良性发展为取向,注意发挥下级政府的伙伴协同性,将下级政府作为其实现地区发展与治理的重要协同伙伴;二是在治理目标方面,以实现辖区有为治理良性发展为主要目标;三是在治理手段方面,上级政府根据实现有为治理良性发展的施政需要对下级政府进行相机性集权和放权让下级政府享有一定程度的自主性;四是在治理机制方面,采取相机性的激励机制和府际利益分享机制推动下级政府基于自身努力去获取税源,并促使下级政府能发挥出积极性的伙伴协同作用与上级政府共同解决一些特定的治理与发展难题;五是在治理工具运用方面,上级政府通过规划统筹、行政指导、建设功能园区集中分享土地资源等中性行政手段和政策工具引导下级政府按照上级政府的意图推进辖区的治理与发展事业。

以上三种府际关系治理模式,由于涉及政府财税、土地资源、区域发展规划、基层政府自主性等主要方面,客观上会对基层政府干事创业的积极性、地方营商环境、企业的落地与迁移以及生产要素在空间上的移动产生一定的影响,从而会对地方的发展产生不同的治理效果,由此各自具有不同的适用情形和适用区域。我国由于各地方都有不同的发展需求与发展特点,在地方府际关系治理模式与治理体制选择中需要有不同的治理模式与治理体制,因为这不仅是地方发展的需求,也是国家治理的需要。

在秩序强化型府际关系治理模式中,由于上级政府对下级政府比较集权,使得下级政府不得不高度依赖上级政府,层级越低的政府越无自主性,地方能动性严重不足,乡镇基层政府的施政行为表现比较消极,没有积极性去推动乡镇经济的发展;在地方经济发展方面,由于上级政府通过集权型的府际权力配置手段把重要的资源和权力上抽用于支持地级中心城市发展,在客观上剥夺了县和乡镇的利益,在一定程度上以牺牲乡村的发展权益来支持中心城市的发展。然而,虽然这种模式存在以上方面的缺陷,但也不是上级政府故意这样为之,而是因为受制于区域经济发展的基础条件或所处的自然地理条件,县乡基层政府要么缺乏条件与资源推动地方经济发展,要么是其所在区域已被中央划定为限制或禁止开发区域限制其发展,因此对经济比较落后或在国家主体功能区规划中被划入限制和禁止开发的地区,地方纵向府际关系治理比较适合采用这种模式。

在发展强化型府际关系治理模式中,由于上级政府对县乡基层政府放权范围与程度比较大,让县乡基层政府享有比较大的自主性与能动性去积极推动地方的经济发展,驱动地方为获得经济发展而进行各种激烈的经济竞争,客观上对推动县域和乡镇经济发展起到了比较大的作用。但是,这种模式也存在一定的缺陷,主要是因为对基层放权容易导致基层政府为追求本地利益产生短期经济发展行为、生态环境问题、经济空间过于分散,土地使用效率低等负外部性,容易使地方政府形成片面追求区域经济增长而忽视区域发展的倾向。发展强化型的府际关系治理模式一般在经济比较发达或交通位置比较优越经济发展基础好的地方比较适用,在过去的历史时期内区域空间已形成了较大面积城镇建成区,其发展弊端已基本沉淀形成。当下需要通过府际关系治理模式改革对其继续放权以强化其发展能力,提升其发展层次与水平,因此这种府际关系治理模式对于其他地区并不一定就会产生比较好的治理效果。

在相机抉择型府际关系治理模式中,由于上级政府根据地方发展与治理的实际需要基于激励与无害原则对下级政府进行相机性放权,通过建立府际的利益分享机制推动府际之间实现合理的发展分工,县市集中主要土地与财力资源发展园区经济,乡镇区域不举办工业项目,但有权进行招商引资将所引进的项目落地在县市统一建设的经济园区中,并有权享有由此产生的经济利益,这种相机性放权对府际之间的职责划分也比较清楚,同时较好地平衡了府际之间以及城市与乡村之间的经济利益,各级政府在解决跨区域跨层级的一些公共事务问题方面又比较协同,且都有积极性协同地推动地方的发展与治理事业。但这种模式的缺陷是府际利益分享机制要求基层政府基于自身努力去自主筹集税源应付财政支出,这样的财政硬约束容易驱使地方政府为争夺税源进行竞争性买税,可能引发"扑向底部"的低质量经济竞争。总体而言,相机抉择型的府际关系治理模式在区域经济发展有一定基础条件或区位较好但经济还处于相对欠发达阶段的地方比较适用。

表11.1　三种府际关系治理模式比较、治理效果及其适用情况

治理维度	秩序强化型治理模式	发展强化型治理模式	相机抉择型治理模式
上级政府价值取向	以控制为取向，视下级政府为无独立性的派出机构	以支持为取向，视下级政府为完全独立性的机构	以协同为取向，视下级政府为协同性伙伴性机构
治理目标	以维护行政与社会秩序、提供基本公共服务为主要目标	以推动地方经济发展为主要目标	以同时实现地方有为治理与良性发展为主要目标
治理机制	命令服从机制 府际利益先抽后补机制	支持性激励机制 府际利益包干机制	协同性激励机制 府际利益合理分享机制
治理工具	规划控制、行政决定，财政控制与转移制；上级政府集中控制使用土地	规划自主、行政自治，财税分成制；上级政府赋予下级政府较大的自主规划使用土地权	规划统筹、行政指导，财税分成制；上级政府建设功能园区与下级政府分享利用土地
治理手段	上对下进行整体性集权控制	上对下进行整体性放权支持	上对下进行相机性集权控制或支持
府际权力配置结构	集权控制结构	放权激励结构	集放权控制与激励相融合的结构
府际权力运行方式	整体向上集权	整体向下放权	不适合下放的权力向上集权，适合下放的权力向下放权
府际之间利益分配与互动性	上级政府单方面决定府际之间的资源与利益分配，下级政府无议价的机会与权力	府际资源与利益分配程度高，下级政府有一定程度的议价权	上级政府相机主动为下级政府分配必要的资源与利益，上下级政府有一定程度的互动性
府际目标治理形式	科层式治理	科层式治理	科层式治理

续表

治理维度		秩序强化型治理模式	发展强化型治理模式	相机抉择型治理模式
对基层政府的激励		弱激励	强激励	较强激励
基层政府行为表现		上级政府垄断资源与利益，下级政府自主性小，经济发展积极性低	上级政府对下级政府让渡较多的资源与利益，下级政府自主性大，经济发展积极性高	上级政府基于下级政府的努力取向对下级政府做较大的利益让渡，下级政府有一定的自主性与发展大的发展积极性
治理效果	消极效果	剥夺或抑制县乡发展利益，抽取县乡发展资源支持地级城市发展，抑制县乡的地方发展权。	容易驱使基层政府产生短期行为和投机行为，造成土地与空间资源浪费及生态环境问题	要求基层政府自主筹集税收源应付财政支出，财政硬约束容易取得低质量的经济竞争性买税从而引发低质量的经济竞争
	积极效果	基层政府无推动地方经济发展的压力，政府与市场保持较远的距离，对地方市场的自然发育演化有一定的积极意义	着重县乡基层利益，侧重发展县域与乡镇经济，支持乡镇发展，乡镇经济比较发达	较好地平衡了上下级政府利益，城乡利益，均衡城乡发展，实现乡镇县市协同发展
适用情形		适宜于发展区域中心城市	适宜于发展乡镇经济与县域经济	适宜于发展以县城为主的城镇经济
适用地区		经济欠发达地区或生态保护地区，国家和省级政府划定的禁止或限制开发区域	经济区位好的经济发达地区，国家和省级政府划定的优化开发区域	区位较好或有一定经济发展条件的大发达地区，国家和省级政府划定的重点开发区域

总结与展望

　　1978年改革开放以来,中国地方经济持续性地高速发展是世界经济发展史的奇迹,对一个拥有超大人口且国土、地理、气候、民族、宗教信仰等情况异常复杂的经济体而言,要保持经济长期高速发展是需要一系列条件支持的,不仅需要一个稳定且能有效保护产权的国家发展与治理环境,也需要能应时代和国家内外情势变化的制度供给能力,同时还需要具有能够整合和链接国家内外部发展资源的强大能力,以吸引、动员各种经济要素资源聚集培育并壮大市场与产业的自发展能力推进国家经济发展。毫无疑问,创造支撑经济长期高速发展的上述条件中国做到了,也即中国共产党和中国政府做到了,那么,中国共产党和中国政府是怎么做到的呢?

　　有些学者对该问题的研究归结为国家能力,殊不知国家能力不是凭空形成的,是需要执政党谋划和政府来推动构建的,因此把这样的问题归结为国家能力还不如归结为政府能力(这里为通称,在我国实际就是指执政党和政府的执政能力与组织能力)更为恰当,否则就解释不了在20世纪同样的一个世纪时间尺度范围内,前面半个世纪和后面半个世纪的中国竟会有如此大的差距。

　　政府能力是在一个国家政府组织体系所具有的解决国家发展与治理问题和推进国家发展与治理事业的能力,是一个国家政府组织体系所可以释放出的发展和治理能量,是执政党的治国理政水平和政府组织力量的综合体现。在这个能力场中,执政党和政府组织体系所具有的组织力量是政府能力最重要的组成部分,而在我国,府际关系是执政党和政府组织体系中最为核心最为主要的关系,因为其不仅涉及府际组织之间的权力运行和配置问题,更因为执政党和政府组织体系所具有的组织力量实际上就是源自府际组织之间的权力运行模式和配置状态,而府际组织之间的权力运行模式和配置状态,不仅决定了地方政府的可控资源边界和行动边界,同时也是驱动地方政府是否按照党中央和中央政府的发展理念和发展要求进行干事创业的制度力量。又由于地方市场与地方政府之间的关系是如此的紧密,而地方经济发展的绩效问题实际上就是地方市场和产业的发展水平和发展质量问题,因此我们要研究中国地方经济发展的绩效问题,必须对我国府际关系领域的治理问题进行深入的研究。

本书正是聚焦于我国府际关系的关键性治理问题,先通过对1949年新中国成立以来我国央地与地方府际关系的历史演进变化进行梳理,将我国府际关系体制界定为是放权体制而不是分权体制,再立足我国政治制度和政府制度实际情况,将府际之间的权力分为政治权、发展权、行政权和财政权四大类权力类型,并针对这四大类权力在府际之间的运行和配置情况做了详细的探讨。在这些基于文献资料进行归纳和演绎的研究工作基础上,笔者在各地对府际关系实际运行状况进行了扎实深入的案例调研后,创造性地分析提出府际政治权和发展权两种权力绞合形成的府际目标治理是在中国府际关系中存在的独具中国特色的政府治理工具,并且发现了府际政治权和发展权两种权力在各地方纵向府际之间由于绞合程度不同形成了不同类型的府际目标治理形式。同时,笔者通过实证性调研发现对我国各地方政府在纵向府际之间由于在行政权和财政权两大权力的配置组合程度和方式不同形成了不同类型的府际权力配置结构。基于以上发现,笔者就以府际目标治理和权力配置结构作为拟解释变量,地方政府经济行为模式为中介变量,地方经济发展绩效为被解释变量,并将相关其他可能影响地方经济发展的因素作为控制变量,通过在这几类变量之间建立起了变量关系模型试图对这些变量之间的关系情况进行进一步定量实证分析。

针对建立的变量关系模型所需的相关变量数据,笔者对进入变量关系模型的变量精心进行指标设计,对每个变量以相互逻辑关联的指标问题组设计成里克特量表,对各地方250多名乡镇以上地方政府主政官员进行量表问卷调查,最终获得了200多份有效的问卷调查数据。基于这些调查数据,笔者根据变量关系模型对每个变量获得的调查数据进行主成分因子分析提取出变量公因子,并对这些作为拟解释变量、中介变量与被解释变量的公因子之间单独和按序共同组合建立线性回归方程进行回归分析它们之间的相关关系。

定量研究发现,改革开放以来在地方各级政府之间经由目标责任制所演化而来的府际目标治理形式直接决定影响地方政府具体所采取的地方经济发展行为模式,并对地方经济发展绩效之间存在显著性的影响,而且这种影响深受府际权力配置结构的调节。地方政府经济行为模式在府际目标治理与地方经济发展绩效之间发挥中介变量作用的角色,而且是起完全中介作用的角色。同时,府际权力配置结构安排本身也对地方经济发展的绩效存在一定程度的影响,但与府际目标治理对地方经济发展的直接影响作用相比,府际权力配置结构更多的是通过发挥其在府际目标治理形式与地方政府所采取的地方经济发展行为模式之间的调节性作用来影响地方经济发展的绩效。这一研究结论的发现,清楚地界定了府际权力配置结构对地方经济发展所发挥的作用机制,这让我们通过府际放权是否能促进地方经济发展的做法有了更为准确的认识。

另外,由于本书中府际目标治理包括了府际目标任务因子和府际目标激励因子两个维度,研究发现过强的目标激励与过于刚性的目标任务责任对地方政府机会主义行为模式、地方政府买税引税行为、地方竞争行为存在直接的相关关系,而地方政府机会主义行为模式、买税引税行为以及过度的地方竞争显然会对地方经济发展绩效带来负面的影响,所获得这种实证研究结论让我们认识到府际目标治理对地方政府经济行为选择以及地方经济发展绩效的生成具有正负两方面的影响。因此府际目标治理可以弥补仅以政治集权、官员职业治理或官员晋升激励作为单一维度解释变量来解释中国地方经济所带来的解释力不足的缺陷,更为真实地反映了地方政府在府际目标治理压力下推动地区经济增长的政府过程,同时更能揭示出地方政府推动地区经济增长的行为发生机制和约束强化机制。

基于案例研究和实证研究所得出的结论和所获得的启示以及对我国府际权力运行特点的理解,本书认为,为优化地方经济发展绩效,促使我国地方经济获得更高质量的发展,应对我国府际关系进行治理改革,提出未来府际关系治理改革应该贯彻的改革理念、应坚持的改革取向及应遵循的改革原则,并提出了相应的改革思路,即应从"压力型"治理体制向科层型治理体制转变、从局部碎片性的治理领域向全面系统的治理领域转变、从承包式的治理形式向统分式的治理形式转变、从政策性治理形态向法治化的治理形态转变的改革思路,以构造形成新时代中国式府际治理关系治理模式与治理体制,推动政府治理转型,实现中国式府际关系治理现代化,使我国未来的府际关系契合于国家发展与治理的需要,并有助于地方经济实现更高质量的发展。在遵循以上改革思路的前提下,新时代我国地方府际关系治理模式与治理体制的选择应立足地方的区域功能,结合地方地理资源情况,可以分别采取秩序强化型、发展强化型和相机抉择型的府际关系治理模式,而这样的府际关系治理改革思想,实际上已在中央政府推行的《全国主体功能区规划》中有所体现。

需要指出的是,本书只能算是对我国府际关系治理开展的前期研究尝试。在这之前,府际关系已然是政治学相关学科的一个重要研究领域,但是至今仍鲜见有学者从公共管理的学科角度从治理的研究视角把府际关系本身作为治理的对象来做深入的研究,府际关系虽然从表面上看是政府组织之间的关系,但是由于其本质上关乎政府组织之间的权责配置以及国家权力在政府组织间的传递、运行以及行权履职的大事,其不仅仅是对政府组织赋能,更重要的是通过对政府组织赋能来实现国家发展与治理目标的伟大事业,因此就不能让这种关系由地方政府和地方官员来随意处置或任意发挥处理,即使是中央政府也不能随意改变或处理央地关系,所以对府际关系进行有效的治理就显得非常有必要且是必须的。未来的府际关系治理的研究不仅要继续深入研究府际关系治理与地方经济发展的关系,还要深入研究府际关系治理与实现地方竞争与地方治理的关系、与公共服务供给的关系、与创新驱动发展的关系等等,但万变不离其宗的是,要全面深入系统详细地研究府际之间的权责配置及其运行,即府际政治权责、发展权责、行政权责以及财政权责在我国各地方区域具体该如何在府际之间进行配置?具体如何优化其运行?以使我国真正形成中国式的中央地方关系治理模式和地方府际关系治理模式,促使我国实现政府治理现代化和国家治理现代化,这是本书尚没有完成的任务,也是笔者今后努力的方向。

参考文献

一、中文文献

(一)著作类

1.邓小平.邓小平文选(第一卷).2版[M].北京:人民出版社,1994.

2.邓小平.邓小平文选(第二卷).2版[M].北京:人民出版社,1994.

3.邓小平.邓小平文选(第三卷)[M].北京:人民出版社,1993.

4.暴景升.当代中国县政改革研究[M].天津:天津人民出版社,2007.

5.陈诗一,张军.财政分权改善了中国地方政府的支出效率吗?——来自1978—2004年的省级证据.为地方而竞争[M].北京:社会科学文献出版社,2007.

6.陈晓萍,徐淑英,樊景立.组织与管理研究的实证方法[M].北京:北京大学出版社,2008.

7.陈云.陈云文选(第三卷)[M].北京:人民出版社,1995.

8.[美]道恩·亚科布齐.中介作用分析.李骏,译[M].上海:格致出版社,2012.

9.[美]道格拉斯·C.诺斯.经济史中的结构与变迁[M].陈郁,等译.上海三联出版社,1994.

10.丁学良.辩论"中国模式"[M].北京:社会科学文献出版社,2011.

11.樊红敏.县域政治权力实践与日常秩序——河南省南河市的体验观察与阐释[M].北京:中国社会科学出版社,2008.

12.冯兴元.地方政府竞争——理论范式、分析框架与实证研究[M].南京:译林出版社,2010.

13.付勇.中国式分权与地方政府行为:探索转变发展模式的制度性框架[M].上海:复旦大学出版社,2010.

14.[美]盖瑞·J.米勒.管理困境——科层的政治经济学.王勇,等译[M].上海:上海三联书店,2002.

15.何显明.市场化进程中的地方政府行为逻辑[M].北京:人民出版社,2008.

16.胡书东.经济发展中的中央与地方关系——中国财政制度变迁研

究[M].上海：上海人民出版社,2001.

17.江大树.迈向地方治理——议题、理论与实务[M].台北：元照出版公司,2006.

18.[美]金在温,查尔斯·W.米勒.因子分析：统计方法与应用问题.叶华,译[M].上海：格致出版社,2012.

19.剧锦文.转轨过程中乡镇政府的角色与行为——甘肃省华亭县砚峡乡调查[M].北京：中国社会科学出版社,2010.

20.[匈牙利]卡尔·波兰尼.巨变——当代政治与经济的起源[M].北京：社会文献出版社,2013.

21.[美]劳伦斯·汉密尔顿.应用STATA做统计分析,2版.郭志刚,等译[M].重庆：重庆大学出版社,2011.

22.李萍,许宏才,李承.财政体制简明图解[M].北京：中国财政经济出版社,2010.

23.李长宴.迈向府际合作治理：理论与实践[M].台北：元照出版公司,2009.

24.李子奈,潘文卿.计量经济学,3版[M].北京：高等教育出版社,2010.

25.[英]理查德·惠特利.多样化的资本主义——社会制度的构建与商业体制的变迁.公茂虹,等译[M].北京：新华出版社,2004.

26.林尚立.国内府际关系[M].杭州：浙江人民出版社,1998.

27.刘国光,张卓元,董志凯,等.中国十个五年计划研究报告[M].北京：人民出版社,2006.

28.刘霞辉,张平,张晓晶.改革年代的经济增长与结构变迁[M].上海：格致出版社,2008.

29.卢盛峰.转型期中国财政再分配效应研究[M].中国社会科学出版社,2014.

30.卢纹岱.SPSS统计分析,4版[M].北京：电子工业出版社,2010.

31.[加拿大]罗伯特·安德森.现代稳健回归方法.李丁,译[M].上海：格致出版社,2012.

32.罗丹,陈洁等.中国县乡财政调查[M].上海：上海远东出版社,2008.

33.[意]罗红波,M·巴尔巴托.经济发展中的中央与地方作用——中意比较研究[M].北京：社会科学文献出版社,2009.

34.罗胜强.管理学问卷调查研究方法.组织与管理研究的实证方法

[M].北京:北京大学出版社,2008.

　　35.马斌.府际关系:权力配置与地方治理——基于省、市、县府际关系的研究[M].杭州:浙江大学出版社,2009.

　　36.马庆国.管理统计学[M].北京:科学出版社,2002.

　　37.[英]帕特里克·敦利威.民主、官僚制与公共选择——政治科学中的经济学阐释.张庆东,译[M].北京:中国青年出版社,2004.

　　38.钱穆.中国历代政治得失[M].北京:生活·读书·新知三联书店,2005.

　　39.钱颖一.现代经济学与中国经济改革[M].北京:中国人民大学出版社,2003.

　　40.秦晓.市场化进程:政府与企业[M].北京:社会科学文献出版社,2010.

　　41.[日]青木昌彦,奥野正宽.经济体制的比较制度分析[M].北京:中国发展出版社,2005.

　　42.[日]青木昌彦、金滢基、奥野一藤原正宽.政府在东亚经济发展中的作用[M].北京:中国经济出版社,1998.

　　43.[日]青木昌彦,吴敬琏.从威权到民主[M].北京:中信出版社,2008.

　　44.荣敬本.从压力型体制向民主合作体制的转变[M].北京:中央编译出版社,1998.

　　45.[英]斯蒂芬·贝利.地方政府经济学:理论与实践.左昌盛,等译[M].北京:北京大学出版社,2006.

　　46.宋承先.现代西方经济学[M].上海:复旦大学出版社,1994.

　　47.汤志林,殷存毅.治理结构与高新区技术创新[M].北京:社会科学文献出版社,2012.

　　48.唐志军.地方政府竞争与中国经济增长——对中国之"谜"中的若干谜现的解释[M].北京:中国经济出版社,2011.

　　49.田毅,赵旭.他乡之税:一个乡镇的三十年,一个国家的"隐秘"财政史[M].北京:中信出版社,2008.

　　50.王焕祥.中国地方政府与竞争的行为、制度、及其演化研究[M].北京:光明日报出版社,2009.

　　51.王绍光,胡鞍钢.中国国家能力报告[M].沈阳:辽宁人民出版社,1993.

　　52.王天夫,李博柏.STATA实用教程[M].北京:中国人民大学出版社,

2008.

53.[美]威廉·D.贝里.理解回归假设.余珊珊,译[M].上海:格致出版社,2012.

54.[美]威廉姆·A.尼斯坎南.官僚制与公共经济学.王浦劬,等译[M].北京:中国青年出版社,2004.

55.吴敬琏.中国增长模式抉择[M].上海:上海远东出版社,2006.

56.徐现祥,王贤彬.中国地方官员治理的增长绩效[M].北京:科学出版社,2011.

57.[英]亚当·斯密.国民财富的性质和原因的研究[M].商务印书馆,1972.

58.鄢一龙.目标治理——看得见的五年规划之手[M].北京:中国人民大学出版社,2013.

59.杨春学,姚宇,刘剑雄等.增长方式转变的理论基础和国际经验[M].北京:社会科学文献出版社,2012.

60.杨雪冬,赖海榕.地方的复兴:地方治理改革30年[M].北京:社会科学文献出版社,2009.

61.杨之刚.财政分权理论与基层公共财政改革[M].北京:经济科学出版社,2006.

62.姚洋.作为制度创新过程的经济改革[M].上海:格致出版社,2008.

63.殷存毅.区域发展与政策[M].北京:社会科学文献出版社,2011.

64.[美]詹姆斯·杰卡德,罗伯特·图里西.多元回归中的交互作用.蒋勤,译[M].上海:格致出版社,2012.

65.张静.基层政权乡村制度诸问题[M].杭州:浙江人民出版社,2000.

66.张军,周黎安.为增长而竞争[M].上海:格致出版社,2008.

67.张千帆,肖泽晟.宪法学[M].北京:法律出版社,2004.

68.张志红.当代中国政府纵向关系研究[M].天津:天津人民出版社,2005.

69.郑永年.中国模式——经验与困局[M].杭州:浙江人民出版社,2010.

70.周飞舟.以利为利:财政关系与地方政府行为[M].上海:上海三联书店,2012.

71.周黎安.转型中的地方政府:官员激励与治理[M].上海:格致出版社,2008.

72.周天勇.中国行政体制改革30年[M].上海:格致出版社,2008.

73.周振超.当代中国政府"条块关系"研究[M].天津:天津人民出版社,2009.

74.周振鹤.中国地方行政制度史[M].上海:上海人民出版社,2005.

(二)文章类

1.艾莹莹.地方政府竞争效率评估及其制度成因分析[D].武汉大学,2017.

2.边晓慧,张成福.府际关系与国家治理:功能、模型与改革思路[J].中国行政管理,2016,5.

3.卞元超,白俊红.官员任期与中国地方政府科技投入——来自省级层面的经验证据[J].研究与发展管理,2017,5.

4.蔡英辉,刘晶.府际治理的新理路——行政主体与主体间性的契合[J].中共浙江省委党校学报,2009,1.

5.陈芳,刘松涛.官员异地交流提升了长江经济带绿色发展水平吗?——基于多期双重差分模型的实证考察[J].安徽大学学报(哲学社会科学版),2022,4.

6.陈国福,唐炎钊.经济高质量发展的内外双循环驱动因素和政府竞争的影响机制[J].经济问题探索,2022,1.

7.陈家建.中国农村治理研究的理论变迁[J].江汉论坛,2015,1.

8.陈抗、Arge L.Hillman、顾清扬:财政集权与地方政府行为变化—从援助之手到攫取之手[J]:经济学(季刊),2002,4.

9.陈科霖,谷志军.多元政绩竞赛:中国地方官员晋升的新解释[J].政治学研究,2022,1.

10.陈潭,刘兴云.锦标赛体制、晋升博弈与地方剧场政治[J].公共管理学报,2004,2.

11.戴长征.国家权威碎裂化:成因、影响及对策分析[J].中国行政管理,2004,6.

12.董志霖,闫泽华."倒U形"关系可靠吗?对官员任期与经济绩效关系文献的荟萃回归分析[J].公共管理评论,2020,2.

13.段俊宇.省级地方官员的任期与经济增长[J].经济资料译丛,2016,1.

14.段润来.中国省级政府为什么努力发展地方经济[J].南方经济,2009,8

15.方坤.县级宣传系统运行机制研究[D].华中师范大学,2018.

16.冯猛.目标权衡与过程控制:地方政府创新的行为逻辑[J].社会学

研究杂志,2020,4.

17.傅勇,张晏.中国式分权与财政支出结构偏向——为增长而竞争的代价[J].管理世界,2007,3.

18.干春晖,邹俊,王健.地方官员任期、企业资源获取与产能过剩[J].中国工业经济,2015,3.

19.高恩新.事权分化、尺度重构与权威嵌入:开发区管理体制变迁的三重逻辑[J].行政论坛,2021,3.

20.高鹤.财政分权、经济结构与地方政府行为:一个中国经济转型的理论框架[J],世界经济,2006,10.

21.耿曙,庞保庆,钟灵娜.中国地方领导任期与政府行为模式:官员任期的政治经济学[J].经济学(季刊),2016,3.

22.顾海兵,雷英迪.地方官员任期长度与辖区经济增速的相关性研究[J].学术界,2013,11.

23.郭栋,胡业飞.地方政府竞争:一个文献综述[J].公共行政评论,2019,3.

24.郭平,林晓飞.地方官员特征与民生财政支出——来自中国省长省委书记的证据[J].地方财政研究,2018,3.

25.何梦笔(Carsten Herrmann-Pillath).政府竞争:大国体制转型的理论分析范式[J].广东商学院学报.2009,3.

26.贺俊,吴照奂.财政分权、经济增长与城乡收入差距——基于省际面板数据的分析[J].当代财经,2013,5.

27.侯翔.地方政府竞争对经济高质量发展影响研究[D].华南理工大学,2020.

28.后小仙,马融,南永清.地方官员任期与营商环境优化[J].经济与管理评论,2020,36,6.

29.胡晓东.基层"减负"与治理:根源性因素探讨[J].治理研究,2022,2.

30.黄建洪.国家级开发区转型升级中的治理体制机制创新:向度与题域[J].中国行政管理,2019,5.

31.黄晓春,周黎安.政府治理机制转型与社会组织发展[J].中国社会科学,2017,11.

32.黄晓春,嵇欣.当代中国政府治理模式转型的深层挑战—— 一个组织学视角的分析[J].社会科学,2018,11.

33.贾俊雪,郭庆旺,高立.中央财政转移支付、激励效应与地区间财政支出竞争[J].财贸经济,2010,11.

34.贾俊雪,应世为.财政分权与企业税收激励——基于地方政府竞争视角的分析[J].中国工业经济,2016,10.

35.江新峰.产业政策、官员激励与企业投资同群效应研究[D].中南财经政法大学,2017.

36.解胜利."创建式治理":一种常态化的非常规治理方式研究[D].华中师范大学,2020.

37.靳文辉.风险规制中的央地政府关系之规范建构[J].法学研究,2022,5.

38.柯学民.地方政府层级体制改革研究[D].武汉大学,2015.

39.康靖.限制地方政府自利性行为的路径探析[J].农村经济与科技,2013,4.

40.康靖.地方政府政策执行的自利性研究[D].华中科技大学,2012.

41.蓝志勇,胡税根.中国政府绩效评估:理论与实践[J].政治学研究,2008,3.

42.李波.农村环境治理[D].南京农业大学,2018.

43.李先涛.改革开放四十年来县级行政区划改革研究[D].山东大学,2019.

44.李振,鲁宇.中国的选择性分(集)权模式——以部门垂直管理化和行政审批权限改革为案例的研究[J].公共管理学报,2015.

45.李强,刘庆发.财政分权、地方竞争与经济增长质量[J].大连理工大学学报(社会科学版),2021,5.

46.李杨,王中兴.地方官员任期变化的经济影响与作用机制—基于地市级面板数据的实证研究[J].经济问题,2017,6.

47.李永友,沈坤荣.辖区间竞争、策略性财政政策与FDI增长绩效的区域特征[J].经济研究,2008,5.

48.李永友.转移支付与地方府际财政竞争[J].中国社会科学,2015,10.

49.李勇刚,高波,许春招.晋升激励、土地财政与经济增长的区域差异——基于面板数据联立方程的估计[J].产业经济研究,2013,1.

50.郦水清,陈科霖,田传浩.中国的地方官员何以晋升:激励与选择[J].甘肃行政学院学报,2017,3.

51.连蕾.地方政府竞争、基础设施投资与地方经济增长[D].西北大学,2018.

52.林南.地方性市场社会主义:中国农村地方法团主义之实际运行[J].国外社会学,1996.

53.林毅夫,刘志强.中国的财政分权与经济增长[J].北京大学学报(哲学社会科学版),2000,4.

54.林勇,卓玛草."双刃剑"上的中国财政分权——基于经济增长和波动效应的研究[J].经济问题探索,2013,3.

55.梁师嘉.党政主要领导平均任期对区域环境治理影响研究[D].中国地质大学,2020.

56.刘杰."盲人摸象"四大难题:寻找政府研究的拼图[J].大国善治,2022,8.

57.刘亮亮.财政分权对地方经济增长及公共福利的非线性效应研究[D].中国科学技术大学,2018.

58.刘儒,卫离东.地方政府竞争、产业集聚与区域绿色发展效率——基于空间关联与溢出视角的分析[J].经济问题探索,2022,1.

59.刘伟.经济增长与地方官员晋升激励的研究脉络[J].经济学动态,2016,1.

60.刘亚平.对地方府际竞争的理念反思[J].人文杂志,2006,2.

61.刘祖云.府际关系:合作博弈与府际治理[J].学海,2007,1.

62.路风.中国经济为什么能够增长?[J].中国社会科学,2022,1.

63.罗敏.简政放权视阈下地方政府的自利性行为及其规制之道[J].理论导刊,2016,8.

64.吕冰洋,陈怡心.财政激励制与晋升锦标赛:增长动力的制度之辩[J].财贸经济,2022,6.

65.吕勇斌,金照地,付宇.财政分权、金融分权与地方经济增长的空间关联[J].财政研究,2020,1.

66.梅赐琪,翟晓祯."政绩出官"可持续吗?——挑战晋升锦标赛理论的一个新视角[J].公共行政评论,2018,3.

67.缪小林,伏润民,王婷.地方财政分权对县域经济增长的影响及其传导机制研究——来自云南106个县域面板数据的证据[J].财经研究,2014,9.

68.欧阳静.压力型体制与乡镇的策略主义逻辑[J].经济社会体制比较,2011,3.

69.潘婉彬,张芳菲.财政分权、官员任期与地区对外直接投资[J].投资研究,2021,40,6.

70.皮建才.政治晋升激励机制下的地方重复建设——横向与纵向的比较分析[J].财经科学,2009,9.

71.钱海刚.财政分权、预算软约束与地方政府恶性竞争[J].财政研究,2009,3.

72.钱伟刚,应琛.地方政府治理的三重逻辑——以浦江治水为例[J].浙江社会科学,2016,7.

73.钱颖一,许成钢.中国的经济改革为什么与众不同——M型的层级制和非国有部门的进入与扩张[J].经济社会体制比较,1993,11.

74.乔坤元,周黎安,刘冲.中期排名、晋升激励与当期绩效:关于官员动态锦标赛的一项实证研究[J].经济学报,2014,1,3.

75.丘海雄,徐建牛.市场转型过程中地方政府角色研究述评[J].社会学研究,2004,4.

76.邱国庆.中国财政分权的区域创新效应研究[D].辽宁大学,2020.

77.邱磊.地方政府竞争影响经济增长的动力机制研究[J].安徽大学学报(哲学社会科学版),2017,3.

78.冉冉."压力型体制"下的政治激励与地方环境治理[J].经济社会体制比较,2013,3.

79.荣敬本."压力型体制"研究的回顾[J].经济社会体制比较,2013,6.

80.申田.地方政府行为视角下中国经济发展方式转变研究[D].西北大学,2018.

81.沈坤荣,付文林.税收竞争、地区博弈及其增长绩效[J].经济研究,2006,6.

82.沈立人、戴园晨.我国"诸侯经济"的形成及其弊端和根源[J].经济研究,1990,3.

83.宋妍.为发展而竞争:地方政府多维度竞争的激励机制分析[J].中国人口·资源与环境,2020,5.

84.孙勇.中国式财政分权、金融发展与经济增长[J].经济问题探索,2017,9.

85.唐惠敏.央地关系法治化视域下地方政府施策能力研究[D].安徽大学,2018.

86.唐世平.经济发展的新制度经济学:一个根本性的批判[J].经济社会体制比较,2021,6.

87.陶然,陆曦,苏福兵,汪晖.地区竞争格局演变下的中国转轨:财政激励和发展模式反思[J].经济研究,2009,7.

88.陶然,苏福兵,陆曦,朱昱铭.经济增长能够带来晋升吗？——对晋升锦标竞赛理论的逻辑挑战与省级实证重估[J].管理世界,2012,12.

89.田川.我国区域经济增长的空间分异与发展对策——基于地方分权视角[J].商业经济研究,2020,9.

90.托尼·赛奇.盲人摸象:中国地方政府分析[J].经济社会体制比较,2006,4.

91.汪冲.府际转移支付、预算软约束与地区外溢[J].财经研究,2014,8.

92.汪立鑫,闫笑.地方政府竞争对中国经济增长的贡献:FDI视角的分析[J].上海经济研究,2018,2.

93.汪伟全.论府际管理:兴起及其内容[J].南京社会科学,2005,9.

94.王柏杰,郭鑫.地方政府行为、"资源诅咒"与产业结构失衡——来自43个资源型地级市调查数据的证据[J].山西财经大学学报,2017,6.

95.王汉生,王一鸽.目标管理责任制:农村基层政权的实践逻辑[J].社会学研究,2009,2.

96.王华春,刘清杰.地方政府财政支出竞争与经济增长效应:基于策略互动视角[J].广东财经大学学报,2016,1.

97.王砾.政治压力与企业行为[D].华中科技大学,2018.

98.王文剑,仇建涛,覃成林.财政分权、地方政府竞争与FDI的增长效应[J].管理世界,2007,3.

99.王贤彬,徐现祥.地方官员来源、去向、任期与经济增长——来自中国省长省委书记的证据[J].管理世界,2008,3.

100.王贤彬,徐现祥,李郁.地方官员更替与经济增长[J].经济学(季刊),2009,7.

101.王永钦,张晏,章元,等.中国的大国发展道路——论分权式改革的得失[J].经济研究,2007,1.

102.韦伯,儒家,马奇.三个视角下的中国科层体系[J].社论前沿,2021,8.

103.韦巍,何庆光.财政分权、地方政府行为对经济增长的影响研究[J].经济研究参考,2015,47.

104.吴俊培,王宝顺.我国省际间税收竞争的实证研究[J].当代财经,2012,4.

105.吴俊培,郭检沂.关于建构我国一般性转移支付基金制度的可行性研究[J].财贸经济.2016,12.

106.吴雅琴.财政分权对地方经济增长影响的实证研究[J].统计与决策,2013,15.

107.吴垠,孔德,罗家豪.矿产资源产权、政府分权与矿业大部制改革[J].中国矿业大学学报(社会科学版),2020,1.

108.向杨.一种独特的中国地方官员激励模式[J].经济社会体制比较.2019,6.

109.谢国根,张凌,赵春艳.财政分权、地方政府竞争与经济高质量发展[J].统计与决策,2021,5.

110.谢庆奎.中国政府的府际关系研究[J].北京大学学报(哲学社会科学版),2000,1.

111.项后军,巫姣,谢杰.地方债务影响经济波动吗[J].中国工业经济,2017,03.

112.徐文,王正.行政发包和晋升锦标赛双重约束下基层减负的突破路径研究[J].安徽行政学院学报,2020,3.

113.徐现祥,王贤彬,舒元.地方官员与经济增长—来自中国省长、省委书记交流的证据[J].经济研究,2007,9.

114.徐现祥,王贤彬.晋升激励与经济增长:来自中国省级官员的证据[J].世界经济,2010,2.

115.徐现祥,王贤彬.任命制下的官员经济增长行为[J].经济学(季刊),2010,7.

116.徐艳飞.中国地方政府经济行为模式与经济增长研究[D].武汉大学,2014.

117.徐勇,黄辉祥.目标责任制:行政主控型的乡村治理及绩效—以河南L乡为个案[J].学海,2002,1.

118.许经勇.地方政府助推中国经济高速增长机理研究[J].湖湘论坛,2022,35,3.

119.许敬轩.中国式政府竞争、地方环境治理与企业避税[J].河北经贸大学学报,2019,1.

120.鄢一龙.目标治理是中国独特的制度创新[J].前线,2013,11.

121.杨海生,陈少凌,罗党论,佘国满.政策不稳定性与经济增长——来自中国地方官员变更的经验证据[J].管理世界,2014,9.

122.杨继麒.财政分权、城镇化与民生性财政支出[J].中国人口·资源与环境,2015,1.

123.杨龙.府际关系调整在国家治理体系中的作用[J].南开学报(哲

学社会科学版),2015,6.

124.杨善华,苏红.从代理型政权经营者到谋利型政权经营者[J].社会学研究,2002,1.

125.杨雪冬.地方府际分权的条件:基于地县关系的分析[J].探索与争鸣,2011,2.

126.杨雪冬.压力型体制:一个概念的简明史[J].社会科学,2012,11.

127.杨志军.中央聚合-地方封闭政策体制及其更新:国家治理现代化的政治资源再造[J].学术月刊,2022,1.

128.叶志鹏.上下互动式扩权:内生型经济发展中的地方政府行为逻辑——对昆山经济发展的长时段考察[J].公共管理学报,2022,3.

129.殷存毅等."放权"或"分权":我国央地关系初论[J].公共管理评论,2012,12.

130.殷德生.最优财政分权与经济增长[J].世界经济,2004,11.

131.尹振东,聂辉华.腐败、官员治理与经济发展[J].经济学(季刊),2020,2.

132.詹新宇,刘文彬.中国式财政分权与地方经济增长目标管理——来自省、市政府工作报告的经验证据[J].管理世界,2020,3.

133.张彩云,苏丹妮,卢玲,王勇.政绩考核与环境治理——基于地方府际策略互动的视角[J].财经研究,2018,44,5.

134.张成福,边晓慧.超越集权与分权,走向府际协作治理[J].公共管理与政策评论,2013,4.

135.张紧跟.府际治理:当代中国府际关系研究的新趋向[J].学术研究,2013,2.

136.张军.中国经济增长:为增长而竞争[J].世界经济文汇,2005,4.

137.张军,高远,傅勇.中国为什么拥有了良好的基础设施?——分权竞争、政府治理与基础设施的投资决定[J].经济研究,2007,3.

138.张军,高远.改革以来中国的官员任期、异地交流与经济增长——来自省级经验的数据[J].经济研究,2007,11.

139.张辽.政府竞争如何影响地方经济增长?[J].经济经纬,2017,4.

140.张明军、汪伟全.论和谐地方府际关系的构建:基于府际治理的新视角[J].中国行政管理,2007,11.

141.张倩,邓明.财政分权与中国地方经济增长质量[J].宏观质量研究,2017,3.

142.张汝立.目标责任制与手段选择的偏差——以农村基层政权组织

的运行困境为例[J].理论探讨,2003,4.

143.张伟,崔万田.地方官员任期、晋升压力与经开区经济增长关系研究[J].软科学,2019,10.

144.张伟.地方官员治理与经开区经济的高质量发展研究[D].辽宁大学,2019.

145.张晏,龚六堂.分税制改革、财政分权与中国经济增长[J].经济学(季刊),2005,5,1.

146.张长东.政党、国家能力与经济发展:改革开放过程中的政府与市场关系[J].北大政治学评论.2022,1.

147.赵扶扬,吴立元,龚六堂.竞争激励下的地方政府行为与宏观经济波动[J].世界经济文汇,2021,5.

148.赵静,陈玲,薛澜.地方政府的角色原型、利益选择和行为差异——一项基于政策过程研究的地方政府理论[J].管理世界,2013,2.

149.赵聚军,李佳凯.行政区划调整如何优化基层治理?[J].行政论坛,2021,5.

150.赵浪.财政分权体制下地方政府的自利性行为研究[J].安徽行政学院学报,2014,3.

151.赵全军,孙锐.压力型体制与地方政府创新——"人才争夺战"现象的行政学分析[J].社会科学战线,2022,8.

152.钟灵娜,庞保庆.压力型体制与中国官员的降职风险:基于事件史分析的视角[J].南方经济,2016,10.

153.仲晓义.不对等权力结构中下级联合避责的生成逻辑与防范策略[J].领导科学,2022,3.

154.周飞舟.锦标赛体制[J].社会学研究,2009,3.

155.周飞舟.从汲取型政权到"悬浮型"政权——税费改革对国家与农民关系之影响[J].社会学研究,2006.

156.周黎安.晋升博弈中政府官员的激励与合作——兼论我国地方保护主义和重复建设问题长期存在的原因[J].经济研究,2004,6.

157.周黎安,李宏彬,陈烨.相对绩效考核:中国地方官员晋升机制的一项经验研究[J].经济学报,2005,1.

158.周黎安.中国地方官员的晋升锦标赛模式研究[J].经济研究,2007,7.

159.周黎安,刘冲,厉行,翁翕."层层加码"与官员激励[J].世界经济文汇,2015,1.

160.周黎安.行政发包的组织边界 兼论"官吏分途"与"层级分流"现象[J].社会,2016,1.

161.周黎安."官场+市场"与中国增长故事[J].社会,2018,2.

162.周雪光.基层府际的"共谋现象"——一个政府行为的制度逻辑[J].社会学研究,2008,6.

163.周雪光.权威体制与有效治理:当代中国国家治理的制度逻辑[J].开放时代,2011,10.

164.周雪光,练宏.中国政府的治理模式:一个"控制权"理论[J].社会学研究,2012,5.

165.周雪光.运动型治理机制:中国国家治理的制度逻辑再思考[J].开放时代,2012,9.

166.周雪光.改变中国政治逻辑,才能改造科层系统[J].日南都网,2013,4.

167.周雪光.行政发包制与帝国逻辑——周黎安《行政发包制》读后感[J].社会,2014,6.

168.周业安.地方政府竞争与经济增长[J].中国人民大学学报,2003,1.

169.周志忍.公共组织绩效评估中国实践的回顾与反思[J].兰州大学学报:社会科学版,2007,35,1.

170.周怡.分税制下地方财政缺口与土地财政行为研究[D].华中科技大学,2018.

171.朱光磊,张志红."职责同构"批判[J].北京大学学报(哲学社会科学版),2005,1.

172.朱浩.财政分权、政府治理与中国经济增长[D].重庆大学,2014.

173.朱金鹤,王雅莉,侯林岐.政绩考核导向调整能否破解利益悖论?——地方政府竞争压力视角的中国经验[J].西部论坛,2021,31,4.

174.曾凡军.GDP崇拜、压力型体制与整体性治理研究[J].广西社会科学,2013,6.

175.曾娟兰.地方政府政策执行偏差及控制:基于政府自利性的视角[J].梧州学院学报,2014,1.

176.曾湘泉,李智,王辉.官员晋升机制与经济社会发展[J].劳动经济研究,2020,6.

177.曾湘泉,李智,王辉.官员任期对地方经济增长效应研究[J].中国人民大学学报,2021,1.

二、英文文献

(一)著作类

1. Bahl, R. and L. Linn, *Urban Public Finance in a Developing Countries*, Oxford University Press, 1992.

2. Break, George F, *Intergovernmental Fiscal Relations in the United states*, The Brooklings Institution, 1976.

3. Brennan, G. & J, *Buchanan*, The Power to Tax. Cambridge University Press. 1980,32−51.

4. Breton, Albert, *Competitive Governments: An Economic Theory of Politics and Publi Finance*, Cambridge University Press, 1996.

5. Chandler Alfred D., *Strategy and Structure*, New York: Doubleday, 1966.

6. Chien Shiuh−Shen, Litao Zhao, *Cross Regional Cadre Transfer and Local Economic Development: Evidence from Jiangsu Province*, Annual Conference of Association of American Geographers, San Francisco, April, 2007.

7. Douglass North, Touard a theory of Institutional change, In W. Barnect, M.H:nich, and N. Schofield, eds., *Political Economy, Institutional, Competition, and Representation*, Cambridge University Press, 1993, 61−69.

8. Easterly, William, *The Elusive Quest for Growth: Economics' Adven−tures and Misadventures in the Tropics*, The MIT Press, 2005.

9. Edin Maria,*Market Forces and Communist Power: Local Political Institutions and Economic Development in China*, Uppsala: Uppsala University, Department of Government, 2000.

10. Garcia−Vega, M. And Herce, J. A, *Does Tenure in Office Affect Regional Growth?*, The Role of Public Capital Productivity Public Choice, 2011,146.

11. H. Khan Mushtaq and K.S. Jomo(eds.), *Rents, Rent−Seeking and Economic Development: Theory and Evidence in Asia*, Cambridge: Cambridge University Press, 2000.

12. Karl, Terry Lynn, *The Paradox of Plenty: Oil Booms and Petro−States*, Berkeley: University of California Press, 1997.

13. Kornai Janos, *The Economics of Shortage*, London and New York: Elsevier Science, 1980.

14. Kornai Janos, *The Socialist System: The Political Economy of Commu-*

nism, Princeton: Princeton University Press, 1992.

15. Landry Pierre F, *Decentralized Authoritarianism in China: The Communist Party's Control of Local Elites in the Post-Mao Era*, Cambridge and New York: Cambridge University Press, 2008.

16. Lieberthal, Kenneth, and David M, *Lamton. Bureaucracy, Politics, and Decision Making in Post-Mao China*, Berkeley: University of California press.1992.

17. Mei, C, *Brings the Politics Back in: Poltical Incentive and Policy Distortion in China*, *PhD Thesis*, University of Maryland, College Park, 2009.

18. Musgrave, Richard, *Public Finance*, New York: McGraw Hill, 1959.

19. Oi Jean C, *Rural China Takes Off: Institutional Foundations of Economic Reform*, Berkeley and London: University of California Press, 1999.

20. Shue V., *The Reach of the State: Sketches of the Chinese Body Politic*, Stanford: Stanford University Press.1988.

21. Williamson Oliver E, *Markets and Hierarchies: Analysis and Antirust Implications*, New York: Free Press, 1975.

22. Xu Chenggang, Juzhong Zhuang, Why China Grew: The Role of Decentralization, In Emerging from Communism: Lessons from Russia, China, and Eastern Europe, ed, *Peter Boone, Stanislaw Gomulka and Ricahrd layard*, 183-212, Cambridge and London: MIT Press, 1998.

(二)文章类

1. Andrew G.Walder, Local Governments as Industrial Firms: An Organizational Analysis of China's Transitional Economy, *American Sociological Review*, 1995, 101.

2. Bardhan P. Awakening Giants, Feet of Clay: A Comparative Assessment of the Rise of China and India, *Journal of South Asian Development*, 2006,1,1.

3. Bardhan Pranab.Decentalization of Governance and Development, *Journal of Economic Perspectives*, 2002, 16,4.

4. Besley, T.and Case A., Does Electoral Accountability Affect Economic Policy Choice? Evi-dence from Gubernatorial Term Limits, *Quarterly Journal of Economics*, 1995,3.

5. Blanchard O.Shleifer A., Federalism With and Without Political Centralization: China versus Russia, *IMF Economic Review*, 2001,48,1.

6. Blanchard Olivier, Andrei Shleifer, Federalism with and without Politi-

cal Centralization: China versus Russia, *IMF Staff Papers*, 2001,48.

7. Burns John P., Strengthening Central CPP Control of Leadership Selection: The 1990 Nomenklatura, *China Quarterly*, 1994,138.

8. Cai Hongbin, Daniel Treisman, Does Competition for Capital Discipline Governments? Decentralization, Globalization, and Public Policy, *American Economic Review*, 2005,95,3.

9. Chen Ye, Hongbin Li and LiAn Zhou, Relative Performance Evaluation and the Turnover of Provincial Leaders in China, *Economics Letters*, 2005,88,3.

10. Coase Ronald H. The Institutional Structure of Production, *American Economic Review*, 1992,82,4.

11. Edin Maria, State Capacity and Local Agent Control in China: CCP Cadre Management from a Township Perspective, *China Quarterly*, 2003,173.

12. Edwards, K, Tax Competition and Leviathan, *European Economic Review*, 1992,40,113-134.

13. Friedrich A. Hayek, The Use of Knowledge in Society, *American Economic Review*, vol.35, no.4, 1995.

14. Hayek F. A, The Use of Knowledge in Society, *American Economic Review*, 1945, 35,4.

15. Huang Yasheng, Central-Local Relations in China during the Reform Era: The Economic and Institutional Dimensions, *World Development*, 1996, 24,4.

16. Hall, Peter A., and Rosemary C. R. Taylor, Political science and the three new institutionalisms, *Political studies*, 1996,4,936-957.

17. Jean Oi, Fiscal Reform and the Economic Foundation of Local State Corporatism in China, *World Politics*, 1992,45,1.

18. Jin Hehui, Yingyi Qian and Barry R, Weingast. Regional Decentralization and Fiscal Incentives: Federalism, Chinese Style, *Journal of Public Economics*, 2005,89.

19. Jones, B. and B., Olken. Do Leaders Matter? National Leadership and Growth Since World War I, *Quarterly Journal of Economics*, 2005,120.

20. Kanbur Ravi, Xiaobo Zhang, Fifty Years of Regional Inequality in China: A Journey through Central Planning, Reform, and Openness, *Review of Development Economics*, 2005. 9,1.

21. Keen Michael, Maurice Marchand, Fiscal Competition and the Pattern of Public Spending, *Journal of Public Economics*, 1997, 66,1.

22. Kornai Janos, Eric Maskin and Gerard Roland, Understanding the Soft Budget Constraint, *Journal of Economic Literature*, 2003,41,4.

23. Kornai Janos, The Hungarian Reform Process: Visions, Hopes and Reality, *Journal of Economic Literature*, 1986, 24,4.

24. Kung James Kai-Sing, Yi-Min Lin, The Decline of Township-and-Village Enterprises in China's Economic Transition, *World Development*, 2007, 35,4.

25. Landry, P. F. Lu, X. &. Duan, H, Does Performance Matter? Evaluating Political Selection Along the Chinese administrative Ladder, *Comparative Political Studies*, 2018,51,8.

26. Lazear, E.P., &. Rosen, S, Rank-order Tournaments as Optimum Labor Contract, *Journal of poltical Economy*, 1981,89,5.

27. Li H.B., Zhou L. A, Political Turnover and Economic Performance: The Incentive role of Personnel Control in China, *Journal of PublicEconomics*, 2005,89,9.

28. Li-An Zhou, The administrative subcontract: Significance, relevance and implications for intergovenmental relations in China, *Chinese Journal of Sociology*, 2016,2,1.

29. Lin Justin Yifu, Zhiqiang Liu, Fiscal Decentralization and Economic Growth in China, *Economic Development and Cultural Change*, 2000, 49,1.

30. Markevich Andrei, Ekaterina Zhuravskaya, M-Form Hierarchy with Poorly-Diversified Divisions: A Case of Kruschev's Reform in Soviet Russia, *Journal of Public Economics*, 2011, 95.

31. Maskin Eric, Chenggang Xu, Soft Budget Constraint Theories: From Centralization to the Market, *Economics of Transition*, 2001, 9,1.

32. Maskin Eric, Yingyi Qian, and Chenggang Xu, Incentives, Information, and Organizational Form, *Review of Economic Studies*, 2000, 67,2.

33. March, James G., and Johan P. Olsen, The new institutionalism: Organizational factors in political life, *American Political Science Review*, 1984, 78: 734-749.

34. Mertha Andrew C, China's "Soft" Centralization: Shifting Tiao/Quai Authority Relations, *China Quarterly*, 2005,184.

35. Montinola G., Qian Y. B., Weingast B. Federalism, Chinese st yle: The Political Basis for Economic Success, *World Politics*, 1996,48,1.

36.Montinola Gabriella, Yingyi Qian, and Barry R., Weingast.Fedaralism, Chinese Style: The Political Basis for Economic Success in China, *World Politics*, 1995, 48,1.

37.Oates, Wallace E, An Essay on Fiscal Federalism, *Journal of Economic Literature*, 1999, 37,3.

38.Oates, Wallace E, Toward A Second-Generation Theoryof Fiseal Federalism, *International Tax and Public Finance*, 2005,12.

39. Oates, W. E., Searching for Leviathan: An empirical study, *American Economic Review*, 1985,75,4.

40. Oates, Wallace, Fiscal Federalism, *Harcourt Brace Jovanovichi*, 1972,35.

41.Philippe C. Schmitter, Still the century of corporatism?, *The Review of Politics*, Vol. 36, No. 1,1974.

42. Pierre F. Landry, The political management of mayors in Post-Deng China, *The Copenhagen Journal of Asian Studies*, 2003,17.

43.Qian Yingyi, Barry R., Weingast.Federalism as a Commitment to Reserving Market Incentives, *Journal of Economic Perspectives*, 1997, 11,4.

44.Qian Yingyi, Chenggang Xu, Why China's Economic Reforms Differ: The M-Form Hierarchy and Entry/Expansion of the Non-state Sector, *Economics Transition*, 1993, 1,2.

45.Qian Yingyi, Gerard Roland and Chenggang Xu, Coordination and Experimentation in M-Form and U-Form Organizations, *Journal of Political Economy*, 2006, 114,2.

46. Qian Yingyi, Gerard Roland, Federalism and the Soft Budget Constraint, *American Economic Review*, 1998, 88,5.

47.Qian Yingyi, Gerard Roland and Chenggang Xu, Why Is China Different from Eastern Europe? Perspectives from Organization Theory, *European Economic Review*, 1999, 43.

48.Qian Yingyi, Gerard Roland, and Chenggang Xu, Coordinating Changes in Transition Economies, In The Economics of Transition: The Fifth Nobel Symposium in Economics, ed, *Erik Berglof and Gerard Roland*, New York: Palgrave Macmillan, 2007,518-46.

49. Rodden Jonathan, Susan Rose-Ackerman, Does Federalism Preserve Markets? *Virginia Law Review*, 1997,83,7.

50. Rodden Jonathan, The Dilemma of Fiscal Federalism: Grants and Fiscal Performance around the World, *American Journal of Political Science*, 2002, 46,3.

51. Rodden. J., Reviving Leviathan: Fiscal Federalism and the Growth of Government, *International Organization*, 2003,57.

52. Sachs Jeffrey D., Wing Thye Woo. Understanding China's Economic Performance, *Journal of Policy Reform*, 2000, 4,1.

53. Stiglitz, J.E., And Dasgupta,P., Differential Taxation, Public Goods and Economic Efficiency, *Review of Economic Studies*, 38, April, 1971.

54. Tiebout, Charles, A Pure Theory of Local Expenditure, *Journal of Political Economics*, 1956,64

55. Tsai P H., Fiscal incentives and political budget cycles in China, *International Tax and Public Finance*, 2016,23,6.

56. Tsui Kai-yuen, Youqiang Wang,Between Separate Stoves and a Single Menu: Fiscal Decentralization in China, *China Quarterly*, 2004,177.

57. Wallace Oates, Toward A Second-Generation Theory of Fiscal Federalism, *International Tax and Public Finance*, 2005,12,349-371.

58. Weingast Barry R., The Economic Role of Political Institutions: Market-Preserving Federalism and Economic Development, *Journal of Law, Economic and Organization*, 1995, 11,1.

59. Wilson, J.D.,A Theory of Interregional Tax Competition, *Journal of Urban Economics*, 1986,19,3.

60. Wong Christine P. W., Central-Local Relations in an Era of Fiscal Decline: The Paradox of Fiscal Decentralization in Post-Mao China,*China Quarterly*, 1991,128.

61. Wong Christine P. W., Fiscal Reform and Local Industrialization: The Problematic Sequencing of Reform in Post-Mao China, *Modern China*, 1992, 18,2.

62. Xu Chenggang, The Fundamental Institutions of China's Reforms and Development, *Journal of Economic Literature*, 2011, 49,4.

63. Yingyi Qian and Barry R, Weingast. Federalism as a Commitment to Perserving Market Incentives, *The Journal of Economic Perspectives*, Vol. 11, No. 4 (Autumn,1997.), 83-92。

64. Zhang Tao, Heng-fu Zou, Fiscal Decentralization, Public Spending,

and Economic Growth in China, *Journal of Public Economics*, 1998,67,2.

65. Zhang Xiaobo, Fiscal Decentralization and Political Centralziation in China: Implications for Growth and Inequality, *Journal of Comparative Economics*, 2006, 34,4.

66. Zheng, S. kahn, M. E. Sun, W., & Luo, D, icentives for China's Urban Mayors to Mitigate Pollution Externlities: The Role of the Central Government and Public Environmentalism, *Regional Science and Urban Economics*, 2014,47.

67. Zhou,X.,Chinese Bureaucracy Through Three Lenses: Weberian, Confucian, and Marchian, *Management and Organization Review*, 2021,34

68. Zhuravskaya, E. v., Incentives to Provide Local Public Goods: Fiscal Federalism, Russian Style, *Journal of Public Economics*, 2000,76.

附录A 结构化访谈问卷

1.贵县在县和下属乡镇之间实行什么样的财政管理体制？县乡之间的如何进行财政分成？上级政府和贵县之间如何进行财政分成？

2.贵县在县和下属乡镇之间实行什么样的土地管理体制？县乡之间如何分配土地指标？上级政府如何对贵县分配土地指标？

3.省市上级政府是否对贵县进行了权力下放？怎么下放？

4.最近十多年省市上级政府对贵县领导班子如何进行考核？上级政府如何对贵县下达指标任务？所下达的指标任务包括了什么样的内容？

5.贵县一般如何完成上级政府下达的指标任务？如何对下属职能部门和各乡镇街道下达指标任务？如何对乡镇和县直部门进行目标考核？

6.乡镇层面上如何完成县委县政府下达的目标任务？

7.县和乡镇在完成上级所分派的目标考核任务过程中存在什么难处？对目标考核有何认识？

8.请你谈谈乡镇政府的对地方经济发展的作用认识,应该扮演何种角色？

谢谢！

附录B　调查问卷

尊敬的领导(先生/女士)：

您好！我们是XXX"府际关系治理与地方经济发展绩效"课题组,为深入了解并验证有关纵向府际关系、政府行为和地方经济发展之间的联系,我们在此冒昧打扰向您做一些调查,为此会耽误您一点宝贵的时间,我们在此表示感谢！本次调查为匿名调查,我们承诺本次调查结果仅作为学术研究用途,对您在问卷中所提供的信息会严格保密,感谢您的热情参与！

如您需进一步了解本次调查研究的情况,请与我们联系：

联系人:XXXX,电子邮件:XXXX,联系电话:XXXX。

一、请您填写下列基本问题:

1.至今年为止,您在党政机构工作的年限有(　　　)年?

A.8年以下(含8年)　　　　　　B.9—15年(含15年)

C.16—25年(含25年)　　　　　D.26年以上。

2.您的学历是(　　　)?

A.大专毕业　　　　　　　　　　B.本科毕业

C.硕士研究生毕业　　　　　　　D.博士研究生毕业

3.您最高担任过哪级地方政府的主要领导(　　　)?

A.乡镇　　　　B.县级　　　　C.县级以上　　　D.没担任过

4.您担任领导的地方所处的地理区位对当地经济发展的影响如何?
(　　　)

A.很大　　B.较大　　C.一般　　D.不大　　E.没有影响

5.近十年来,您担任领导的地方经济发展情况如何?(　　　)

A.越来越好　　　　　　　　B.没什么变化

C.越来越差　　　　　　　　D.情况不太稳定

6.与周边地区相比,您担任领导的地方经济发展情况如何?(　　　)

A.相对好些　　B.相对差些　　　C.差不多

D.好很多　　　E.差很多

7.您目前是否还在担任地方主要领导职务?(　　　)

A.在任　　　B.退居二线　　　C.完全退休

二、请您根据您在担任地方领导时所在地政府的实际情况来回答以下题目。其中每道题选项中的数值"1—7"分别代表:7完全符合;6符合;5比较符合;4一般;3有点不符合;2不符合;1完全不符合。请您在所选择的相应数值上打"√"或直接在相应的数值上涂黑,或直接在相应的数值下面划黑线"＿"。

答题示范:

完全不符合<->完全符合

1. 县级以下政府财力不足　　　　　　　1 2 3 ∎ 5 6 7

或:

2. 县级以下政府财力不足　　　　　　　1 2 3 4 5 6 7

或

3. 县级以下政府财力不足　　　　　　　1 2 3 √ 5 6 7

下面请开始答题:

(一)请评价在您担任地方领导期间府际纵向行政权责安排情况:

完全不符合<->完全符合

8. 县级以下政府行政权限不足　　　　　　　1 2 3 4 5 6 7
9. 县级以下政府掌握的财政和政策资源偏少　　1 2 3 4 5 6 7
10. 县级以下政府决策自主性有限,受上级政府影响大　1 2 3 4 5 6 7
11. 县级以下政府政策执行任务多,行政职责繁重　　1 2 3 4 5 6 7
12. 县级以下政府行政责任趋重,问责顾虑大　　1 2 3 4 5 6 7

(二)请评价在您担任地方领导时关于上级政府的目标考核情况:

完全不符合<->完全符合

13. 上级政府有关经济发展和税收目标定值高,难实现　1 2 3 4 5 6 7
14. 上级政府考核指标设定范围广,目标任务多样　1 2 3 4 5 6 7
15. 上级政府的激励措施对干部有面子或名誉影响　1 2 3 4 5 6 7
16. 上级政府设定了严格的目标实施监督措施　1 2 3 4 5 6 7
17. 考核结果对干部有政治影响(如升降或免职等)　1 2 3 4 5 6 7
18. 考核结果对干部有经济影响(如金钱工资奖罚等)　1 2 3 4 5 6 7

（三）下列哪些做法在您任职的所在县区由政府实施过？

完全不符合<->完全符合

19.积极招商引资,吸引生产要素在本区域聚集　1 2 3 4 5 6 7

20.努力维护市场秩序、促进公平竞争　1 2 3 4 5 6 7

21.采取措施提升政府效能为市场提供优质政府服务　1 2 3 4 5 6 7

22.采取多种措施努力支持本地企业提升市场竞争力　1 2 3 4 5 6 7

23.积极与高校科研机构合作,提升本地科技竞争力　1 2 3 4 5 6 7

24.为提升土地利用效率支持或推动经济发展园区化　1 2 3 4 5 6 7

25.优化资源配置,扶持优质企业、淘汰低效益企业　1 2 3 4 5 6 7

26.政府采取财政措施直接培育某个行业或产品市场　1 2 3 4 5 6 7

27.政府利用投融资平台进行投融资推进本地经济发展　1 2 3 4 5 6 7

28.政府直接投资某行业进行垄断性经营　1 2 3 4 5 6 7

29.运用优惠措施与其他地方进行招商竞争　1 2 3 4 5 6 7

30.通过总部经济或招商引税的方式完成年度税收任务　1 2 3 4 5 6 7

31.为本地利益对本地市场进行一定程度保护　1 2 3 4 5 6 7

32.在财政紧张时默许政府部门在税收体系之外搞创收　1 2 3 4 5 6 7

33.因资源或权限受限对促进本地市场繁荣不积极作为　1 2 3 4 5 6 7

34.禁止政府各部门以任何方式向市场做商业性投资　1 2 3 4 5 6 7

35.让市场自然发挥作用,政府只做守夜人　1 2 3 4 5 6 7

（四）请评价在您担任地方领导时所在县区的经济发展表现：

完全不符合<->完全符合

36.本地区人均GDP和财政收入逐年都获得增长　1 2 3 4 5 6 7

37.本地方市场规模逐年扩大　1 2 3 4 5 6 7

38.本地方市场主体数量逐年增加　1 2 3 4 5 6 7

39.国有经济对本地区年度财政收入和GDP贡献较多　1 2 3 4 5 6 7

40.非国有经济对本地区年度财政收入和GDP贡献较多　1 2 3 4 5 6 7

41.财政收入统计中从外地引税的收入占有一定比例　1 2 3 4 5 6 7

42.本地制造业提供的税收是政府财政收入的主要来源　1 2 3 4 5 6 7

43.房地产相关行业税费在政府财政收入中占较大比例　1 2 3 4 5 6 7

44.本地方经济发展主要由政府投资拉动　1 2 3 4 5 6 7

45.经济发展主要是对本地区自然资源进行开发推动　1 2 3 4 5 6 7

46.经济发展主要由劳动密集型产业推动　　　　　1 2 3 4 5 6 7

47.经济发展主要由本地企业技术进步创新力量推动　1 2 3 4 5 6 7

48.本地方经济发展主要由市场综合力量成长推动　　1 2 3 4 5 6 7

问卷结束,再次感谢您在百忙之中热情参与。

附录C 《全国主体功能区规划》所体现的府际关系治理元素

府际权力配置	优化开发区域	重点开发区域	限制开发区域	禁止开发区域
府际发展权	1. 推进形成主体功能区要着力构建我国国土空间的"三大战略格局",即"两横三纵"为主体的城市化战略格局、"七区二十三带"为主体的农业战略格局、"两屏三带"为主体的生态安全战略格局。 2. 基于不同区域的资源环境承载能力、现有开发强度和未来发展潜力,以是否适宜或如何进行大规模高强度工业化城镇化开发为区域,重点开发区域和禁止开发区域以自然或法定边界为基本单元,分布在其中优化开发、重点开发区域以县级行政区为基本单元,禁止开发区域以自然或法定边界为基本单元,分布在其他类型主体功能区域之中; 3. 以提供主体产品的类型为划分基准,规划在开发内容上将全国国土空间分为城市化地区、农产品主产区和重点生态功能区等三类区域。城市化地区是以提供工业品和服务产品为主体功能的地区,也提供农产品和生态产品;农产品主产区是以提供农产品为主体功能的地区,重点生态功能区是以提供生态产品为主体功能的地区,也提供一定的农产品、服务产品和工业品; 4. 以开发层级为划分基准,规划将全国国土空间分为国家和省级两个层面的功能区开发。 5. 规划明确指出"开发"特指大规模高强度的工业化城镇化开发;限制开发是指限制大规模高强度的工业化城镇化开发,要限制大规模高强度的工业化城镇化开发,但仍要鼓励农业开发,对重点生态功能区,但仍要鼓励一定程度的能源和矿产资源开发,实现科学发展。将一些区域限制为限制开发区域,并不是限制所有的开发活动。对农产品主产区,对这类区域的工业化城镇化开发,对农产品主产区和生态产品生产力,并不是限制大规模高强度的工业化城镇化开发,而是为了更好地保护这类区域的农业生产力和生态产品生产力,保护内容不同,开发方式不同,发展首要任务不同,国家支持重点不同。对城市化地区主要支持其集聚人口和经济,对农产品主产区主要支持其增强农业综合生产能力,对重点生态功能区主要支持其保护和修复生态环境。 6. 各类主体功能区,在全国经济社会发展中具有同等重要的地位,只是主体功能不同,发展方式不同,			

续表

府际权力配置	优化开发区域	重点开发区域	限制开发区域	禁止开发区域
府际财政权（财政政策）	1. 按主体功能区要求和基本公共服务均等化原则，深化财政体制改革，完善公共财政体系； 2. 适应主体功能区要求，加大均衡性转移支付力度，增强财政保障制度，提供基本公共服务和落实各项民生政策的能力。中央财政继续完善激励约束机制，加大奖补力度，引导并帮助地方建立基层政府基本财力保障机制，提供基本公共服务和落实各项民生政策的能力。中央财政在对地方实施财力均衡性转移支付过程中，应当考虑属于中央支出责任范围的生态保护支出项目和自然保护区支出项目，并通过明显提高转移支付系数等方式，加大对重点生态功能区特别是中西部地区重点生态功能区的均衡性转移支付力度。省级财政要完善对省以下转移支付体制，建立省级生态环境补偿机制，建立干重点生态功能区的财力支持力度。对位于重点生态功能区的新疆生产建设兵团团场、黑龙江森工、农垦系统所属局、场的财政资金，对重点生态功能区因加强生态环境保护造成的利益损失进行补偿；均照县执行； 3. 鼓励探索建立地区间横向援助机制，生态环境受益地区应采取资金补助、定向援助，对口支援等多种形式，对重点生态功能区因加强生态环境保护造成的利益损失进行补偿； 4. 加大各级财政对自然保护区的投入力度。在一定范围、一定面积、一定功能基础上定经费，并分清中央、省、市、县各级政府的财政责任。			
府际行政权 — 投资政策	一、政府投资：将政府预算内投资分为按主体功能区安排和按领域安排两个部分，实行二者相结合的政府投资政策。 1. 按主体功能区安排的投资，主要用于支持国家重点生态功能区和农产品主产区的发展，包括生态修复和环境保护，农业综合生产能力建设、公共服务设施建设以及支持适宜产业发展等。实施国家重点生态保护工程，每五年统筹安排投资数额。优先启动西部地区若干个国家重点生态功能区国家重点生态功能区保护修复工程。实施国家重点生态保护项目的实施时序，按年度安排投资数额。优先启动西部地区若干个国家重点生态功能区国家重点生态功能区保护修复工程。 2. 按领域安排的投资，要符合各区域的主体功能定位和发展方向。逐步加大政府投资用于农业、生态环境保护方面的比例。基础设施投资，要重点用于加强国家重点开发区域和中西部国家重点生态功能区特别是中西部国家重点生态功能区的交通、能源、水利、环保以及公共服务设施能力的建设。农业投资，要重点用于加强农产品主产区特别是中西部农产品主产区国家重点生态功能区生态产品生产能力的建设。对重点生态功能区和农产品主产区内国家支持的建设项目，适当提高中央政府补助或投资比例，降低省级政府投资比例，逐步降低市（地）级政府投资政策比例。			

续表

府际权力配置		优化开发区域	重点开发区域	限制开发区域	禁止开发区域
府际行政权	投资政策	二、民间投资：鼓励和引导民间资本按照本区域的主体功能定位投资。引导商业银行按行业主体功能定位调整区域的项目提供贷款，严格限制向不符合主体功能定位的项目提供贷款。		对优化开发和重点开发区域的主体功能定位投资。对限制开发区域，主要引导民间资本投向符合主体功能定位的项目。	法律法规未明确禁止准入的行业和领域。积极利用金融手段引导民间投资，严格限制向不符合主体功能定位的项目提供贷款。对限制开发区域，主要鼓励民间资本投向基础设施、市政公用事业和社会事业等，鼓励和引导民间资本进入本区域，鼓励和引导民间资本进入禁止开发区域。
	产业政策	1. 修订现行《产业结构调整指导目录》《外商投资产业指导目录》，进一步明确不同主体功能区鼓励、限制和禁止的产业。对不同主体功能区国家鼓励类以外的投资项目实行更加严格的投资管理，其中属于限制类的新建项目按照禁止类进行管理，投资管理部门不予审批、核准或备案。 2. 编制专项规划，布局重大项目，必须符合各区域的主体功能定位。重点制造业项目原则上应布局在优化开发和重点开发区域。 3. 严格市场准入制度，对不同主体功能区的项目实行不同的占地、耗水、耗能和矿产资源加工项目，优先在中西部国家重点开发区域布局。 4. 在资源环境承载能力和市场允许的情况下，依托能源和矿产资源的资源加工业，优先在中西部国家重点开发区域布局。 5. 建立市场退出机制，对限制开发区域不符合主体功能定位的现有产业，要通过设备折旧补贴、迁移补贴、土地置换等手段，促进产业跨区域转移或关闭。			
	土地政策	1. 按照不同主体功能区的功能定位和发展方向，实行差别化的土地利用和土地管理政策，科学确定各类用地规模。 2. 探索实行城乡之间用地增减挂钩的政策，城镇建设用地的增加规模与本地农村建设用地的减少规模挂钩。 3. 探索实行城乡之间人地挂钩的政策，城市化地区建设用地的增加规模与吸纳农村人口进入城市定居的规模挂钩。 4. 探索实行城乡之间人地挂钩的政策，城市化地区建设用地的增加规模与吸纳农村人口定居的规模挂钩。 5. 严格控制优化开发区域生态用地转为建设用地增量；相对适当扩大重点开发区域建设用地规模；严格控制农产品主产区建设用地规模，严禁改变生态用地用途；严禁自然文化资源保护区土地的开发建设。 6. 将基本农田落实到地块并在土地承包经营权证书上标注，严禁改变基本农田的用途和位置。 7. 妥善处理自然保护区内农牧地的产权关系，使之有利于引导保护区核心区人口逐步转移。			确保耕地数量和质量，确保耕地数量。合理控制交通用地增长。

续表

府际权力配置		优化开发区域	重点开发区域	限制开发区域	禁止开发区域
府际行政权	农业政策	1. 逐步完善国家支持和保护农业发展的政策,加大强农惠农政策力度,并重点向农产品主产区倾斜。 2. 调整财政支出、固定资产投资、信贷投放对农业发展的投入,大幅度提高对农村基础设施建设和社会事业发展的投入,大幅度提高政府土地出让收益、耕地占用税新增收入用于农业的比例,加大中央财政对农产品主产区的转移支付力度。 3. 健全农业补贴制度,规范程序,完善办法,特别要支持增产增收,落实并完善农资综合补贴动态调整机制,做好对农民种粮补贴工作。 4. 完善农产品市场调控体系,稳步提高粮食最低收购价格,改善其他主要农产品市场调控手段,充实主要农产品储备,保持农产品价格合理水平。 5. 支持农产品主产区依托本地资源优势发展产品加工业,根据农产品不同产业的经济技术特点,对适宜的产业,优先在农产品主产区的县城布局。			
	人口政策	要实施积极的人口迁入政策,加强人口集聚和吸纳能力建设,放宽户口迁移限制,鼓励外来人口迁入和定居,将在城市有稳定职业和住所的流动人口逐步实现本地化,并引导区域内人口均衡分布,防止人口向大城市中心区过度集聚。		要实施积极的人口退出政策,切实加强义务教育、职业教育和特殊技能培训,增强劳动力跨区域转移就业的能力,鼓励人口到重点开发和优化开发区域就业并定居。同时,要引导区域内人口向县城和中心城镇集聚	
	民族政策	要注重扶持区域内少数民族聚居区的发展,改善城乡少数民族居民生活条件,促进不同民族地区经济社会的协调发展。充分尊重少数民族群众的风俗习惯和宗教信仰,保障少数民族特需商品的生产和供应,满足少数民族群众生产生活的特殊需要。继续执行扶持民族贸易、少数民族特需商品和特需工业生产发展的财政、税收和金融等优惠政策,加大对民族乡、民族村和城市民族社区发展的帮扶力度		要着力解决少数民族聚居区经济社会发展中的突出民生问题和特殊困难。优先安排与少数民族群众生产生活密切相关的农业、教育、文化、卫生、饮水、电力、交通、贸易等项目、扶贫开发项目,积极推进少数民族地区农村劳动力转移就业,鼓励并支持发展非公有制经济,最大限度地为当地少数民族群众提供更多就业机会,扩大少数民族群众收入来源	

续表

府际权力配置		优化开发区域	重点开发区域	限制开发区域	禁止开发区域
府际行政权	环境政策	1、要实行更严格的污染物排放标准和总量控制指标,大幅度减少污染物排放; 2、要按照国际国内先进水平,实行更加严格的产业准入环境标准; 3、要严格限制排污许可证的增发,积极推进排污权交易制度改革,制定较高的排污权有偿取得价格; 4、要注重从源头上控制污染,建设项目要加强环境影响评价和重化工业集中地区要按照发展循环经济的要求进行规划,建设项目要进行改造; 5、要以提高水资源利用效率和合理配置水资源为核心,厉行节水,控制用水总量增长,加强城市重点水源地保护,保护和修复水生态环境。	1、要结合环境容量,实行严格总量,污染物排放量控制指标,较大幅度减少污染物排放量; 2、要按照国内先进水平,根据环境容量逐步提高产业准入标准; 3、要合理控制排污许可证的增发,积极推进排污权有偿取得制定合理的排污权交易价格,鼓励新建项目通过排污权交易获得排污权; 4、要注重从源头上加强环境影响评价和重化工业集中地区要按照发展循环经济的要求进行规划,建设项目要进行改造; 5、要合理开发和科学配置水资源,控制水资源开发利用程度,在加强节水的同时,限制排入河湖的污染物总量,保护好水资源和水环境。	1、要通过治理,限制或关闭污染物排放企业等措施,实现污染物排放总量持续下降和环境质量状况达标; 2、农产品主产区要按照保护和恢复地力的要求设置产业准入环境标准,重点生态功能区要按照生态功能恢复和保育原则设置产业环境标准; 3、要从严控制排污许可证发放; 4、要尽快全面实行矿山环境治理恢复保证金制度,并实行较高的提取标准; 5、加大水资源保护力度,适度开发利用水资源,实行全面的生态用水节水,满足基本的生态用水需求,加强水土保持和生态环境修复与保护。	1、要依法关闭所有污染物排放企业,确保污染物"零排放",难以关闭的,必须限期迁出; 2、要按照强制保护原则设置产业准入环境标准; 3、不发放强制保护许可证; 4、旅游资源开发要同步建立完善的污水垃圾收集处理设施; 5、严格禁止不利于水生态环境保护的水资源开发活动,实行严格的水资源保护政策;

府际权力配置		优化开发区域	重点开发区域	限制开发区域	禁止开发区域
府际行政权	应对气候变化政策	1、城市化地区要积极发展循环经济，实施重点节能工程，积极发展和利用可再生能源，加大能源资源节约和应用高效利用技术开发和应用力度，优化生产空间、生活空间和生态空间布局，建设低碳城市，降低温室气体排放强度。2、海的城市化地区要加强海岸带保护，在经济、城镇、基础设施等的布局方面强化应对海平面升高的适应性对策。	农产品主产区要继续加强农业基础设施建设，推进农业结构调整，选育抗逆品种，遏制草原荒漠化加重趋势，加强新技术的研究和应用，减缓农业生产温室气体排放，增强农业生产适应气候变化的能力。积极发展和消费可再生能源。	重点生态功能区要推进天然林资源保护，退耕还林还草，退牧还草，风沙源治理，防护林体系建设，野生动植物保护，湿地保护与恢复等，增加陆地生态系统的固碳能力。有条件的地区积极发展风能、太阳能、地热能，充分利用清洁、低碳能源。	
府际政治权	绩效评价体系	实行转变经济发展方式优先的绩效评价，强化对经济结构、资源消耗、环境保护、自主创新以及公共服务覆盖面等内容和等指标的评价，弱化对经济增长速度、招商引资、出口等指标的评价。主要考核服务业比重、高新技术产业比重、单位地区生产总值能耗和取水量、单位建设用地增加值能耗和取水量、单位地	实行工业化城镇化水平优先的绩效评价，综合评价经济增长、吸纳人口、质量效益、产业结构、资源消耗、环境保护、外来人口公共服务覆盖面等内容，弱化对投资增长速度等指标的评价，对中西部地区的重点开发区域，还要考核就业吸引外资、出口等指标的评价。主要产业就业、非农产业增加值、财政收入占地区生产总值比重、单位地	限制开发的农产品主产区，实行农业发展优先的绩效评价，强化对农产品保障能力的评价，弱化对工业化城镇化相关经济指标的评价，主要考核农业综合生产能力、农民收入等指标，不考核工业、财政收入和城镇化率等指标。限制开发的重点生态功能区，实行生态保护优先的绩效评价，强化对提供生态产品	根据法律法规和规划要求，按照保护对象确定评价内容，强化对自然保护资源原真性和完整性保护情况的评价，污染主要考核依法管理的情况，保护对象实现"零排放"情况，保护以及保护目标实现完好程度以及核查旅游收入等经济指标。

续表

府际权力配置		优化开发区域	重点开发区域	限制开发区域	禁止开发区域
	绩效评价体系	用地面积产出率,二氧化碳排放强度,主要污染物排放控制率,大气和水体质量,吸纳外来人口规模等指标。	区生产总值能耗和值能耗和取水量,单位工业增加值能耗和取水量,二氧化碳排放强度,主要污染物排放总量控制率,"三废"处理率,大气和水体质量,吸纳外来人口规模等指标。	能力的评价,弱化对工业化城镇化相关经济指标的评价,主要考核大气和水体质量,水土流失和荒漠化治理率,森林覆盖率,森林蓄积量,草原植被覆盖度,草畜平衡,生物多样性等指标,不考核地区生产总值,投资,工业,农产品生产,财政收入和城镇化率等指标。	
府际政治权	绩效考核结果运用	推进形成主体功能区的主要目标能否实现,关键在于要建立健全符合科学发展观要求并有利于推进形成主体功能区的绩效考核评价体系,并强化考核结果运用。要加强部门协调,把有利于推进形成主体功能区的绩效评价办法和中央组织部印发的《体现科学发展要求观要求的地方党政领导班子和领导干部综合考核评价试行办法》等考核办法有机结合起来,根据各地区不同的主体功能定位,把推进形成主体功能区主要目标的完成情况纳入对地方党政领导班子和领导干部的综合考核评价结果,作为地方党政领导班子调整和领导干部选拔任用,培训教育,奖励惩戒的重要依据。			

注:本表根据国发〔2010〕46号《全国主体功能区规划》文本整理。

后　记

　　府际关系治理是国家治理的核心内容。自秦代以来漫长的国家治理历史过程中，中国在中央地方关系和地方关系分别形成了两种府际关系治理模式，在中央地方关系的整体方面表现为中央集权制，在地方关系方面表现为郡县制，并且这两种关系在广袤的国土空间上形成了大一统的国家权力秩序和犬牙交错、互相嵌制的地方治理单元。及至当代，当我们要致力推动实现的国家治理现代化伟大事业时，都离不开这两种府际关系治理模式的制约，而只能是在这两种府际关系治理模式下思考如何推进实现中国式政府和国家治理现代化的问题。

　　在中国古代，由于社会经济关系相对简单，府际关系治理要实现的主要目标就是维持国家的稳定，王朝政权的巩固和持久的执政，防止中央地方关系出现"弱干强枝"的局面，因此历代王朝政权都倾向于推动"强干弱枝"。及至近现代，随着社会经济关系的复杂化，政府肩负着维持国家稳定和推动国家发展的重任，政府角色也逾趋多样，相应地政府的职能与职责也逾趋多重复杂，府际关系治理与社会稳定、经济发展、公共服务供给以及民生民权等诸多方面的事情联系在一起。因此，如何在政府组织系统内配置国家权力与政策资源、如何让国家权力在政府组织系统内更好更有效地运行起来、如何让各级政府组织履行好相关职责等诸多此类的府际关系治理问题，必然是公共管理学科要极大关注的研究问题。

　　近代以来，一些西方国家为建立与资本主义经济制度相适应的政治与政府治理制度，在处理和构建府际关系时，倡导"小政府、强市场、大社会"的国家治理价值观，构建分权性的府际关系治理模式，通过在不同层级政府实现所谓的"分权"，来实现对政府和国家的治理。这种分权性的府际关系治理模式也许对这些西方国家是比较可行的政府治理制度，但对于中国而言，无法以不确定性的制度实验来打破已运行两千多年的基本国家治理模式，改革的巨大不确定性会给国家安全与发展带来颠覆性后果，国家基本治理制度的历史路径依赖让我们无法付出这种致命性的代价。党的二十大提出实现中国式现代化，推动高质量发展，而中国式现代化当然包括中国式政府治理与经济发展的现代化，并由此推出了一揽子的改革措施。在这样的历史改革大潮中，府际关系治理与地方经济发展是否协同的问题研究显得尤为迫切，构建一个去"碎裂化、政策化、主官意志化"，营造"科学化、法治化、规则化"的府际关系治理体系与治理结构，以推进地方经济的科学发展，促使区域经济协调发展、增进地方经济发展绩效，应是推进中国式治理与发展体系现代化建设的重要工作。基于以上思考，作者多年来一直在围绕府际关系治理领域开展研究，并将府际关系治理与地方经济发展联系在一起作为一个专门研究来揭示中国地方经济绩效生成的府际关系治理因素。

在本书付梓之际，心中情不自禁会产生些一些感概和一些自责。感慨的是在整个研究过程中，体会过在打不开思路时产生的茫然与迷惑，体验过苦苦思索后一下子豁然开朗产生的小激动，经历过感觉难以继续写下去一度想予以放弃算了的煎熬，幸而这些都是过去了。自责的是前后竟然用了长达十多年才逐渐完成本书稿，研究工作时而拖沓，时而中断，让整个研究没有一气呵成地完成。当然现在眼看书稿即将整理出版，自然会产生一些事成之后的轻松与喜悦。

借书稿出版之际，我要特别感谢我在清华大学公共管理学院攻读博士研究生的导师殷存毅教授，在他的帮助、指导和学术启迪下，我才能有机会进入到公共管理学术领域，在府际关系治理与地方经济发展之间建立起研究联系，据此不仅完成了博士毕业论文，也得以申请到国家社会科学基金后期资助项目，得以开辟出一个全新的学术视野并形成研究成果。我也要感谢中共中央党校卓泽渊教授，在他的学术启迪下让我思考府际关系的法治化治理方向与路径，但这一项研究由于我的懒惰至今还没有深入地推进，期待将来能又勤奋起来完成下一部计划要写的著作。

我必须要感谢我的父母、岳父母和兄弟姐妹，他们培养并支持我完成了各个阶段的学业。更要特别感谢我的妻子，对我的工作给予了无限的理解和包容，为我提供了一个温暖的大后方，让我心无旁骛地学习和开展工作，最终才有了本书的问世出版。最后，我还要感谢帮助我完成本书研究的同学和师友，正是有他们的大力帮助，我才能开展实施本书研究所计划的各种调研，让本书的研究有扎实的实证支持，而正是这些实证工作，让本书的研究比较接地气，并因此具有那么一丝丝的学术价值。

夏能礼

2024 年 10 月 31 日于东莞松山湖